旅游改变世界

国民旅游休闲讲稿（三）

戴斌 著

北京·旅游教育出版社

序

十年弹指一挥间,与戴斌先生,我的良师益友,相识十多年了。

同程2004年诞生在苏州,像今天很多旅业创业团队一样,随时都可能在异常激烈的市场竞争环境中消失。当时我无意中看到一本叫《旅行社管理比较研究》的书,觉得很有价值,从中我了解了世界一流的旅游企业是怎样经营管理的。公司那时候很缺钱,但还是花钱买了100本,员工人手一本,大家集体学习。这本书的作者就是戴斌先生,当时是北京二外的一名教授。2006年,我和王老师到北京第一次拜访了先生,从那时候开始,同程播下了小小的梦想种子——我们虽然只是一个在苏州创业的普通团队,未来有没有可能去影响世界旅游业的发展?

与先生的交往并不多,一年能见到几次,彼此都是风尘仆仆,但却总能心意相通,先生总是说他和同程一样,都走在创业的路上。先生很关心同程的发展,如同他关心数以百计的中国旅游业的创业团队一样,每次嘘寒问暖,关键时刻,也会直言提醒。

这次受先生之托,为《旅游改变世界》作序,倍感荣幸。我理解,这本书是《国民旅游休闲讲稿》三部曲的第三部,前两部《城市:可以触摸的生活,可以分享的文明》《创业照耀旅游的星空》早已拜读。如果说前面两部是站在中国的视角下看中国旅游城市发展,看中国旅游业的创业生态,那么这本书我的理解应该是站在世界角度看中国旅游业的发展,站在中国的角度看世界旅游业的发展。书中收录了先生从2006年到2015年近十年在国际交流中的演讲稿,这十年正是中国出境旅游业高速发展的十年,这十年也正是中国旅游业全面融入全球旅游发展的十年,这十年,也是先生为让世界了解中国，了解中国旅游业，做好"主人"而奔波呼吁的十年，更是先生为中国游客更方便、更有尊严地在世界行走而努力的十年。

这十年的演讲稿，包含了从两岸旅游交流，到相关各国各地区旅游业与中国出境游发展的互动研究，也包括了对中国旅游业、世界旅游业的现状及发展趋势的解读与研判。一篇篇读下来，每每惊讶于这其中庞大的信息量和深厚的学术底蕴，但这之于先生，却又毫不奇怪，翻看他的朋友圈，经常看到他凌晨一两点还在伏案写作。世界上从来没有什么天才，如果有，只是因为比别人更勤奋，花了比别人更多的时间。

各国旅游政策的制定者和旅游业者可以在这本书中看到如何更好地分享中国一年过亿出境游客的巨大市场，各国旅游研究者和中国旅游院校的同学们可以在书中看到中国与世界旅游业对接中的理论与实践，中国旅游的政策制定者又可以在这本书中看到消费升级的巨大潜力和供给侧改革面临的机会与挑战，而全书给我留下最深刻印象的还是先生十年一贯的"大众旅游情结"。"大众旅游"在先生关注研究了十年后的今年已经正式进入了政府工作报告，而先生还在为"老百姓的旅游梦想"继续努力着；当然，作为市场嗅觉敏感的中国旅游创业者，在这本书中我也发现了诸多出境旅游市场的商机，你发现了吗？

任何人都是时代的产物，中国旅游业的发展选择了勤奋、博学、善良的先生作为中国旅业智库的代言人，作为中国旅业的学界领袖、业界导师。

任何企业也都是时代的企业，同程愿与先生一起，愿与中国旅业的同学们一起，在世界旅游业发展的大潮中奋力拼搏，展现中国旅游人的智慧、情怀、格局。

2016 年 7 月 6 日

目 录

综合篇　"美丽中国"吸引了世界各国、各地区游客的到访和投资机构的进入,"中国梦"让每年数以亿计的国人有机会跨出国境,现象级的出境旅游在提升国民自身素质、惠及目的地经济社会发展的同时,也在更大范围和更深程度上改变了世界。旅游是人类长存的生活方式,中国政府和旅游业界为了国民大众的旅游权利,一直在不懈地努力着。我们欣喜地看到,世界也在为此前行。

中国出境旅游的演化进程与学术价值 …………………………… 2

美丽中国旅游梦 …………………………………………………… 6

把"欢迎中国"落实到旅游接待的细节中去 …………………… 11

老百姓的旅游梦想与中国政府的不懈努力 …………………… 14

报告篇　作为旅游智库建设的标志性成果,中国旅游研究院每年都会出版一部汇集市场数据和消费分析的出境旅游报告。在这个并不孤独的星球上,我们比邻而居,希望天下一家,希望走亲戚一般常来常往。我们分享异地的生活空间,尊重地球上的每一份空间,每一类人群,也希望你们能够了解和接受来自中国的游客,并对出境旅游初级阶段存在的历史性问题给予必要的理解和宽容。

比邻而居,天下一家 …………………………………………… 22

走亲戚一般地常来常往 ………………………………………… 27

重视中国出境游客的满意度评价与产业诉求 ………………… 32

这颗星球并不孤独 ……………………………………………… 35

转折之际，主客之间 …………………………………… 40

说走就走的旅行：理念、政策及其商业实现 …………… 44

理性的增长与变化的应对 ……………………………… 49

亚洲篇 远亲不如近邻。从"一衣带水"的日本，"鸡犬相闻"的朝鲜半岛，到"不可思议"的印度，再到"一千零一夜"的西亚，特别是曾经作为出境旅游代名词的"新马泰"，每年数千万的中国游客在家门口感受相似的文化，感受不同的生活。随中国游客而来的，是日趋常态的消费增量，是多元增长的投资主体。确实，旅游对世界的改变是从亚洲开始的。

中国游客眼中的奈良与奈良旅游的中国机遇 …………… 56

青年人是中印旅游共同的未来 ………………………… 61

济州旅游的引力与潜力 ………………………………… 70

进一步巩固东盟作为中国出境游客的首选目的地 ……… 76

让更多的中国人来阿联酋走一走，看一看 …………… 80

港澳台篇 微博和微信的朋友圈里每天都可看到游客在台湾实时发出对于美景、美食和人文的感叹，直让人感慨那湾浅浅的海峡是不是真的承载过几代人的乡愁。而那条中英街，还有拱北口岸，也早已为潮水般往来的游客淹没在历史的记忆中了。旅游政策放开，特别是个人游政策实施以来，海峡两岸、港澳与内地的紧密联系，从来没有像今天这样融入老百姓的日常生活。

从容推进两岸民众的旅游往来 ………………………… 86

两岸民众的自由往来是旅游产业融合的市场基础 ……… 90

服务品质是两岸双向旅游交流可持续发展的保障 ……… 97

面向大众的品质，走向融合的产业 …………………… 105

中国应当，也能够在世界旅游经济中发挥更大的作用 … 109

香港的价值与旅游的未来 ……………………………… 115

"世界旅游休闲中心"的理论内涵与政策设计 …………… 120
让世界来分享澳门的花样年华…………………………… 125

欧洲篇 2004年,欧盟与中国签署了ADS,我们漂洋过海去看他们,一路走,一路买,什么都是好的。他们瞧我们呢,也是新奇,从来没有在家门口接待这么多买东西还讲价、找个空地就跳广场舞的中国游客。2012年,中俄两国互办"旅游年",开创旅游外交大格局。2015年,"欢迎中国"广为工商各界所接受,中文接待环境成为海外目的地各国各地区的日常关注。

漂洋过海来看你………………………………………… 130
跨越欧亚大陆的往来…………………………………… 134
让不同国家的人民沿着丝绸之路旅游、对话与合作 …… 137
好客之道需要更多的日常关注………………………… 142
民众之间的自由往来是旅游合作,也是国家对话的战略
　基础………………………………………………… 145
中俄旅游投资的成长空间与路径选择………………… 150
共享文化记忆,共建旅游合作………………………… 156
迎接旅行购物的中国时代……………………………… 160

美洲篇 旅游之于美国的政商各界,大体上局限于宣传推广、旅行社、酒店、主题公园等概念。后来,他们听到世界旅游组织宣布中国已经成为全球第一大旅游客源国和消费支出国,听到古巴和更为遥远的阿根廷都在吸引更多的中国游客到访和商业投资,听到省州旅游局长会议上的数据和信息,中美双方高层启动了"旅游年"等多个重大项目。

在游客增长的基础上务实推进中美旅游产业合作……… 168
旅游应当,也能够成为中古经贸合作的优先领域 ……… 173
阿根廷:中国游客的感知与企业家的机会……………… 175

更加广泛的民间交流，更为多样的产业合作 ·················· 180

大洋洲篇 | 无论是从双边外交，还是从世界旅游发展格局来看，中澳旅游合作都有诸多的可圈可点之处。双向往来的游客规模从未因为市场之外因素的影响而波动，一直保持着持续增长的态势。适应散客和自组织旅游市场发展的签证政策、营销推广和商业接待体系，惠及的不仅有游客，还有旅游业界和政府主管机构。

以 ADS 升级为契机，构建中澳旅游合作新机制 ············· 188

后　记　以国家的名义
　　　　在中国旅业国际创新方面做出更大努力 ················· 192

综合篇

　　"美丽中国"吸引了世界各国、各地区游客的到访和投资机构的进入,"中国梦"让每年数以亿计的国人有机会跨出国境,现象级的出境旅游在提升自身素质、惠及目的地经济社会发展的同时,也在更大范围和更深程度上改变了世界。旅游是人类长存的生活方式,中国政府和旅游业界为了国民大众的旅游权利,一直在不懈地努力着。我们欣喜地看到,世界也在为此前行。

中国出境旅游的演化进程与学术价值
——在国际旅游学会2014年年会上的主题演讲

女士们,先生们:

上午好!

二十年前,我还是一名刚刚就读于旅游管理专业的研究生,很多学生的梦想是毕业后当一个可以接待外国人的导游,可以挣外汇。那个时候,1美元大约可以换到8.8元人民币,黑市的价格更高。十年前,随着国民旅游需求的持续增长,很多人的梦想是成为酒店经理,可以有体面的工作环境,可以挣高薪,还有机会出国接受培训。当时出国还是件稀罕的事情,偶尔会在半夜里被亲友的国际电话吵醒,"早上好!哦,对不起,忘记有时差了"。哪是忘记了啊,就是想告诉我他现在在国外呢!弄得自己真是羡慕嫉妒恨啊,做梦都是走在纽约的大街上。

事实上,直到1997年7月颁布实施《中国公民自费出国旅游管理暂行办法》,才标志着市场化意义上的出境旅游市场开始发育。虽然起步较晚,但是发展速度很快。经过1998—2008年这十年的孕育,中国成为了亚太和世界旅游市场最重要的客源国之一。2009年,中国旅游服务贸易首次出现逆差,标志着中国旅游业的发展进入了一个新的历史阶段。到了2013年,9819万的出境人次和1286亿美元海外消费,深刻影响了亚太乃至世界旅游市场格局。"中国游客"已经成为国际旅游业界、各大媒体和各国政要口中的热词,2012和2013年,中国和俄罗斯首次互办"旅游年",明年开始,中韩两国也将互办"旅游年"。在这个月刚刚结束的APEC北京峰会上,习近平主席宣布"未来五年将有5亿中国公民出境旅游",美国总统奥巴马则宣布给予中国游客十年有效的签证。而业界发起的面向中国游客的专项计划就有近十项,如"欢迎中国""中国友好"等。与此同时,旅游学术界也配置了越来越多的资源对这一现象加以系统研究,广泛涉及市场规模、消费结构、消费评价、发展趋势、政策演变以及主客关系等主题。

研究表明,经过十多年的持续高速增长,中国已经成为全球最大的出境旅游客源国和海外旅游消费支出国,正在对旅游市场和经济社会产生日益广泛的影响。1998年,中国出境旅游人次还仅有842.56万,预计今年将达到1.14亿人次,年均增长17%,是同期全球出境旅游增长最快的国家。出境旅游消费由1998年的92亿美元增加到2014年的1550亿美元,年均增长19%。对于这一现象,我看可以从由封闭走向开放的社会转型、国民收入增长与人民币升值的经济发展、ADS协议与签证便利化等政策利好、购物体验与品牌认同等消费行为等多个维度加以解释。购物消费一直都是中国游客消费的主要项目,早期曾经占到目的地消费65%的比重,以至于国际旅游业界把中国游客视为"会行走的钱包"。在总体上欢迎中国游客到访的同时,也有一些针对游客不文明行为的负面评价。事实上,出境旅游的高速发展不仅对目的地经济,而且对当地生活环境、自然环境、社会舆论也产生了日益显著的影响。对此,中国政府一方面通过《旅游法》《出境旅游文明公约》加以约束,另一方面也通过广泛的宣传加以引导。习近平主席在南亚进行国事访问时,与游客聊天,提到"不要乱扔矿泉水瓶子,不要随意破坏珊瑚礁。少吃点儿方便面,多尝尝当地的海鲜"。我本人也在今年九月应中央人民广播电台之约做了30天的《公益报时》:"爱国就是在我们出境旅游时将文明融入到一言一行中,不大声喧哗、按秩序排队、尊重当地的风俗习惯"。

女士们,先生们:

展望未来五年,中国出境旅游市场在保持总量继续增长的同时,也将会出现一些值得关注的新动向。尽管承受了越来越大的旅游贸易逆差,但是迄今为止,尚没有迹象表明中国政府将加大出境市场的管制力度。相反,我们愿意看到世界各国、各地区都能够搭上中国出境旅游繁荣发展的快车。预计到2020年,中国将实现小康社会的中国梦,届时每年将有超过2亿的出境旅游人次。随着市场基数的增大和消费心理的成熟,出境人次和海外消费的增速肯定会有所下降。统计调查表明,中国出境旅游客源地正在从北京、上海、广州、深圳等一线城市和沿海发达地区向二三线城市和中西部地区扩展,这些地区和城市的居民,特别是中产阶层将成为中国出境旅游的主力。中国游客仍将选择周边国家和地区作为主要目的地,但是北美洲、大洋洲、欧洲等远程目的地将会不断扩大中国出境旅游的市场份额。南美洲、非洲,甚至南极洲和北冰洋则会成为更多中产阶层和青年游客的新增线路选项。值得关注的是,随着信息技术应用的普及、人们旅行经验的丰富以及自主性强的"80后、90后"成为中国出境旅游市场的主体,出境旅游市场的散客化和自由行趋势越来越明显。游客正在从早期一日多地的"高速公路游""土豪购物游"转向文化体验游、休闲度假游、康体养生游,甚至十天半个月的行程就待在一座城市里,以最大限度地分享和体验高品质的目的地生活。

之所以乐见国民大众花了上千亿美元到世界各地走一走,看一看,是因为我们认识到:旅游是人类长存的生活方式,是国民权利和中国梦的有机组成部分,是"人民群众生活水平提高的重要指标",而"人民群众对美好生活的追求就是我们的奋斗目标"。当然,我们也在关注人出去了,钱花了,文明程度也在不断提升,能不能够获得更好的服务品质呢?受国家旅游局委托,中国旅游研究院连续8个季度开展的中国出境游客满意度调查表明:在以加拿大、法国、新西兰、新加坡和西班牙为代表的目的地国家获得了中国游客较高的满意度评价的同时,我们的同胞对国际旅游目的地的中文接待环境、中餐、导游,以及电视、报纸、网络等的中文资讯,及居民的包容度等方面还有颇多抱怨之处。从近期数据来看,由于民航安全、恐怖袭击和接待设施不尽完善等方面的原因,中国游客到访最多的周边国家如马来西亚、菲律宾、印度尼西亚、柬埔寨、越南等,满意度呈下降趋势。无论是满意,还是不满意,都是国人的旅游梦想实现过程中阶段性的视角。中国有句老话,"挑的才是买的",游客的挑剔反映了他们对目的地国家的期待,并希望以此促进其旅游接待环境和服务品质的提升。希望国际社会能够更加深入地研究中国市场和中国游客的消费需求,能够对中国游客的生活习惯和旅游行为给予更多的宽容和理解,并为中国游客提供更多的人文关怀和更高品质的旅游服务。

在欢迎"中国游客"的同时，世界也需要做好迎接"中国服务"的准备。随着中国经济的增长和企业竞争力的强大，特别是中国出境市场的持续增长，必然会吸引更多的相关企业"走出去"，在全球范围为游客提供"中国服务"。港中旅集团、国旅集团、首旅集团、锦江集团、岭南集团、海航集团、万达文旅等综合旅游运营商，中青旅、春秋、广之旅、携程、去哪儿等旅行服务商，开元、金陵、铂涛、华住、布丁等酒店运营商，海昌、长隆、乌镇等主题公园和景区投资者，以及更多正在成长中的商业机构，在国内市场获得了相对稳定的竞争优势以后，当然也会遵循商业规则谋划在全球旅游市场的战略布局。我们已经看到越来越多的中国机构在欧洲、在东盟、在美国、在日本收购酒店、葡萄酒庄、餐馆、购物中心，并有更多的职业经理人员、专业技术人员和劳务派遣人员在世界各地提供"中国服务"。对于这些正常的跨国商业行为，有的国家和地区却以"国家安全审查""反垄断调查""劳工福利调查"等名义对中国投资者和品牌运营商实行国别歧视和所有制歧视，甚至人为阻碍公司业务的正常开展。我看，还是让"政治的归政治、商业的归商业"为好。如果说中国游客"走出去"是世界旅游市场的新常态，那么中国企业、中国文化和中国服务"走出去"也是世界旅游产业的新常态。在中国的旅游服务走向世界的进程中，我们希望获得各位的认可与支持，就像中国游客今天所获得的礼遇一样。

女士们，先生们：

世界旅游进入"中国时代"以后，对学术研究和旅游研究也提出了新的研究对象、新的学术视角，并将产生新的学术思想。1841年，托马斯·库克先生组织的"禁酒之旅"开启了近代旅游的大门，同时也启动了旅游作为独立学科的建构历程。自那时起，一代又一代旅游学者围绕旅游、旅游者、目的地、旅游业等基本概念，围绕旅游动机、旅游条件、旅游影响、旅游规划、旅游市场、可持续旅游、旅游政策等专题，借鉴并创新人类学、社会学、心理学、经济学、管理学、地理学等研究方法，搭建学术期刊、专业教学组织、国际学术组织等平台，逐渐形成了旅游学术共同体，并在世界范围内与政府机构、非政府组织、商业机构和社区居民进行互动，形成以欧美发达国家为主导的学术话语体系。今天,高速增长的中国出境旅游则成为国际旅游学术发展全新的观察、分析和研究对象。对"中国现象"的解释,既需要坚持传统的学科范式,又需要注入东方的学术视角,并形成全新的学术思想和当代旅游发展理论。中国的学术传统在价值取向上强调"格物、致知、诚心、正意、修身、齐家、治国、平天下",或者说"学以致用",在表现形式上则强调"义理、考据、辞章"。就是说只追求逻辑自洽和同行认可还不够,还得对社会实践有指导作用,得让受众听得懂,而且有文采。由是出发,当代旅游学术研究的繁荣发展就必须与时代共进、必须及时回应产业实践的现实要求,而不能仅仅满足于读学位——发论文——拿课题——得终身教授这样传统学者的成长道路。我和我的同事曾经对出境旅游市场进行了长达十年的跟踪研究,近年来又开展了"中国出境游客满意度调查"项目。在此过程中,我们固然看重围绕这些项目所形成的论文、著作、教学课件等学术成果,也更加看重与此相关的研究报告、政策建议、专业演讲、媒体采访和国际交流与合作等应用成果。在为服务政府建言献策和服务产业发展规划的过程中,我们也在探索世界格局和中国视角的当代旅游发展理论,并愿意与国际学术界进行分享。

作为一名国家旅游智库的领导者,我期待与国际同行和政商各界开展广泛的交流与合作,为推动亚太和世界旅游业的繁荣发展,为人类在大地上更加自由、更有尊严地行走,而付出所有的才情与努力。

谢谢!

(2014.11.26 澳大利亚·珀斯)

美丽中国旅游梦
——在2014中国国际旅游研讨会上的主旨演讲

女士们,先生们:

20世纪80年代早期,对于绝大多数的国人来说,旅游是长城、故宫、兵马俑等景区里熙熙攘攘的境外游客。我们从电视画面上、报纸版面上好奇地打量着欧洲人、美国人的金发碧眼，日本人、韩国人的精致妆容，港澳同胞、台湾同胞和海外侨胞的时髦衣着。如果各位坐着时光机器穿越到那个时候的中国街道，一定会经常听到"哈喽""老外"这样热情招呼的声音。那个时候，国人的梦想是能够成为一名导游，会说外语，能挣亲戚邻居很是眼热的外汇券。至于工作、学习之外的旅游离中国人还很遥远，政府主导的旅游发展目标就是赚更多的外汇，以支持国家的经济建设。

到了20世纪90年代中后期，旅游是拥挤在景区里看山、看水、看人。中国人第一次拥有可以休息两天的周末，第一次拥有连休七天的"黄金周"，加上改革开放以后近二十年的经济发展，口袋里多少有了些闲钱，旅游的热情一下子被激发起来。有钱的坐飞机、住星级酒店，钱少的坐绿皮火车、坐大巴、背着凉开水就出发了。曾经有年轻人裹着军大衣在黄山的山顶上坐了一夜等着看日出，现在想来倒不失为温馨浪漫的青春记忆，真实的情况是游客没有充足的住宿预算，目的地也没有合适的经济型酒店可供选择。

进入21世纪，作为国内旅游的自然延伸，越来越多的中国人跨出国境，在欧罗巴好奇地打量着从小就在课堂上了解到的埃菲尔铁塔、蓝色多瑙河、威斯敏斯特教堂，在南美洲实地感受曼哈顿的繁华、潘帕斯草原的辽阔和尼亚加拉大瀑布的壮观，还有新加坡的鱼尾狮、马来西亚的双子塔、香港的红磡体育馆、台北的101大楼，甚至会在北极熊和企鹅的旁边合影。在观光游览的同时，各国各地区精致的商品和远低于国内市场的价格，极大地激发了中国人的购物欲望，以至于中国人被视为"行走的钱包"。因为快速增长的出境旅游，特别是近乎狂热的旅游购物，2009年，中国的国际旅游贸易第一次出现了逆差，并呈不断扩大的态势。

而今，旅游已经成为老百姓常态化的生活方式，成为"人民群众生活水平提高的重要指标"（习近平，2013）。2014年，中国的国内旅游、出境旅游和入境旅游将分别达到36亿人次、1.14亿人次和1.28亿人次，国民人均出游率达到2.8次。旅游已经成为"现代服务业的重要组成部分"(国务院,2014)。我们的目标是到2020年,中国全面建成小康社会的时候,实现人均出游率4.5次,那将是一个60亿人次、5万亿人民币的消费市场,将成为国民经济的战略性支柱产业。国民大众的旅游梦想正在成为"中国梦"的重要组成部分,为此,中国政府和旅游业界正在积极谋划中长期发展战略,并从技术、人才和项目上进行认真的准备。

女士们,先生们:

经过三十五年的发展,中国正在从大众旅游发展的初期阶段向中高级阶段演化。展望今后的五年,如何让更多的国民能够参与到旅游活动中来,让中低收入的城乡居民能够享受基本的旅游权利,如何让旅游者享受更高的服务品质,确是摆在我们面前的重大现实课题。13亿多人口的大国啊,有人连真正意义上的观光旅游还没有享受呢,有人已经对十万元级的订制旅游挑三拣四了;城里的人想逃离钢筋水泥的丛林,山区和农村的居民想过上城市的现代化生活;有人想多一些、再多一些假期让自己可以实现"想走就走的旅行",还有很多人想获得更多的工作时间,多挣些钱让自己的基本生活能得到有效的改善。新一届政府宣告,"人民群众对美好生活的向往就是我们的奋斗目标"。作为一名始终关注国民旅游的学者,我欣喜地看到了体现国家意志的《旅游法》、承载政府战略的《国民旅游休闲纲要》《国务院关于加快旅游业改革与发展的若干意见》等文件,为国家旅游发展确定了方向、目标、实施路径和保障手段。由于中央政府明确了发展的信心,各级地方政府不断加大对高铁、机场、高速公路、江河湖海的客运码头等旅游基础设施,以及旅游问询中心、旅游宣传推广、游客满意度监测与投诉处理等旅游公共服务的投入,金融资本、产业资本、现代科技应用和年轻人的创业创新,让国民大众的旅游活动有了更多可供选择的市场主体。在这一旅游权利均等化的伟大历史进程中,同样离不开国际资本和旅游业界的合作,中国将以更大的开放力度吸引国际资本、技术和人才投资国内旅游市场,引入新型的旅行服务、酒店管理、主题公园、文化创意、汽车租赁、房车宿营等商业形态。一个开放、多元的旅游产业体系正在加速形成中。

在强调国内旅游基础市场的同时，我们也认识到出境旅游同样是国民旅游权利的重要组成部分，并需要包括中国在内的各国政府和旅游业界的共同努力，以确保游客能够享受高品质的异地生活体验。事实上，尽管中国承受了越来越大的旅游贸易逆差，但是迄今为止，尚没有迹象表明政府将加大出境市场的管制力度。相反，中国愿意看到旅游目的地国家和地区搭上中国出境旅游繁荣发展的快车，并在教育国民文明旅游方面付出了最大的努力。中国国家主席习近平就多次谈到出境旅游，在南亚访问时还与游客谈心：不要乱扔矿泉水瓶子，不要破坏珊瑚礁，少吃点方便面，多尝尝当地的海鲜。中国国家旅游局也在反复宣传并引导游客遵守《出境旅游文明公约》。与十多年前走马观花的"高速公路游"相比，今天的中国游客希望深入地体验不同国家和地区的文化与民情，分享高品质的生活方式，并希望能够得到足够的宽容和殷勤好客的对待，能够感受到自己是"受欢迎的中国人"。中国旅游研究院连续8个季度开展的中国出境游客满意度调查表明：在以加拿大、法国、新西兰、新加坡和西班牙为代表的目的地国家获得了中国游客较高的满意度评价的同时，我们的同胞对国际旅游目的地的中文接待环境、中餐、导游，以及电视、报纸、网络等的中文资讯，及居民的包容度等方面还有颇多抱怨之辞。从近期数据来看，由于民航安全、恐怖袭击和接待设施不尽完善等方面的原因，中国游客到访最多的周边国家如马来西亚、菲律宾、印度尼西亚、柬埔寨、越南等，满意度呈下降趋势。有关中国出境游客满意度的进一步资讯，我的同事将在下午的发言中向各位作专题报告，大家也可以直接从中国旅游研究院咨询获取分国别的完整报告。无论是满意，还是不满意，都是国人的旅游梦想实现过程中阶段性的视角。中国有句老话，"挑的才是买的"，游客的挑剔反映了他们对目的地国家的期待，并希望以此促进其旅游接待环境和服务品质的提升。

在努力满足并不断提升国民旅游需求的同时，政府和旅游业界还致力于优化国家旅游接待环境，想方设法提升入境游客的接待设施和服务水准，真诚地欢迎越来越多的外国人、港澳同胞、台湾同胞和海外华人华侨亲身体验"美丽中国"。经过三十年的高速增长，中国入境旅游的"封闭红利"似乎正在过去，数十亿到访中国内地的国际游客似乎觉得中国已经不再神秘，而且局部的雾霾天气、短期无法扭转的食品安全问题、人民汇率的升值，以及"黄金周"期间的拥堵等印象，让人感觉"中国，想说爱你不容易"。在此，我想和各位分享一个学者眼中的"美丽中国"。中国是一个拥有五千年文明的中国，拥有长城、故宫、兵马俑、京杭大运河和丝绸之路等众多世界文化遗产；中国也是一个正在处于现代化进程中的中国，在上海浦东、北京 CBD、深圳前海、苏州工业园、成都春熙路等地，我们可以与全球的时尚同步。中国是一个山水秀美的中国，黄山、张家界、漓江、长江三峡、黄河壶口瀑布，都是世界级的旅游符号；中国也是一个多彩人文的中国，孔子的一句"有朋自远方来，不亦乐乎"，中国还有可爱的大熊猫，五十六个民族相依相融的生活方式，足以让世界各国的游客到中国来可观光、可休闲、可度假、可体验。为了让游客往来更方便，政府推行了取消边境旅游项目审批、分阶段推进外国人 72 小时过境免签、扩大免税购物场所、开放航权、推动区域旅游合作、互办旅游年等政策举措，来确保国际旅游市场的发展繁荣和稳定增长。我们愿意与国际社会一道，在系统把握旅游发展趋势和游客需求变迁的基础之上，统筹公共部门、私营部门和社会各界力量，为世界各国游客提供更加美好的旅游体验。因为，我们认同并一直在践行这个神圣的理念——"旅游是人人享受的权利"（世界旅游组织，1980）。

女士们，先生们：

中国人的旅游梦想还包括能够"走出去"，在世界范围内向游客提供"中国服务"。今天与世界旅游组织签署《全球旅游道德规范》的企业集团都是中国旅游业界的优秀代表，港中旅集团、国旅集团、首旅集团、锦江集团、岭南集团、万达文旅等综合旅游运营商，中青旅、春秋、广之旅、携程、去哪儿等旅行服务商，开元、金陵、铂涛、华住等酒店运营商，海昌、长隆、乌镇等主题公园和景区投资者，以及更多正在成长中的商业机构，在国内市场获得了相对稳定的竞争优势以后，当然也会遵循商业规则谋划在全球旅游市场的战略布局。可以预计，美丽中国的旅游梦终有一天会成为美丽世界的旅游梦想。在中国的旅游服务走向世界的进程中,我们希望获得各位的认可与支持,就像中国游客今天所获得的礼遇一样。

2008年北京奥运会那句激动人心的口号——同一个世界,同一个梦想——早已超越了体育竞技的范畴,回响在包括旅游在内的人类文明进程中!

谢谢!

(2014.11.14 中国·上海)

把"欢迎中国"落实到旅游接待的细节中去

近年来,高速增长的中国出境游市场吸引了全世界的目光。在国家经济社会发展的强力支撑下,加上人民币升值、各国和各地区纷纷推出便利化签证政策等因素的影响,我们有理由相信中国出境旅游将继续快速增长。据初步估算,2014年中国出境旅游约为1.16亿人次,比2013年增长17.8%。从国际视角的横向对比来看,中国作为全球第一大出境旅游客源市场与第一大出境旅游消费国的地位进一步巩固。包括美国、日本、欧盟等在内,越来越多的国家和地区推出了面向中国的旅游便利化政策,并加大了宣传、推广和市场促销的力度。业界也纷纷发起面向中国游客的专项计划,如"欢迎中国""中国友好"等。

得益于中阿两国在政治、经贸和外交上的良性互动,从2007年底开始,赴阿拉伯联合酋长国的中国游客数量开始呈上升趋势。2009年9月15日开始,阿联酋正式成为中国公民组团出境旅游的目的地。自那时起,到访的中国游客年均增速保持在20%左右。2014年首站到访阿联酋的中国游客已超过30万人次。

2012年我曾经访问了阿布扎比和迪拜,并受邀在"Nihao UAE"2012中国旅游高峰论坛上发表主题演讲。当时给我留下最为深刻印象的是阿布扎比这个被誉为"沙漠花朵"的神奇国度,除了传统意义的石油经济之外,用人力和智慧创造的文化奇迹、科技奇迹和生态文明。用游客自己的话说——阿布扎比是一个充满魔力的地方,在这里所有的梦想都会变成现实。阿布扎比已经成为了同洛杉矶、休斯敦、拉斯维加斯等世界一流城市相比肩,共同引领人类科技、文化未来的一座现代化国际城市。

为了更好接待中国游客,促进中阿旅游持续发展,我们还需要从宣传推广和旅游接待的各个环节上做更加耐心而细致的改进。

进一步加强在中国主要客源地的宣传推广力度,并向中国游客释放更多的善意。为吸引中国游客,特别是有着旺盛旅游需求的年轻人、愿意到阿拉伯地区寻求商机并具有一定消费能力的企业家、拥有购物冲动的女性市场,我们需要利用各种方式,特别是互联网和新型社交媒体来扩大宣传。迪拜和阿布扎比机场还是通往欧洲、非洲和南美的重要航空枢纽,也是中国人赴中东旅游的口岸城市,建议与中东其他国家的目的地加强合作,为中国游客提供"一程多站"式的旅游线路。在进一步加大宣传推广力度的同时,还需要更加深入地了解中国游客的消费心理、消费诉求及信息获取方式,用游客特别是年轻人听得懂,也愿意听的方式进行有效的沟通。比如微博、微信、QQ等社交媒体和旅游攻略,正在成为主导性的信息传播渠道,我们是否可以考虑用这些方式来开展更加切实有效的宣传推广。这些判断在我们与中国国家开发银行于迪拜开展的旅游专题研究等项目中均已得到很好的验证。

希望更加关注中国出境旅游市场呈现的新动向。预计到2020年,中国将实现小康社会的中国梦,届时将有每年超过2亿的出境旅游人次。随着市场基数的增大和消费心理的成熟,出境人次和海外消费的增速肯定会有所下降。统计调查表明,中国出境旅游客源地正在从北京、上海、广州、深圳等一线城市和沿海发达地区向二三线城市和中西部地区扩展,这些地区和城市的居民,特别是中产阶层将成为中国出境旅游的主力。随着信息技术应用的普及、人们旅行经验的丰富以及自主性强的"80后、90后"成为中国出境旅游市场的主体,出境旅游市场的散客化和自由行趋势越来越明显。游客正在从早期一日多地的"高速公路游""土豪购物游"转向文化体验游、休闲度假游、康体养生游,甚至十天半个月的行程就待在一座城市里,以最大限度地分享和体验高品质的目的地生活。2013 年的出境游客中,93.6%是个人支付费用,61.36%拥有一次以上的出境经历,38.6%是 25~34 岁的年轻人,55%倾向于从互联网上获取目的地信息。在目的地的消费结构中,购物仍然是首选,但是与十年前相比,游客消费理性多了。多数出境旅游者会利用假期与家人在一起,并希望能够对目的地的历史文化和生活方式有更为深入的理解。

  以更加贴心的服务,不断完善欢迎中国游客的接待体系。有了欢迎的意愿,有了方便的往来通道,还需要主人善于待客之道。中国人出门在外,不仅要看 CCTV,也喜欢看《中国好声音》等选秀节目,能不能让更多的中文电视频道落地呢?中国人喜欢购物、喜欢刷银联卡(China Unipay),能不能多一些中文导购、中文标识和银联卡受理点呢?还有中餐、旅游公共服务中的中文受理等方面,都有进一步改进的空间。

  以更多的包容,与中方一道致力于文明旅游水平的不断提升。我们已经注意到:在总体上欢迎中国游客到访的同时,也有一些针对游客不文明行为的负面评价。事实上,中国出境旅游的快速发展不仅对目的地经济,而且对目的地生活环境、自然环境、社会舆论也产生了日益显著的影响。中国政府一方面通过《旅游法》《出境旅游文明公约》加以约束,另一方面也通过广泛的宣传加以引导。习近平主席在南亚进行国事访问时,与游客聊天,主要谈论的就是文明旅游。中央人民广播电台等权威媒体多次发布与文明旅游有关的公益广告。旅游者是来做客,是来体验异国他乡的风俗民情,是来分享地球村不同角度的生活方式的。如果我们的生活习惯不小心让你不愉快了,如果没有违反法律、宗教信仰和公序良俗,那么请你给我们必要的宽容和理解;如果不能够宽容和理解,那么请给予我们友善的提醒;如果不愿意费心费力地提醒,那么也请不要给我们贴标签。毕竟,刚刚成为全球第二大经济体、第一大客源市场的中国还要继续成长。总体来看,中国游客的文明程度正在不断提升。

我衷心期待经过各方的共同努力,在不远的将来,阿联酋能够成为"欢迎中国"的典型样本,成为中国公民出境旅游最希望到访的目的地。

谢谢!

(2015.2.9 阿联酋·阿布扎比)

老百姓的旅游梦想与中国政府的不懈努力
——在第七届世界旅游趋势与展望国际论坛上的主题演讲

同志们,朋友们:

在刚刚过去的国庆七天长假中,从故宫、西湖到九寨沟,从机场、高铁到高速公路,世界再次见证了中国景区和交通由于蜂拥而至的游客所带来的巨大压力。从巴黎、伦敦到纽约、芝加哥,从新西兰的岛屿到东北亚的邮轮,全球大大小小的旅游目的地都在分享着中国出境旅游发展所带来的商机。在过去的一年里,从埃及卢克索神庙的"到此一游",到法国普罗旺斯两对蜜月中的新人上演"全武行",从马尔代夫酒店里的咖啡壶煮方便面,到飞往北京的瑞士航班被迫中途返航,中国游客的不文明行为成为世人瞩目的焦点。中国游客的一举一动似乎从来没有像今天这样牵动世界经济、政治和文化界的神经,以至于在上周五的"欢迎中国"项目发布会上,我说继"中国工人"之后,"中国游客"很有可能第二次以群体的名义登上《时代周刊》的封面。

在纷繁复杂的现象背后,事情的本质又是什么呢?

当下中国正处于巨大的社会变迁进程中。1949年新中国成立以后,中国一直致力于国家的独立、尊严与强盛。1978年改革开放后,国家转向以经济建设为中心,表现在社会层面就是追求以物质充足为导向的国民富裕。2012年新一届中央政府的治国理政理念则在转向民族复兴的同时更加强调个体意义上的国民幸福,也就是我们现在常说的"中国梦"。每当说到这个词的时候,我都会告诉翻译在英语中对应的是"Chinese Dream",而不是"China's Dream"。经过了几代人的奋斗,中国人在解决了温饱问题后,渴望过上更有品质的美好生活。我们在追求民族复兴和国家强盛的同时,更加关注每一位个体的日常感受。人民群众对美好生活的向往,就是中国政府的奋斗目标。在中国共产党的第十八次全国代表大会上,中央提出两个百年中国的梦想:到2020年全面建成小康社会,到2050年,把中国建设成为富强、民主、文明的现代化国家。在这两个梦想中,旅游都是不可或缺的重要组成部分。正如习近平主席今年四月在参加莫斯科举办的"中国旅游年"活动的开幕致辞中所指出的那样,"旅游是人民群众生活水平提高的重要指标"。可以说,中国正在进入老百姓旅游权利全面觉醒的新时代,中国旅游正处于大众化发展的初级阶段。这是中国旅游经济的时代特征,也是解读旅游发展走向的战略背景。随之而来的问题则是,在一个13亿多人口的大国,在一个转型进程中的发展中国家发展旅游,如何通过制度创新和市场创新让更多的国民能够参与到旅游中来?如何完善公共服务和商业服务让游客享受更高的旅游品质?以及,如何在旅游活动中持续提高国民的综合素质?这些可以说是摆在中国政府和旅游业界面前的三大现实挑战,也是我们的努力方向。

中国当代旅游的发展始于20世纪70年代末期,那个时候的目标很简单:就是尽可能多地招徕接待外国游客,赚取经济建设所需要的外汇。尽管拥有举世闻名的长江、长城、黄山、黄河、故宫、兵马俑等自然和历史文化资源,但是客观地讲,中国的商业接待体系还是很落后的,所以要接待好外国游客并不是件很容易的事情。只能走政府主导的路子,通过行政手段,把旅游的环境与社会环境隔离起来,重点保障团队游客的服务品质。20世纪90年代中期,我们开始发展国民旅游,特别是1999年第一个国庆黄金周,老百姓的旅游需求一下子激发起来了,背着矿泉水、坐着绿皮火车、裹着军大衣就出去看山看水看文物了,甚至看到境外去了。2012年,中国的国内旅游市场达到29.6亿人次,出境旅游8318万人次,入境旅游1.34亿人次,旅游总收入2.59万亿元,出境旅游消费总额为1020亿美元,成长为世界最大的旅游消费国。除了入境旅游有所下降外，今年的国民旅游市场仍将保持一个高速增长的态势，预计国内旅游将超过32亿人次，出境旅游9500万人次。旅游服务贸易逆差将超过700亿美元。这么大的旅游消费规模，还要保障品质，还要文明旅游，既是国家的难题，也是旅游业的挑战。从世界范围来看，也没有现成的经验可循，更何况除了规模以外，还有结构性的问题。

第一个值得关注的问题是散客化趋势越来越明显。以移动通信和互联网为代表的现代科技正在革命性地改变旅游消费模式和产业组织模式，散客游成为主流的旅游方式。2012年，由旅行社组织和接待的游客比重只有3%多一些，换句话说，就是近97%的游客选择了自由行或者自助旅游，而非团队的方式出游。过去管理团队旅游，我们有些经验，但是如何有效地管理散客旅游市场，特别是让游客在时间和空间有序地流动，进而让游客享受高品质的服务水准，还需要在实际工作中进一步探索全新的宏观调控和微观监管体系。无论国民旅游市场，还是国际旅游市场，都面临这个问题。

第二个值得关注的问题是消费指向更加多元化。旅游早已脱离了以前的神秘性，作为日常生活的组成部分进入了寻常百姓家。既然是常态化的生活方式，除了在目的地看风景以外，越来越多的游客还希望，事实上也是必须要融入当地百姓的生活中。也就是说，几乎所有当代民众的生活空间游客都会进入，不仅是观光，他们还会在这些空间中购物、娱乐和参加各种活动，体验生活在路上的别样精彩。客观地讲，大众旅游时代不同社会阶层对旅游的广泛参与，必将形成旅游消费的多元选择，要求我们提供种类更丰富、覆盖面更广、体验更深入的旅游产品。

第三个需要关注的是年轻人正在改变旅游的世界。参与旅游的年轻人越来越多，无论是团队游客还是自助旅游的散客，45岁以下的年轻人都已经占到80%以上的市场份额。随着越来越多的"80后""90后"的年轻人成为旅游消费的主力军，在互联网和移动通信环境下长大的他们，在《超级女声》《非诚勿扰》《江南Style》等娱乐节目中成长的他们，正在改变旅游需求的市场格局和消费模式。而正是由于亲身感知了旅游市场和技术环境的革命性变化,一大批有商业头脑和专业能力的年轻人开始了旅游领域的创业历程。很快,七天、汉庭、桔子、布丁等经济型酒店,艺龙、同程、去哪儿、驴妈妈等基于互联网的旅行服务商,还有海航旅业、中信产业基金、凯雷等旅游投资的佼佼者就超越了那些拥有数十年历史的传统酒店和旅行社,而进入中国旅游集团二十强的序列。今天的中国,年轻人不仅是旅游消费市场的主力群体,他们也同样改变旅游供给的产业地图和竞争态势。怎么满足年轻人的旅游需求,怎么依靠年轻人创造更美好的世界,也是我们必须面对的严峻挑战。

同志们,朋友们:

中国政府和旅游业界已经认识到了这样的变化带给我们的挑战,政府先后明确了相应的国家意志和政府战略。2009年12月,国务院颁布了《关于加快旅游业发展的意见》,提出"把旅游业培育成为国民经济的战略性支柱产业和人民群众更加满意的现代服务业"。2013年2月,国务院发布了《国民旅游休闲纲要》,进一步明确了国民旅游休闲的权利,提出"到2020年基本落实职工带薪休假"。2013年4月,全国人大高票通过了《中华人民共和国旅游法》,标志着旅游发展进入了法治轨道。国家旅游行政主管部门还加强了旅游经济运行监测与预警为基础的宏观调控体系,以及全国游客满意度调查、中国公民出国旅游满意度调查为基础的微观监管体系的建设,出台并落实了《中国公民国内旅游文明行为公约》和《中国公民出境旅游文明行为指南》。在各方的推动下,大多数公共博物馆、美术馆、图书馆开始免费向游客开放,利用公共资源发展的景区门票价格过快上涨的趋势得到了明显的遏制,国庆和春节长假期间高速公路免费向小轿车开放,国家之间的免签证政策也有了实质性进展。与此同时,地方政府也做了大量卓有成效的工作,包括但不限于海南国际旅游岛建设、桂林旅游综合改革示范区建设、成都市积极推动旅游业与城市融合发展、北京建设世界一流旅游城市、西藏建设世界一流旅游目的地、苏州市以苏式生活吸引和留住客人体验深度旅游、南京市推动玄武湖及中山陵等一批著名景区景点陆续免费开放。在中央和地方政府的共同努力下,无论是旅游基础设施建设还是旅游服务配套体系的完善,都有了长足的发展,从而在公共服务制度供给和市场环境优化上进一步保障了公民的旅游权利。

可是,旧的问题解决了,新的问题又开始出现。过去老百姓出去走一走,看一看就很开心了,可是现在开始追求品质了。不仅追求旅游过程中的品质,而且对旅游目的地的整体环境也要品头论足。中国旅游研究院每个季度发布的游客满意度报告表明:游客最需要那些触手可及的温暖,或者年轻人所说的"小确幸"——小而确定的幸福。上个月我在上海人民公园逛了半天,有两个场景给我留下了深刻印象。一个场景是在充满现代气息的"迪奥设计展"大门前,三三两两的中老年市民在快乐地踢毽子健身,世界一线奢侈品牌的迪奥仅仅作为背景存在。精英品牌和平民生活奇妙地混搭在一起,不但没有丝毫突兀之感,还自然流露出可亲近、可触摸的奇妙张力。另一个场景则是蔚为壮观的"相亲角",都是老爸老妈为子女来的。他们才不管这个城市发展理论,那个国家发展原则呢,也不会觉得不好意思,就是聊着家长里短的话,把老百姓的生活梦想落实在生儿育女、子女嫁娶、饮食购物的寻常事项上。这样的场景,是如我一般的游客眼中的风景,也是他们在旅游过程中重点关注的细节吧。既然旅游不过是老百姓的异地生活方式,那么保障国民的旅游权利就必须,也只能从游客的餐饮、住宿、购物、交通、支付等具体项目的安全性、便利性和高效性方面着手。

还有旅游市场主体多元化竞争格局的挑战。在港中旅、中国国旅、华侨城、首都旅游等国有旅游集团,开元、携程、如家、七天、去哪儿等民间投资的旅游集团之外,近年来有越来越多的战略投资者、金融机构、产业基金和风险投资者开始进入旅游领域。还有大量的中小企业、微型企业,千千万万的创业创新者在进入或者考虑进入旅游行业。客观地讲,这些"小不点"长期得不到政府部门和投资机构的有效关注,特别是缺乏有效的信息沟通渠道和直接交流平台。只有让投资主体特别是风险投资者和产业基金与充满生机和活力的创业创新者深度融合,才能够在基于移动互联网的旅行服务、消费点评、汽车租赁、精品酒店、旅游购物和娱乐产品开发等旅游衍生消费领域培育出新的商业形态,以满足国民大众不断增长且日渐变化的旅游休闲需求。"巨无霸"也好,"小不点"也罢,由他们共同作用形成的市场主体多元化,不仅给旅游业带来了源源不断的活力,也使得竞争显得更为激烈,政府所面临的宏观调控和市场监管难度也变得越来越大。

迅速扩大的旅游服务贸易逆差也是中国政府和旅游业界面临的新挑战。2012年分国别海外游客总花费排行榜上,中国以1020亿美元位居首位。旅游服务贸易逆差达519亿美元,今年预计会超过700亿美元。当中国游客把越来越多的消费贡献到海外的同时,国内也有了质疑的声音,是不是应该采用"出境税""市场配额""技术标准"等手段设置服务贸易壁垒,从而将更多的旅游消费留在国内?还有,在处理国家与国家的关系时,旅游是否应当成为外交工具?是否应当对出境旅游市场赋予更多的非商业目标?对于这些问题不是没有争议,甚至有些意见非常尖锐。如何在促进世界旅游繁荣发展与扩大国内需求之间寻找均衡,需要我们具有更为高远的视野和智慧。

同志们,朋友们:

随着国民旅游消费需求的不断扩大,随着中国进一步融入世界,我们所面临的发展环境肯定会越来越复杂。这就需要我们在更大范围内达成共识,始终把旅游发展的宗旨和导向牢牢建立在公民的旅游权利基础上,坚持让更多的人得以参与旅游,享受品质服务,并从旅游发展的进程中获益。中国政府和旅游业界正在持之以恒地为此付出巨大努力,千方百计让游客满意,让社区居民满意,我们也希望海外目的地国家或地区政府和旅游业界为中国游客提供更加安全、更加便利、更有品质的公共服务和商业服务。在此基础上,进一步考虑全球范围内包括游客、企业、社区、投资者和政府部门等在内不同主体之间的包容性发展。

(2013.10.22 中国·桂林)

报告篇

  作为旅游智库建设的标志性成果,中国旅游研究院每年都会出版一部汇集市场数据和消费分析的出境旅游报告。在这个并不孤独的星球上,我们比邻而居,希望天下一家,希望走亲戚一般常来常往。我们分享异地的生活空间,尊重地球上的每一份空间,每一类人群,也希望你们能够了解和接受来自中国的游客,并对出境旅游初级阶段历史存在的问题给予必要的理解和宽容。

比邻而居，天下一家
——在《中国出境旅游发展年度报告2009—2010》发布会上的演讲

各位同仁、朋友们：

下午好！本报告是2003年以来，我和我的同事关于出境旅游年度性系统研究成果的第六册。值此新书出版发行之机，我想与大家分享三个话题。第一，中国公民出境旅游对国际旅游经济复苏与发展的作用，中国政府发展出境旅游的价值取向是什么？第二，出境旅游的发展对于国民素质提升和经济社会发展有什么作用？第三，作为一名多年关注并跟踪研究出境旅游的学者，我对中国政府、目的地国家和地区政府以及我们的业界寄予了怎样的期待？

在过去的一年，中国出境旅游的发展取得了举世瞩目的成就，以4765万出境旅游人次继续保持亚洲最大的出境旅游客源国地位。虽然与世界其他各国同样经历了全球金融危机和甲型H1N1流感的影响，中国仍然在出境旅游发展方面肩负起了一个发展中国家应有的责任，对于促进全球旅游经济的复苏与发展，特别是亚太地区旅游经济的繁荣与发展做出了应有的贡献。自1997年国务院颁布《中国公民自费出国旅游管理暂行办法》开始，中国出境旅游市场就一直保持着持续高速增长的发展态势。在此进程中，因私出境日益成为一股影响整个出境市场的重要力量。可以说，中国普通老百姓已经成为出境旅游市场的绝对主体。

旅游业界同仁和各目的地政府应该都注意到了中国出境旅游庞大的市场规模、强大的购物意愿和消费能力。除此之外，我们还应当关注中国出境旅游对于全球旅游业发展的总体贡献。其中，经济自然是一个重要的方面。通过比较中国公民出境花费与入境旅游统计数据，可以发现中国旅游服务贸易在过去一年出现了约20亿美元的逆差。从表面上看出境旅游发展带来更多的服务进口，造成外汇流失。但是从1997年以来，中国出境旅游十几年的发展在为全球旅游经济发展做出贡献的同时，也培养壮大了一批中国本土旅游企业，比如今天在座的凯撒国旅、众信国旅等一批旅游企业，正是早期通过专注出境旅游业务成长壮大起来的。

在中国旅游经济运行特别是出境旅游发展过程中，我们要更加关注中国出境旅游者为国际上带去的非经济影响。自公元1406年始，郑和七下西洋，带领2万多人的船队到达海外，横跨两个大洋，沿途经过了多个国家，那时候我们带去的是什么？我们带去的是丝绸、瓷器，还有灿烂的中国文化，带去了我国各族人民辛勤劳动的结晶，带回的同样是各个国家和人民的友谊。自古以来，旅游活动都是与文化交流活动交织在一起的。任何一种文化交流活动，如果离开了人与人面对面的交往，都是不够充分，也不够深入的。因此，发展出境旅游，以及开放目的地国家企业来华经营入境旅游业务，应当是各个国家和地区，包括政府和业界共同努力的方向。正如《全球旅游伦理宣言》所宣示的那样，"旅游对促进各族人民相互了解与尊重是有贡献的。"因此，我在比利时与欧盟旅游事务部部长会见的时候，在与中国欧盟商会旅游工作组联席主席会谈的时候，一直在强调这样一个观点：中国的出境旅游为目的地国家带去了经济上的好处，还带去了中国与世界平等交往的愿望。我们希望通过旅游的发展促进各国之间的文化交流，各民族之间的平等交往，正如1406年郑和下西洋所追求的那样。

我还想到了公元前138年，张骞出使西域的故事。当时他和他的团队所带去的依然是和平，是更大范围内不同国度的人民之间渴望相互交往和文化交流的心情。孔子在《论语》中谈及中国人的价值观，讲"天下一家"，讲"和而不同"。子思在《大学》里提到"修身齐家治国平天下"。在中国人的传统观念中，天下的概念要大于国家的概念，我们都是比邻而居的朋友。在这样的文化背景下，我们更加需要关注出境旅游的发展对人民交往和对文明交流的贡献。

无论是促进本土旅游企业发展，还是深化国际旅游合作，我们都希望出境旅游能够继续保持稳定的增长。目前世界旅游组织对中国出境旅游人次数的预计是，2015年达到8300万，2020年将会有1个亿。从我个人观点来看，这一预期可能会提前实现。既然在面临金融危机这样艰难的境况下我们没有限制出境旅游的发展，今后出境旅游的稳定增长也将会有积极的政策保障。从下个月即将发布的我国第一季度旅游经济运行监测报告来看，出境旅游的数据是比较乐观的。从比邻而居、天下一家的观念出发，我们一直秉持着走出去看一看和常来常往的心态，所以中国出境旅游发展一定会有更加光明、更加繁荣的未来。这不仅是人们的需要，抑或政策促进的结果，也是人民群众生活水平提高、生活品质改善的自然结果。

这就是我跟各位分享的第一个观点，传统价值观是中国的出境旅游保持持续高速增长的思想基础。

中国自古以来强调"读万卷书，行万里路"。尽管我们常说"父母在，不远游"，但是一个人的成长、一个国家的兴盛是需要睁开眼睛看世界的，需要向他人多学习的，所以古人说"物有甘苦、尝食者识"。每一个人在成长的过程中行走的范围越远，个人见识就可能会越开阔，个人的胸怀就可能越宽广。最近我们在研究《中华人民共和国旅游法》的立法基础与价值取向。一个朴素而基本的想法就是：旅游是人的基本权利，要最大限度地保证我国人民与他国人民在交往过程中能够更加自由地行走，能够更有尊严地去获得旅行过程中的服务。

为什么要以这样的价值观制定法律、研究政策呢？我想，就是因为旅游不仅仅是人类在空间位置上的移动，对异国自然山水的向往，更是对他乡文化的一种憧憬，对另外一片空间的生活方式的理解与认同。也正是为了了解和认知不同地区之间生活方式上的差异，无数的游客才跋山涉水，克服文化差异，去感受远方的自然、人文和社会。由此，我们才能够激发不同民族、不同文明之间相互的包容、理解和尊重。

最近在密切关注出境旅游发展新动态的时候，我注意到众信在做北欧深度旅游的北极光产品，中青旅在做百变自由行，还有其他一些旅行社在做邮轮旅游。我想，不论何种形式的旅游活动，其目标至少要包括并体现这样的理念，就是让中国居民在领略异国他乡的自然风光和风土人情的过程中增长见识、提升素质。这正是把古人所说的"读万卷书,行万里路"落到实处,也是当代出境旅游发展的目标与宗旨之所在。我们也希望目的地国家和地区政府与业界,能够不仅推广自然资源,还要把包括生活方式与历史文化传统在内的人文资源展现给中国的公民。我们希望有更多的国家和地区,能够设计出更加适合中国人"读万卷书,行万里路"价值取向的旅游产品。前几天在与中国欧盟商会旅游工作组座谈时,在编制中欧ADS协议年度报告中,我都提倡包括欧洲在内的目的地应该更好地把丰富多彩的旅游资源充分地呈现给中国国民,而不仅仅停留在十二国七日游、走马观花的高速公路旅游等初级形式。放长历史的视野,文化的多样性是旅游交往或者出境旅游最根本的驱动力,提升国民素质是出境旅游发展的根本导向。每一个业者、每一个目的地国家和地区政府,都有责任和义务来善待旅游者,都应该为包括中国在内的旅游者在不同的国家和地区自由地行走提供更多的便利,让他们在交往的过程中能够尽享更多的尊严。

中国有句古话,"在家千日好,出门一日难"。离开惯常的家庭生活环境,人们对异国他乡的人文、地理、道路、标识,乃至消费的对象总是会有一种陌生感。这种陌生感由谁来帮助他们消解呢? 只能是当地政府、旅游业界和社区居民,特别是目的地国家和地区的政府,在公共服务设施、交通基础设施、公共信息提示、公共服务救援等旅游公共服务体系建设上,应当为旅行者提供更好更完善的服务。

从1997年中国开放出境旅游市场到现在,已经过去13个年头了。应当说,各个国家和地区都在努力为中国的旅游者提供越来越多的便利。中国政府也通过签订ADS协议推动目的地国家和地区政府部门和业界携手努力,为中国旅游者提供更多、更好、更高品质的旅游服务。当然,也还有一些国家和地区,在中文环境的优化、中国旅游者权益保护、中国旅游企业跨国经营方面,以及在通过旅游实现不同文明之间的对话、不同人群之间平等互利的交往方面,还存在着不少需要改进的空间。在出境旅游发展的初期阶段,我希望更多的旅游业界和政府部门,能够以更加宽容的心态对待中国的出境旅游者。

在历史发展的进程中,13年好似弹指一挥间。无论是对于客源地的中国,还是目的地的境外,出现一些不那么令人愉快的事情是很正常的。比如美国旅游团翻车的事件,比如极少数旅游者出境滞留不归的问题,这些都是出境旅游发展过程中的非主流问题,不能因噎废食。出境旅游是一个自然发展的过程,就像一个人成长过程中会生病一样,但最终阻挡不了健康成长的步伐。我们应该更加从容、更加理性地看待这些问题,不能因为有这样一些问题存在,就认为整个中国出境旅游市场有问题,也不能因为出现一两次令人不愉快的事件,就认为中国的旅游企业是有问题的企业。要看大局、看主流。大局是发展的,主流是健康的。与欧洲国家发展出境旅游的历史相比,中国的历程还很短,出境旅游市场还需要国际社会各方共同关注与呵护。

我在此呼吁,各目的地国家与地区务必要共同关注和促进中国公民出境旅游市场的健康发展,不仅要考虑到中国公民能够带去多少利润与利益,更要看到我们所从事的是促进国际社会的交往。在这个并不孤独的星球上,不同国家和地区、不同文明背景的人民之间需要面对面的对话和交流。这是一项伟大而高尚的事业。我们有义务,尽我们的全力为旅游者在不同的国家和地区间的行走提供更多便利性,包括旅游签证、消费环境、餐饮、住宿产品等方面的便利性与安全性。也希望国际业界能够携起手来,不仅有更多的国际旅行社进入中国,也会有更多中国本土旅行社、酒店到国际空间范围内发展,追随中国公民出境旅游的步伐为我们的国民提供服务。到那个时候,中国出境旅游将会有一个更加宽松、有利的发展环境。

我知道,旅游并不能解决人类社会所有的问题。我更知道,人们只有经历了空间的移动,亲身体验了异国他乡的真实生活,了解了不同背景的文化差异,才会对不同的价值观和生活方式有一颗包容心。希望业界充分认识到,虽然存在国界的限制,但是放长历史的眼光,从更大的空间范围内来看,人民之间的来往过去不会、现在不会,将来更不会因为种族的不同、疆界的划分、政权的斗争所禁锢。我们必须以开放的心态和兼容并蓄的情怀,对处于发展中的中国出境旅游市场给予宽容,在共识的基础之上,通力合作并循序渐进地解决发展进程中所面临的各种障碍。

我和我的同事们期待着更多的人群可以欣赏异国他乡的文化,可以在更为广阔的空间范围内更加自由地行走、交流。我也期待着更多的中国旅游企业开展更多更高层次的跨国经营活动,赋予中国出境旅游者在他乡更多的消费便利。我也更加期待着全球各国、各地区不同的文化能够更加广泛的交流与发展,真正实现"天下一家"的和平与融洽,共同促进人类文明的繁荣与发展!

谢谢大家!

(2010.3.18 中国·北京)

走亲戚一般地常来常往
——在《中国出境旅游发展年度报告2011》发布会上的主题演讲

尊敬的张西龙副司长,各位媒体朋友:

下午好!

记得去年在搜狐总部召开《中国出境旅游发展报告2009—2010》新书发布会的时候,我曾以"比邻而居,天下一家"为主题谈了国际旅游的期待与梦想。今年讲什么呢?这两天我一直在琢磨谈话的主题。随着出境旅游的中国公民日益增多,包括赴台旅游在内的出境旅游活动逐渐融入中国老百姓的日常生活当中,我想到了一首老歌,一首20世纪80年代流行的民谣——《外婆的澎湖湾》。对了,就是"外婆",我的老家称为"姥姥"的这两个字,自然而然地打动了我的思维理性。格林童话里也有小红帽和狼外婆的故事,中间虽然充满了惊险与波折,但最终小红帽还是与外婆、猎人携手战胜了邪恶的狼。据我所知,在日本、朝鲜、越南等东北亚和东南亚国家和地区都有类似的民间传说。自古以来,到外婆家走一走、看一看都是世界各地人民的美好期待。很是希望中国公民出境去旅游的时候能够像到外婆家走亲戚那样亲近和亲切。

我小时候觉得到外婆家走亲戚是一件特别亲切,也是特别开心的事情。那时候年纪小,五六岁、七八岁的样子吧,到外婆家一住就是十几天,甚至更长时间。经常有邻居逗着问我,你什么时候走啊?外婆家都要被吃穷了。我就说,再住八天。过一段时间再有人问,回答还是"八天",于是落下了绰号叫"老八天"。现在想起来,那是因为在家里母亲管得比较严,而小孩子又特别向往外面的世界,所以就特别喜欢走亲戚。每次离家的时候母亲都千叮咛万嘱咐,反复强调路上注意安全,到外婆家要守规矩。到了外婆家以后,总是受到热情款待,否则也不会"老八天"啊!不过尽管这样,心里还是会觉得自己是一个客人。虽然很小,也会不时提醒自己,一定要守规矩,见人嘴甜些,办事腿脚勤快些。不至于如林黛玉初进贾府时那样小心翼翼,也总不似在母亲身边那样张扬吧。慢慢地,环境熟悉了,也结识了一些小伙伴,跟他们一块玩耍。就像远程旅游,我们去以前没有去过的地方,一开始会稍稍有些紧张,可是时间久了就好,与目的地接待人员和居民们也就自然而然地成了朋友。以朋友的心态看待周边的人与事,心态就容易平和很多:住八天就住八天吧,反正吃饭也就是多双筷子;淘气就淘气些吧,毕竟还是小孩子嘛!当然,走亲戚的人也会有待人处世的尺度与分寸的,而且随着年龄的增长,也就会越来越懂事。

再来看中国的出境旅游。从1998年开始试点,至今满打满算才短短12年,还仅仅处于"小孩子"的发展阶段,对外边的世界充满着好奇和期待,也希望获得更多的关心和照顾。刚才,张司长从国家战略的角度对出境旅游发展提出了非常好的阐释。从老百姓的角度看,就是对外面的世界有好奇、有期待,也希望有更多的关心和照顾。当然,只有12年的历程,出境旅游经验不足也是不争的事实。政府出台一些公约,千叮咛万嘱咐地告诉公众:我们是客人,到其他国家和地区做客要讲文明、守秩序。时刻记得自己是来做客的,要守亲戚家的规矩。在我有限的印象中,好像没有见过其他国家和地区的政府对出境游客这样嘱咐的。这反映了一个发展中的问题,或者说是有中国特色的阶段性政策。就在去年,大陆游客在台湾阿里山争搭小火车,为抢座位把别人的手指头都咬断了。还有内地游客殴打澳门导游,香港导游阿珍打骂没有购物的内地游客,以及日本地震、中东变局等事件,如同传说中的"狼外婆",在一定程度上影响了游客走亲戚。这些事件都是发展中存在的问题,在比邻而居、天下一家的时代里,亲戚朋友之间来往得频繁了,不确定性的问题自然就多了起来,各种各样的问题都会出现,一定程度上影响了出境旅游的融洽程度。但是我觉得这是初级阶段的问题,我们不能因噎废食,不能因为到外婆家走一走,邻居对你恶言恶语就不去走亲戚了。包括政府、产业和学术教育界在内的各行为主体,都要树立一种从容的心态,到外婆家走亲戚的心态,去理性对待出境旅游发展中出现的问题。让更多的民众到境外去走一走,看一看,不断提高我们对境外的社会和文化形态的认知。我总觉得旅游不仅具有经济属性,可以拉动经济增长、拉动消费、创造就业,等等,旅游有利于人民综合素质的提升,在促进不同地域、不同民族、不同宗教、不同肤色的人民之间的沟通和交流方面扮演着重要角色,发挥着积极作用,对促进世界各国各地区间的理解和友谊,对于促进国际和平发展都有着深远的意义。去年我国入境旅游收入和出境旅游花费相比,最终确定下来的贸易逆差有90亿美元,但是我们还会一如既往地鼓励中国公民扩大出境旅游需求,有序发展出境旅游,就是因为我们看到旅游的社会文化属性。为了保证出境旅游"又好又快"地发展,我想在这里和大家分享几点个人的看法。当然只是一名旅游学者的看法,最终的出境旅游政策,请大家以国家旅游局的官方表述为准。

首先是对于境外旅游目的地来说,既然我们怀着平和的心态去走亲戚,就希望各个国家和地区的目的地政府能够履行好亲戚的责任,能够给予中国公民更多的宽容和照顾。我们看日本、俄罗斯、中国台湾,甚至是欧美很多发达国家和地区,在出境旅游发展的初期,游客不也存在很多在目的地居民看起来不礼貌的行为吗?早期来中国大陆的游客,拿个枕套把皮鞋擦一擦然后一丢,在国人面前也会有"穷人乍富、挺胸叠肚"的表现。当然现在普遍文明了,这需要时间和过程。对于发展过程中发生的一些不文明行为,需要各方以更多的宽容和善意来解决,不要匆忙地进行批评,甚至诉诸法律。与此同时,更希望境外目的地还要对我国游客的安全给予更加充分的重视和切实的保障，特别是ADS协议国家和地区对团队游客的服务品质要给予更多的保证，其政府要与中国国家旅游行政主管部门在监管领域做更好的对接。本着"生命高于一切、品质优先于数量"的人本理念，在签证便利化和中文接待环境方面多下些功夫，以更加积极的心态促进中国公民出境旅游健康可持续地发展。我们不希望再出现菲律宾游客人质事件，任何时候，游客的生命都是高于一切的。刚刚过去的清明节，有游客去北京房山游野山迷路了，结果政府动用包括警用直升机在内的公共资源把他们救了出来。对这件事，平面和网络媒体都很关注，意见也不一致，我觉得不应该让受救助者承担过多的精神负担，这体现了中国政府对民众的责任。将来，我们还要进一步加大对中国出境游客的领事保护工作力度。

其次，对于中国的出境游客而言，既然是到外婆家去走亲戚，就要懂得作为客人的基本礼数，保护目的地的自然生态，尊重地域文化的差异性。尊重目的地人民不同的宗教信仰、伦理观念和生活方式及生存态度，既是负责任旅游的基础，也是旅游发展目标的宗旨之所在。如同《全球旅游伦理规范》所倡导的："抱着对不同宗教信仰、哲学观点和伦理观念容忍和尊重的态度，了解并促进和人性一样的伦理标准，既是负责任的旅游，又是负责任旅游的归宿"。由于没有语言障碍，以及大家普遍拥有的主权意识，我们的游客在港澳台地区发生了更多的旅游纠纷，而相比之下，在欧美地区就安分得多，这集中反映了我们的游客很多时候并没有摆正自己作为客人的位置。文明出游，带走美好的回忆，留下美好的形象，才是如走亲戚一样常来常往的前提。如前所述，这需要过程，但是我希望这个过程能够短一些，再短一些。

再次，对于旅游业界，要充分认识到中国公民出境旅游阶段性要求和客观要求。表面上看我们的游客在境外花费很多，甚至已经是第四大旅游消费国，而且短期内还可能超越英国，排名世界第三位。但是我们的旅游消费结构有很大的问题，游客的购物消费在旅游总支出中占有很大的比重。不少游客甚至出去的主要动机是买东西,真正在旅游体验上的花费,特别是住宿、游览、出行、娱乐等方面花费并不是太多。在这样的需求特征下,我们的旅行社要为游客,特别是越来越多的散客做好服务,持续提升他们的旅游体验感。一方面要学习国外的先进经验,构架更加有效的、更加人性化的体系。携程正在努力打造境内外一体化的预订服务与目的地接待体系,这也是值得我们一些企业学习和借鉴的。另一方面,也要考虑到发展现实,戒骄戒躁,扎扎实实练好内功,做好出境旅游产业正在从"土里掘金"阶段演化到"土里刨食"阶段的思想准备和商业谋划。另外,还要重视年轻人的旅游需求,以及学会利用新技术去实现产品研发和商业模式的新突破。当然,旅游是一项系统工程,还需要包括金融、信息、媒体等领域的企事业机构跟出去,为中国游客做好保驾护航的工作。总之,对于企业来说,在逐利的同时,更要保障服务,要时刻流淌着"道德的血液"。

最后,希望政府一如既往地鼓励而非限制发展出境旅游,有序促进旅游消费结构调整,把游客人身安全纳入到海外领事的保护体系中。不要用早期重商主义的观点来看待中国的出境旅游发展所带来的服务贸易逆差。让更多中国人出去走一走、看一看,这其实没有什么坏处。用好了,出境旅游的消费能力和市场影响力本身就是一种软实力。对因私出境的游客,大可以进一步放宽限制。一般老百姓出去管那么多干什么。我在各个地方都在反复地推广这样的理念,对出境旅游而言,要多从促进公民旅游权利实现、提升公民旅行福祉和综合素质的角度去理解,要尽我们的最大努力让人类在广阔的大地上行走得更加自由、生活得更有尊严。而在未来的ADS谈判中,应当以"自由行"为各国各地区政府在旅游政策领域的共同目标,不断消除现阶段存在的诸多障碍无疑变得更加迫切。

回首过去的一年,我们在出境旅游方面确实取得了不少成就。从今年的情况来看,尽管第一季度发生了日本地震、海啸、核辐射复合型灾害,澳大利亚飓风和洪水灾害,出现了中东北非动荡等不稳定因素,但是第一季度的中国公民出境旅游仍然有16.5%的高速增长,达到了创纪录的1600万人次。这足以说明出境旅游潮流势不可当,越来越多的老百姓愿意到境外去旅游。希望通过政府、业界和媒体等社会各界的共同努力,以及境外旅游目的地国家和地区的大力配合,让更多中国人可以更加安全、更加自由、更有品质地去"外婆家"走一走、看一看。

谢谢大家!

(2011.4.27 中国·北京)

重视中国出境游客的满意度评价与产业诉求
——在《中国出境旅游发展年度报告2012》成果发布会上的主题演讲

在过去的一年中,中国公民出境旅游仍然保持高速增长的态势,7025万人次的市场规模和超过200亿美元的旅游服务贸易逆差,两项指标都再创了历史新高,为国际旅游市场增长的贡献达到30%,成为世界旅游经济的稳定增长极。

在整体出境游市场继续蓬勃发展的同时,也出现了一些值得关注的结构性变化。一是客源流向仍然是以亚洲为基础,但是目的地国家和地区的范围在不断扩大。2011年,多达90.44%的出境游客目的地集中在亚洲,但是这一比例较三年前下降了0.64个百分点。同期,除赴欧洲的游客占比有所下降外,赴美洲、非洲和大洋洲的中国游客比例均呈不同比例的上升。二是消费指向还是以购物为主,但是休闲和度假客源开始趋于扩容。环球蓝联调研数据显示,68%的中国游客将21%~50%的预算用于购物,另有25%的游客购物预算甚至高达51%~80%。相比之下,88%的游客在住宿上的花费预算低于20%。另据我同事的调查,2011年有37.63%的游客出游动机为休闲度假,较2010年上升了4.15个百分点。三是非首次出境旅游者越来越多,中国游客开始以自己的视角去评价目的地的服务质量,特别是散客对公共服务体系有了自己的评价视角。根据中国旅游研究院满意度课题组的测算,2011年出境游客满意度综合指数为82.23,刚刚达到"满意"水平。其中,游客对旅行社和旅游交通的评价较高,而对旅游公共服务的评价较低,单项满意度指数仅为72.03。四是出境旅游市场的繁荣不仅为境外目的地创造了巨大的商机,也为中国旅游企业,特别是旅行社提供了难得的成长机遇,一批出境旅游批发商的品牌开始形成。2011年,中国游客境外旅游花费超过720亿美元,在世界旅游业界分享"中国红利"的同时,也推动了携程、众信、华远、凯撒等出境旅游批发商的快速成长。

一直以来,所有正式与我国开展旅游交流的国家和地区都与中国政府部门保持了良好的合作关系。无论是祖国大陆与港澳台之间经由行业协会和主管部门开展的定期沟通机制,还是澳大利亚、欧盟对ADS协议的认真评估,都为中国公民出境旅游市场的平稳发展提供了积极而有效的制度保障。美国政府在为中国游客提供签证便利方面做了实实在在的努力。据我所知,就是像阿根廷这样的远程目的地也在为扩大面向中国的旅游宣传、接待中国游客做相应的准备工作。

虽然各国、各地区都对中国出境旅游市场给予了越来越多的关注,付出了越来越多的努力,但是世界对于中国出境市场的认知还是比较单一的消费视角,甚至单纯地局限于游客购物。环球蓝联调查数据显示,赴欧中国游客的平均购物消费预算高达1万欧元。环球蓝联20.1%的免税交易额来自中国游客,在各国客户交易额中独占鳌头。客观而言,各目的地国家和地区在欢迎我们拉动其经济和就业的同时,也有一些不和谐的声音。日前,香港一家报纸刊登了题为"香港人,忍够了"的整版广告,还有人在Facebook上成立了"香港本土力量"小组,并改编了一首叫《蝗虫天下》的歌曲。事实上,2011年内地游客在港消费额占香港入境游客总消费的71.41%,占全港GDP的7.78%,内地游客已经成为香港经济社会稳定发展的支柱。过于强调出境旅游发展进程中的一些负面影响可能不利于共同推进旅游市场增长的目标与愿景。

来自游客的满意度调查还表明,虽然购物是中国游客出境旅游的重要动机,但是对香港、法国、英国等购物胜地的满意度评价并不理想,而对于西班牙、马来西亚、俄罗斯和德国等在景区建设和旅游服务供给上较为领先的目的地,满意度相对较高。这充分说明,越来越多的中国游客更多看重的是获得优质的旅游体验,而不仅仅是旅游购物方面的满载而归。在此我想对所有的目的地国家和地区说，请务必重视来自中国游客的消费评价，他们的声音才是未来市场繁荣的稳定保障。

  基于13亿多的人口基数，并得益于国家经济的稳定增长，在可以预期的未来，中国公民出境旅游市场仍将保持持续增长的趋势。从旅游政策走向来看，也没有任何迹象表明政府将会对这一市场采取管制的措施。对于世界旅游经济中长期走势而言，中国出境旅游肯定是一个可以依赖的引擎。更大的挑战则来自于中国游客的日渐成熟，以及目的地国家和地区之间的竞争。受今明两年中俄两国互办旅游年的政策激励，中国公民赴俄罗斯旅游市场将会有不小的增长空间。就在20天以前，在北京举办的中俄旅游合作论坛上，中国政府领导人提出了用四年的时间把双向旅游人数提升到500万的战略目标。在确定无疑的利好发展趋势下，我们期待目的地国家和地区的政府部门为中国游客创造更加方便和舒适的旅游环境，包括签证、通关、信用卡使用等方面的便利，也包括在主要客源集散地和目的地提供更多的中文标识、中文媒体和中文导游服务，并下更大的决心保护中国游客的生命和财产安全，提供更加高效率的旅游救援和领事保护方面的协助。为了推动上述目标的实现，在国家旅游局的支持下，我和我的同事正在做一项针对中国出境游客满意度的大型调查项目，并将在明年的一月份公布调查结果，以及针对中国游客主要到访的25个国家和地区的满意度排名。

  我们也期待目的地国家和地区的人民能够给予中国游客更多的包容，并在日常交流、对话和公共媒体上释放更多的善意。尽管我们已经是亚洲第一大客源市场，但是毕竟还是处于出境旅游发展的初级阶段。就如同发达国家的公民在出境旅游发展的初期所表现的那样，我们也不可避免会出现一些不那么令人愉快的言行举止。对此，中国政府正通过《出境旅游文明公约》和旅行社的行前说明会教育和引导游客。相信随着时间的推移，中国游客会变得更加成熟，更加自信。也正是因为看到了出境旅游可以提升国民素质和生活品质，我们才没有在逆差越来越大的情况下采取限制的措施。在此，我再次吁请世界对中国多一些耐心，多一些理解。假以时日，中国能够给予世界的，将不仅仅是庞大的消费市场，还将是一个超过13亿人口的世界公民群体。

我们还期待中国的旅游机构能借势走出去，在世界范围内配置客源和资源两个市场。我已经注意到，随着中国出境市场价值的凸显，已经有境外的酒店集团推出了针对中国游客的"欢迎"计划，还有专门针对中国市场新开发的高端品牌。这体现了国际旅游机构一如既往的市场敏感性，也显示了中国本土的旅游企业还没有用足用好难得的市场机遇。从客源市场的双向交流到更加广泛的产业合作将是中国旅游业界与世界对话的战略导向。总部位于上海的锦江国际通过资本市场已经成功并购了美国的一家第三方饭店管理公司，其旗下的经济型酒店品牌"锦江之星"也进入了菲律宾和法国市场。作为中国石油集团在旅游领域中的战略布局，其成员企业阳光酒店集团已经做好了在中亚、中东、北非、中欧、东亚等区域的布局准备。还有中国国旅、香港中旅、携程旅游等集团也开展了大量的海外业务，希望目的地国家和地区政府能够为来自中国的旅游投资商、旅游运营商创造更加宽松的商业环境。他们的存在不仅可以为中国公民提供更高品质的旅游服务，也必将有利于商业形态和产业组织的创新。

衷心希望在不远的将来，全世界不仅可以看到更多中国游客的笑脸，而且还可以听到更多中国旅游企业合作与发展的声音。

（2012.4.11　中国·北京）

这颗星球并不孤独
——在《中国出境旅游发展年度报告2013》发布会上的主题演讲

各位同事，朋友们：

下午好！

经常在世界上旅行的人应该都听说过一本小册子，Lonely Planet，即《孤独星球》。我一直在想编写和发行者为什么要取这个名字呢？首先可能是从空间意义上说的吧。在浩瀚的宇宙中，地球真的很小，小到大家把它叫作"地球村"。而在漫长的历史长河中，地球又很大。我是在乡下长大的，那个时候最大的梦想就是坐上火车到蚌埠——淮河边上的一座中等城市，翻译成英文似乎与夏威夷的珍珠港相似，"Pearl City"——去看一看城里的生活。那个时候，美国、英国、澳大利亚、阿根廷那些遥远的国度，以及那些土地上的人民只存在于中学生"世界地理"的课堂上、《世界历史》的教科书中，还有少男少女们海阔天空的想象中。我知道他们是与我一样生活在这同一片天空下，却无法真实地触摸这些遥远的国度，也无法融入其中体验他们真实的生活。从20世纪80年代开始，中国对外开放了。随着入境旅游的发展，越来越多的蓝眼睛、黑皮肤的外国人，穿着各式各样的服装，说着奇奇怪怪的语言，出现在中国的电视、报纸上，并逐渐走入了老百姓的生活中。游客们在中国登长城、逛故宫、游漓江、跟兵马俑拍照，一边感受着美丽中国，一边幸福地微笑着，让我们好生羡慕。有时也会想，什么时候也能够和他们一样，到这个星球的各个地方去走一走，去看一看这个美丽的新世界，该是多么令人激动的事情啊！

1981年，泰王国的玛哈·扎克里·诗琳通公主访问中国，希望中国人更多地了解泰国文化，到泰国去旅游。不过那时的中国经济水平和国民收入还不高，除了少数的公务和商务人士，旅游的梦想还仅限于境内。直到20世纪90年代后期，泰国才与新加坡、马来西亚一道成为向中国公民试点开放出境旅游的目的地国家。在相当长的时间里，"新马泰"就是出境旅游的代名词。"去新马泰了吗？""去过啦！新街口、马甸、北太平庄，一圈走下来，花了不老少的钱呢！"在这种京味十足的调侃中，我们能感受到国人对出境旅游的渴望，更能体会到当时国人发自内心地渴望了解外面的世界。现在想来，又何尝不是一种孤独呢？只是这种孤独不仅源于空间上的封闭，还是没有机会亲眼看一看外部世界的焦虑。马克思说过，"人是社会关系的总和"。没有广泛而深入的人际交往，居住在这颗蓝色星球上的每个人都可能会是孤独的。随着国家经济社会的发展和国民财富的增加，政府对出境旅游管制的政策也在不断放松,甚至在金融危机期间也没有采取限制性的国际旅游政策,从而让拥有13亿多人口的中国公民出境旅游市场进入了一个快速发展的轨道。在过去的十年中,国人出境旅游人次的年均增长速度高达18%。2012年,中国以8318万人次的海外游客、1020亿美元的旅游消费成为世界最大的旅游消费国,并引起了全社会的关注。目前,中国已与146个国家和地区签署了ADS协议。事实上,中国游客的脚步早已踏上了包括南极和北极在内的世界各个角落。出境旅游从过去作为一种少数人享受的权利正在逐步转向普及化的平民消费。由于长期抑制的消费意愿在短期内释放,也由于在快速发展进程中我国的商品和服务质量存在一些问题,中国游客在海外的消费更多地指向购物。根据我和中国旅游研究院同事们的初步研究,中国出境游客65%的消费用于购物。购物清单既包括媒体关注的珠宝首饰、名牌箱包、法国红酒等高档奢侈品,也包括时装、香水、化妆品等日用品,以及香港限购的婴儿奶粉。我们得承认,尽管部存在着炫耀性消费的动机,但是从总体上讲中国游客的海外购物是避税消费的理性行为。

　　中国游客的强大购买力为尚未走出金融危机的世界经济增添色彩的同时,"China",中国,也成了世界旅游业、各国和各地区政府谈论最多的热词。在过去一年,我明显感受到了国际社会给予中国游客的尊重在增加。在签证方面,美国、日本、澳大利亚、新西兰等都不同程度地放宽了对中国公民的入境手续。2012年,中国赴澳大利亚的个人旅游签证和商务访客签证的获签率达到空前的94%;美国在过去的一年中签证处理能力提高了40%,并计划2013年对华签证申请处理量达到220万。我还看到了国际航线数量继续增长,2012年仅中国东方航空一家航空公司就新开了十余条国际航线,部分原有国际航班班次也得到不同程度的加密,尤其是直飞航班。"俄罗斯旅游年"最为显著的成果是中国访俄游客人次增长了44%。2013年3月22日,中国国家主席习近平在克里姆林宫与俄罗斯总统普京共同出席中国旅游年,并发表了令人鼓舞的主旨演讲。中国出境旅游的持续发展不仅让中国游客看见了美丽世界,体验和分享了世界各国人民的幸福生活,也为世界旅游业的增长做出了13%的贡献。可以说,中国已成为世界旅游业持续繁荣的新引擎。

各位同事,朋友们:

在支持中国出境旅游有序发展的同时,我也想告诉各位,高达519亿美元的旅游服务贸易逆差,对于一个转型与发展中的中国,对于正在努力扩大内需特别是居民消费促进经济持续增长的中国来说,我们不得不面对"出境旅游发展是否超前"的政策拷问。事实上,我们已经感觉到了加强出境旅游管制的现实舆论压力。

从调查数据来看,中国游客在除购物项目之外的消费水平并不算高。我们不能只看到媒体上报道的少部分游客的奢华消费,更要关注千千万万普通中国游客的消费行为。很多团队游客到欧美国家选择入住的酒店多是在郊区,并不是因为郊区环境多么优美,空气多么新鲜,而是郊区酒店的价格便宜,可以把更多的钱放在购物消费上。花在餐饮上的预算也是很低的。顺便说一下,中国游客喜欢在酒店里用开水泡方便面,有节俭的因素,更有中餐场所和中餐菜单不足的原因。而在日常的观光游览过程中,无论是公共服务还是商业接待体系,中国游客所能够享受到的服务品质还有诸多不那么令人满意的地方,甚至一些基本的旅游权益还没有得到应有的保障。比如团队游客面临的强迫购物和消费欺诈已经成为投诉的主要问题。据北京市旅游委员会的数据,从一季度投诉情况看,出境游投诉数量大幅增加,泰国游投诉尤为突出。出境游投诉80件,同比上升了300%。就是在经济社会比较发达的欧洲,中国游客在巴黎遭遇抢劫时面临的人身和财产安全问题也引起政府旅游行政主管部门和行业协会的关切。在居民的友好程度方面,关于中国游客的负面评价也多了起来,"蝗虫""暴发户""说话声音大得像大喇叭"等对中国游客的负面评价不断出现在各类媒体上。一些国家和地区对中国发达程度不同的出境客源城市还存在地域上的歧视现象,比如让游客提交存款证明就是歧视!在香港买几罐奶粉也要面临被判刑的危险,说实话,我对此不理解。之所以举这些不那么令人愉快的数据与案例,是希望国际社会能够对中国游客的生活方式和旅游行为多一些宽容,在为中国游客提供更高品质的服务方面多一些努力。

我的同事一会儿将正式发布《中国出境旅游发展年度报告 2013》和《2013 年第一季度中国出境游客满意度调查报告》。前者是延续了十年的年度项目,后者则是今年按季度开展的新项目,会给大家提供不同语言的版本。为了让大家了解一个真实的中国出境旅游市场,以及中国游客对到访地的真实评价,我和我的同事们付出了巨大的努力,希望大家不仅仅是关注各自国家和地区的排名先后,而是看到成就的同时能够直面现实的问题,在分析原因和比较借鉴的基础上不断做好对中国游客的接待工作。

各位同事,朋友们:

我相信,对于世界旅游经济而言,中国是已经到来的战略机遇,一个持续增长、健康发展的中国出境旅游市场有利于中国,也有利于世界。我希望各国政府、旅游业界和社会各方能够为中国游客提供更加便利、友善的旅行环境,包括但不限于中文标识、中文报刊、中文影视、中文导游、中式餐饮,多向中国游客推荐一些物有所值的商品和服务,多引导中国游客真实地体验和分享不同的文明和各自的生活方式,更加平等地对待每一位中国游客,特别是保障游客的生命财产不受侵犯。正视出境旅游发展初级阶段所呈现的一系列问题,以更多的耐心和智慧,通过双边和多边的合作框架去务实解决。文明的演化是一个长期的过程,正如世界旅游组织1982 年在马尼拉发表的《世界旅游宣言》所指出的那样:"发展旅游的根本目的是提高生活质量并为所有的人创造更好的生活条件。"

我希望中国的旅游企业,特别是经营出境业务的旅行社,能够与中国游客一道来创造高品质的旅游文明。"中国梦"不仅体现在国家的强大上,还体现在国民的幸福和素质上。在诚信经营的同时,还要教育和引导国民文明旅游,特别是遵守目的地国家和地区的法律,尊重当地人的风俗习惯。

我希望中国政府能够长期坚持而不轻易改变有序发展的出境旅游市场政策。在全面建成小康社会的中国梦中,应当包含国民的旅游权利。出去的人多了,对国家形象也是正面的宣传。为此,我们还需要更多的政策创新,包括但不限于进行ADS 升级版的储备性政策研究、建立保护中国出境游客的民事权利和品质诉求的国际合作机制、支持和引导中国旅游企业"走出去",参加更大范围的国际竞争。

我还希望,目的地国家和地区能够与中国一道,逐步深化对旅游功能的认识。在茫茫的宇宙中,地球是我们迄今所知唯一孕育生命的星球。旅游业给我们带来的,不仅仅是贸易、财富和就业,更是通过在大地上自由而有尊严地行走,去看见异国他乡的美丽,去分享父老兄弟的幸福,也消除彼此的孤独。

(2013.4.22 中国·北京)

转折之际,主客之间
——在《中国出境旅游发展年度报告2014》发布会上的演讲

各位业界同仁,媒体朋友:

上午好!

在过去的一年里,中国游客在世界上可是赚足了眼球,9819万的出境人次所创造出的1286亿美元的市场,足够买3~5支全员列装的航母编队了。中国出境旅游在短短十多年里就快速成长为第一大旅游客源国和世界旅游经济发展的新引擎。正是看到了高速增长的市场所带来的巨大商机,无论是美国、欧盟、俄罗斯、澳大利亚、韩国等发达国家和地区,还是东盟、南非、阿根廷等旅游目的地,几乎每一个经济体都在政府高层互访和政经互动中把旅游列为重要议题。不仅酒店、餐饮、主题公园、航空公司等典型的旅游接待机构,而且零售百货、奢侈品牌、信用卡、电视、报纸、网络等相关的商业机构,以及更多的战略和风险投资者开始关注与中国游客有关的话题。中国旅游市场的话题是如此之热,以至于如果你在商务活动和专业论坛上不谈论它的话,就仿佛在这个炎热的夏季里不谈论世界杯一样显得格格不入。

然而在这繁荣的市场背后,在这热闹的话题面前,作为一名旅游专业智库的领导人，我似乎不合时宜地看见了转折的迹象。七八年之前，我们经常会在睡梦中也会接到熟悉甚至不熟悉的朋友打来的电话，"我在自由女神像（狮面人身像、巴黎圣母院、悉尼歌剧院）前向你问好"。哪里是问好，就是告诉你"哥们出国（境）啦！"现在几乎不会再出现这种情况了。尽管为数不少的国民还没有出境旅游的首次经历，但是整个市场已经逐步由爆发式的高速增长转向常态化的平稳增长。出境客源地已经从北京、上海、广州、深圳等一线城市和沿海发达地区向二三线城市和中西部地区扩展，这意味着出境游客群体正在从官员和精英阶层向普通百姓渗透。旅游方式从早期的跟着旅游团在高速公路上"九天十国游"，在免税店和奥特莱斯对着长长的清单"海外购物游"，逐渐转向自由行和深度体验游。这些变化意味着出境正在成为普通中产阶层常态化的生活方式。既然是生活而不再是戏剧，游客就会以平常心去打量、评价他们到访的目的地。从中国旅游研究院按季度监测的出境游客满意度来看，总体上是满意的，2013 年排名第一的加拿大已经获得了中国游客 82.27 的高分。同时也有中国游客反映对他们享受到的服务品质不尽满意，甚至一些基本的旅游权益还没有得到应有的保障，比如中国游客在巴黎遭遇抢劫时面临的人身和财产安全等问题。还有，相对于城市的整洁和环境的美丽，社区居民似乎对游客还不够友好。

　　回归到日常生活的旅游就得经常面对主人和客人之间的关系。既然会有客人觉得主人不够热情，当然也会有主人觉得客人不够礼貌的时候。近年来，关于中国游客不文明的话题也是越来越热，什么只知道购物的土豪啦，整天扎堆高声喧嚷啦，中国大妈把广场舞跳到巴黎啦，小孩子当街小便——居然还有人拿着手机公然拍照，等等，几乎每一事件都可以炒作成新闻热点。往深里一想，很正常啊：这些年出境旅游的持续高速发展使得国家与国家、国家与地区之间的交往已经从政治外交、精英交流完全过渡到普通国民之间的日常互动，结果就是游客在惯常环境中的生活方式也毫无保留地展现在世人面前，与境外目的地居民之间的"主—客关系"也由充满神秘互动的恋爱期一步步地走进了柴米油盐的生活期。

上述的转折是现实发生并且可以看见的,还有一些蓄势待发或者看不见的,比如宏观的政策调整压力。同世界其他各国一样,吸引更多的入境游客并获得更多的外汇收入也是中国多年来一直坚持的旅游政策。现在,一方面是入境旅游在过去的几年处于重振乏力的平台期,另一方面是出境旅游的稳步高速增长,导致2009年以来,中国的旅游服务贸易逆差持续扩大。加上境外对游客不文明行为的夸大其词,政策制定者事实上面临着对出境旅游政策调整的现实压力,一些国际通行的政策储备包括但不限于税收、配额、技术标准、绿色壁垒等。

各位同仁,朋友们:

旅游是人类长存的生活方式,也是基本的人权,让人类在大地上更加自由、更有尊严地行走,这是中国人的出境梦,也是全世界人类共同的旅游梦。值此转折之际,坚持和谐的主客关系,在旅游政策协调、游客权利保护、旅游品质提升和国民教育等多个领域形成广泛的共识,推动国际旅游持续繁荣与发展,是包括中国在内的世界各国各地区的政府部门、商业机构和社会各界的共同责任。我们需要客观认识到,游客的不文明行为和主人有保留的热情都是中国出境旅游初级阶段的暂时问题,是发展过程中的正常现象。在承认这些问题和现象客观存在的同时,我们也不能将之随意放大,更不能因噎废食,而是要从长计议,耐心地培育这个持续增长的大市场。

我们将会看到出境游客越来越文明。中国是拥有五千年文明的礼仪之邦,从孔子开始,老祖宗就教导我们要入乡问俗,入乡随俗,到别人家做客时,得客随主便。可不能干那些"穷人乍富,挺胸叠肚"的事情,于情于理于法都不合适。2013年4月颁布实施的《中华人民共和国旅游法》就明确规定了游客有文明旅游的义务。政府还颁布了《中国公民出境旅游文明公约》,行业协会和旅行服务机构都做了大量的工作,很多游客在出境之前也做了大量功课。应当说,国人在境外旅游的过程中文明程度还是在不断提升的。

我们将会看到各国、各地区的政府和公共部门给予中国游客更多的便利,从简化签证手续、缩短签证时间、减少签证费用等点滴的接待细节上善待到访游客。公共部门首先是移民、海关、边检、警察、安保等部门,在严格执法的时候可否多一些人情味呢?在去年芝加哥召开的中美省州旅游局对话会上,我就提出:你美国的移民局和国土安全部门的工作人员能否先给我一个微笑?就算你心里想着每一个人都有滞留可能或者非法移民的倾向,也犯不着把每一个人都当作犯人审啊!进入目的地以后,游客服务中心和问询点也可以多备一些中文资料或者会说中文的工作人员嘛。当然,这些都需要政府部门加强人员培训和专业教育方面的投入。一分耕耘,一分收获,相信政府和公共部门的每一分努力,游客都能够感受到。

我们希望看到各国、各地区的旅游业界更加深入地研究中国市场和中国游客的消费需求,不断提升中国游客对目的地的整体满意度。比如给酒店、机场、航空公司、主题公园、购物场所多提供一些中文导引,多提供一些中式餐饮比如开水、热粥什么的;比如可接受银联卡(Union Pay)和环球蓝联(Globe Blue)的网点多一些,物流配送系统与中国的顺丰快递对接得更加顺畅一些;比如出租车、地铁、公交车等公共交通服务,也可以多一些中文标识,多一些Wi-Fi热点,让游客旅游变得更加智慧。事实上,接待好中国游客并不是件太难的事情,可以先从游客的核心诉求做起,从力所能及的小事做起。在这方面,"欢迎中国"(Welcome Chinese)项目可以起到一个导航的作用。

我们将会看到各国、各地区的居民在法律的框架内对中国游客的文化差异和生活习惯给予必要的宽容和平等的对待。游客是来做客,是来体验异国他乡的风俗民情,是来分享地球村不同角度的生活方式的。如果我们的生活习惯不小心让你不愉快了,如果没有违反法律、宗教信仰和公序良俗,那么请你给我们必要的宽容和理解;如果不能够宽容和理解,那么请给予我们友善的提醒;如果不愿意费心费力地提醒,那么也请不要给我们贴标签,好吗?毕竟,刚刚成为全球第二大经济体、第一大客源市场的中国还要继续成长的。在国民成长的道路上,在文明演化的过程中,彼此的友善和热情是会记在心里的,而且,"人敬我一尺,我敬人一丈"。一定会是这样的。

值此出境旅游市场的转折之际,主客之间的宽容、理性与务实是如此重要,以至于我们得把它作为一个战略性的话题持续探讨下去。

谢谢!

(2014.6.10 中国·北京)

说走就走的旅行:理念、政策及其商业实现
——关于《中国出境旅游发展年度报告 2015》的专题演讲

女士们,先生们:

近来年轻人主导的社交圈子里有一个热词,叫作"说走就走的旅行"。对此,舆论似乎有不同的看法,有人认为是社会转型和大众旅游初级阶段特有的现象,应当给予宽容和理解;也有人认为太任性了,如果不知道自己要的是什么,哪怕走到天涯海角,归来也只是空空的行囊。其实,这句话只是情绪化地表达了国人内心深处从来就没有停止过的对自由的向往。相对于自古以来人们在特定空间里有限选择的生活方式,能够在自主的时间,以自己喜欢的旅行方式,到访这颗星球上任何一个愿意去也能够去的目的地,想想都是一件令人激动不已的事情。

理想很丰满,现实却是很骨感,旅游权利的实现从来就不是没有代价的。对于绝大多数人来说,一场现实的旅行必须要具备四个基本要件:可自由支配收入,就是要有闲钱;可自由支配时间,有闲暇;有消费意愿,总不能出去旅游老是有太多放不下的事情,回来还没完没了的自责啊;以及,鼓励旅游和自由、便利的旅行政策。

改革开放以来的三十多年,我们先后解决了收入和时间约束的问题。现在,旅游已经成为老百姓的日常生活选项,尽管人均每次旅游花费只有八百多元人民币,但是只要愿意,每年还是可以或远或近地出游几次的。到 2020 年全面实现小康社会的时候,根据国务院 2014 年 31 号文件给出的目标,国民出游率将超过 4.5 次。届时将有每年 60 亿人次的国内旅游和 2 亿人次的出境旅游,初步达到发达国家的门

槛水平。从政策环境上看,政府和社会各界发展入境旅游和国内旅游已经达成了高度共识,并为此在旅游基础设施建设、旅游公共服务、旅游投资、职工带薪休假、青少年研学旅行等方面做了大量务实有效的工作。相对而言,对于快速增长的出境旅游市场和巨额的出境旅游消费,政府和学术界一直存在着是否超前和要不要限制的争论。这些争论正在影响中国出境旅游的发展理念和政策取向,如果最终得出超前和限制的结论,那就会影响到每一个人的旅游决策和消费行为。

受起步阶段入境旅游的影响,中国的旅游发展战略主要是以创汇和拉动经济增长为政策取向的,在实践中则主要是围绕旅游目的地体系建设展开的,直到今天依然如此。我们总是自觉不自觉地认为,吸引更多的游客到访,带来更多的美元、欧元、日元或者人民币收入,带来更多的就业,发展旅游才有合法性和合理性。相反,如果游客出去了,消费外流了,则视之为不好的事情。特别是在当前经济下行压力加大的背景下,呼吁海外消费回流的舆论很可能就会转化为限制导向的政策设计和贸易壁垒。我们很高兴地看到包括最高领导人在内的政府主流意见对发展出境旅游采取了一如既往的支持态度。2013年国家主席习近平在莫斯科举行的"中国旅游年"开幕式上指出,旅游已经成为人民生活水平提高的重要指标,中国人自古以来就有"读万卷书,行万里路"的传统,出国旅游尤其为人民群众所向往。在前年和今年的博鳌亚洲论坛的主旨演讲中,习近平主席两次提到了未来五年中国公民出境旅游总数预期,分别为4亿和5亿人次。2015年,中国和韩国、印度、中东欧分别互办旅游年,努力促进各国之间的人员往来。就在前不久召开的第五届中日韩旅游部长会议上,三方发表联合声明,提出了2015年实现互访游客人数达到2000万人次、2030年达到3000万人次的新目标和"自由旅游区"的共同愿景。这一目标的实现无疑需要包括中国在内的各国政府采取更加积极的出境旅游政策,而不是背道而驰。

女士们,先生们:

随着时代发展和社会的进步,越来越多的人开始接受这样的共识:旅游是人类长存的生活方式,是每一个人的基本权利。发展旅游的根本目的是提高生活质量并为所有的人创造更好的生活条件,也即社会总体福利的增加。(世界旅游组织《马尼拉世界旅游宣言》,1980)每个人都有自由离开和返回他的国家的权利。(联合国《国际人权宪章》,1948、1966)旅游不仅具有增加外汇收入、拉动经济增长等经济属性,更具有增长见识、提高生活水平和综合素质、促进人类文明等社会文化属性。人民有自由旅游的权利,更有获得人格尊严和高品质服务的权利。由是出发,"为了人类在大地上更加自由,更有尊严地行走""文明、包容、共享""对话与无所不在的学习",应当,也可以成为包括中国在内的全球旅游发展新理念。经由各国政府、行业协会、教育、学术研究、媒体和社会各界的共同努力,使之成为旅游政策和创业创新的理论基础和战略导向。

上述理念在国际合作中具体表现为签证、税收、航权和领事保护等旅行政策的宽松化。在过去的一年中,中国政府和世界各国各地区、相关国际组织一道,为最大限度地促进国民旅游权利的实现做出了不懈的努力,并取得空前的成就。可以说,在采取更加积极的国际旅游政策创新方面,政府工作是"蛮拼"的,游客评价"点赞"了。我们看到,继美国总统奥巴马宣布给予中国游客十年有效签证后,日本、韩国、加拿大、新加坡、英国、意大利等国家纷纷跟进,给予中国游客更多的签证便利化,包括但不限于放宽签证有效期、降低签证费用、增加签证官员数量、启用电子签证,还有落地签证和免签证入境等过去被认为天方夜谭的便利。中国政府为了增加护照的"含金量",也加快了与相关国家的谈判进程。自2015年1月1日起,印度尼西亚对中国等五国游客实行免签政策,这也是第50个对中国实施免签和落地签的国家和地区。随着中国经济社会发展和"一带一路"、孟中印缅经济走廊、中韩及中澳等自由贸易区建设步伐的加快,签证政策的宽松化将是不可逆转的趋势,我们有理由相信"说走就走的旅行"至少在旅行证件方面不再是事儿了。

俗话说,在家千日好,出门一日难。特别是出境旅游,更是难免会遇到这样那样的问题。为了国民放心出游,出境游客首次被全面纳入领事保护的范畴。今年

"两会"期间,外交部长王毅在关于海外民生工程时强调,"中国脚步"走到哪里,"中国保护"就要跟到哪里。作为这一宗旨的具体落实,外交部于去年设立了全球领事保护应急呼叫中心"12308"热线,承诺并践行任何时间、任何地点,只要游客有需要,都能够及时得到外交部和驻外使领馆的帮助。如果说以签证便利化为代表的旅行政策有效降低了国民出游的制度壁垒,那么,针对游客的海外领事保护力度的加强则进一步提高了出境旅游的安全感。上述信息也充分表明了中国政府关于出境旅游的政策设计与发展理念是相向而行的。

　　从历史经验来看,旅游是能够提升国民文明程度的,绝大多数游客也是自觉遵守目的地国家的法律法规和公序良俗的。前不久,一名中国游客在圣地亚哥海洋公园遇到了一名美国人突发心脏骤停,倒在地上。他一个人坚持了十分钟的专业救援,直到专业人员赶到现场使患者复苏。近期,中国旅游研究院正在与中国国际广播电台合作,在全球范围内开展外国人眼中的中国游客形象的大型调查项目,很快将会发布调查结果。现在每年都有超过1亿人次的中国公民出境旅游,在拉动目的地经济发展、增加就业和提升自身综合素质及文明程度的同时,我们也注意到了少数游客的不文明行为已经影响到了主客关系,甚至国家形象。政府正在下更大的力气引导国民文明旅游,在之前的《中国公民出境旅游文明行为指南》的基础上,国家旅游局还启动了《游客不文明行为记录管理暂行办法》。今后,游客在旅游中出现严重不文明行为,将被拉入"黑名单"。文明程度提高了,主客关系融洽了,海外目的地就会更加欢迎中国游客的到访。

　　女士们,先生们:

　　在看到中国政府与世界各国、各地区一道为国民旅游权利而努力的同时,我们也要提醒海外旅游目的地的政府和旅游业界:随着国民旅游经历的增加和消费经验的成熟,他们不再满足于走马观花的常规线路,而转向对目的地生活方式的深度体验。从消费结构上看,购物依然是主要的消费选项,但是消费已经明显趋于理性,冲动性购买和炫耀性消费则明显减少了。借助传统媒体和互联网社交媒体,游客也在积极主动地表达他们的评价。这就要求海外目的地除了市场宣传推广以外,还要从公共服务基础平台和商业服务体系两个方面做更多的工作。

4月10日,中国旅游研究院正式发布了《2015年第一季度中国公民出境旅游满意度调查报告》。调查表明,出境游客对海外目的地的评价虽然还维持在76.77分的"基本满意"水平,但是与三年前相比已经有所下降。尤其值得关注的是,游客对于投诉处理的平均满意程度同比和环比出现了大幅度的下降,仅得了64分。游客的抱怨主要集中在中文解说系统、中文接待环境、导游服务质量等方面,似乎也没有哪个机构对这些抱怨负责并加以改善。就是西班牙、意大利、韩国这样的发达国家,游客对旅游投诉处理的满意程度也是很低的,甚至还有社会治安的问题。如果这些问题长期得不到解决,最终会影响中国游客对目的地的选择,严重的话会失去日渐增长的中国市场。希望各国、各地区能够与中国政府在游客海外权益保护方面的努力相向而行,哪怕是在国门之外,游客的抱怨也需要有人倾听,更需要善意的回应。

我们欣喜地看到商业机构正在为此而积极地作为。不仅购物中心、奥特莱斯、免税店配上中文标识和汉语导游,洲际酒店集团还在全球范围内推出了专门针对中国游客的"洲道计划"。在"欢迎中国(Welcome Chinese)"项目的推动下,越来越多的酒店和购物场所开始接受银联卡支付、在客房里可以阅读中文报刊、观看中文电视节目,年轻人无论在哪儿都不会错过"中国好声音"了。还有机场、巴士、高铁、博物馆等,随身带上一个"漫游宝",出境旅游不仅可以"说走就走",还可以"说停就停"。在这样一个旅游权利持续扩展的过程中,资本、技术和年轻人主导的创业团队,正在全球范围内推动旅游成为创业创新最为活跃的领域。

有了旅游权利的理念,有了日渐宽松的政策,更有商家的悉心照料,还犹豫什么呢?说走就走的旅行,让我们上路吧。

(2015.4.13 中国·北京)

理性的增长与变化的应对
——关于《中国出境旅游发展年度报告2016》的专题演讲

各位上午好！

很高兴每年一次来跟大家聊一聊出境旅游的话题。我今天早上来的路上在想着湖南卫视刚刚结束的"我是歌手"决赛，唱民谣的老狼把摇滚圈的老炮儿召集到一块帮唱。民谣和摇滚似乎并不怎么搭的，前者多是近处生活的吟唱，后者则更愿意与现实保持距离感，并容易引起年轻人的共鸣。正如歌手许巍演绎的那样，"生活不只眼前的苟且，还有诗和远方的田野"，可是对于绝大多数人来说，不论是不是苟且，都得先过好眼前的生活不是？如果说出境旅游是我们的诗和远方的话，柴米油盐就是老百姓的日常生活，那就让我们先从与日常生活直接相关的物价聊起吧。

这两天老百姓的菜篮子有两样东西因为涨价而成为网络段子手的热门题材。一是价格上涨35%的大葱，一吨的大葱价格相当于同样重量的石油价格的8倍；另一个是猪肉，也上涨了35%。从国家统计局公布的3月消费者价格指数CPI来看，同比上涨了3.5%，同期PPI，也就是生产者价格指数则下降了4.3%。这意味着咱老百姓哪怕走在诗和远方的路上，也得回头看看眼下的生活别有什么影响。回到旅游的话题，尽管李克强总理在政府工作报告中明确提出"迎接大众旅游时代"，但是一个不言自明的道理是，只有把日常生活过好了，过踏实了，才会考虑去更远的地方。因此，国民经济的增长率、企业生产的活跃度、居民消费品的价格走势，都会直接影响远方的旅行。

就是带着诗歌去了远方，也还是离不开世俗生活的，除了吸引我们的美丽风景，还得考虑出去旅行是不是很方便，口袋里的货币是不是足够坚挺。对于出境旅游来说，货币的坚挺程度与汇率直接相关。从去年的1月到今年3月，人民币兑美元的汇率贬值了3.85%。这意味着中国人出境旅游的成本变高了，这不利于消费意愿的持续增长。国家旅游局发布的2015年出境旅游总人数的市场指标，再创历史新高，接近1.2亿人次，但是增长率只有9.8%。这就意味着经过了15年的高速增长，中国的出境旅游市场增幅首次回落到个位数，也意味着自发的、高速增长的出境旅游时代已经成为过去。

尽管增幅回落到个位数，中国出境旅游市场增长的空间仍然是巨大的。这个判断可以从宏观经济指标得出，也可以从出境旅行证件的存量和增长进行预判。旅行证件包括因公和因私的护照、港澳通行证、往来台湾地区通行证，总数应该是六千万多一些。就是忽略一个人持有多本旅行证件的因素，六千万人的潜在出境市场存量，和14亿的人口基数比起来，就有一个非常巨大的增长空间。世界那么大，绝大多数国民都想出去看一看。只要证件签发的政策放宽些，这个市场就会放量增长。请各位相信，中国的出境旅游市场基础是足够厚实的，未来五到十年稳定增长的基本面没有变。

让我对出境旅游市场保持乐观预期的第二个理由是越来越多的国家和地区给予中国游客更好的旅游便利。现在的年轻人都喜欢"说走就走的旅行"，那得让别人允许你说来就来啊。在过去的一年中，我充分关注到越来越多的国家和地区对中国游客实施了免签证、落地签证、一签多行等以签证便利化为代表的宽松而自由的旅行政策。允许游客自由来往还不够，还得有欢迎的态度，持续扩大在中国市场的宣传力度，并为之投放更多的高品质旅游产品。事实上，今天来参加COTTM的展商及其所在国家和地区的政府、公共服务部门和商业机构就是这么做的。在欢迎中国游客的接待环境方面，包括但不限于中文标识、汉语导游、中餐、银联卡等，都让游客得以更方便地体验目的地生活方式。

受益于大众创业、万众创新的大环境，旅游市场主体为中国出境游客创造了更好的消费环境。像妙计旅行、我趣旅行、6人游等，都在做海外的酒店、租车、餐饮等目的地资源的直接采购和产品整合。像蚂蜂窝这样有深厚互联网基因的旅行服务商，从早期用户生成内容（UGC）到专家生成内容（PGC），再到休闲旅游者的自由行服务,一直在利用大数据技术来为出境游客提供丰富多彩的旅行生活体验。银联国际、欢迎中国等项目则一直推动海外目的地为出境游客提供更多的品质分享。

出境旅游市场对关税政策很敏感。最近大家普遍关心4月8日以后,海外旅游时所购买的商品在入境管制政策上是不是变得更为严厉了。网络有很多似是而非的文字和图片,我希望大家研究这些政策性很强的问题,一定要去财政部和海关总署的官方网站查看官方渠道发布的消息,谣言就不攻自破了。政策是严肃的,需要稳定和连续,如果有调整的话,也是分类渐进的。比如跨境电商平台,其交易的频次和营业规模是肯定要受新政策的影响,严格意义上讲这不是旅游的范畴,而是小额贸易的范畴。没有迹象表明中国政府在实施,或者在研究如何调整出境旅游政策。

面对中国出境旅游市场的变与不变,接下来谈几点建议,供各位参考。

继续保持对出境旅游市场繁荣和发展的坚定信心。2020年很快就会到来,中华民族伟大复兴的第一个目标,即全面实现小康社会的中国梦就要成为现实。人均GDP、居民可自由支配收入、城镇化水平、人均寿命、平均受教育年限等经济社会发展指标都将有质的变化。日常生活的问题解决了,我们就会有意愿,也有能力多考虑一些诗和远方的问题。事实上,政府和社会也正在为大众旅游时代的到来做各项准备工作。大众旅游是什么?首先是国民参与人数的持续快速增长。2015年,国民参与旅游的人数首次突破了40亿人次,其中近1.2亿人次是出境旅游。可以说,旅游正在成为国民大众不可逆转的消费选项,世界那么大,我们也都想出去看一看。根据国务院有关文件的规划,到2020年,国民出游率将达到5次,即近70亿人次的国内旅游和2亿人次的出境旅游市场。希望目的地国家和地区的政府,特别是旅游推广机构,还有各类旅游资源供应商和旅行生活服务商,要对出境市场的未来增长,对中国出境旅游政策继续保持信心。

大家也要充分估量市场增长趋势中的结构和行为的变化,并给予积极的应对。现在出境旅游市场正在从自发的、情绪化的增长转向自觉的、理性化的增长。不可能再像早期那样,你给我说一个海外目的地,只要是没有去过的,我就颠颠地去了。因为国际国内旅游目的地的选择范围更加广泛了,也因为游客的消费经验累积到一定程度,就不会再那么轻易被打动了。是的,非洲的动物大迁徙、休斯敦的火箭发射、法国的美食和红酒,等等,都是值得体验的场景和生活方式。一些旅行指南的书籍和杂志动不动就列出"你不得不去的100个地方""一生不得不品尝的100种美食",是很好啊!可是旅行虽美好,生命有限度,不可能都去的。这就有旅游目的地的理性选择问题,好的旅游推广是可以改变人们的消费偏好的。像我们的近邻韩国在制造流行文化,在旅游服务推广方面就很是值得研究。大家注意到没有,今天早上发布的旅游形象大使,就是站在朴槿惠总统边上的那位当代影星宋仲基。他们是把中国出境旅游市场,特别是年轻人的出游偏好和消费行为研究透了,还善于用中国游客听得懂的语言,去言说他们感兴趣的故事。还得用好当代科学技术,特别是基于互联网的大数据技术。搜狐旅游频道的李妍主编曾经告诉我,他们生活类资讯中阅读量最大的是关于星座的,现在已经有市场机构在利用客群的星座分布去优化广告投放渠道,并相应调整市场宣传策略。为了应对增速理性回调的出境旅游需求,以及更加剧烈的市场竞争,旅游目的地的市场形象确有必要重新梳理和建构。

海外旅游目的地需要提供多一些体验当地生活方式的旅游产品和服务,以适应日渐增长的休闲度假旅游市场。出境旅游市场经过十五年的发展,已经逐渐培育成熟。已经从早期"走走走"也就是观光看景为主,到"买买买"即购物为主,发展到"慢慢慢"的休闲度假目的地生活体验阶段。当然,购物还是比较多的,但是购物清单的购物行为已经发生了巨大变化。早期的买奢侈品、买高端商品比较多,现在呢?消费变得更加理性了。你看游客的购物清单中化妆品、药品、马桶盖、高压锅等生活用品明显增加了。游客到了目的地,就在某一个国家,甚至某座城市度过整个假期,真正的休闲市场正在发育起来。中国人的家庭休闲市场发展起来以后,海外旅游供应商的产品结构就得做相应的调整,比如说公寓会变得越来越抢手。一家三口出去,选一个有客厅、有洗衣机、有非明火灶具的公寓,很实惠啊!不是每位出境旅游的中国人都那么有钱的,就像不是每位中国人都会功夫那样,也不是每个游客都是土豪。我们会更加注重精打细算的。购物也不一定非要去大商店和免税店,也可以去社区商店、便利店,甚至菜市场买的。就像外国游客也愿意跟中国人一起包饺子,一起去三里屯泡酒吧那样,中国游客也愿意融入到当地的社会生活中去。

这种家庭、情侣、朋友们之间去体验异地生活场景的需求越多,越需要海外目的地为游客提供便利的消费环境。毕竟不是每一个中国人出去的时候,都可以自己开车,都会说英语、德语、法语、韩语,或者其他异国他乡的语言。他们还需要享用一些中餐,需要看中文电视,也需要有方便接入的Wi-Fi,自拍后再美颜一下传到微信朋友圈。希望目的地国家和地区的政府,特别是营销推广机构,在欢迎中国游客方面,从更多的细节上去做文章,而不只是宣传你有多么美丽的风景,有多么激动人心的大事件。要知道,人们之所以流泪,不是因为远方的战争,而是风沙吹进了我们的眼睛。

衷心地祝愿中国出境旅游市场繁荣发展,不仅让中国游客享受说走就走的旅行,也能够让世界各国、各地区共享旅游市场繁荣和发展的机遇,让更多国家和地区的人民与中国游客面对面,了解一个既传统又时尚的当代中国。

谢谢大家!

(2016.4.12 中国·北京)

亚洲篇

　　远亲不如近邻。从"一衣带水"的日本,"鸡犬相闻"的朝鲜半岛,到"不可思议"的印度,再到"一千零一夜"的西亚,特别是已经成出境旅游的代名词的"新马泰",每年数千成的中国游客在家门口感受相似的文化,感受不同的生活。随中国游客而来的,是日趋常态的消费增量,是多元增长的投资主体。确实,旅游对世界的改变是从亚洲开始的。

中国游客眼中的奈良与奈良旅游的中国机遇
——在第六届东亚地方政府会议上的演讲

尊敬的奈良县知事荒井正吾先生，

旅游业界同仁、媒体朋友：

上午好！

时光荏苒，北京一别，已五月有余。自从获邀演讲的那天起，我就在期待能够早日访问奈良，早日再与知事先生聊聊历史，聊聊生活，当然也聊一聊中日旅游交流。同其他同胞一样，奈良这片土地和人民满足了我对日本的所有想象。

这里山川秀美，宜居宜家。作为日本的内陆县，77%为森林所覆盖，降水丰沛，气候温和，年均气温在15摄氏度以下。吉野山的樱花和红叶名闻遐迩，奈良盆地更因为良好的自然环境而聚集了全县90%以上的人口。陆基交通非常方便，与东京、大阪等地均处于两小时生活圈的范围内。

这里历史悠久，敦文重教。历史上曾经作为首都的平城京，自古文风昌盛，是日本国民的"精神故乡"和"社寺之都"。拥有三处世界文化遗产，法隆寺、古都奈良的文物、纪伊山地的灵场和参拜道，另有指定的国宝和重要文化遗产占全国的17%。在这里，我们可以零距离地接触盛唐时期的景象，特别是朱雀大街的原貌，拥有保存完整的世界上最大木质建筑。直到今天，奈良也以其55所县立、市立和私立高等学校的规模而为世界各地所瞩目。

这里文化交流源远流长。奈良在中日友好交流史上具有举足轻重的地位。唐代的鉴真大师东渡，主要就是在奈良这一带弘扬佛法，为日本人民尊为"天平之甍"。如今的唐招提寺更是所有熟悉这段历史的人都要到访之地。我知道，在大师的墓地里还有一个小坟，埋葬中国佛教协会前会长赵朴初先生的部分骨灰，代表了他对鉴真大师的敬重和中日友好的良好愿景。

这里物产丰富,闻名遐迩。除了传统的林业外,加工制造、精密仪器和文化创意均为地方经济增长的重要支撑。在现代化的进程中,一刀雕、团扇、墨汁、漆器等工艺品得以传承并发扬光大。作为奈良名物的大和鸡,本地称之为"物集女",好到可以直接吃刺身。还有迎宾馆中那些最高级的从高级黑毛和牛中严格选取的"处女牛",以及开在当麻寺前江户时期老房子的"玉屋茶粥",吉野地区的老铺子"平宗本店"的柿叶寿司更为本地居民、日本国民和海外游客所乐享。而作为乡土料理之经典的飞鸟火锅,使用鸡骨熬制的白汤,加上白味噌和盐,再兑入牛奶而作汤底的料理,用以煮面,煮鸡蛋,真让人听着就味蕾绽放,心向往之。

各位同仁,朋友们:

今天,我来到这里,受到了知事先生的盛情款待,就像您曾经受到中国政府和中国人民的热情接待一样。今后,还会有更多我的父老兄弟来到这里,体验奈良的秀美山川、历史文化和丰富的物产,并实地感受奈良人民的知书达理。

事实上,我的同胞足迹早已经遍及了包括奈良在内的世界各个角落。2014年,约有1.07亿的国民在海外消费了1650亿美元,其中到访日本者约为241万人次,人均消费12.7万日元,是日本入境人次增幅最大(82%)和消费力最强的客源国。就在今年樱花开放的3月15日至4月15日,访日的中国游客再创历史新高,达到35万人次。根据中国旅游研究院刚刚发布的预测,中国无论是出境旅游人次还是海外消费,今年都会有两位数的增长。中国作为全球第一大出境旅游客源国和海外消费支出国的地位将会更加稳固。在为世界旅游的繁荣和亚太经济的增长做出重要贡献的同时,中国游客自身的综合素质和文明程度也得到了不同程度的提升。无论是专项的书面调研,还是公开的网络评论,我们都会发现游客对日本商品的质量与创意,对公共空间的干净与雅致,对服务过程中的秩序和礼数,无不给予了正面的评价,反省并有意识地改进自身的环境和品质。

出境旅游的高速增长与所在国经济增长、国民收入、闲暇时间,以及目的地国家便利化的签证政策和宣传促销策略密切相关,也取决于国家对旅游的认识、发展战略和政策设计。从20世纪80年代开始以创汇为导向的入境旅游,到20世纪90年代中后期以拉动消费为导向的国内旅游,到最近十年的出境旅游的高速增长,我们对旅游业的功能、作用与影响的认识事实上是在不断深化的。2009年,中央政府提出要"把旅游业培育成为国民经济的战略性支柱产业和人民群众更加满意的现代服务业"。2013年颁布实施的《中华人民共和国旅游法》《国民旅游休闲纲要》等法律法规和政策文件,更是把落实带薪休假、保障国民旅游权利纳入了国家意志的范畴。习近平主席说,旅游是人民生活水平提高的重要指标,出国旅游尤为人民所向往。没有这样的认识和法律保障,我们很难想象出境旅游能够这么快就发展到如此规模,而且没有出台任何措施加以限制。

中国出境旅游尚处于发展的初级阶段,至少还将有十年的高速增长。从客源基础来看,13.5亿的人口,拥有护照等旅行证件者也就百分之六左右。随着经济社会的发展,中国到2020年将全面建成小康社会,实现第一个"中国梦"。在这个国民幸福的百年梦想中,越来越多的城市居民和中产阶层把旅游视为不可或缺的重要选项,那时候的国民出游率将达到5次,将会有超过2亿人次选择出境旅游。值得关注的是,包括日本在内的更多国家和地区对中国公民实行免签证、落地签证、多次往返签证,持续加密国际航班的频次,出国旅游就像国内旅行越来越方便。对于那些到这里深度体验本地居民生活的国人,在与亲朋好友商量行程时往往会说"我们去奈良待几天吧",而不是说"我们去日本旅游"。各国各地区的政府、业界和社区居民,需要做好更多的准备,以迎接"中国时代"的到来。

随着出境次数的增加,中国人的旅游经验更加成熟,消费更加理性,他们希望获得更多善意的接待。过去我们对游客的识别是旅行包、太阳帽,是跟着导游小旗子后的旅行团;今天,受益于中文接待环境的优化,受益于移动互联网和社交网络的分享,受益于旅行服务领域的创业创新,尤其是追求自由和品质的年轻客群的影响,越来越多的国民开始以"自由行""个人游"等方式完成自己的行程。他们在目的地仍然会参观访问一些标志性的景区景点,仍然会青睐那些有品质的名牌商品,但是更多的时候,游客愿意使用公交、地铁、出租车、Uber专车等公共交通完成在目的地的空间移动,愿意品尝当地的特色餐饮和各式小吃,而不是去专门为游客准备的场所就餐,愿意去图书馆、博物馆、商业街区、酒吧、小剧场体验当地的历史文化和当代生活方式,购物时也不会排斥7-11便利店和百货商场。受此消费观念和旅游行为变迁的影响,更多游客开始进入市民的公共生活和休闲娱乐空间。或者说,国家、地区和城市已经成为本国、本地居民和外来游客共享的生活空间了。这就要求目的地政府、业界和社区居民对新兴市场的游客需求做系统而深入的研究,以需求为导向,持续优化散客集散、旅游解说、信息分享、投诉处理和安全救援等基础设施和公共服务建设。为此,我和我的同事已经连续11个季度对包括日本在内的27个中国公民出境旅游目的地进行全方位的满意度调查,并愿意与各位进行深入的交流和广泛的分享。

各位同仁,朋友们:

我愿意在中国多听到来自日本、来自奈良的声音。从紫式部的《源氏物语》、松尾芭蕉的俳句、川端康成的《雪国》、吉田茂的《激荡的百年史》,到高仓健、三浦友和、栗原小卷的影视,以及渡边孝好导演的《铃木商店的当家娘》;从聪明的一休、多啦A梦、Kitty猫、蜡笔小新,到相扑、浮世绘和能乐;从夏普电器、三菱重工、丰田汽车、索尼相机,到八佰伴、华堂和7-11,特别是奈良出品的游戏产品。可以说,日本经济社会和文化民生领域的话语从来就没有在中国中断过。哪怕是北海道这样的地方,一部《非诚勿扰》的贺岁片也让我的同胞蜂拥而至。远亲不如近邻,一旦中国人有能力也有意愿出来走走看看,一衣带水的日本肯定是首选的到访地。希望我们之间不仅空间相近、心理相通,而且情感相亲、利益相关。相对于欧洲、北美和韩国、新加坡、阿联酋等国家及地区在中国的形象宣传和旅游推广,希望日本的国家旅游形象和奈良等地方形象在中国能够深入人心,特别是要善于利用广播、电视、报纸等媒体和微博、微信等社交网络,用老百姓听得懂的语言来叙说中国游客特别是年轻人群体感兴趣的事情。把旅游的宣传推广到民间去,给游客最需要的信息。

让主流旅游客群真切感受奈良这样的地方不仅是历史的，也是现代的；不仅是日本国民的故乡，也是海外游客休闲度假的美好乐园；不仅是承载古老文化的"社寺之都"，更是可以分享当代生活的"品质之都"。

我愿意在奈良看到，面向中国的团队游客和自由行、个人游、休闲度假游客，提供更加完善和便利的旅游基础设施。团队游客是在旅行社、酒店、旅游巴士、购物店等相对封闭的环境中完成自己的行程，组团社派出的领队和地接社的导游素质良好，旅游服务的质量就不会出大的问题。对渐成主流的自由行市场，游客则需要通过智能手机、公共交通、自驾车等媒介完成对目的地生活方式的体验。希望地方政府能够在系统研究游客需求的基础上，进一步做好中文标志和中文解说系统，让中文电视、中文报纸杂志，还有银联卡能够普遍落地。只有把这些基础设施和公共服务做好了，我的同胞到了日本才不会只是"爆买"，而是全方位地体验分享当代生活方式。休闲市场之外，面向中国游客的度假、会议、研学、蜜月、老年等主题旅游市场，是否也需要做相应的规划呢？我看还是需要未雨绸缪，做好接待持续高速增长且需求渐变的中国游客的现实准备。

我愿意推动中日两国旅游业界，尤其是旅行社和在线旅游服务商多一些互动。世界旅游的发展越来越依靠市场和商业的力量，除了中国国旅、中国中旅、中青旅等传统的旅行社以外，携程、去哪儿、蚂蜂窝、同程、途牛、我趣旅行等一批面向自由行客人的在线旅行商已经成长起来了，希望日本的业界学会与他们打交道。当然，景区、主题公园、酒店、温泉、民宿等业态，还有旅游教育和学术机构之间也需要更为常态化的交流沟通。通过定期的会议研讨和信息交流，为经典目的地开发新产品，为新兴目的地拓展市场，为中国游客提供更高品质的服务。为此，中国旅游研究院愿意每个季度与日方交换《出国旅游者满意度调查报告》，每年与日方交换"欢迎中国"项目的相关信息，与日方的专业研究机构和政府智库签署战略合作协议，并定期举办专题研讨。

我愿意看到日本的地方政府和民间向中国积极释放更多的善意，欢迎更多的游客到访奈良等日本各地。为此,政府需要在签证、航权等出入境政策,在免税、退税、物流等涉及游客本地日常活动方面给游客提供更多的便利。希望政商各界进一步凝聚共识:加强人民之间、地方之间、业界之间的相互往来,进而推动中日两国经济、文化、政治、外交等领域的互动,有百利而无一害。国之交在民相亲,人民之间相互了解、相互亲近了,国家之间的关系也会得到促进与改善。

(2015.10.26 日本·奈良)

青年人是中印旅游共同的未来
——在印度旅游与旅行管理学院(IITTM)的访问演讲

尊敬的 Sandeep Kulshreshtha 校长先生,
老师们,同学们:

能够在中印旅游年访问"不可思议的印度(Incredible India)",来到著名的印度旅游与旅行管理学院进行学术交流,并代表中国旅游研究院与贵院签署合作协议,我和我的同事深感荣幸。在此,我要感谢亚洲开发银行对孟中印缅经济走廊项目(BCIM)旅游领域的关注,感谢各国旅游机构特别是校长先生的盛情邀请,更要感谢生我养我的国家,正是得益于中国举世瞩目的发展成就,数以亿计的国民才有可能走出国门,尽享在世界各地旅行的权利。

就在昨天,在参观作为世界文化遗产的孟买火车站时,有青年人推着一辆自行车走入了视野。我注意到那辆自行车的后座是加宽的,还绑着一捆绳子。那一刻,我情不自禁地忧伤:三十多年前,母亲为了拉扯我们家三个半大小子,也是如此起早贪黑地骑着这样的自行车在乡下的集镇和市区间载人运货。现在回想起来,中国也如母亲一样,在20世纪80年代改革开放的日子里,尽管生活艰难,但是眼看着自己的儿女一天天地成长而充满希望地劳作。那个时候,我们对旅游的概念只是偶尔从电视上看到金发碧眼的欧美人、妆容精致的日本人、韩国人,还有乡音未改的海外华人,成群结队地到北京登长城、游故宫,去西安看兵马俑。就像昨天下午我们在泰姬陵走的外国人通道一样,20世纪80年代的中国为了赚取外汇而重点发展入境旅游,也给了外国人种种便利。校长先生说印度"待客如待神(Guest such as the question of God)",中国人也说"有朋自远方来,不亦乐乎"。可是在家里不富裕的情况下,让客人游得顺利,玩得开心也并不是件容易的事情。为此,国家动用宝贵的外汇资源建酒店、买旅游大巴,整修景区、道路和厕所,直到现在我们还在大张旗鼓地搞"厕所革命",总之一点一点地完善旅游基础设施。当然,发展旅游仅有硬件是不够的。中国国家旅游局在借鉴欧美旅游发达国家的经验基础上,制定了《旅游涉外饭店星级划分与评定标准》,建设和培育了一批星级饭店,通过立法和行政审批,开设更多的旅行社,培养更多的导游人才。到去年年底,中国共有1.4万家星级饭店、2万家景区、2.7万家旅行社和85万名导游,加上航空、高铁、高速公路、地铁、港口码头、客轮游船等公共交通,卫星、基站、互联网、手机终端等商业通信体系,以及中央和地方政府主导的公共服务和安全救援体系,基本形成了旅游大国的产业基础。

到了20世纪中后期,我的母亲和大多数中国人一样,基本上解决了温饱,慢慢过上了稍微富裕些的生活,自然就产生了到外面的世界走一走、看一看的愿望。人民对美好生活的向往就是我们的奋斗目标。为了实现国民的旅游权利,提升民众的旅游福祉,中国通过法律和政策落实包括带薪休假在内的国民休息权。1999年10月1日国庆节,中国人第一次享受了七天的长假,并由此开启了国民旅游的新篇章。自那年起,国民出游率,这一衡量国家旅游发展水平特别是国民旅游权利的关键指标,几乎每五年就增长了1次,对于近14亿人口的大国而言,这并不是件容易的事情。到2015年底,中国在接待了1.34亿入境旅游者的同时,还有超过40亿人次和1.17亿人次的境内和境外旅游者。旅游总收入接近6000亿美元,中国游客在海外的消费则超过1000亿美元,旅游还拉动了7000多万人口的就业,对国民经济和社会就业的贡献率双双超过10%。数据表明,中国正在迎来大众旅游的新时代。今天,旅游在中国经济社会发展、环境保护、对外交往中发挥着越来越重要的作用。

当然,这么大的市场规模和区域发展的不平衡,也给我们的旅游接待特别是基础设施和服务体系带来了巨大的压力。特别是到了旅游旺季,旅游环境和服务品质更是引来一波接一波的抱怨,为此我们还为世界贡献了一句中国特色的英语短语,"People mountain people sea(人山人海)"。可以说,"拥挤并快乐着"正是当代中国旅游发展的真实写照。在持续快速增长的出境旅游市场上,也存在着购物比重高、少数游客不文明行为等问题。中国政府和旅游业界没有回避这些问题,而是主动从包括互联网社交平台在内的新型媒体和传统媒体那里听取各方面的意见与建议。政府、业界和教育科研机构正在努力通过增加投资和供给,动员社会力量发展全域旅游,加强科技应用和文化创意来培育旅游产业发展的新动能。今天,旅游已经成为年轻人主导的"大众创业、万众创新"最为活跃的领域,并产生了携程等一批充满生机和活力的新型市场主体。它们与传统的大型旅游集团一道为国内外游客提供效率与品质兼容的"中国服务"。在这一进程中,我们愿意向世界学习,也愿意与包括印度在内的世界各国分享中国的经验。

老师们,同学们:

各位都是或将要成为国家旅游发展的专业人才,甚至是产业领导者,作为中国旅游智库的领导者,也是曾经的大学教育和管理者,我愿意与大家分享如下几点关于教育和人才培育的想法。

旅游是人类长存的生活方式,也是国民的基本权利,还是值得我们一生去学习和付出的光荣事业。通过旅游,人们不仅可以放松身心,也可以增长见识,所谓百闻不如一见嘛。昨天和校长先生一家共进晚餐的时候,我说在中学就读过有关泰姬陵的课文,看过印度电影《流浪者》,那时觉得每个印度人都是住宫殿,都擅长唱热情的歌,跳欢乐的舞。你们笑了,说我们看成龙的电影,觉得来访的教授都是武林高手。是的,如果世界上每个人都能够在大地上自由地行走,那将会减少多少偏见与误解,又会减少多少不同国家、不同地区、不同种族和不同文明之间的冲突啊。现在,每年都有超过10亿人次的国际旅游者,在本国内旅游的人就更多了。旅游对世界经济和就业的综合贡献都超过了10%。在这个世界上，如果有既可增进国民生活福祉，又能够建设强盛国家的事业，不是值得每一位年轻人去付出毕生的才情和努力吗？旅游正是这样的事业。

一名优秀的旅游工作者，不管是接待本国人，还是包括中国人在内的外国人，都必要系统了解本国、本地的历史文化和当代生活。有人认为接待好中国游客的第一要务是学好中文。这个观点对不对呢？我看有道理，但是不全面。语言是沟通和交流的工具，不会说客源国的语言，只能用手势比画显然不是那么回事儿。但是语言的背后是内容，中国人来印度是要体验本地的生活方式，了解本地的历史文化的。如果我们对本国、本地区、本民族的宗教、人口、经济、社会没有足够的了解，也就没有办法让客人乘兴而来，满意而归。陪同我们的导游，按中国的习惯我是叫他小白的，是IITTM培养的导游，很优秀。昨天在孟买的博物馆和当代艺术馆，他的专业解说让我们明白了印度的宗教演变，看到了印度的未来，理解了不同人群的生活方式。会前在校长办公室门前，看到那个象鼻人的雕像，我的眼前就浮现了小白告诉我的有关神话故事，以及故事所承载的印度人对自然、社会、伦理的态度和价值取向。演讲前你们为我举行的点火、挂花仪式也象征着年轻人对光明未来的向往，以及对知识和智慧的尊重。从你们身上，我看到了印度的未来，看到了中印旅游合作的希望所在。当然，小白对我们的饮食、住宿和参观也照顾得很好。谢谢你，小白！

旅游教育、培训和研究部门在服务好本国旅游业的同时，还要有开放的视野和格局，推动中印双边和世界多边的旅游合作。在当代旅游业的发展体系中，人才、科技和教育正在发挥越来越重要的作用。我们不仅要用已有的理论知识去为旅游实践提供更好的服务，还要从丰富多彩、与时俱进的产业实践中采集数据、收集信息，用模型、工具和方法形成当代旅游发展理论和世界旅游思想。从数据来看，中印这两个比邻而居的大国，旅游交流还处于起步阶段。去年首站到访印度的中国人只有15.86万人，比斯里兰卡还要少几万人。在"一带一路"、孟中印缅经济走廊、上海经合组织等国家战略框架下,特别是受益于中印旅游年的推动,将会有越来越多的民众到访彼此的国家,这对旅游智库建设和教育培训提出了新的要求。为此,中国旅游研究院愿意与IITTM在旅游统计、旅游大数据、旅游经济运行监测与预警、旅游科学研究、旅游培训和国际论坛等领域进行全面多样的合作。希望我和我的同事很快就可以在北京接待你们,也希望更多的印度朋友多去看看"美丽中国(Beautiful China)",那里有和你们同样悠久的历史、灿烂的文明,也有不一样的生活方式和"中国梦(Chinese Dream)"。

再次感谢校长先生的邀请,接下来我愿意回答一些大家感兴趣的问题。

谢谢!

附:问答实录

问:请问您如何看待中印两国的旅游交流?

戴斌:中国和印度同为发展中大国,比邻而居,长期友好往来。龙和大象分别是中印两国的象征,我在印度的博物馆和其他一些公共场所也看到不少龙的标志,在中国,大象也普遍受到人们的喜爱。除了这些日常可见的文化符号,印度的佛教、音乐、舞蹈、天文、文学、建筑和制糖业等,中国的造纸、蚕丝、瓷器、茶叶、音乐等,互相交流、相互融合,丰富了彼此的文化和科学体系。人员往来更是早已有之。中国正在热播一部名为《大唐玄奘》的主旋律电影,讲述唐代高僧玄奘印度取经、译典和弘法的故事。

关于人员的往来,我更关注当代,更关注青年人之间的交流往来。2015年,中国首站赴印度的游客只有13.86万人,尽管同比增长了13%,但是和南亚近邻斯里兰卡的18.37万和82%的增速相比,特别是和1.17亿的中国出境旅行市场规模相比,还有很大的发展空间。随着"中印旅游年"的举办,我们相信到2020年将实现两国政府确定的双向交流100万人次的目标。对于两国超过25亿的人口而言,这实在是一个小数字,每年1000万人次都不算多。我特别希望在座的年轻人能够多去中国走一走,看一看"美丽中国",实地感受改革开放以来中国的巨大变化,多与中国青年交朋友,中印旅游的未来在你们的身上。

问:中国人印象中的印度是什么样的?

戴斌:在我的接触范围内,大家谈到印度,都会提到IT(信息技术)和医疗技术。印度的IT,无论是R&D,还是产业化,长期在世界范围内保持领先地位,说明了政府和科技、教育等社会各界的重视与投入,也说明了年轻人的数学、计算机和英文基础好,很聪明,很勤奋。据我了解,印度医药产业目前位于全球第三,到2020年,印度医药产业规模有望达到550亿美元。医药产业的发展还推动了医疗旅游的兴起,印度正成为全球最受青睐的医疗旅游目的地之一。最近几年,印度医疗旅游每年都能吸引十几万国际到访者。这种服务业的产业融合,为新兴经济体的旅游业发展探索了一条新的发展路径。

很多中国人特别是中年以上的人群会觉得印度人能歌善舞,这与电影产业,特别是宝莱坞出品的电影有关。像我这个年龄的中国人对于电影《大篷车》《流浪者》及其插曲都耳熟能详,随口就能哼上几段旋律。最近几年,《三傻大闹宝莱坞》等一批电影也受到中国很多年轻人的喜爱。希望印度能有更多的IT领域精英人物、更多的电影明星在中国人当中产生影响,让年轻人熟悉与喜欢,从而进一步产生了解印度、来印度旅行的欲望。

问:我想去中国旅游,语言上会有障碍吗?

戴斌:与旅游旅行有关的英文标识在中国城市的公共场所和旅游景区已经很普及了。年轻人的英语口语都不错,我相信你在中国的访问,无论在语言上,还是在行程中都会畅通无阻的。用你的智能手机可以打Uber,或者滴滴、神州的专车;可以住进国际品牌的酒店,也可以通过Airbnb、途家来分享住宿设施;可以通过各种在线英文平台预订到机票、火车票、景区门票,当然还可以在上海、北京等大城市住进印度塔塔集团投资的酒店,感受印度品牌与服务在中国的延伸。

如果你去中国乡村旅游的话,语言沟通可能存在一些障碍,但是热情好客的中国人会想方设法让你感受到便利,希望你们去亲身实地体验一番。当然您去的话要做好被很多人围观的心理准备,因为像你这么美丽的女孩子,如果穿上多彩纱丽,人们可能会以为天女下凡了。

问:中国最美的是哪个季节,什么时候去北京最合适?

戴斌:在我的心目中,中国的每个地方、每个季节、每个月、每一天都是最美的。

与印度一样,我的祖国也是国土面积广阔、人文色彩丰富的大国,不同的地域、不同的季节也有不同的观光游览的偏好。如果选择江苏、浙江、上海、安徽等江南地区,春暖花开、莺飞草长的季节,带上一本泰戈尔的《吉檀迦利》去是最好不过的了。如果要去中国的东北,比如黑龙江、吉林、辽宁等地方,可能在寒冷的冬季最为适合,那个时候有冰雪、有雾凇,可以赏景也可以滑雪,与印度的自然景观会有非常大的不同,一定会带给你极大的惊喜。在中国最靠近印度的西南地区,云南、贵州、四川等地方,一年四季都适合旅游,那里有和印度人一样能歌善舞的少数民族,有着和咖喱一样辛辣的辣椒和花椒。北京的秋天,天空蓝蓝的,枫叶红红的,随便拍幅照片都可以做明信片的。只要你们到各地走走,就会验证此言非虚。

问:今天,中国有人在学印度语吗?怎样让中国人更好地了解印度?

戴斌:由于英语是印度的官方语言之一,多数中国人会认为印度人就是说英语的。事实上,印度的官方语言有很多种。印度语是一种比较高雅又相对复杂的语言。玄奘那样有着执着信念的天才,花了一辈子的时间,还是没有把带回的梵文经卷翻译完。如今在中国的大学,特别是外国语大学学习印度语的青年人仍然是最聪明的群体之一。

印度是不可思议的,除了泰姬陵,还要更多地宣传印度多姿多彩的当代生活。印度的景观与文化,就像女孩子身上美丽的纱丽,五彩斑斓,丰富而毫不违和。在孟买期间,我感觉像在上海一样,这是一个年轻、时尚、充满活力的国际化都市。如果时间充裕,我想我会慢慢地品味现代艺术馆的每一件展品,在滨海的餐馆里细细品尝印度的特色菜品,在印度门旁静静地体会印度历史的百转千回。

中国有句话叫作"国之交在于民相亲",而民相亲在于心相近,心相近才会常来往,希望中印两国民众之间能够往来更多了解更多,让双方的心更加紧密。

问:印度还没举办过奥运会,您能给我们介绍一下北京举办奥运会的经验吗?

戴斌:2008年的这个时候,北京曾经举办过一届夏季奥运会,当时的奥委会主席罗格先生的评价是"无与伦比"。2022年北京和张家口还要举办冬季奥运会。两点建议与大家分享:一是提前规划。办奥运会涉及场馆建设、服务组织等方方面面,如果到奥运会前一年再来准备肯定是来不及的,我们是从拿下奥运会的主办权就开始系统地规划和建设。二是重视旅游部门在奥运会举办当中的作用及地位。对于观众而言,看的是比赛,看的是运动员拿金牌的过程。但对于主办方来说,真正的比赛是整体的管理与协调。2008年,我曾有幸参与过组委会的餐饮服务商选定工作,知道其中非赛事环节的复杂。

历届奥运会的成功,都离不开来自旅游、酒店和教育部门的通力合作。在印度申办奥运会的过程中,我希望旅游部门的作用能够得到充分的发挥,希望Sandeep Kulshreshtha院长以及在座各位,能够在印度申办与举办奥运会过程中发挥重要的作用。

问:中国人到印度旅游会遇到哪些实际的困难?

戴斌:首先是在饮食方面,尽管中国也有辣椒,但中印的餐饮习惯差别很大,中国游客可能会不习惯。其次,Wi-Fi的覆盖度能不能再宽泛一些,能让游客在旅游与旅行的过程中更加方便地查询、预订、访问微博和微信等社交平台?最后,中印之间的航班能不能更密集一些?特别是直航航班,现在从北京、上海等地过来还是感觉不太方便。我们需要把问题清单列出来,再去研究解决这些问题的具体方案,并与双方的政府部门和旅游业界进行沟通,争取落实。

当然,这些问题的解决很多都是与人有关,我们需要探讨合作举办一些面向业界和教育机构的培训班,让更多的从业人员和青年人了解双方的实际情况。在此,就旅游宣传和市场推广我还想多说几句。我来印度的次数比较少,去欧洲和美国比较多。一些朋友问我:你去印度安全不安全?我在社交网络告诉朋友们"很安全,很好!"所谓百闻不如一见,通过旅行中的眼见为实,让更多人消除误解,这也是旅游的社会功能和外交作用。希望中印旅游合作从现在开始,从小事做起,积跬步而致千里。

问:对于我们旅游管理专业毕业生的就业,您有什么建议?

戴斌:非常高兴地看到会提问题、提好问题的男孩子越来越多了。一个国家的良性发展,不能光靠政府,得有企业为代表的市场主体在投资、运营、培训各个方面发挥作用。希望年轻人学好旅游管理专业知识后,能够到旅游企业,比如旅行社、酒店、航空公司去就业。一个不能吸引年轻人进入的行业,是没有希望的。当然我更希望年轻人,特别像你们这样具有专业知识储备的年轻人能够去创业,能够自己创造就业机会,比如可以专门创建一个跟中国教育和文化有关的旅行社,接待中国游客。在中国,旅游一直都是大众创业、万众创新最为活跃的领域,两国青年人之间可以就此多交流。

问:您认为影响中印两国交流的主要因素有哪些?

戴斌:校长先生说这是最后一个问题了,也是一个涉及宏观叙事的严肃问题。现在,中印两国之间的相互了解,特别是青年人之间的沟通、了解与互动还远远不够,双方政府,特别是旅游主管部门在对方国家的宣传推广还有大量的工作需要做。像《大唐玄奘》这样主题的电影,两国之间可以多合作、多推广。亚洲的天空和大地如此广阔,我想既能容得下龙,也能容得下象,龙和象应该共舞。

中印双方人员往来的签证政策还需要进一步优化。现在欧洲、美国、日本、韩国等国家和地区为了吸引中国游客,都给予包括免签、落地签和延长签证有效期在内的便利化措施,其中美国签证有效期可以达到十年。而印度的旅游签证有效期只有3个月,希望未来能够延长一点,让喜爱印度的游客,可以在印度多停留多体验。当然包括 Wi-Fi 在内的基础设施建设也需要加强,中国的年轻人离不开 Wi-Fi。中国年轻群体中有个说法,叫作可以一天不喝水,但是不可以一天没有 Wi-Fi。总之,旅游目的地的建设是一个系统而漫长的过程,需要我们在可进入性、基础设施、公共服务和商业接待环境等方面渐进而持续地改进。

就像演讲开始的时候,我提到母亲的场景,哪怕是在生活艰难的时候,她也总是说:儿子,没有什么过不去的坎,只要我们努力工作,就一定能够过得越来越好。我相信中印两国的旅游也是如此,只要青年人愿意沟通交流并愿意付出努力,就一定会成为大国旅游合作的典范,为世界旅游的未来贡献亚洲的智慧。

谢谢!

(2016.8.11 印度·瓜里尔)

济州旅游的引力与潜力
——在中韩国际学术研讨会上的主旨演讲

尊敬的大韩民国济州特别自治道元喜龙知事,

济州发展研究院姜起春院长,

女士们、先生们:

一千个读者的心中,就有一千个林黛玉。对于千千万万的游客来说,济州也同样如此。

关于济州,最早是从我的导师张广瑞教授的一篇关于"偶来小道"的文章中了解的。喜欢它的木栈道,喜欢它两边绿绿的小草,喜欢它某处可以尽情欣赏独立岩的海景,特别是进出小道的地方都有专门设计的被称为"干崽"(小懒虫)的蓝色小马,是那么的可爱,官方的说法是用来指示路标的,可是我怎么看着就不想走了呢?就想在这些蜿蜒的小路上徜徉着,也许偶一抬头,就可以看见温柔、坚韧而能干的大长今正着布拉吉款款而来,那该是多大的惊喜啊!这里也是韩国恋人拍摄婚纱照、度蜜月的浪漫之岛,海拔1950米的汉拿山因为作为《我叫金三顺》取景地而随文化韩流为亚洲所熟知。一个本地人民精心保育,本国人民热爱并经常到访的目的地,假以时日,国际游客也必将心向往之。

由于文化相连,距离相近,济州很快为中国的大众游客所熟悉。自从21世纪初韩国向中国推出济州岛旅游线路以来,海女等主题博物馆的特色旅游项目引起中国媒体高度关注和广泛报道,在互联网发展浪潮中迅速向大众特别是年轻人为主的网民群体传播。随着济州旅游的发展,项目的增加,特别是引进中国资本参与旅游项目开发、地方建设等方面的工作,为中国社会各阶层持续关注济州提供了各种新闻话题。随着大众游客的增长和他们发表的游记、评论的增加,为中国人了解济州又增加了一个信息途径。当然,企业的宣传也起到重要的作用,例如中国最大的旅游企业携程旅行网最近推出"游济州"的特别营销活动,400个名额被瞬间一扫而空,成为社会关注焦点。2014年,济州的外国游客数量首次超过本国游客,济州已经成为东北亚乃至国际知名的旅游目的地。中国游客往来济州是如此的方便,以至于有北京市民每逢周末和假期就来这里学车。

至于自己,第一次踏上济州的土地是四年前的事情了。公务之余,也曾以寻常游客的心态环岛徐行,印象最深者为一熊一人。一熊是泰迪熊博物馆,全方位展示了泰迪熊的前世今生,直让每一个人瞬间回到了童年。那种感受,令我这个自诩为还算有语感的人,除了"萌""超级萌"之类的网络潮语似乎就想不出别的词句来了。一人呢?则是在那个有着柱状节理地貌的海边,有本地垂钓者,置海钓竿于岸边,闲坐而自然呈一半圆,径取刚出海的蚌、虾、海胆等,随意佐些调料而食,伴着烧酒的味道,每个人的脸上都透出自得的悠闲快乐。彼时,我不由驻足而忘记了来时的公务。其中一人举杯而邀,自己也是欣然坐下,痛饮三五杯。每次喝完,还不忘把杯子覆过来在自己的头上倒两下,以示真的干尽了。尽管语言不通,可是那一刻我觉得自己就是济州岛民,就是他们的一员。那一刻就在想啊,尽管去了世界那么多地方,如果有机会自由选择到某个地方住上几天的话,我一定选择这里。因为,没有好客的主人,再好的风景也是他们的,与我无关。

女士们,先生们:

受益于国民财力的增长,以及政府自20世纪90年代中后期逐步放开出国旅游的管制,越来越多的国民开始走出国门,至东南亚、东亚、东北亚、欧洲、北美洲、大洋洲、南太平洋、南美洲、非洲,甚至南极和北极去观光游览。如同大众旅游发展初期所有国家和地区的游客一样,中国游客最初也是追求在最短的时间看更多的风景,所以才有"九天十国欧洲游"的线路,才有"上车睡觉,下车拍照"的标签,才有"会行走的钱包"之类的调侃。近年来,在出境旅游市场持续增长的同时,中国人的旅游经验逐渐趋于成熟,消费趋于理性,开始关注对旅游目的地整体生活环境的深度体验。1992年中韩建交开启了两国正式交往的历程。1998年5月5日,韩国正式成为中国公民出境旅游目的地国家。2000年6月,中国可以赴韩国旅游的城市从9个扩大为全国的各个地区。近年来,便捷的交通、优惠的价格、特色的体验及丰富的购物,使得中国赴韩国游客人数迅速增长。据韩方统计,访韩中国游客已从2007年的106.8万人次增加到2014年的610万人次,增长了近5倍。目前,中韩互为第一大入境客源国的市场地位已牢固树立。长久以来,济州岛便是深受中韩人民喜爱的岛屿。在邮轮旅游兴起伊始便有很多邮轮将济州岛作为停靠点。自2008年1月韩国济州岛对中国公民实行免签旅游政策之后,济州岛更是成为了中国游客赴韩国旅游尤其是开展深度游的首选目的地。在刚刚过去的2014年,共有285万中国游客访问了济州岛,占全年访韩游客总量的47%。济州岛已经成为中国访韩游客的第二大旅游目的地。

  出境旅游市场的另一个变化则是游客对目的地变得更加挑剔了,如果某个地方只是宣传它们有如何不一样的风景,那么游客可能仍然会心动,但是可能不会有行动了。相对于目的地营销机构的宣传和旅行社的线路推广,特立独行而旅行经验丰富的年轻人更加相信互联网上同龄人的经验分享,更加关注通信、美食、时尚、环保和居民的好客程度。正因为更加挑剔,近年来,中国游客出境旅游满意度呈现下降的趋势,2013年满意度在80左右,也就是达到"满意"的水平;但最近几个季度满意度徘徊在77左右,即下降到"基本满意"的水平。即使在欧美发达国家旅游,一些服务的细节也会影响游客感受,例如出境游客对西班牙的景区门票全线涨价、中文服务("人很热情,英语真心不好!")、人身安全等问题反映较多。随着赴韩游客规模的急剧增加,对韩国的满意度也稍有下降,例如从2013年第四季度的80.52下降到2015年第二季度的78.52,主要也是体现在接待服务的环节。

跟随游客的脚步,旅游企业也在加快在全球范围内的战略布局和商业存在。2015年以来,中国企业继续加快对外旅游投资的步伐,投资布局的全球化更加明显。据媒体报道,上半年对外旅游投资事件19起,涉及投资金额超过51.3亿美元,同比增长43%。投资领域除了传统的酒店、景区等行业之外,在线旅游预订平台、旅游航线等增长较快。从空间布局看,除了传统的亚洲、欧洲等地区,北美、澳新和非洲等区域的投资明显增加,中国旅游投资的全球化布局已经初步形成。2015年6月1日,《中韩自贸协定》正式签署,其中多项内容涉及中韩旅游合作。济州岛500万美元以上项目中68.6%的投资来自中国。韩国正式开放外资对综合度假村的投资将吸引中国资本。此外,中韩双方在自贸区协定中已就自然人移动便利性达成一致,将进一步便利资本和人员的流动。

女士们,先生们:

在看到济州对中国旅游市场的现实吸引力的同时,我们也关注到相对于中国游客的期望而言,济州旅游的发展还有更多可以挖掘的潜力。为了让种种潜力和可能成为现实的旅游目的地竞争力,政府、业界和社区还需要持续付出扎实的努力。

我愿意看到济州对中国游客释放更多的善意,让我们越来越感觉济州就是可以经常串门的好邻居。俗话说,远亲不如近邻。旅游也是如此啊!如果到一个地方每次都煞有介事地鞍马劳顿,再美丽的景色也是不会经常到访的。反之,如果一个地方有美丽的风景,有好客的主人,更可以连招呼都不打就是过来串个门,那么这就是目的地最能够吸引人的地方。我们不仅要欢迎消费能力强、文明有礼貌的游客,也要包容主客之间可能的文化差异,不能因为一两个游客说话声音大了些,就无限上纲上线到某一个国家的国民素质上去,甚至给特定的游客群体贴标签。7

月23日,济州道知事元喜龙一行15人莅临北京,开展了为期三天的济州旅游宣传行。向中国游客传递了最为关切的旅游信息:虽然近期中东呼吸综合征(MERS)的疫情对韩国旅游的影响很大,但是济州岛从来没有发生过任何相关疫情,是值得中国内地游客放心前往旅游的健康绿色岛屿。济州岛为了给中国游客提供便利的旅游服务,自从2008年起就一直对中国游客实施免签政策。今后还将改善人民币使用问题,将通过信用卡和支付领域,降低或取消人民币使用手续费,构建一个更科学、更合理也更加便利有效的支付体系。在旅游服务细节方面,将增加济州岛旅游指示牌中文内容,给中国游客解决语言困惑。需要指出的是,普通国民的出境旅游往往是一个国家、一个地方最好的形象宣传。我们也欢迎有更多的济州居民到中国去走走、看看,一方面领略中国的风土人情,另一方面也是对本地的宣传。

我愿意看到济州岛上有更多的人间烟火气,让更多的中国人可以来观光,更可以来休闲、养生和度假。我们从中国游客出行前的搜索内容和旅游之后的游记看到,他们更愿意到当地生活中去,推荐最多的也是一些居民区里的事物。例如无论是团队游客还是散客,他们都会在参观路线景点之余,离开中文旅游区,搭乘公交巴士、出租车、顺风车甚至徒步,到原住民区参观建筑,吃当地人喜欢的黑猪肉、参鸡汤,到海女家体验生活,吃新鲜的特色海鲜锅,到城区地下商城逛街,到有特色的商业接待设施,如民宿客栈等住宿,甚至和卖济州柑橘的大妈大爷交流。在购物方面,除了那些免税店出售的品牌商品,中国游客还喜欢购买一些有功能性的日用品,有纪念意义的旅游商品,以及本地的美容、健身和时尚产品。如果对旅游的从业人员和社区居民进行一些必要的汉语培训,教授一些当代中国人感兴趣的话题和接待礼仪,让游客可以与本地居民亲密无间地相处,既可以提高游客在济州旅游的满意度和推荐度,又可以有效增加他们在济州的停留时间和重游意愿。

我愿意看到济州地方政府和工商界为了迎接更多的自助旅游者的到来,而做好交通、电信、金融、互联网等基础设施的准备,特别是加强支付宝、旅游预订等新业态的融合。今天的中国,20世纪80年代、90年代以后出生的年轻人正在成为出境旅游市场的主体。与父辈和兄辈相比,他们喜欢自主而不是听从权威去选择旅游目的地,喜欢以散客和自助游而不是团队组织的方式在目的地自由行走。他们喜欢进入本地居民的日常生活空间,这就要求包括济州在内的旅游目的地要为他们提供差异性风景之外的相似性生活,包括完备的基础设施和自主导航系统等。现在,银联卡、智能手机、社交媒体已经成了游客时刻不可离身的终端。有终端,我们就要给他们通道和接口!对于中国游客这方面的需求,我和我的同事在定期发布的中国出境旅游发展年度报告和中国出国旅游者满意度调查季度报告中已经有了详细的分析研究,我们的合作伙伴,中国银联、携程、去哪儿、海航等也有专门的报告,现在的问题是目的地政府和商业机构如何用好这些数据和信息,从而为自助游客提供高品质的服务环境。

我愿意看到济州不仅欢迎游客的到来,也对投资机构和市场主体及专业人员开放。尽管本地出台了不少欢迎中国投资者的政策,尽管新华联等企业的投资项目已经启动,但是总体而言投资者对本地的中长期规划和商业环境了解得并不充分。既有的投资领域还相对集中于酒店、博彩等领域,而免税店经营等商业形态,邮轮港口、国际机场、地面交通、互联网内容提供等旅游基础设施还鲜有中资机构的身影。像海航的"海娜号"邮轮查扣事件,如果在事前、事中和事后能够与海航集团做更为充分的沟通,可能会为济州的商业形象加分。毕竟邮轮上有数以千计的游客呢。这就需要发挥商会、行业协会、教育科研和公共媒体的力量,把这里的投资政策和商业环境全面介绍给中国的投资者。多倾听像海航、携程、锦江、中民投等工商领袖和经理人员的专业意见,从而吸引更多的商家来这里投资和经营。

最后,我愿意看到济州在中韩两国乃至在东北亚地区旅游交流合作中扮演更加重要的角色,发挥更加重要的作用。在两国政府特别是习近平主席和朴槿惠总统的共同努力下,目前中韩两国关系和民间交往正处于建交以来最好的时期。今明两年中韩两国正互办"旅游年",中韩自贸区协议正式签署,中国的"一带一路"战略,年轻人对韩国流行文化的喜爱,都预示旅游在两国关系中应当,也可以发挥更加重要的作用。2014年,两国旅游互访人数提前实现了1000万人次的目标。照目前的势头发展下去,用不了十年,两国将形成2000万人次的出入境旅游市场,市场要求我们提前做出战略谋划。为此,我们建议两国的旅游智库尽快启动"中韩自由旅游区"的储备性政策研究,并建议如济州特别自治道等有条件的地方政府可以先行先试。经过十年左右时间的共同努力,把济州建设成为中韩两国和世界旅游交流合作的示范地区。

我期待着这一天,并愿意为了这一天的早日到来而与济州发展研究院和各位同仁共同努力。

谢谢!

(2015.9.11 韩国·济州)

进一步巩固东盟作为中国出境游客的首选目的地
——在第九届中国—东盟民间友好大会旅游分论坛上的主旨演讲

女生们,先生们:

东盟十国与中国山水相连、文化相近,自古以来就是常走动、常来往的好邻居。在旅游交往的历史中,东盟更是具有标志意义。1981年泰王国诗琳通公主来华访问,希望开放中国公民赴泰国观光游览。经过一段时间的酝酿,泰国,以及此后的新加坡和马来西亚,于1988年正式成为了中国公民第一批出境旅游目的地。那时候别说出国了,就是国内旅游也是件稀罕事儿,因此,"新马泰"很快成了社会热词。能说会侃的北京人见面就说,"我昨儿去了趟新马泰——新街口、马甸、北太平庄"。25年过去了,东盟一直都是中国公民出境旅游的首选目的地,也是接待中国出境游客最多的地区。人们说起鱼尾狮、双子塔、吴哥窟、大皇宫、巴厘岛、琅勃拉邦、大金塔等,如同说起社区的菜市场和超市那般熟悉。东盟旅游组织数据显示,1995年中国赴东盟旅游总人数仅为81.8万人次,2000年达到231.30万人次,年均增长率达24.33%。进入21世纪后,中国—东盟旅游发展进入新篇章,根据中国国家旅游局数据,2013年,中国前往东盟国家的出境游人次超过了1000万人次。这是什么概念呢?要知道,当前中国公民出境旅游的总人次为9819万,去掉赴香港、澳门和台湾地区的游客,真正出国旅游的人也就是3000多万。在中国公民出境旅游市场上,东盟是三分天下有其一啊!在中国公民出境旅游十大目的地中,东盟国家占了四个席位,分别是泰国、越南、柬埔寨和马来西亚。

为什么有这么多中国人愿意去东盟旅游呢?主要原因是往来方便,"远亲不如近邻"嘛!而且邻居们常来常往多了,彼此也很友善。2013年中国旅游研究院首次发布的《中国公民出国出境满意度调查报告》显示,中国游客对东盟国家的历史人文、民风民俗和市容市貌都给予了非常高的评价。我的同胞告诉我,"在蒲甘和曼德勒,每天清晨还在睡梦中就会听到僧人念经或教堂里唱诗的声音。缅甸是个包容的国家,包容着不同的民族,不同的信仰"。"泰国是一个神奇的国家,庙宇林立的千佛之国,信仰为上的微笑之国;拥有海岛、美食和独特的文化,这是一个天生的旅游国度"。中国游客对新加坡的总体满意程度一直在前五名。无论是行前的目的地形象和服务水平的预期,还是现场感知的公共交通、公共服务质量、景区景点、购物、住宿、餐饮、文化娱乐及外方旅行社服务,新加坡一直都是中国游客用以评价目的地的标杆国家之一,而且受访游客中的多数愿意再来,并尽可能地向亲朋好友推荐。

女士们,先生们:

都是寻常人家,邻居来往的时间长了,难免会有些挑挑拣拣,甚至是磕磕碰碰。在过去一段时间里,我注意到我的同胞对于个别国家、个别地区的交通安全、目的地安全、中文接待环境、餐饮、购物方面变得更加挑剔了,在满意度评价方面也给出了前所未有的低分。有网友在热门的旅游社交媒体"蚂蜂窝"上留言:"去泰国,真的不建议跟团走。只会把钱和时间浪费在一些没有意义的事情上,比如没完没了地看秀"。"越南很多方面和广西很相似,但是满大街轰鸣的摩托车真的是震撼到我了!"这些评价并不意味着游客不喜欢东盟了,而是因为随着交往的增多,对目的地的期待更高了。

我还注意到,为了分享世界第一大出境旅游市场的发展机遇,欧盟、美国、加拿大、日本、韩国、澳大利亚、新西兰,甚至更远程的阿根廷、南非等国家和地区都在扩大宣传推广的力度,给予中国游客更多的签证、购物、交通等方面的便利政策,并且针对中国市场推出新线路、新产品。比如,韩国在美容医疗、免税购物,以及影视热播剧《来自星星的你》取景线路等方面着实下足了功夫,吸引了大批的中国游客前往。目前,韩国是中国第一出境旅游目的地国家。

我更加注意到,受益于国家间的战略互信,受益于双边的经贸增长,更受益于多年来双方旅游业界在市场培育上的不懈努力,中国—东盟旅游交流与合作仍然处于黄金发展期和战略机遇期。根据多方面的权威预测,中国出境旅游市场还会有15年左右的高速增长。到2020年,出境旅游的市场规模将会达到2亿人次。如有十分之一的游客前往东盟的话,就是2000万人次,意味着现在的市场规模将翻一倍。随着交通条件的完善、边境旅游的开放,东盟广袤的地理空间、丰富多彩的自然环境和历史人文,足以容纳更多已经到访和尚未到访的中国游客。从早期观光旅游到现在的休闲、度假和深度主题游,中国游客对东盟的喜爱程度日渐加深。令人欣喜的是,旅游业界对事件营销和新媒体推广运用得越来越娴熟。电影《泰囧》与赴泰旅游新高潮就是很好的案例。来自泰国的数据显示,去年国庆长假期间,从中国各城市直飞清迈机场的航班是一票难求,还有更多的游客选择了自驾游。相信随着双边人文交流的日常化,一定会有更多的中国游客追随电影、电视、戏剧、歌曲、小说和网络评论的流行热潮走进东盟的。

女士们,先生们:

今天,东盟10国旅游主管部门的高官和业界精英在成都隆重集会,回顾中国—东盟旅游合作十年来的成就,分享彼此的发展经验,共谋未来的合作主题,在东盟一体化即将建成的大背景下无疑具有强烈的现实价值和深远的历史意义。为了进一步巩固东盟作为中国出境游客首选目的地的地位,作为国家旅游智库的领导人,我谨提出如下建议:

我希望东盟的好邻居们向中国游客释放更多的善意。旅游休闲是让老百姓放松、开心的事情,人们愿意去一个地方,除了优美的自然风光和丰富多彩的历史人文以外,本地居民欢迎还是不欢迎游客到访可能更重要。这就要求东盟各国在进一步加大宣传推广力度的同时,更加深入地了解中国游客的消费心理、消费诉求及信息获取方式,用游客特别是年轻人听得懂,也愿意听的方式进行有效的沟通。比如唱《浪花一朵朵》的阿牛,唱《城里的月光》的许美静,还有林志颖等明星在中国内地都有很大的号召力和亲和力。比如微博、微信、QQ等社交媒体和旅游攻略,正在成为主导性的信息传播渠道。这些判断在我们与新加坡旅游局合作开展的中国二线城市出境市场研究、与国家开发银行在柬埔寨开展的旅游专题研究,以及孟中印缅经济走廊合作计划等项目中均得到很好的验证。

我希望中国游客到邻居家走动时,东盟各国能够在基础设施建设,特别是空间的可进入性方面给予更多的投入。包括但不限于航线开放、航空网络和班次增加密度;高速铁路、高速公路、景区道路建设及其有效连接;支线飞机、火车、汽车和其他各种公共交通工具的现代化提升。这些既是中国游客对东盟的期待,也是东盟自身持续提高国际竞争力和经济社会发展的需要。可进入性还包括政策方面的开放,比如没有自驾车旅游驾照互认、交通标识标准化,以及保险、救援等领域的国际合作,就不可能进得去、散得开。总之,围绕交通基础设施建设和游客的现实可进入性,我们还有很多工作要做。

我希望东盟各国,特别是旅游业界能够为中国游客提供更好的中文接待环境,不断完善欢迎中国游客的接待体系。有了欢迎的意愿,有了方便的往来通道,还需要主人善于待客。一方面,做客有做客的规矩——中国人到了东盟,得入乡随俗,客随主便;另一方面,也期待主人殷勤好客啊。中国人出门在外,不仅要看CCTV,

也喜欢看《非诚勿扰》和《中国好声音》，能不能让更多的中文电视频道落地呢？中国人喜欢购物、喜欢刷银联卡（China Unipay），能不能多一些中文导购、中文标识和银联卡受理点呢？还有中餐、中文媒体、旅游公共服务中的中文受理等方面，我觉得都还有进一步改进的空间。

我希望中国—东盟的旅游交流与合作更加注重发挥市场主体的作用。除了极少数公务和商务游客外，绝大多数中国人出去，还是要依托当地的旅行社、航空公司、酒店、景区等商业机构完成自己的各项行程的，市场主体之间的沟通、交流与合作从来没有像今天这样紧迫。真正的合作是基于利益的合作，以投资为代表的商业存在是利益稳定的砝码。因此，中国和东盟不仅对彼此开放旅游市场，也要在世界贸易组织、中国—东盟自由贸易区、"10+1"旅游部长会议共识的框架下，逐步消除旅游领域中的投资壁垒，让旅游要素在区域内自由流动。中免集团在柬埔寨合作经营免税店业务，就是很好的起步。值得关注的是，传统的旅行社之外，携程、去哪儿等新业态已经成长起来了，希望相关各方可以在智慧旅游领域开展更加广泛的双边合作。

为进一步巩固东盟作为中国出境游客首选目的地的地位优势，让我们共同努力。

谢谢！

（2014.9.19 中国·成都）

让更多的中国人来阿联酋走一走，看一看
——在"Nihao UAE"2012中国旅游高峰论坛上的主题演讲

女士们，先生们：

上午好！

第一次来到阿布扎比和迪拜，也是第一次到访中东地区，我与很多中国旅游业者有着同样的心情，既对这片神秘的土地充满好奇，又对未来的合作满怀期待。阿

拉伯联合酋长国之所以被称为"沙漠中的花朵",是因为这是一个以石油创造经济奇迹和生态文明,以奢华酒店、高端购物、尊享服务和文化体验构建旅游目的地的沙漠国家。在这片面积 8 万多平方公里,人口不到 500 万的国土上,国民人均 GDP 高达 4 万美元,这一数字是全球第二大经济体中国的 10 倍。我和我的中国同事来到这里,不仅要与当地政府部门和酒店、餐饮、养生、航空、旅行服务、高端零售各界共商如何推进更多的双边人员往来,特别是让更多的中国游客到访阿布扎比和迪拜,也要学习阿联酋的经济和旅游发展经验,并积极推进两国旅游产业界的合作。

虽然珍珠和石油等自然资源曾经在国家经济发展进程中扮演了举足轻重的作用,但是阿联酋的发展模式并不是自然资源依赖型,而是居安思危,秉承开放创新的发展理念,强调科技立国,强调对人力资源的投资,强调可持续发展,是在阿拉伯国家中率先转型为旅游目的地国家。说到旅游发展,离不开丰富多彩的旅游资源。原始的白沙海滩、七彩沙漠、阿拉伯湾和骆驼骑行等传统的阿拉伯风情体验,都是国家发展旅游的传统基础。政府和业界并不满足于自然馈赠和历史遗存的旅游资源,为促进现代旅游业发展,阿联酋从 20 世纪 80 年代起开发了溜冰场,近年来又建造了世界领先的高尔夫球场、高品质酒店和海边度假村,成立了政府控制的航空公司,在国际机场设立商品种类丰富的免税店。在加强基础设施建设的同时,旅游宣传推广和服务品质提升也得到了高度重视。为此,阿联酋定期举办国际高尔夫球赛、马术比赛和购物节活动,吸引了越来越多的国际游客到访。今天,阿布扎比和迪拜给世人的印象是现代的、时尚的。号称"七星级"的帆船酒店、人工棕榈岛和皇宫酒店等接待设施,经常出现在包括中国在内的世界各国旅游宣传资料中,已经成为奢华旅游的代名词。作为宗教国家,阿联酋以包容的态度善待来自世界各地的到访者,特别是对外国人的衣食住行各方面没有太多限制,游客可以自由地体验和享受。目前,旅游已经成为迪拜的主要经济收入来源之一,阿布扎比的旅游业也正在以 15%~20% 的年平均增长率处于快速发展通道中。

如果说完善的目的地接待体系为中国游客的到访做好了服务准备,那么持续增长的中国公民出境旅游消费需求则为中阿旅游合作奠定了坚实的市场基础。在过去的十年里,中国公民出境旅游平均增长率为19.75%。2011年,中国出境旅游人次数为7025万人次,消费了720亿美元,在继续稳居亚洲第一大旅游客源国的同时,已经成为继德国和美国之后的世界第三大旅游支出国。统计数据表明,越来越多的中国游客行程在延长。2011年,约1/3的游客到访了美洲、欧洲、大洋洲与非洲等中长线目的地。

受益于中阿两国在政治、经贸和外交上的良性互动,从2007年底开始,赴迪拜和阿布扎比的中国游客数量开始呈上升趋势。2009年9月15日起,阿联酋正式成为中国公民组团出境旅游的目的地。2010年访问迪拜的中国游客为15万人次,增幅为40%。2011年,首站访问阿联酋的中国公民高达20.34万人,同比增长22.65%。在全球经济持续低迷的背景下,今年中国游客仍然保持高速增长,1—7月已经超过了14万人。尽管增长很快,但是无论是与到访本地的国际游客总量相比,还是与中国出境游客的巨量规模相比,中国与阿联酋的旅游合作都还具有很大的增长空间,都还需要两国旅游机构做出更多的努力。阿联酋特别是阿布扎比和迪拜兼具传统与时尚的旅游资源,高品质的旅游接待体系,对中国民众,特别是中产阶层以上的客源市场而言是具有吸引力的。与此同时,拥有悠久历史和处于现代化进程的中国,自然资源和历史文化资源丰富多样的中国,已经成为世界第三大旅游目的地的中国,同样已经做好了准备,真诚欢迎阿联酋和更多阿拉伯国家游客的到访。

各位同事,各位朋友:

我期待着迪拜和阿布扎比进一步加强在中国主要客源地的宣传推广力度,实施更加便利的签证政策,创造更加友好的接待环境。让更多的中国游客不仅有机会享受这里的奢华,而且能够体验中东地区的自然风光和人文风情。对目的地的了解是产生访问动机的基础,让客源地的国民充分知晓并认同目的地的旅游形象至关重要。对于多数普通中国人而言,阿联酋的印象还仅限于《一千零一夜》的古老传说,《碟中谍4》中迪拜塔的浮光掠影,以及帆船酒店的奢华想象。很多有能力出境的游客可能会觉得阿联酋更是奢侈而高不可攀的,是神秘而难以接近的。为了吸引中国游客,特别是有着旺盛旅游需求的年轻人、愿意到阿拉伯地区寻求商机并具有一定消费能力的企业家、拥有购物冲动的女性市场,需要利用各种方式,特别是互联网来宣传阿联酋。为此,在北京、上海、广州、成都等地建立专业的旅游推广网络,运营中文宣传网站,用中国人熟悉的话语方式去传递他们最关注的签证、机票、住宿、购物、景点等旅游信息将是必要的。迪拜和阿布扎比机场是通往欧洲、非洲和南美重要的航空枢纽,两地也是中国人赴中东旅游的口岸城市,建议与中东其他国家的目的地加强合作,为中国游客提供"一程多站"式的旅游线路。在签证方面也有改进的空间,现在实施的返签措施,即必须通过阿联酋境内旅行社代办,尽管只用提供护照首页复印件和照片,一个工作日就可以办妥,但是游客还是觉得有些不方便。在本地的主要景区、机场、酒店和购物场所还需要多一些中文标识和中文咨讯选择,毕竟中国人懂阿拉伯语的不多。

我期待着中阿两国旅游企业之间多沟通、多交流,务实开展形式多样的商务合作。早在两千多年前,中阿两国商人们就开始通过丝绸之路络绎往来。六百年前,中国航海家郑和曾经七下西洋,有效促进了中国与阿拉伯地区的相互了解和经贸交流。今天,中阿两国正在不断加强并创新旅游合作形式。中国旅游企业的经理人员、专业研究人员、教育者和研修生一批又一批地来到这里学习酒店设计与运营管理、景观的规划与营造。在本地的酒店、机场、景区等旅游接待设施的建设场地,也能看到很多来自中国的建筑工人的身影。我们也高兴地看到阿联酋的卓美亚集团在中国上海开设的五星级酒店已于2011年初开始营业,在中国投资的其他几家酒店正在兴建当中。但与中阿两国的旅游市场潜力相比,双方合作的广度及深度还需要进一步拓展。中国拥有广阔的市场空间和丰富的劳动力资源,阿联酋拥有丰富的投资与管理经验,把两种优势结合起来,可以提高双方的竞争力。期待更多的商业机构参与投资和运营两国的酒店建设、景点开发和旅行服务。以中阿两国政府间签署的350亿元人民币本币互换协议为契机,吸收中国的业界同行到此考察、投资和经商,并在市场宣传、供应商采购、人员培训等方面给予切实的帮助,共同把中阿两国旅游产业合作推向全新的发展阶段。

我还期待着中阿旅游部门搭建形式多样的合作平台,并稳步培育常态化的交流机制。中阿两国旅游业都处在蓬勃发展期,均为两国经济社会发展和国际交往做出了卓越的贡献。阿联酋政府通过推进旅游等现代服务业,成功实现了经济发展的转型升级,已经进入大众旅游发展初级阶段的中国正在致力于将旅游业打造为"国民经济的战略性支柱产业和人民群众更加满意的现代服务业"。双方旅游主管部门有必要在两国战略伙伴关系框架下,进一步加强旅游领域的对话与合作。利用"中国—阿拉伯合作论坛"等平台,推动开展包括阿联酋在内的中国—阿拉伯旅游合作峰会,定期召开高级别事务磋商会议。中国已经在世界各地设立了19处旅游推广机构,而中东地区至今还是空白,不能不说是一件令人遗憾的事情。双方旅游部门有必要通过互设办事处的形式,加强沟通协调,推动落实双方达成的共识。两国的旅游教育、研究机构和社会团体间也需要加强人员往来,在信息共享、人员培训、科技应用和市场开发等方面进行常态化的合作。

各位同事,各位朋友:

中阿旅游发展正面临着前所未有的战略机遇,旅游合作完全有可能培育成为两国经贸往来的增长点,民间交流的支撑点,国际旅游合作的新亮点。让我们携起手来,为这一美好前景共同努力吧!

谢谢大家!

(2012.8.31 阿联酋·阿布扎比)

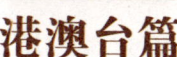

港澳台篇

  微博和微信的朋友圈每天都看到游客在台湾实时发出的美景、美食和人文的感叹，直让人感叹那湾浅浅的海峡是不是真的承载过几代人的乡愁。而那条中英街，还有拱北口岸呢，也早已为潮水般往来的游客淹在历史的记忆中了。因为旅游，特别是个人游政策实施以来，海峡两岸、港澳与内地的紧密联系，从来没有像今天这样让老百姓有如此融入日常生活的感受。

从容推进两岸民众的旅游往来
——在第八届两岸经贸文化论坛上的主题发言

自 2008 年 7 月 18 日正式启动大陆居民赴台旅游以来,已经有 400 万人次以组团或者个人游的方式去岛内观光游览、休闲度假。2011 年双向交流人次已经达到 710 万人次,今年有望突破 800 万。可以说,两岸旅游交流已经成为经贸文化互动最重要的领域之一,也是世界范围内区域旅游合作的亮点。

一、越来越多的民众参与赴台旅游并从中受益

在过去的四年时间里,经过两岸旅游业界和相关行业机构的共同努力,越来越多的大陆居民得以更加方便地赴台旅游。随着开放区域的持续扩大,停留时间的不断延展以及签注方式更加灵活,赴台旅游的大众化趋势越来越明显,来自不同地区、不同民族、不同行业和各个年龄段的大陆居民的旅游福祉得到了有效提升。

赴台游的大众化发展,直接推动着两岸民众往来由高层接触到精英交流,再到普通百姓互动的不断进步,直接推动了彼此的相互了解、相互信任和相互包容。赴台游开放之初,岛内确实有一些人抱着怀疑,甚至抵制的态度。经过四年面对面的交流和互动,民众心态逐渐回归理性,大陆游客受到了台湾各界和各地区的普遍欢迎,国语导游都成了香饽饽,两岸和平友好的社会基础日益深厚。这是一项经贸成就,更是一笔无比珍贵的文化和心理财富。

四百万的游客还为台湾旅游和相关产业带去了超过 70 亿美元的直接收益和超过 110 亿美元的间接收益,为台湾增加了 5000 多个就业岗位。目前,平均每天有超过 3000 名大陆游客登上 101 大楼观光,每个月仅门票一项就超过 100 万美元。作为经济活动和社会发展的载体,大陆游客与岛内居民一旦互动起来,资金、信息、商品等也就随之流动起来。大陆居民赴台游的良好发展,不但为岛内许多商业机构带去了收益,更为包括司机、摊贩、店主等在内的众多民间经营者带去了实惠。日

月潭景区内的玄光寺,有个卖茶叶蛋的阿婆,因为大陆游客量剧增,在旅游旺季每天能卖出五六千颗茶叶蛋,超出平常销量的8倍。因太受欢迎,阿婆公休时还得先向旅游主管部门"报备"同意。同样因为大陆游客的涌入,旺季时台湾游览车的租金普遍翻涨达八成。

随着旅游交流的深入,台湾的文化,特别是民众的日常生活也越来越为大陆游客所体味、理解与认同。我们可以去参观邓丽君小姐安息的"筠园",在黑白相间的钢琴边聆听反复播放的《甜蜜蜜》《小城故事》,在歌声中回忆自己失去的岁月;可以与童安格一起在拥挤的人群中走在忠孝东路;可以独自搭捷运去艋舺夜市想象年轻人的古惑时光;可以在红楼体验古迹、文化与商业三种氛围的有机融合……类似的经历多了起来,文化交流就会自然而然地走入民间。调查显示,去过台湾的游客,对宝岛文化的理解普遍加深了。

二、民众福祉和两岸大局是赴台旅游各项工作的最高目标

赴台旅游是全球范围内独一无二的旅游组织形式,其发展过程始终体现了两岸的主流民意,凝结了两岸业界同仁的努力与智慧。

第一,始终坚持以两岸民众的民生福祉为根本导向。在去年5月第七届两岸经贸论坛上,贾庆林主席和吴伯雄主席不约而同地表达了人民福祉的重要性。贾主席指出:"推动两岸经济合作,根本目的是为了增进两岸同胞的民生福祉。"吴主席也表示:"两岸旅游观光,为两岸民众带来了极大的福祉。"四年来,两岸旅游主管部门坚持以维护游客权益和保证旅游服务品质为第一要务,对市场秩序给予了严格的监管,对因台风、泥石流等给游客造成的人身财产损失给予了及时的保障。

第二,始终坚持以两岸关系和平发展的大局为出发点。在赴台旅游快速发展的四年中,也不可避免地会出现这样或那样的问题,比如阿里山小火车翻覆、个别游客滞留不归、团款拖欠、欺诈购物,还有游客之间的纠纷等,但是与主流相比,毕竟都是个案,甚至是误会。比如日前台湾一些媒体报道的大陆旅行社积欠大量团款,台湾旅游主管部门及时发文指出大陆组团社拖欠团费仅24.6万美元,且其中一

些款项还没有超过3个月的结算周期。四年来,旅游业界始终以两岸关系的大局为重,直面突发事件,从两岸关系和平发展的大局出发,遵循相应预案,沉着应对,务实推进赴台旅游有序发展。

第三,始终坚持两岸旅游主管机构与业界的双重互动。具体到问题的协议和解决,两岸有关机构搭建了包括海峡旅游交流协会("海旅会")与台湾旅游交流协会("台旅会")的季度性磋商、海峡两岸旅游交流圆桌会议、海峡两岸台北旅展、海峡旅游论坛、海峡两岸旅行业联谊会、海峡旅游博览会等在内的双重互动平台,建立了一套行之有效的事件响应与化解机制。经由这些平台和机制,两岸达成了个人游分批开放等多项共识,商讨了应对突发事件的方案与救援机制,并共同谋划着未来深化合作的各种可能性预案。就在上个月刚刚结束的第四届海峡论坛上,海旅会杜江执行会长宣布了四项惠台新举措,其中就包括同意台旅会在上海设立办事分处。

三、两岸旅游往来需要在从容中扩大开放

尽管四年来赴台旅游成就多多,然而客观上也存在包括证件办理不便利、游客集中在少数景区、个别不具备组团资质的旅行社违规经营等在内的需要进一步协商解决的问题。

从世界范围来看,旅游是市场行为,也是民间走亲戚一样的自然互动。小时候去外婆家拜年,听到最多的一句话就是,"别拘束自己啊,就跟在家一样"。游客到了目的地,也都希望能够像在家一样自在。在强调赴台旅游民间化定位的基础上,两岸需要努力减少民众往来的制度性障碍,特别是在赴台通行证的办理、签注的门槛、通关的查验等方面,给予彼此更多的信任和包容。针对现行赴台个人游所设置的单位证明、财产证明等暂时性限制,好比箱子上的锁,也是防君子不防小人的。

台湾的旅游宣传也不应局限于101大厦、日月潭、阿里山等传统资源。我曾多次提到,经过六十多年的历史阻隔,台湾岛内民众的生活方式,才是大陆游客更加愿意参访体验的旅游吸引物。去年台湾旅游部门做了一个调查,74.06%的赴台游

客会游览夜市,而101大厦作为第二位受欢迎的景点仅有58.46%的游客会登楼游览。我相信,大陆游客返程后,鼎泰丰包子店、诚品书店、香蕉码头、玻璃艺术街等非传统旅游资源,都将在其脑海中留下更深刻和更持久的印象。所以我希望在不久的将来,大陆年轻的"闪玩族"可以像去上海的新天地闲逛,去北京后海泡酒吧,去杭州西湖吃小笼包,去成都的春熙路打望一样,周末相约去台湾,逛士林夜市、吃台南小吃,当然,也可以去拍婚纱照。

随着赴台游客越来越多,两岸航班不足和岛内接待体系制约已经明显影响了赴台旅游的持续增长,也限制了赴台旅游的政策设计空间。为此,需要民航、旅行社、酒店、景区、客运等岛内旅游企业扩大生产规模,需要盘活民宿和经济型酒店等接待资源,更需要在两岸和平发展文化经贸关系的框架下,努力使旅游业界对两岸交流形成稳定的商业预期,还要营造环境,让大陆有条件的旅游企业能够而且愿意参与岛内旅游领域的投资与运营。我们很高兴地看到,台湾经济主管部门上个月在ECFA框架基础上开放了包括餐饮、酒店在内的192项陆资赴台项目。对此,全聚德、湘鄂情等大陆餐饮企业已经做出了积极的响应。

相对于民众往来和行政主管机构之间的互动,各类旅游企业和行业协会之间的合作机制还有待进一步加强。企业和民间组织间直接沟通和谈判的缺位影响了对彼此市场行情、商业信息的直接了解,商业维权通道也难以建立。什么事情都是行政主管机构冲在前面,时间长了,也不是事儿,至少外界看起来不那么从容。团款结算、旅游保险、纠纷处理、一程多站式的联合推广等,说到底是市场的事情,是商业的事情。因此,鼓励、引导和帮助两岸旅游企业和民间组织,在两岸商业伦理的交集内更加从容地交流,使生产要素在两岸间更加自由地流动和更加合理地配置,对于增进两岸经贸文化交流至关重要。

从20世纪80年代开始的老兵返乡和大陆居民赴台探亲破冰,到2001年两岸"小三通"成行,到2004年陆续开启的福建居民到金马澎旅游,再到2008年大陆居民赴台旅游开放和去年赴台"个人游"试点,是睿智的顶层设计,更是对民意的顺应。我们有能力开创一个新时代,更有能力解决一些新问题。《尚书》有云"宽而有制,从容以和"。希望两岸旅游交流沿着民间、民众的方向,让市场主体依照商业规则发挥积极的作用,两岸民众得以更加自由地往来,更加从容地交流。

(2012.7.29 中国·哈尔滨)

两岸民众的自由往来是旅游产业融合的市场基础
——在大陆居民赴台旅游两周年圆桌会议上的主题发言

尊敬的赖瑟珍会长,

尊敬的邵琪伟会长,杜江执行会长,

各位领导,各位同仁:

下午好!非常荣幸有机会代表学术界参加两岸旅游圆桌会议。在ECFA的大背景下,澎湖落地签证正式运作,以及大陆居民赴台旅游完全开放等政策效应的释放,既为两岸民众更加经常地走动和更加密切地交往奠定了坚实的制度基础,也提出了规模增长所带来的品质保证,以及市场驱动下的产业融合与互动成长等新的挑战。今天,来自两岸旅游交流机构和旅游业界的专家学者在新竹隆重集会,共同探讨旅游品质提升和旅游产业融合的发展大计,彰显了两岸旅游同人致力于提升两岸民众旅行福祉的责任感和使命感,将更加务实有效地推动大陆居民赴台旅游市场的可持续发展。

一、两岸民众的交流意愿稳步推动赴台旅游进入大众化时代

中华民族五千年文明演化的脉络是两岸民众情感认同的共同基础。在同一个文化共同体中,普通民众之间面对面交往、亲戚式走动的愿望,从来就没有停止过。在我的高中和大学时代,只能从邓丽君、罗大佑的歌曲中感受台湾海峡这一片土地

上同代人的温情生活与理性思考,从余光中、痖弦、于右任的诗词中体味知识阶层对传统的坚守,还有龙应台的散文,白先勇的小说,林怀民的云门舞集,等等,唱着《外婆的澎湖湾》长大的一代曾经是那么渴望到这一块土地上走一走,看一看。始自 20 世纪 80 年代的老兵返乡和大陆居民赴台探亲实现了两岸关系突破性的变化,之后两岸人员的往来开始多了起来,但是对于绝大多数的普通民众而言,这一片浅浅的海峡还是那么难以跨越。直到 2008 年 7 月,大陆居民赴台旅游首发团抵台,才标志着两岸普通民众可以更加自由地交流与来往。今天,大陆所有的省、直辖市和自治区的居民都可以来台旅游观光了。2009 年大陆赴台游客达到 60.61 万人次,而今年上半年以来赴台旅游超过 100% 的大幅增长,大陆居民赴台旅游提前实现 100 万人次的目标已经没有悬念。加上公务、商务和科教文化交流等名义来台的大陆居民人数,市场规模将会更大,而且会越来越大,高速增长可能会持续相当长的一个时期。可以说,大陆居民赴台旅游发展正在进入大众化时代。

事实证明,两岸间的人员往来是民心所向,大势所趋,无论台湾岛内局势如何变化,大陆居民赴台旅游的潮流都势不可当。可以说,旅游已经成为两岸交流和人员往来的重要渠道。人员一旦互动起来,信息、商品、生产要素、科学技术、文化教育等也就随之流动起来了,而且没有什么力量可以阻挡之。无论是海协会、海基会,还是海旅会、台旅会,两岸各级各类机构的所为,是阶段性的政策创新,更是两岸民众的人心所向,是对谁也无法违背和阻挡的历史潮流的顺应。进入大众化阶段的大陆居民赴台旅游需求将更加成熟、游客构成更为多样,旅游者心态更加常态化。

第一,大陆赴台游客需求将从单纯的观光进一步延伸到深度体验和广泛的商务活动。从旅游经济发展的规律而言,一个初步开放的目的地,其观光资源是第一吸引力。大陆居民到台湾看看阿里山、日月潭、台北故宫博物院、101 大楼,是现阶段最基本的旅游需求和最核心的旅游体验。而随着赴台旅游的全面开放和深入发展,作为新兴旅游目的地的台湾,其神秘面纱必将渐渐褪去。在最初级的观光需求基本得到满足后,将会有更多的大陆居民希望走到台湾普通民众中间,去体验并分享他们的生活方式。只有当人民的生活方式真正成为旅游资源的时候,老百姓才会重复游、深度游,进而把台湾"走透透"。

随着普通民众的赴台旅游,大陆社会各界对台湾的了解越来越多,商业领域的合作空间也随之增多,并带来了更多的商务旅游需求。ECFA 的签署将使两岸经济合作实现了由功能性向制度性的重要转变,为促进大陆企业赴台投资和经营提供了稳定的动能与保障。目前台商在大陆投资项目近 8 万个,而截至今年 6 月,被核准的大陆赴台投资项目仅 43 件,两岸相互投资呈现极不均衡的局面。ECFA 生效后,台湾当局积极鼓励并推动大陆企业赴台考察、投资,以加强和深化两岸产业合作,实现两岸经贸关系正常化和制度化所进行的努力,将使大陆企业从中获得更多入岛动力。经贸领域的合作将为两岸的旅游业界带来巨大的商机:大陆大中小型企业加起来有 6000 多万家,如果千分之一的企业将年终总结会、董事会、研讨会放在台湾来开,就会形成数百万人次的商务客流。而 ECFA 签署之后,福建、广西、吉林、黑龙江、辽宁等地方主要领导便分别率经贸团已经或即将访台招商。未来,大陆赴台旅游市场的转型发展势必要打好"商务会奖"牌。

第二,赴台旅游客源将呈现老中青三代并存,游客构成更为多元化。由于历史原因,大陆中老年群体对赴台湾旅游具有最为强烈的急迫愿望。台湾有关部门的最新统计显示,去年赴台观光的 60 万大陆游客中,31% 是 60 岁以上的"银发族"。可以说,大陆老年人是赴台游市场现阶段最重要的支撑。然而,我们不能忽视的是大陆人口中 64.4% 是 45 岁以下的中青年,这部分人群也是包括旅游消费在内的各个领域最活跃的群体。随着大陆赴台游的全面开放,赴台游客结构将更加完善,低龄化的倾向将不可逆转,而且不同年龄层的游客群体将表现出更加多元化的需求特征。在稳定接待大陆赴台银发市场的同时,科学研判大陆中青年赴台旅游需求特征,并形成相应的旅游产品和接待体系,将有助于保证大陆赴台旅游市场的良性发展。

第三,大陆赴台游客心理更加常态化。再过若干年,对于普通大陆居民而言,来台湾可能就如同到大陆其他地区走亲戚一样常态和方便。经过两岸的共同努力和频繁磋商,经济合作格局进一步明朗和稳固,大陆赴台旅游已经实现政策上的逐步放松和地域上的全面开放,两岸民众交流和互相来往的障碍越来越少,我有信心在不久的将来会看到两岸民众之间更加自由地往来,更有尊严地行走。在冲破政治禁忌的象征和寻亲认祖的悲情随着时间渐成历史以后,在表达政治意图的空间隔离被两岸民众交往的愿望跨越以后,在复杂的签注手续和航班辗转被自由行和大三通取代后,普通民众的赴台旅游将如亲戚间日常走动一般,成为两岸民众交流与往来的日常载体。便捷和畅通将使大陆游客赴台旅游的心态更加放松、更为平常。也由于此,游客也希望民众对民众之间的交往更加方便,更加自由。老百姓出去走亲戚,还要先报告,先审查,还要多少个人一起走,一起回,一起在亲戚指定的区域做指定的活动,民间传统没有这个习惯!

二、稳定的服务品质和投资预期是产业融合的基本保障

在发展的过程当中,我们既要看到在两岸和平交往的大势下旅游合作不断提档升级的发展趋势,也要正视来自各个方面的不同声音。"顺势"当然重要,"谋势"亦难能可贵。

在解决问题的过程中,需要冷静审视。近年来,随着两岸的旅游交流不断深化,其成果受到两岸民众的肯定和支持。根据台湾方面的调查,在大陆赴台游客中,有85%的游客满意度较高。而台湾民众对待大陆游客的态度也从担心忧虑转向接受欢迎,正如台湾民调所显示的那样,有五到七成的受访民众觉得开放大陆游客赴台观光对两岸关系和谐有益。两岸的旅游合作中,在某些领域会有主动和被动、多付出和少付出的差异,但综合权衡,我们看到的是互利双赢的结果。两岸旅游合作的持续发展会有问题需要克服,或者说不进则退。但很多问题,不能用现阶段的利害得失去衡量其利弊。我们要清醒地认识到,例如欺诈游客、零负团费等,都是发展中的问题,我们不能将之放大,因噎废食。这是一个自然发展的过程,就像一个人成长会生病一样,阻挡不了健康成长的步伐,所以需要从容、理性地看待这些问题。同时,对待问题,又来不得半点松懈,必须在解决问题中不断前行。

在解决问题的过程中,需要耐心与智慧。在两岸合作的过程当中,慢不得,更急不得。作为两岸旅游合作与决策部门,要有足够的耐心与智慧,而非技巧来解决问题。比如现在两岸普遍担心的旅游品质问题、旅游交通及接待设施不足的问题,表面上看是市场面和产业面的问题,但是从本质上说则是发展理念和制度环境的问题。就台湾的旅游资源和产业增长空间而言,接待100多万人就觉得拥挤了,怎么可能?需要从市场宣传和投资预期两个方面破解。不能只宣传传统的自然资源,还要宣传泛台海的旅游资源,"小人国"那样的游乐园,以及台北、高雄、台中各地的生活方式。更重要的是,得给资本市场和企业家以投资旅游领域的信心,并形成稳定的商业预期。现在的接待体系建设滞后的问题是因为企业家对于两岸旅游市场的发展预期不够稳定,总担心可能会由于非市场的原因而出现大的波动。预期不稳定,企业家就不敢为,也不愿意投资诸如新的景区、道路、旅馆、车辆这样回报期长的旅游基础设施。

在解决问题的过程中,争取民心至关重要。最大的政治就是民心。两岸交流中问题的解决除了需要政界的沟通、学界的交流与业界的互动外,根本上还是需要争取民心。民心所向,众望所归。事实上,只有让两岸民众特别是台湾民众,真正体会到两岸关系和平发展所带来的益处,才能使两岸交融从正常化走向制度化,两岸的合作交流才更具有持久性,才不会因人而异、随风摇摆。消除隔阂和分歧,才能真正抵御与迎接外部的各种挑战。

任何政策的制定,其出发点和最高目标,都是为了人民福祉的提升。两岸旅游交流的深化,正是力图通过人员、资金、项目的往来,促进经济、文化的交流,最终达到提升两岸民众福祉的目的。这不禁让我们想起了1963年美国总统林肯在著名的葛底斯堡演说中所提到的那样,一切都源自人民、依靠人民、为了人民(of the people, by the people, and for the people)。

三、持续扩大规模、试点自由行，务实推进两岸旅游产业融合发展

2010年，台湾海峡两岸旅游交流协会北京办事处和海峡两岸旅游交流协会台北办事处的分别成立，是两岸旅游交流史上的里程碑事件，双方建立了常态化工作机制。而ECFA的签署，使台湾企业在大陆参与会议服务和金融业，以及大陆企业赴台投资会议、展览、空运和银行业成为可能，两岸旅游将大踏步进入产业融合的新阶段。正如我们一直呼吁的那样，发展大陆游客赴台自由行应是两岸旅游政策相呼应和进一步完善的重点，也是推动两岸旅游产业融合的最有效途径。只有实现包括旅游者在内的两岸民众的无障碍流动，以旅游产业为代表的商业企业才能真正达到融合状态。

两岸旅游交流的根本目的是为了提升两岸民众的福祉，这天然带有伦理上的正义性。因此，在大陆赴台游客快速增长为台湾第一大客源市场、游客迫切需要多样化的交流渠道、岛内舆论已经从敏感转向稳定、ECFA签署使两岸旅游产业融合进一步加速等背景之下，开放大陆居民赴台自由行成为大势所趋、众望所归。自由行的开放不仅可以拉动台湾的消费市场，使台湾普通民众更大受惠，也能使大陆游客自由选择旅行线路，更加贴近台湾民众的生活。

前天中午，我专门去了忠孝东路一带逛了逛，就是普通市民经常去的地方。在那里随意地走，走累了，就去马路对面的"黑面蔡"要一小杯阳桃汁，或者在东区"青蛙下蛋"粉圆冰店点上冰饮坐一坐。那时，我望着大街上熙熙攘攘的人流，不由想起大学时代听过的童安格的那首歌"走在忠孝东路，拥挤的人群中……"那个时候，我才觉得我算是真正来过台北了。昨天中午，我又穿越雪山隧道，专门去了宜兰的海边去体味八甲休闲农场和"蜂采人家"，还有最普通的乡镇街道，听那些家长里短的日常语言。事实上，这种"我到了、我见了、我分享了"的感觉，是随团住在君悦大饭店里所没有的，也是只看日月潭和阿里山，然后再采购些纪念品和其他商品就回去的团队旅游所没有的。

旅游是人类长存的生活方式，而生活方式本身就是当代意义上的旅游资源。

发展自由行的终极目的并不仅要考虑其所带来的经济利益,更要看到自由行所促进的人民之间的自由交往、文化之间的自由交流。人员之间自由来往的多了,彼此了解就会大大地减少旅游市场信息的不对称。当地人去哪里,旅游者就去哪里,当地人怎么消费,旅游者就怎么消费,再加上协会的自律和政府主管机构必要的宏观调控与行政监管,旅游服务的品质就会有保障。需求转化为消费,市场做实了,再把生产要素,特别是资本、人才和科技要素互动起来,我想离真正的产业融合也就不远了。

在看到光明前景一面的同时,我们还必须以开放的心态和宽容的胸怀,在共识的基础上循序渐进地解决我们面临的各种障碍。我们必须正视:虽然现在台湾民众对大陆游客的态度正逐渐向正面转变,但仍有一部分人了解不足。目前在尚未开放自由行的前提下,台湾地区的旅游接待能力和团队服务品质的稳定性已经受到了一定的质疑,同时,台湾针对大陆游客自由行产品的丰富度与成熟度还有待加强,自由行的开展也可能会使以旅行社为代表的部分台湾业界利益受损。台湾旅行业六大公会中尚没有统一的协调机构,会使得重大决策的谈判、沟通与协商成本较大。此外,如何确定自由行的准入门槛,如何防范、解决赴台游客滞留问题等都是自由行开放中面临的重要现实问题。

为此,两岸旅游同人需尽全力,在现有旅游合作机制的平台之上,在系统研究的基础上,推动协商和交流,逐步有序地解决阻碍自由行开放的各类问题。可以定路线图,但是不必定时间表。我们应充分发挥两岸多渠道协商机制,由易到难地解决制度性障碍,有针对性地对有关大陆居民赴台旅游的协议、《大陆居民赴台湾旅游管理办法》中的相关条款进行修正。充分发挥双边办事处的作用,强化市场监管,引导两岸业界强化沟通与协作,共同营造互信、互利的市场环境。在澎湖等试点的基础上,总结包括落地签和特定区域免签的自由行签证、资本形成与产业供给、货币兑换与境外结算、旅游市场监管等经验,逐步扩大台湾自由行试点的范围。在发展初期,可以考虑选择福建等地缘区位、文化渊源和经贸关系上与台湾密切的大陆地区作为首批开放区域,逐步放开当地居民、暂住人员以及游客的赴台自由行。

各位领导,各位同仁:

当前,两岸旅游交流合作的外部环境和自身条件正在发生深刻变化,既面临着前所未有的挑战,也迎来了难得的历史机遇。在台北旅游展的开幕式上,海旅会的邵琪伟会长指出:当大陆居民赴台旅游人次一年达到300万人次时,市场会对相关部门、相关行业提出更高的要求,我们要提早做好准备。从现在就要开始研究这个临界点可能出现的挑战以及相应的储备性政策。既然两岸旅游交流的基础源于民众,两岸旅游交流中重大问题的解决就必须依靠民众,两岸旅游交流的最终目的是为了民众。让我们共同努力,迎接一个两岸民众更加满意,产业更加融合的旅游新时代!

谢谢大家!

(2010.8.14 中国·台湾)

服务品质是两岸双向旅游交流可持续发展的保障
——在第十四届海峡两岸旅行业联谊会上的主题演讲

尊敬的邵琪伟会长、杜江执行会长,

尊敬的赖瑟珍会长,

各位业界同仁:

上午好!

自1998年海峡两岸旅行业联谊会创办以来,两岸业界风雨同舟,持续推动着两岸旅游的双向交流和旅游产业的多元融合。在ECFA早收计划正式启动,大陆居民赴台旅游政策日趋便利的今天,两岸旅游交流机构和业界的代表再次会聚台北,共商合作大计,这无疑承载了两岸民众扩大交往的意愿,以及两岸业界共谋民众旅行福祉的使命。

首先我是带着谢意而来,想与大家共同回顾十四年来两岸旅游交流的成就与启示,并以旅游学界的名义向各位领导和同仁为民众旅游福祉最大化而做出的努力致以衷心的谢意。

可以说,从20世纪80年代开始的老兵返乡和大陆居民赴台探亲的破冰,到2001年两岸"小三通"成行,到2004年陆续开启的福建居民到金马澎旅游,再到2008年大陆居民赴台旅游正式开放,两岸旅游交流呈现了一条由单向到双向,由试点到快速发展,再到日显常态化的循序发展轨迹。这一进程虽然不乏艰辛,但取得的成就更值得我们铭记和赞颂。

两岸双向旅游交流,活跃了经济,惠及了民生。人的流动是商流和财流的充分条件,作为经济活动和社会发展的载体,人一旦互动起来,资金、信息、商品、生产要素、科学技术、文化等也就随之流动起来了,没有什么力量可以阻挡这一趋势。据有关方面统计,去年台湾居民赴大陆旅游达到514万人次,为大陆带来了57.4亿美元的外汇收益。同期,有122.8万人次的大陆居民入台观光,加上公务、商务和科教文化交流等团组,总规模超过160万人次,为台湾创造了28亿美元的直接经济效益。旅游业是一个关联性非常强的产业。据岛内同行的研究,大陆居民赴台旅游的每1美元直接收益,都将拉动台湾的交通、购物和游乐场等相关产业2.7倍的产值增长;每增加10名旅游者,将为接待地带来0.55个直接就业机会,同时每1名直接旅游就业人员又可以带动2.5个间接就业。这样算起来,去年一年,大陆居民赴台旅游对台湾GDP增长的贡献达0.2个百分点,新增直接就业岗位超过3500个。这么短的时间,这样大的成果,放在世界范围来看,也是区域旅游合作的典范。

两岸双向旅游交流,搭建了常态化的交流平台,构建了卓有成效的对话机制。去年,台湾海峡两岸旅游交流协会北京办事处和海峡两岸旅游交流协会台北办事处的分别成立,标志着两岸互设机构率先建立。另外,"小两会"每3个月的定期磋商、海峡两岸台北旅展、海峡旅游论坛、海峡两岸旅游交流圆桌会议、海峡旅游博览会,以及今天开幕的海峡两岸旅游业联谊会等活动,共同构筑了两岸旅游业界的常态化交流平台。经由这个平台,两岸双方达成了多项共识,商讨了问题解决的方案与机制,并共同谋划着未来深化合作的各种可能性预案。

两岸双向旅游交流,培育了理性化的社会心态。从数十年的日夜期盼,到短短两年内大陆31个省市自治区全面开放赴台游,在让人心生"忽如一夜春风来,千树万树梨花开"感慨的同时,也由于社会心态在如此短的时间里,缺乏足够的沉淀和梳理,难免在某些问题的理解上产生偏差。而经过两年多的有序发展,赴台旅游开始步入大众化时代,民众心态逐渐回归常态。应该说,理性的社会心态是两岸旅游今后健康发展的社会基础,这是一项了不起的成就,更是一笔无比珍贵的无形财富。

对于刚刚开启两年多的两岸双向旅游交流而言,在没有经验和模式可以借鉴的情况下,之所以能够取得上述成就,与在座各位同仁的卓越领导以及大家所带领的团队的艰辛努力是分不开的,也是我们所处的这个伟大时代所给予我们的机遇。仔细想想,以下几条经验是我们可以初步总结,也是今后应当一贯坚持的。

第一,顺应民意是两岸旅游业界互动的最高宗旨。无论是政治进步还是经济发展,民意都是最根本的推动力量。两岸旅游因民意而开启,因民意而繁荣。两岸旅游自由行的开启,也要以了解民意、顺应民意为基本前提,以保障促进两岸民众的旅行福祉为最高目标。

第二,不断跟进的储备性政策研究是两岸旅游健康快速发展的重要保障。在过去两年的发展中我们感受到,"顺势"固然重要,"谋势"更加难能可贵。两岸旅游发展与两岸众多业界同仁的前瞻性研究是密不可分的。

第三,推动文化交流和产业合作是两岸旅游可持续发展的必由之路。随着赴台旅游的全面开放和深入发展,作为新兴旅游目的地的台湾,其神秘面纱正在渐渐褪去。陆客已经不再满足于仅到阿里山、日月潭、故宫博物院、101大楼走走看看,游客更多的是希望领略台湾演化形成的社会文化和风土人情,将自己置身为一个短居的归人而非匆匆过客。随着两岸旅游发展大众化时代的到来,游客已不满足于固化的旅游模式,而是追求更加自由的行走。

我还带着期待而来,两岸民众对于"个人游"时代的旅游业界充满了更高的期望,更多的期待。我们已经创造一个新时代,还将继续引领未来。

当前的两岸双向旅游交流在快速发展的同时,也集中显露出不少急需解决的现实问题。事实上,民众对两岸旅游的便利性和服务品质一直有着更高的期待,比如证件办理手续能否更加简化一些、经由台湾去往其他国际目的地能否更加畅通一些、岛内旅游产品能否更加多样化一些、旅游接待和服务品质能否稳定提升一些,等等。导致两岸民众,特别是游客的上述更高期待尚没有完全实现的原因,有政策设计和实施过程中需要循序渐进的必然因素,也有两岸民间力量的利用和产业主体的合作相对薄弱的因素。

一方面,民间力量的培育和产业主体的利用不够。民众不但是两岸旅游往来的主体,更是两岸旅游管理和产业发展的直接参与者。目前,两岸旅游市场的管控还基本依赖于两岸有关行政主管部门。这一模式在突发事件应急处理、政策制定与落实、市场资源整合与市场秩序规范等方面有较强的调控力,然而也存在一定的不足之处。比如,两岸在旅游事故的处理上,都基本由行政主管机构包办,当然,台湾旅行公会、协会在这方面发挥了重要作用,而符合国际惯例和两岸旅游发展新需求的商业化危机处理机制还没有真正建立起来。面对现在每天三四千,个人游开通后还可能有更多陆客的涌入,岛内的接待能力和旅游服务品质面临前所未有的压力,将来开放了"个人游",这种压力还会更大,类似问题的解决同样有赖于民间机构发挥更加积极的作用。两岸旅游是由人民大众间需求推动起来的,发展进程中重大问题的解决同样需要民众的全面参与。

另一方面,市场火热,但产业主体之间的交往不够。在思考和盘点两岸旅游交流进展和成果的时候,往往局限于往来人数上一次又一次的创新高,产业主体的合作缺乏应有进展不能不说是遗憾。只有上升到产业层面的合作,两岸旅游才具备了自我演化的内生动力和可持续发展的内生机制保障。大陆多家会计师事务所与管理顾问公司的咨询记录显示,旅游业与航空业、房地产业一道成为陆资最感兴趣的赴台投资领域。当前,在大陆投资景区和酒店的台商随处可见。而ECFA的签署,使大陆企业赴台投资旅游业成为可能,但是目前仅局限于会议、展览等少数几个领域。两岸旅游急需由人员双向到产业双向加紧拓展。据我了解,包括携程旅游集团在内的许多大陆旅游企业都有计划投资台湾旅游业。这都说明大陆资本市场和企业家已经形成了较为乐观的商业预期,只要今后政策允许,陆资将成为繁荣台湾旅游产业的重要补充力量。

在此过程中,春节期间大陆游客在阿里山为抢搭小火车发生的不愉快事件,表面上看是由游客素质引发的偶发事件,本质上还是服务品质还需提升。根据中国旅游研究院在春节黄金周期间做的调研和测算,大陆居民出境旅游总体满意度为82.64。相比之下,大陆居民赴台旅游满意度仅为81.17,较全国平均水平低了近1.5个百分点,特别是在景点、娱乐、购物三个环节的满意度差距相对明显。在接下来的发展进程当中,"个人游"将进一步加大两岸民众的共同期盼,也必然会推动两岸民众对旅游服务品质的更高期待。服务品质是旅游产业发展的长期目标,也是目前急需解决的现实问题。从根本上来说,两岸旅游服务品质的维护和提升,更多地取决于两岸旅游服务供应商,取决于两岸旅游企业和民间机构对市场规律和商业伦理的尊重与发扬,而这其中对游客满意的尊重是必需前提。

各位领导,各位同仁:

今天,我更是带着梦想而来。我梦想海峡两岸的青年人之间有更多的交流,旅游业界之间有更广泛的合作,旅游服务品质有更大的提升。

由于历史原因,中老年人投身两岸旅游大多源于数十年积累的亲缘情结,而年轻人则往往出于朦朦胧胧的神秘感。当中老年人梦圆了,年轻人最初的神秘感退去了，服务品质就成为两岸旅游可持续发展的生命线。据台湾方面的统计，去年赴台观光的一百多万大陆游客中，24.4%是60岁以上的"银发族"，40岁以上的中老年人则占了67%。同期台湾赴大陆的游客中，60岁以上的"银发族"也占了14.6%，40岁以上的中老年人占比同样高达66%。这样看来，中老年人仍旧是两岸旅游市场的主力支撑，但是我们必须清醒地认识到：青少年才是两岸旅游交流的未来之所在，也应是旅游业界优先关注的市场基础。还记得在看《海角七号》的时候，除了感叹电影里美丽的风景外，我还深深体会到，只有致力于年轻人市场的开发，才能更好地发展。我们中学时代是听着邓丽君的歌声长大的，大学则是听罗大佑、童安格、齐秦。更年轻的一代，又开始听"小虎队"，听王力宏和周杰伦。虎年春晚，我们看到已经变成"老虎队"的这支组合重新亮相，又在大陆掀起了一阵狂潮。今年的春晚，从台湾的超级星光大道走出的方大同，与香港的萧敬腾、内地的李健组成了"新势力组合"，依然延续了台湾与大陆流行文化的影响。之所以列举了这么多流行歌手的名字，是因为他们是台湾大众文化的符号与象征，而民众之间基于流行文化的交往和生活方式的分享才是两岸更多融合与发展的基础推动力量。只有老百姓接受了，产业才能发展起来。就像山东省于冲局长他们打造的"好客山东"这一口号，不仅是民俗文化的发展，更是对历史的传承和记忆。我想，科学把握两岸旅游发展的阶段特征，把服务品质提升作为导向，以青少年客源市场培育为重点，务实推动两岸旅游从"又快又好"转到"又好又快"的可持续发展进程，将是我们工作和研究的基本主题和长期任务。

面对大陆居民赴台旅游的迅猛发展，游客增量与台湾地区的旅游接待设施存量之间的矛盾集中凸显，成为影响服务品质的重要因素。据台湾方面的统计，目前台湾共有348家核准接待大陆游客的地接社，2676家各级宾馆，108 248间客房；符合接待大陆游客规定的游览车有7000多辆，扣除其他固定常态行驶车辆，最高日均承运量应在5000人左右。这些设施，除了接待大陆游客外，还要考虑外国游客和台湾本土民众的出游需要，与日益增长的大陆居民赴台游市场需求相比还有一定缺口。这就一方面需要以雄狮、保保、国宾、亚都等骨干旅游企业为支撑,在扩大接待规模的同时,持续优化产业结构。我们知道,台湾有多达 3574 家的民宿,以及数以万计愿意从事导游事业的离退休老年人,这些资源一旦通过政策手段得以盘活,发挥的效力将非常惊人。另一方面更要在 ECFA 及未来补充协议框架下拓展两岸旅游投资渠道,给大陆企业以投资旅游领域的信心,并形成稳定的商业预期,从而增强其对台湾新的景区、道路、旅馆、车辆,这些投资大、见效慢的旅游基础设施的投资积极性。

记得台湾旅行商业同业公会理事长姚大光先生曾经讲过:"两岸旅游业的发展对促进两岸关系的发展意义重大,坚持诚信旅游是两岸旅游业者的不二之选。"他还在去年 5 月的海峡旅游论坛上"挂保证",说电话 24 小时开机,帮大陆游客解决任何遇到的问题。我理解姚理事长所说的诚信旅游,就是要以游客满意为导向,不断提升服务品质。在提升两岸旅游服务品质上,仅凭个人的努力是不够的,更需要包括台湾旅行业主要公会、协会在内的众多企事业单位的共同努力,以及行政主管机构必要的宏观调控与行业监管。记得春节时,我听闻南京赴港澳低价团出现导游辱骂游客事件,南京市旅游质监部门立即对组团社给予了总部加 51 家门店停业一个月的严厉惩罚。之后南京的出境旅游市场秩序明显好转。其实,两岸在市场监管方面都有各自的特点与优势,有相互借鉴学习的条件,更有相互借鉴、相互交流的必要。

大陆在《关于加快发展旅游业的意见》中提出两大战略目标,就是把旅游业打造为国民经济的战略性支柱产业和人民群众更加满意的现代服务业,台湾也把旅游业确立为六大新兴产业之首。可以说,两岸对旅游业的战略认识是相融相通的,都有推进旅游业与第一、第二、第三产业融合发展,丰富两岸合作内涵,将旅游业培育成为两岸经济发展中的战略性支柱产业的共同政策取向。岛内的农业遗存和工矿业遗址非常丰富,且特色鲜明,都是大陆游客非常愿意参观体验的旅游吸引物。去年 8 月,我曾随同邵会长考察过新竹的玻璃艺术街,以及高雄的香蕉码头,种种深入到百姓日常生活的旅游体验,至今每每想起还让我心动不已。过去运输香蕉的码头在原有的功能淡化后,能够活化成为今天的特色餐饮文化区,我想这与业界的创意努力是分不开的,更与地方政府和社区居民在记忆中坚守和传承文化分不开。没有文化,没有价值取向的旅游产业是不可能让人尊敬,也不可能持续发展的。只有将文化融入到我们的旅游产品中去,才能真正提升我们的旅游品质,让旅游产业持续发展下去。玻璃艺术的展示也是通过文化创意,使其从简单的制造品变成了有价值的工艺品。还有台湾的"就业辅导专案"有效地推动了旅游领域中普通民众的就业。这些成就与经验,是台湾旅游业努力工作的结果,也对大陆旅游业的发展具有极为现实的借鉴意义。为此,我也希望看到更多大陆旅游业界交流团到基层去,到民众中去,到真实的生活中去,多走一走,看一看。这是随团住在星级酒店所没有的,也是只看日月潭和阿里山,然后再采购些纪念品和其他商品就回去的团队旅游所体会不到的。

  各位领导,各位同仁:

  行百里者半九十,越接近目标往往越觉得艰辛。有人出于对游客滞留和旅游安全问题的担忧而对大陆居民赴台旅游的进一步开放存有疑虑。其实,大陆居民赴台旅游开展两年多来游客脱团率仅为十万分之三,这个比例完全在正常范围之内。而对于旅游安全问题,完全取决于应急制度的安排和救援机制的设计。当普通游客能像走亲戚一样自如往来于两岸之间的时候,旅游产业"兴一业、旺百业"的战略性支柱地位才能充分彰显,人民群众更加满意的现代服务业才能充分确立。正如邵会长在第十二届联谊会主题演讲中所指出的那样:两岸业界有一个重要的共识,这就是进一步规范两岸旅游市场秩序,为大陆居民赴台旅游提供高品质、高质量的服务。服务品质提升是一个长期的过程,需要各界的互动和社会的包容,也希望两岸学术界在储备性政策研究上发挥更多力量,让越来越多的人,特别是两岸年轻人关心两岸旅游,参与两岸旅游,热爱两岸旅游。衷心希望两岸旅游交流成为全球区域旅游合作的典范,成为区域经济共赢发展的样板。

  谢谢大家!

(2011.2.23 中国·台湾)

面向大众的品质，走向融合的产业
——在大陆居民赴台旅游圆桌会议上的主题演讲

尊敬的邵琪伟会长，

尊敬的赖瑟珍会长，

各位领导，各位同仁：

大陆居民赴台旅游开放两周年之际，"海旅会与台旅会"再次齐聚一堂，共商赴台旅游发展大计，这是我们旅游人的使命，更是责任。相信本次会议即将达成的共识，必将更加广泛地推动赴台旅游发展，更加显著地提升民众福祉，更加有效地推进两岸旅游大产业合作。刚刚赖瑟珍会长、邵琪伟会长和台湾学界代表对赴台游的真知灼见，让我收获了许多，也思考了许多，在此愿跟各位领导和同仁分享几个基本观点。

其一，后ECFA时代，大众化成为赴台旅游发展的主基调。曾几何时，有多少人将来台湾走走看看视作一生难以企及的夙愿，有多少人因为两岸关系经常反复而忧虑焦心，就在赴台旅游开放之初，怀疑甚至抵制之声也不绝于耳，但今天，一切都归于平静，归于肯定，每天有超过3400人来到台湾观光旅游，较两年前增长了一百倍还多，或许正印证了那句，有愿望就会有奇迹。今年6月29日两岸顺利签署ECFA协议，本质上也是两岸人民强烈的愿望使然。而在该协议正式生效之后，两岸经贸往来更加密切，旅游交流势必发生质的转变，越来越多的普通百姓，怀着越来越平常的心态，在越来越自由的环境下到台湾来旅游。这其中，有四方面趋势将逐渐凸显。

一是商务游客比例呈上升趋势。ECFA刚一签署，福建、广西、吉林、黑龙江、辽宁等地主要领导就率经贸团已经或即将访台招商，这只不过是"热身"，待ECFA生效，两岸全面、双向产业合作大门真正开启，像到其他地方一样，到台湾来出个公差，开个单位内部会议，就成为常规性工作的一部分。做个简单的计算，大陆大大小小的企业加起来有六千多万家，如果其中千分之一的企业仅将总结或表彰会选在台湾召开，就能形成数百万人次的商务客流，届时旅游业恐怕要壮大成为台湾排名首位的支柱产业了。

二是赴台自由行是民心所向，是大势所趋。旅游是人类长存的生活方式，是人与人之间的必要交往。两岸乡情越走越浓，赴台旅游的终极形态，是老百姓之间的日常性往来，走亲戚一样常有常想的串门。而实现这一形态的唯一途径，正是自由行。从民本角度而言，自由行也是一种公民旅游权利的集中体现，何况两岸人民同宗同源、血浓于水，任何阻碍自由行的理由，在同胞大爱面前，在民心所向面前都微不足道，都苍白无力。因此，赴台自由行，只是时间问题，而根本不涉及可不可以、应不应该的问题。

三是游客兴趣点从看景点向看生活转变。就在两年多前，对于多数大陆居民而言，宝岛台湾的美只是静躺在纸上、飘扬在广播里，又或者闪动在电视屏幕上。如今，阿里山、日月潭等令人魂牵梦绕的景点，游客已容易切身体验。今后，生活方式将成为大陆游客来到台湾的最大吸引物。毕竟，走亲戚式的赴台旅游，承载了更多的情感，不会只停留于观光的表层，而是源于生活，归于生活。

四是年轻人将成为赴台游的主力军。目前，大陆赴台游客中超过55%是50岁及以上的中老年人，但大陆人口中64.4%是45岁以下的中青年，这部分人处于学习或工作的上升期，时间紧、压力大，旅游中对经济实惠和便利时效尤为看重。可以预见，后ECFA时代，待到赴台旅游与到国内其他地区旅游在经济性和便利性上没有明显差别时，这部分人将如潮水般涌向台湾。

前景是美妙的，但过程并不见得一帆风顺，还需要双方更多的诚意，更多的信任和更多的努力，特别是需要就ECFA签署围绕赴台旅游展开具体落实政策，特别是"储备性政策"的研究；加快推进赴台自由行试点，有序开放台资社经营大陆居民赴台游业务；加强和鼓励民间机构合作，建立长效交流机制；在拓宽人员互派渠道，最大限度实现信息共享等方面做更多文章。

其二，从规模到品质，让民众更加满意是赴台旅游发展的首要宗旨。短短两年时间，赴台旅游经历着从不可能到可能，再到成为民众生活一部分的快速过渡，或者说经历着从政治这个上层建筑到基层百姓生产生活的落地生根。生活之树常青，政治的本质也仅在于创造稳定有序的公共生活。从这层意义上来说，"去政治化"，并着眼民本民生，立足品质提升，将两岸民众更加满意作为旅游交流的最终归宿，才是赴台旅游发展的根本宗旨所在。这就不禁要问，现阶段赴台游客真正关注的是什么呢？我想依然是自由与便利。据福建有关方面的调查，27.2%的游客来台目的是开阔视野，25.8%的游客是为了放松身心，而且有超过75%的游客愿意选择自助游台湾，有近92%的游客认为两岸直航和手续便捷程度对自己赴台游决策十分关键。应该说，更加自由的行走如今且永远都是赴台游客内心深处的不二渴求。具体来说，游客自由行走权主要包括三个要素，一是自由选择权，即按照意愿选择自己喜欢的交通方式、线路、酒店等一切旅游产品的权利；二是自愿交易和自由行走权，这就包括文明买卖和在法规允许的范围内在任何喜欢的时间去任何想去的地点；三是物有所值，也就是说游客消费的旅游产品和服务，都正常正当，没有欺诈。

在广泛民意的强烈驱使下，不久的将来，两岸通海底隧道或跨海大桥也不是没有可能。当下，两岸共同加强市场秩序监管，提升服务质量，保持旅游产品品质；共建救援与预警、投诉和理赔机制；简化赴台旅游手续，联合开展赴台游客满意度调查——才是将提高游客满意度想到深处、落到实处、做到细处的紧迫举措。

其三，由单向到双向，产业融合是今后赴台旅游发展的主旋律。一直以来，两岸交流多呈单向发展态势。进出口贸易上，大陆流向台湾的商品和服务是台湾流向大陆的1/4；游客往来上，两个方向的规模比例大致也是1/4。但大陆经济规模是台湾的13倍，人口是台湾的57倍还多，被压抑的需求无比巨大。ECFA的签署和赴台游的政策利好，不但使两岸人货往来由单向走向双向，更是在旅游中催生了由游客交流向产业融合的延伸过渡。在我看来，产业融合应该包括两个阶段：一是在市场主体培育基础上的常态化业务往来。旅游经济终究要落实到产业，落实到活跃的市场主体。然而两岸旅游的现状是，市场交流很热，产业合作很冷。其实作为世界第一大产业，旅游市场主体从不缺乏，但有能力跨地经营的却凤毛麟角。因此，运用市场"这只无形的手"培育优势市场主体的同时，增进两岸旅游业务往来将是旅游大产业合作的先导性工作。在这一阶段，产业融合还局限于国民经济的经常账户。二是在双向投资基础上的一体化耦合。真正的产业融合（包括狭义的旅游业和广义的旅游业两个方面）必须是双向的，必须是以投资为基础，即能反映在国民经济的资本账户上。应该说，台商投资大陆旅游业的热情还是十分高涨的，各地旅游开发中频见台商身影。以桂林为例，桂林8个4A级景点中台资企业占了4个，7个3A级景点中台资企业占了3个。反观陆资入台，去年据多家会计师事务所与管理顾问公司调查显示，旅游业与航空业、房地产业一道成为陆资最感兴趣的投资领域。但由于政策上的限制，直到今年5月27日，厦门华天港澳台商购物公司与台湾智明投资合资成立金门延铭有限公司项目，才成就大陆企业投资台湾旅游休闲业第一单，产业融合迈出最坚实的一步。

令人鼓舞的是，即将生效的ECFA，已然成为消除投资障碍，加速两岸旅游产业融合的决定性利好。ECFA认定的服务贸易"早收计划"中规定，允许台湾企业在大陆设企参与会议服务和金融业，对于合乎条件的银行，还可申请经营人民币业务；同时允许有条件的大陆企业赴台投资会议、展览、空运和银行业——两岸旅游产业融合的大门正式开启。面对这一情势，有几个方面的工作两岸需加紧推进：一是对等开放。即在整体开放程度逐步提高的同时，不断完善两岸开放政策的一致性和对等性。如"早收计划"对台开放了包括银行、证券与期货在内的大陆金融业，但台湾仅允许陆资银行开办分行，且不涉及经营台币业务，也不开放证券与期货业，差别对待限制了融合的必要双向性。二是紧密互动。三个月前，台旅会北京办事处和海旅会台北办事处相继挂牌，奠定了两岸旅游制度化、常态化交流的良好机制。两岸官产研各界还需百尺竿头更进一步，通过编制旅游投资管理办法和投资指导目录、定期召开两岸旅游投资洽谈会和研讨会、定期交换信息和共同开发旅游产品、联合开展旅游市场调查和研究两岸旅游发展报告(如赴台旅游年度报告)等方面的努力,为两岸旅游产业融合提供政策保障和智力支持。

各位领导,各位同仁:

两岸旅游交流的基础源于人民,两岸旅游交流中问题的解决依靠人民,两岸旅游交流的最终目的是为了人民。孙中山先生曾说道:"吾志所向,一往无前;愈挫愈奋,再接再厉。"胡锦涛总书记4月29日会见连战、吴伯雄等应邀出席世博会开幕式的台湾各界人士时也强调"两岸中国人之间,什么事情都好商量"。有理由相信,通过两岸旅游人的共同努力,两岸旅游交流将呈现质的飞跃,让产业无缝融合,让人民更加满意。

谢谢大家!

(2013.8.28 中国·台湾)

中国应当,也能够在世界旅游经济中发挥更大的作用
——在2012中国旅游企业领袖圆桌论坛上的主题演讲

尊敬的Michael Frenzel主席,

各位同事:

大家好!

中国旅游研究院与世界旅游业理事会面向旅游领域的中国企业家联合主办的这项专门会议,在世界经济和全球旅游业发展前景不甚明朗的今天,意味着旅游产业界和学术界正在对中国与世界旅游经济之间的关系进行重新定位。

经过改革开放以来30多年的高速发展,中国已经成为全球第二大经济体。尽管近年来GDP增速有所下降,部分智库还做出了全年增速可能低于百分之八的预测,但是在世界经济普遍低迷的大背景下,中国在经济发展上交出的答卷依然是令

人瞩目的。中央政府也一直在研究调整经济结构和转变发展方式的问题,在局部领域的部署已经初见成效。作为旅游专业智库的领导者,我对中国经济的中长期增长始终都保持着相对乐观的预期。稳定增长的国民经济、持续上升的居民收入、安全稳定的社会结构、和平崛起与伟大复兴的国家形象,无疑是中国企业融入世界旅游格局的战略背景。翻开国际贸易发展和跨国公司成长的历史,不仅是旅游,也包括制造、金融、文化等产业领域,基于政治、经济、军事的硬实力和文化、外交及意识形态软实力的强盛的国家形象,从来都是那些全球化发展的跨国企业集团最大的竞争优势。旅游、酒店、休闲、餐饮、购物领域中那些耳熟能详的公司,途易(TUI)、运通(American Express)、迪斯尼(Walt Disney)、环球影城(Universal studios)、洲际(IHG)、希尔顿(Hilton)、雅高(ACCOR)、日本交通公社(JTB)、爱玛客(ARAMARK)、索迪斯(Sodexo)、环球免税(DFS)、乐天(Lotte)、法航、美联航、全日空,等等,哪个公司的背后不是站着一个发达的国家呢?从这个意义上说,国家实力的增强和国家形象的全球化是中国企业家在世界旅游经济体系对话中最大的战略优势。对此,我们必须要有客观而清醒的认识。

在过去的十年时间里,中国公民出境旅游市场更是创造了持续增长的奇迹。在过去十年中,中国公民出境旅游市场保持了19.75%的平均增长率,是全球旅游经济体系中增长最快的客源地。2011年,中国出境旅游人次数为7025万人次,形成了720亿美元之巨的消费市场,在继续稳居亚洲第一大旅游客源国的同时,成为继德国和美国之后的第三大旅游支出国。事实上,中国政府就是在国际金融危机最困难的时候都没有对出境旅游采取限制措施,为此承受了逐年增加的旅游服务贸易逆差——今年预计会超过300亿美元,从而为世界特别是亚太地区旅游业的繁荣与稳定做出了一个发展中大国应有的贡献。我始终相信,国家和地区持续增长的出境旅游消费将是相关企业参与国际竞争最为直接的市场优势。全球500强企业之一的日本交通公社之所以能够在20世纪60年代由一家接待入境旅游者为主的中等规模旅行社,华丽转身为全球化成长的跨国公司,不能不说是抓住了日本国民赴海外旅游市场高速增长的机遇。如果把海外华侨的旅游与休闲消费算进来,中国旅游企业国际化成长的市场基础将会更加雄厚。据国务院侨务办公室的权威数据显示,中国海外侨胞总数已经超过4500万,绝对数量稳居世界第一。其中新侨民以欧美发达国家为主要移居地,遍布世界各地。对于那些已经在国内市场树立品牌忠诚的企业,对这部分客源市场的开发将会产生事半功倍之效。

更令人欣喜的是,以携程、开元、如家、去哪儿等为代表的新型旅游业态,加上中国国旅、中国港中旅、华侨城、首都旅游、岭南国际、锦江国际、杭州旅游等若干中央和地方国有资产管理部门主导整合的旅游集团,加上万达、中化、中国石油等大型企业集团在旅游与酒店产业的布局,中国旅游参与国际竞争的市场主体群落已经初步形成。中国旅游研究院每年都会跟踪全国旅游集团二十强的变化,去年进入这一俱乐部的营业收入门槛已经超过20亿元。与此同时,若干具有世界商业领袖风格与形象的企业家群体已经在悄然成长,其中既包括民营资本主导的旅游集团的创始人和领导人,比如我所熟悉的七天连锁酒店创始人何伯权先生、郑南雁先生,携程旅游集团创始人梁建章先生、范敏先生,如家和汉庭酒店集团创始人季琦先生,去哪儿旅游搜索网站创始人庄辰超先生,开元旅业集团创始人陈妙林先生,也包括部分国有控股的旅游集团的领导人,比如成功主导收购美国洲逸酒店管理集团的锦江国际董事长俞敏亮先生,创建乌镇景区开发模式的中青旅股份CEO蒋建宁先生及其继任者张立军先生,开创本土主题公园时代的华侨城董事长任克雷先生、总裁刘平春先生,以及倡导中国服务的首旅集团董事长段强先生,等等。我始终认为并将继续坚持这一观点:具有世界眼光和商业能力的企业家在旅游产业发展体系中是最为稀缺,也是最为宝贵的资源。一个能够产生企业家的时代是充满希望的时代,而一个拥有企业家群体的国家则意味着其强盛大国的目标已经在不远处向我们招手了。

正是源于对国家发展、旅游市场和企业家成长的积极研判,我们有理由相信:正如世界经济变革的中国时代正在来临那样,一个全球旅游的中国时代正在到来。

主席先生，各位同事：

对世界满怀期待、对未来充满信心的同时，我们也清楚地知道，在融入、参与，进而引领全球旅游经济的进程中，总体上还处于成长期的中国旅游企业依然面临着诸多的挑战。

相当一部分典型的旅游运营商，如酒店、景区、交通、金融服务，特别是一些大型旅游运营商还是国有控股性质。它们承担着变革、重组与发展的多重目标，就是在国内市场上也面临着来自民营经济和国际资本的双重竞争。从相当大的程度上，这些企业在"戴着镣铐跳舞"，由于有着来自政府的行政支撑，我们在国内跳一跳还可以，真正走到国际上去呢？我看大多数国有旅游企业还不具备这方面的战略能力。从20世纪80年代开始，国旅、中旅、香港中旅等大型旅行社就开始在海外设立分支机构，现在来看无非是三种结果：撤销、为当地实际控制人收购、亏损运营或者勉强维持。20世纪90年代后期，首旅、华侨城、海航等旅游集团开始尝试在美国收购酒店、投资主题公园，也并不成功。近年来，在"走出去"和多元化战略的指导下，以中国石油为代表的特大型企业在海外投资兴建一批高星级酒店和旅行服务企业。这些项目虽然能够满足其内部的政务和商务接待所需，但是距离参与所在国家和地区的商业竞争，进而成长为可以与国际主流品牌运营相比肩的位势，则还有漫长的道路要走。事实证明，没有做好消费市场、商业能力和竞争能力等方面扎实准备，就贸然参与国际竞争，投资只能是交学费了。

伴随着中国旅游市场成长起来的民营企业，尽管是从市场竞争中成长起来的，并且具有很强的商业意识，但是从总体上看还处于成长壮大的初级阶段。与那些居于领先地位的跨国公司相比，企业资产、市场份额、人力资源、公司治理、产品研发与服务创新等方面都需要更多的时间积淀，特别是在适应国际规则的商业诀窍（Know-how and Show-how）、跨文化沟通和企业形象培育方面，还需要花费更多的资源和更长的时间加以准备。很多企业对于走出国门，参与到国际客源和资源两个市场的竞争，进而努力成长为具有中国风格、中国气派和广泛国际影响力的商业机构，还不是那么有信心。现在世界经济普遍低迷，而中国的市场空间又那么大，导致不少企业家对于境外发展并不理解，宁愿把更多的资金投入国内旅游市场进行扩大再生产。这也是商业理性的选择，毕竟要赚取更多的利润，成本投入到熟悉的国内旅游市场远远要比投向不确定的境外市场，风险更为可控一些。况且，那么多的跨国公司也正在把战略重心向包括中国在内的亚太地区转移。

借此机会，我愿意就中国企业如何融入世界旅游经济体系与国内外的同事和朋友们分享几点想法。

首先，无论任何时候都要坚定旅游市场繁荣和产业发展的信心，并与国家发展旅游的战略进行有效的协调与互动。旅游和旅行是人类的一项基本权利，也是人类长存的生活方式，越来越多的国家、地区和国际组织重视发展旅游业。为了顺应大众旅游发展的时代要求，中国政府于2009年颁发文件，致力于把旅游业"培育成为国民经济的战略性支柱产业和人民群众更加满意的现代服务业"。最近这段时间，全国人大也在开会审议《旅游法》草案，如果顺利通过的话，发展旅游业很快就会上升为国家意志。我们也关注到美国、加拿大、欧盟、东盟、澳大利亚、日本和韩国等国家和地区在应对经济危机的政策体系中有效提升了旅游业的战略地位。在过去一段时间对哈萨克斯坦、阿根廷、古巴、阿联酋等国家的访问中，我也能够明显感觉到他们发展旅游的决心，以及对中国游客和旅游企业的期盼。事实上，国民大众日益增长的旅游休闲需求已经成为中国和世界旅游经济增长最为稳定的支撑因素和推动力量。

其次，包括投资商、运营商和衍生业态在内的中国旅游企业，应当继续沿着市场化方向去变革，在不断扩大国内旅游市场份额的基础上，加速培育自己的商业竞争能力。对于中国旅游经济，我们有一个基本的判断，就是大众化发展的初级阶段。具体而言，就是市场规模大，今年国内旅游人次预计超29亿，出境旅游人次将接近8000万；增长速度稳定，在过去十年中，国内旅游市场的平均增长率为13%；人均消费水平偏低，平均每人次消费也就是100美元左右。中国的旅游市场也是一个正在从团队旅游为主向散客、自主、自助消费转型的市场,以移动通信和互联网为代表的信息技术正在旅游经济运行,特别是服务产品创新中发挥前所未有的作用。还要看到,随着产业规模的扩大,从产品、服务、价格、技术到人力资源、企业品牌、发展战略,中国旅游市场的商业竞争正在空前加剧。这样的市场环境对于新型旅游业态的创新与成长是十分有利的,希望我们企业家在研究客源市场的基础上,积极利用信息技术和包括连锁在内的商业模式,不断巩固并提升自己的市场竞争能力,或者说国际市场竞争的国内基础。在此进程中,也希望已经或者将要进入中国旅游市场的跨国公司,不仅仅继续获得正常的商业利益,还能够帮助中国的合作企业成长,并在全球范围内接纳中国企业共同发展。

最后,中国旅游企业要想在国际上发挥更大的作用,还需要学习以共同的商业伦理为导向,按国际通行的商业规则行事,并勇于承担更多的社会责任。企业是以利润最大化为导向的商业机构,无论在国内发展还是国际成长,都是以市场份额最大和资源与要素成本最低为目标的。过去我们只是在国内发展,对别人没有威胁,现在要融入世界、要参与竞争、要逐渐成为主体了,来自方方面面的压力自然而然就会多起来。中国旅游研究院和优尼华盛国际(HVS International)每年都会在上海举办中国酒店投资峰会,有次邀请卡尔森集团董事长来做三十分钟的主题演讲,结果她只用短短几分钟的时间播放了一个公司形象宣传片,之后花了一多半的时间讲旅游发展中的妇女权利问题,以及她与瑞典女王如何收养孤儿,然后就讲中国文化,还现场背诵了一首唐诗。当时我想起了企业领袖们曾经邀请著名职业经理人、曾任通用集团总裁的杰克·韦尔奇先生来中国做演讲。当时企业家咨询他的主要是如何让跨国收购更加成功,如何获得更大的竞争优势之类的问题,而韦尔奇先生只平平常常地回答,好的管理者就像是园丁,耐心地照看花儿的成长。两个场景其实反映了不同文化背景、不同成长阶段的企业及其领导人对公司战略和发展愿景的认知。与一百年前乃至数十年前相比,当代商业伦理正在发生根本性的变迁,环境保护、社区发展、劳工权利、气候变化等,那些看上去似乎更像是政治家和学者讨论的话题如今已经成为董事会的日常议题了。中国的企业家在与世界对话的时候，千万不要以为这些都是与挣钱无关的不着调的清谈，它们千真万确地就是我们需要认真思考并加以应对的战略话题。当然，在融入世界的过程中，我们还需要花费更多的力气去熟悉和了解国际通行的商业规则，包括法律、财务、投资、咨询、文化等方面的专业人才储备都是必不可少的。为了加快这一进程，有必要聘请专业机构帮助我们进入国际市场，不能什么事都自己做。成长是有代价的，必要的代价就是必须付出。也许等到哪一天，人们不再以中国的、美国的、法国的等国籍来认知企业，而只是有一个共同的名字——旅游与旅行服务机构，中国企业家的国际成长的使命可能才算是真正地完成了。我和我的同事也一直在为这一天的到来而努力。

1979年，中国改革开放的总设计师邓小平先生会见泛美航空公司董事长时的一番讲话开创了国际旅游发展的新时代。自那时起，中国就一直在分享世界旅游市场的繁荣。随着中国公民出境旅游消费的持续高速增长，特别是旅游企业的成长，中国应当，也能够在世界旅游经济中发挥更加重要的作用。这是中国企业家的历史责任，也是中国企业家的光荣使命！

谢谢！

（2012.9.11 中国·香港）

香港的价值与旅游的未来
——在香港旅游业可持续发展研讨会午餐会上的演讲

尊敬的袁莎妮总裁，

各位商界领袖，媒体朋友：

午安！

能够在香港这样高度商业化的地方享受免费的午餐，并让各位到场聆听一名旅游学者的演讲，我深感荣幸。我相信这是因为大家希望了解内地持续增长的旅游市场，更是因为各位愿意与内地旅游业界分享香港的价值与经验。

众所周知，作为"亚洲国际都会"的香港以其繁荣、活力、时尚、自由和开放的形象而成为世界重要的都市旅游目的地。我们这一代人对于香港的认知和向往是从流行歌曲和影视剧开始的，从1983年引进的第一部电视连续剧《霍元甲》、后来的《射雕英雄传》，到1991年罗大佑演绎的《东方之珠》，可以说影视和歌曲在内地为香港旅游作了最好的市场推广。1992年，歌手艾敬的一曲《我的1997》让内地居民对香港的想象有了更为具体的消费指向，红磡体育馆、午夜场的电影、八佰伴的衣服……随着香港的如期回归和内地居民出境旅游市场管制的放开，大批内地游客跟着导游的小旗帜来到了香港。2003的"非典（SARS）"疫情让香港旅游业一度陷入了低谷，应特区政府的请求，中央政府率先给予了香港"自由行"旅游目的地地位。自那时起，无论是到访人次还是消费额，内地居民在香港入境市场的比重一直保持着稳步增长的态势。每到节假日，特别是圣诞节、春节等传统的打折季，游客更会蜂拥而至。他们会去迪士尼看维尼小熊，去海洋公园看海豚，更会去大大小小的商场"血拼"，去米其林和各种特色餐厅享尽美食，直把"购物天堂"和"美食之都"的香港渲染得淋漓尽致。2014年，共有4724.77万人次的内地居民赴香港旅游，占访港旅客总数的77.66%；拉动本地消费超过2000亿港元，占过夜游客总花费的75.1%；到港购买244亿港元保单，对港个人业务贡献首超20%。这些都是香港作为旅游目的地的价值。香港也是内地入境旅游的基础市场。2014年，香港访问内地的游客共有7613.17万人次，消费总额115.23亿美元，分别占全部入境市场的59.25%和20.25%。中央和地方政府的旅游局、旅游业界高度重视香港市场，不仅有专门负责香港市场的内设机构，为常驻香港的亚洲旅游交流中心配置了高效专业的人力资源，并且持续加大在香港的旅游推广力度。对于旅行证件的便利性，CEPA框架下的旅游合作，以及香港游客投诉处理等方面，都将之置于优先地位。香港的价值也体现在商业思想和管理能力对内地的影响上。香港的商业是一代接着一代打拼出来的,留在几代人记忆中的《狮子山下》和塑料花,还有李嘉诚先生的长江实业,不仅是香港精神象征,也影响了一代又一代的内地企业家。具体到旅游领域,内地引进的第一家酒店管理公司就是香港半岛酒店,1981年就受托管理了北京的建国饭店,是内地酒店集团化发展的启蒙者和引领者。直到今天,香港的旅行社、酒店、景区、餐饮、交通和购物等业态中的标杆企业仍然是内地同行学习和借鉴的对象。对于那些致力于"走出去"和国际化成长的旅游企业来说,香港则是首选的战略支撑点和资本、技术、文创、财务、法律等专业人才的聚集平台。如此高度发达的商业环境也吸引了越来越多的会议、展览和奖励旅游者的到访。

香港的价值还体现在行业治理,特别是商会和行业协会的专业运作上。香港总商会自1861年成立的那天起,就致力于政策倡议、信息分享、业界联谊、拓展与包括内地在内的各方面的合作空间。如今,总商会已经拥有包括半数恒生指数上市公司和大量中小企业在内的6000多会员,合计雇佣了超过1/3的本地劳工,在香港的经济社会发展中扮演了举足轻重的地位。在150余年的发展进程中,总商会在内部治理和扩大影响等方面都积累了诸多可供内地各级旅游协会和旅行社、酒店、景区、导游等行业协会学习和借鉴的经验。这些经验如果能够和内地的旅情相结合,在同行之间开展对话与交流,无疑将有效促进旅游行业协会的改革与发展。

各位商界领袖,媒体朋友:

在为香港的经典价值而自豪的同时,我们也不得不看到自去年夏季以来,香港对内地旅游市场的吸引力一直处于下降态势。刚刚过去的这个国庆节,我以全国假日旅游统计工作负责人的身份连续值了七天班。前三天我一直为旅行社组团数量的下降而困惑,比如10月3日的那天,发往境外的旅行团量只有1610个,同比下降61%,这与出境旅游市场的宏观数据和直接感受太不相符了。后来与上海金棕榈的潘皓波总裁反复研讨,才明白原因,原来是赴香港的组团数同比减少了2723个旅游团。可是组团出境的总人数并没有减少,还有2.4%的增长,当日的数字是33 515人,多出来的这些人都去哪儿了?日本、韩国、新加坡、欧洲、美国、澳大利亚……哪哪都是中国游客,日本甚至专门为此创造了"爆买"这个新词。

自2013年第一季度以来,中国旅游研究院就对包括香港在内的中国公民出境旅游的27个主要目的地国家和地区进行了满意度调查。在过去的11个季度中,内地居民多数情况下对香港的好感度是明显高于其他目的地的,但是自去年第三季度开始,受"蝗虫歌""小童便溺""导游阿珍""占中"等事件的影响,内地赴港游客的满意度开始下降。有游客评论说:"要感谢司机师傅,香港人都很热情,很少的那一部分,没人看他们,就平静下来了,不是吗?"今年春季访问韩国的时候,在首尔机场与一位拎着大包小包的游客聊天,她告诉我,以前是习惯到香港购物的,现在韩国的价格与香港差不多,有三年有效的多次往返签证,香港人又不欢迎我,就改韩国了。她还说,旅游本就是件开心的事情,你不欢迎,我干吗要去呢?

商业创新和旅游产业竞争力的可持续发展也到了一个必须给予高度重视的关键节点。在内地出境旅游发展初期,香港有形象,有迪士尼,有购物,有美食就足够了。而今,随着眼界的开阔和旅游经验的成熟,加上其他国家和地区对中国公民入境政策的宽松,游客选择的范围更广了。仅仅从周边市场看,近年来旅游项目开发和市场宣传的力度都在不断增强,如迪拜的帆船酒店、购物中心、沙漠王朝酒店,阿布扎比的八角皇宫酒店、法拉利世界、水世界、古根海姆艺术馆,韩国的乐天免税店,日本的邮轮旅游,澳大利亚的"自由行",花园城市新加坡的圣淘沙等,以及内地不断增加的引进项目和万达、海昌、长隆、方特、欢乐谷等自主开发项目,都在提醒香港的旅游投资和商业创新的力度跟不上趟了。不是说一个城市的旅游竞争力都是由持续的创新驱动的——经典自有经典的价值,而是提醒我们如果既没有新项目和新产品以吸引新的客群,又不能保持传统的"有朋自远方来,不亦乐乎",那么被市场所抛弃就是迟早的事情。

各位商界领袖,媒体朋友:

正如国家旅游局局长李金早先生在上午的致辞演讲中所说的那样,香港对内地旅游市场仍然有着不可动摇的吸引力,内地业界仍然重视香港的价值,也愿意与香港保持更加紧密的合作。在此背景下，香港旅游业需要着眼内部，重构基于本港商业创造力的可持续发展体系。

希望各位进一步重视旅游业在香港经济社会发展中的作用，尤其是内地旅游市场之于香港的基础地位。根据联合国世界旅游组织的测算，当今旅游业对世界经济的贡献已经超过10%，是仅次于金融业的世界第二大产业。新加坡、美国、日本、澳大利亚等发达经济体均把旅游业作为重要的支柱产业，动员公共资源和商业资本持续提升所在国家和地区的综合竞争力。在充分认识旅游对国民经济和社会发展综合贡献的基础上，近年来，中央和地方各级政府不断提高旅游业的战略摆位，开创了依法治旅和依法兴旅的新局面。预计2020年全面建成小康社会的时候，内地居民出游率将超过5次，每年将会有超过2亿人次出境旅游。这意味着从现在开始的未来五年，香港面对着全球最大的8亿人次出境旅游市场。面对近在咫尺的市场及眼前的机遇，对于香港怎么说都应该是"抓住的五年"，而不应该是"失去的五年"。

希望各位进一步重视与内地旅游业界的合作，共享内地与香港旅游发展的战略机遇。无论是传统的旅行社如中青旅、春秋旅游，还是线上旅行服务商如携程、去哪儿都极为重视香港市场，并愿意与香港业界开展深入的交流和务实的合作。至于如何开展具体业务和落地合作项目，我看还需要双方更多的商业沟通。上亿人次的客源流动带来了无所不在的商机，有商机就会有合作，包括银联卡、微信支付、支付宝等涉旅金融机构也是愿意来到香港，借香港为内地游客旅游消费和旅游投资的全球化提供更多专业服务。我和中国旅游研究院的同事们愿意发挥自己的专业优势和人脉资源，通过会议、会商、研讨、专题报告和新闻发布等形式为两地旅游产业合作尽最大的努力。

希望各位进一步重视小微型企业和社区居民分享旅游发展红利的合理诉求。世界旅游的规律表明，在发展的早期，目的地的好客心可以靠自发的文化驱动，但是到了成熟期以后，商家和居民可能不会长期容忍高店铺租金和高生活成本，这就需要合理的社会参与利益分享机制的精心设计。比如在业态布局上，不可能都是珠宝、名表和高端化妆品，得给面向民生的小微型商家留有空间。为此，大企业需要更多地倾听民间的声音，关注其就业和财富增长的合理诉求。毕竟，游客每天打交道更多的不是在座的诸位，而是700多万普通的香港市民。他们满意了，才会真诚地欢迎游客的到访，也会宽容和包容小概率的不文明行为。

希望各位进一步向内地游客释放更多的善意，并争取更多的政商学研各个界别的香港人能够就此达成共识并采取务实的行动。我很高兴地告诉各位，随着近期香港旅游业恢复常态，特别是内地赴港旅游人数有所下降的情况下，政府、立法、商界和居民团体加强了接待环境和旅游服务的优化工作，受到游客的好评。事实上，香港的每一份善意和努力，内地都能够感受得到。

此时，我仿佛看到象征着信任与品质的红帆船正在香江上向我们驶来，它满载着香港旅游可持续发展的希望，越来越明；它还满载着两地旅游合作的商机，越来越近。

谢谢各位的聆听，祝好胃口！

（2015.10.14 中国·香港）

"世界旅游休闲中心"的理论内涵与政策设计
——在内地与澳门旅游工作磋商会上的专题发言

尊敬的安栋梁局长，

尊敬的杜江副局长：

大家上午好！

建设澳门世界旅游休闲中心，是继国务院提出把旅游业培育成为国民经济的战略性支柱产业和人民群众更加满意的现代服务业以及建设海南国际旅游岛之后，又一个国家战略层面的旅游新命题。事实上，2008年，《珠三角改革发展规划纲要》首次把澳门定位为世界旅游休闲中心。2010年11月，温家宝总理访问澳门期间,提出"支持澳门建设世界旅游休闲中心"。今年颁布的国家"十二五"规划和《粤澳合作框架协议》,都提出支持澳门建设世界旅游休闲中心。之所以仍旧称之为一个旅游新命题,并不是说提出的时间不长,而是说直到最近才开始引起较为普遍的关注,并有了系统性考察与贯彻落地的动向。正是在这一情势下,中央政府驻澳门联络办公室委托我院就澳门建设世界旅游休闲中心进行专题研究。这个月初,我和我的同事受邀赴澳门和珠海调研,分别对澳门理工学院博彩教学暨研究中心、大三巴牌坊和大炮台等主要世界遗产景点、代表性娱乐场,以及珠海横琴开发区进行了全面的考察,并先后与澳门特区政府运输工务司、中央政府驻澳门联络办公室经济部相关负责同志,以及当地知名学者代表进行了多场研讨。兼听则明,这次调研确实让我对澳门有了更加深刻的认识,对建设世界旅游休闲中心有了更加客观务实的理解。

一、从澳门经济社会发展的战略高度认识"世界旅游休闲中心"

面对这样一个新命题,恐怕首先要解决的,不是方法论问题,而是理念与认识问题。据我了解,在建设澳门世界旅游休闲中心问题上,至今还有很多人对其必要性和合理性持有不同看法,这势必影响今后发展战略的实施。

旅游休闲是澳门经济持续快速发展的基石。澳门回归以来,创造了微型经济体的发展奇迹,至2010年底,名义GDP增长超过3.7倍,人均GDP稳居亚洲第二,包括澳门同胞在内的每一个中国人都为此而自豪。同时我们也注意到,回归以来澳门入境游客增长了2.5倍,其中内地游客增长了7倍之多。对于澳门这样一个开放型经济体,或者说依赖外需的消费城市而言,人气就意味着财气,就意味着奇迹。当然,也有人觉得人气是有了,但是本地居民的幸福感却受到挑战,甚至有舆论认为居民的幸福指数下降了。试想,如果不是这样的人气,本地居民就不可能享受今日的高收入与高福利。也有人将澳门的人口密度视为发展旅游休闲的制约因素。本质上讲,澳门是一座没有外围地带的商业中心城,与今天这个会场所在的北京东城区类似,但东城区的人口密度是澳门的2倍,每年接待的游客接近澳门的3倍。澳门早已不再是曾经的那个小渔村,而今已经跨入一个不可逆转的现代都市化进程,我们要回忆过去,更要拥抱未来。

　　旅游休闲是澳门经济回归理性的必然。从抵抗风险的角度来说,有人认为虽然澳门博彩业"一业独大",但是2009年的全球金融危机也没有对澳门带来明显的冲击啊?这不是一个全面的观点,更不是系统的视角:金融危机中的澳门经济,是以内地实体经济的影响轻微并很快复苏为前提的。相对于无限的未来,有限的过去并不一定能为我们提供坚实可靠的参考。何况,继新加坡之后,日本、印度和中国台湾等国家和地区纷纷考虑将赌场合法化,澳门博彩业结束本轮黄金发展期的日子越来越近,届时的转型之痛可能并不是澳门这个微型经济体轻轻松松就可以承受的。从经济伦理角度来说,澳门可观的经济成效大多并不是源于本地的劳动与知识创造,而是基于外部地区的财富和收入转移。这种吸取外部地区劳动创造与知识创新,又将产生的社会问题留在外部地区的发展模式,无法回避经济伦理的终极拷问。

　　旅游休闲是增强澳门社会上升力的必然选择。依赖博彩业构筑的"福利高墙",多数澳门居民衣食无忧,加上由曾经的小渔村遗留的或多或少的小农思想,许多澳门人进取思想淡薄。我听说澳门有一家店铺,因为越来越多的内地游客光顾,生意异常红火,但店主并没有因此扩大再生产,也没有提高价格,而是延续一贯的供应,并宣称因为劳累定期关门歇业。在澳门,类似的案例不在少数。我还了解到,高中毕业的年轻人,经过简单培训进入赌场做荷官就能拿到将近2万的月薪,这比多数其他行业大学毕业生工资还高,这怎么能激发人们求学上进的积极性呢?从澳门社会长期发展战略的高度思考旅游休闲中心的建设,有利于我们突破博彩业对社会创造力造成的屏蔽。

二、世界旅游休闲中心的内涵要切实把握澳门发展实际

　　一般来说,认识论除了要回答刚刚所探讨的"为什么"的问题,还要解决"是什么"的问题,也就是如何理解澳门旅游休闲中心的问题。对此,目前各界莫衷一是。但是我想,对澳门建设世界旅游休闲中心理论内涵的理解,必须把握和紧扣澳门发展实际,并从以下四个方面进行综合考量。

第一,建设世界旅游休闲中心并不以世界性客源为衡量标准。目前,大中华地区的客源占到澳门游客总体的88%,亚洲以外的远程游客占比仅为4%,这种格局在未来较长一段时间内都难以改变,但这并不影响国际社会对澳门的认可。"世界"的含义关键在于国际知名度、全球竞争力和世界影响力。所谓的世界客源,不过是我们工作方向之一,是一个指导性指标,而非约束性指标。中国的,从来就是世界的,这一点我们应该时刻铭记。

第二,建设世界旅游休闲中心并不以限制博彩业的发展为前提。在发达国家和地区,包括福利彩票在内的博彩对大多数人而言并不是有害的游戏。研究表明,仅有大约2%~3%的赌客存在病态赌博。因此,不少政府也视之为正常的娱乐产业,并采取特别的措施防止犯罪分子渗透和病态赌博。目前全世界已经有超过100个国家和地区视博彩合法。从澳门经济发展实际来说,博彩业是澳门经济发展的基石,是澳门旅游休闲产业的骨架,离开博彩来实践世界旅游休闲中心建设,恐怕不太现实。我们认为,世界旅游休闲中心建设,应当是在博彩业上做加法,而在关联性旅游休闲业上做乘法,注重利用博彩所开创的世界性城市品牌和所开拓的国际性客源市场,依托博彩延伸和丰富休闲产业要素,丰富和提升澳门经济内生增长动力。

第三,建设世界旅游休闲中心并不以澳门一地的独自发展为终极目标。澳门建设世界旅游休闲中心,直接指明了澳门在区域经济发展中的分工。澳门作为旅游休闲的中心,需要外围地区的配合支持。澳门作为一个微型经济体,无法独自承载世界旅游休闲中心的全部内涵指向和功能要求,延伸合作不可或缺。当然,这也意味着一份责任,就是带领周边地区旅游休闲业共同进步的责任。

第四,建设世界旅游休闲中心并不以牺牲澳门本地居民的休闲享受为代价。建设世界旅游休闲中心,基础性的任务是要为澳门本地居民提供休闲设施以及休闲的生活氛围,将休闲培育成澳门由内而外的城市品性。试想,如果连本地居民都很难感受和体验到休闲,那提供给外来游客的休闲肯定是不够贴心、不能长久的。休闲源于生活,且任何时候都不能脱离生活。按照旅游需求演化的一般规律,当基本的观光需求得以满足之后,目的地居民的生活方式就成为了游客更为青睐的旅游吸引。将来某一天,游客们来到澳门旅游休闲,顺道体验一下博彩,而不是反过来,那么世界旅游休闲中心就真正建成了。

三、以强化基础、内外兼顾统领世界旅游休闲中心规划建设

胡适先生曾经说过,知难,行亦不易。具体到怎么建设澳门世界旅游休闲中心,无规律可循,无先例可依,但有一点可以肯定,那就是必须回到博彩业这个发展的起点,在规范发展的基础上,以博彩业为主轴纵向推进澳门经济的适度多元化。博彩业占据澳门经济的半壁江山,对政府财政收入的贡献接近82%。正所谓纲举目张,博彩业就是澳门经济发展的这个纲。纲举,并不是放任,而是通过监管将博彩可能带来的负面效应最小化。比如根据澳门法律规定,赌博构成法定债务之渊源。但根据我国内地法律,债权人明知债务人是为赌博等非法活动向其借款仍予出借的,该借贷关系不受法律保护。由此导致暴力追债的恶性事件时有发生,正常的金融市场秩序也受到不同程度的干扰。遗憾的是,内地与澳门监管体系的对接严重滞后于两地经贸往来的现实要求。至于"目张",就是要在品牌购物、会议会奖、文娱表演、文化创意、中西美食、体育休闲等关联产业上多做文章,形成博彩与其他旅游休闲产业融合发展的业态格局,提升澳门经济发展的"造血功能"和"抗风险能力"。

有一个现象不知道各位有没有留意,当5年以前澳门博彩收入落后于拉斯维加斯时,我们常常骄傲地宣称拉斯维加斯不如澳门有人文风情。如今澳门的博彩收入两倍于拉斯维加斯,我们又抱守着全球第一的博彩沾沾自喜。其实澳门与拉斯维加斯,以及世界其他任何博彩聚集地的竞争优势并不在于为数众多的终场和服务高端客人的VIP厅,而在于赌场外触手可及的世界文化遗产和现实生活场景。我曾经多次到访澳门,每次让我感受最深的,不是赌场的超乎想象,而是在参观大三巴牌坊和妈阁庙时体味到的沧海桑田和在品尝冯记猪脚姜和"玛嘉烈"蛋挞时感受到的闲情逸致。从这个意义上来说,在串联和活化世遗景点的基础上,丰富文化类休闲产品开发,是推进澳门世界旅游休闲中心建设的必要举措。

另外,在解决"怎么做"的问题上,还有一个事实不容忽视,那就是在立足大局的基础上,不断扩大和深化粤港澳区域在行政、经济领域以及社会各界的合作。从近几次的国家五年发展规划,到 CEPA 及补充协议,再到粤港及粤澳合作框架,无不为粤港澳旅游一体化发展描绘了一幅美妙蓝图。然而时至今日,三地旅游合作,特别是澳门与内地的合作仍旧是"雷声大雨点小",珠澳横琴岛合作开发就是典型的例子。众所周知,旺季时候很多旅客需要在拱北口岸排队等上一个多小时,如此复杂的通关,除了能多解决几个就业岗位,实在想不出还能带来什么样的好处。无论基于何种考虑,内地与澳门通关便利是大势所趋,早推进早受益。我们认为,目前已经完全具备了按照从"24小时通关,单边验放",到"联合办公,一地两检",再到"一线放开,二线管严"循序开放的一切条件,只是需要我们共同努力,从大局出发,顺势而为。

各位领导,各位同仁:

建设世界旅游休闲中心,是一项推动澳门从博彩单核驱动,到以博彩娱乐为龙头、旅游休闲为增长点、多核驱动的系统工程,需要全社会长时间的共同参与。正如今年三月杜江副局长率团赴澳门推广中华文化游时指出的,"着力推进澳门世界旅游休闲中心建设,将是今后内地与澳门旅游合作的四项重点工作之一。"衷心希望合力推进澳门世界旅游休闲中心建设,能同样成为内地与澳门各领域合作的工作重点,希望通过我们共同努力所建设的澳门世界旅游休闲中心,成为全球休闲旅游目的地的典范,成为微型经济体拓展内生经济动力的标杆。

谢谢大家!

(2011.7.7 中国·北京)

让世界来分享澳门的花样年华

澳门世界旅游休闲中心建设是国家战略,也是一项复杂的系统工程。中央政府和特别行政区区政府有过多次的专题研究,国家旅游局特别是李金早局长对此也是高度重视,并将做专门讲话。受中联办的委托,中国旅游研究院三年前曾经提交过专项研究报告,根据项目进展和新的发展要求,我和政策所的同事近期又做了系统的修订,今天一并呈送给特区政府和国家旅游局的领导参阅。下面我想基于连续9个季度的内地赴澳门游客满意度调查报告,从游客的视角谈三点看法。

第一个看法是,"得中国游客者得天下"。过去我们讲世界级的旅游目的地,讲世界旅游休闲中心建设,更多关注的是狭义的旅游资源和观光产品。从国际国内旅游发展经验来看,一个世界级的旅游目的地或旅游休闲中心建设,必然以游客的到访为前提,以游客的认同为标志。过去十年,高速增长的中国公民出境旅游市场已经引起了全世界的高度关注,越来越多的国家和地区把吸引中国游客作为旅游政策的出发点和发展战略的关键内容。如美国给予中国公民10年有效期的签证政策,印度实行中国公民电子化旅游签证等。中文接待环境的完善、银联卡的使用等已经成为世界旅游发展的潮流。目前内地游客占澳门入境市场的2/3还要多,不应该把这看成是世界旅游休闲中心建设的障碍,不要单纯追求客源地的多元化,而要把内地市场的成长看作是一种机遇。在世界各国各地区争相抢夺内地客源之际,澳门占有天时地利人和。一个具有较大规模的内地客源市场,恰好是澳门世界旅游休闲中心建设不请自来的市场基础。

第二个看法是,"挑的才是买的",必须高度重视内地游客对澳门的满意度评价,并视之为世界旅游休闲中心建设的目标导向和环境改善之动力。从调查结果来看,内地游客对澳门很是向往,但是无论团队,还是散客,无论现场打分,还是网络评价,满意度并不算高,而且自2014年以来呈波动下滑趋势。今年第一季度甚至下滑至"一般"水平,在受监测的27个样本国家和地区中位居第24位。

对于这个结果,我们要从两方面思考。一方面固然要有所警醒,看看哪些地方是可以改进的,是应该引起重视的;另一方面就是那句老话"挑的才是买的",游客评论你这个那个,这是因为他们对你有所期待,我们要把游客期待的那些东西展现出来,提升上去。随着内地游客旅行经验的成熟,他们正在从早期对娱乐场的探新求异、购物和观光,日益转向对目的地整体生活环境的深度体验。那些仅仅强调所谓的旅游资源而不能够提供生活体验的目的地,越来越会被出境游客从选项中移除出去。

长期以来,作为旅游目的地的澳门给游客的核心印象就是博彩,就是一掷千金。由于博彩业一枝独大,给本地居民带来很好的就业保障和生活条件,时间长了,澳门也慢慢认为自己就是一个世界级的博彩中心。可我总觉得还有另外一个澳门。这个澳门是"宁静街巷中人们悠闲的步履",是"一个让岁月,又或者生活,慢慢积累沉淀的地方",是葡式蛋挞和双皮奶……

在我有限的到访澳门的经历中,一个人和一个场景让我印象深刻。一个人,就是当时的规划厅厅长刘榕先生。作为一名历史学专业背景的规划官员,他告诉我:旧城区的每一条街道,每一棵榕树下面,都有那些老伯老奶奶童年欢笑和青春的记忆。他最大的担心就是澳门有一天成了世界休闲中心,但本地人不再有休闲的生活了。我想,他心目中的世界旅游休闲目的地,是以澳门居民的休闲为基础,同时与外来游客共享的生活空间吧。一个场景就是我曾经看到在某个普通的小区街道,专门设置了再生资源分类整理的地方。当时中秋节刚过,街坊邻居正把月饼包装盒细心地分类好,以利于工人们整理再利用。正是黄昏时分,有三三两两的市民归来,从他们的步伐和神色中,我看到内地人很少见到的安宁与温和。正是这个场景让我感受到了澳门流光溢彩之外的另一面,数百年以来的生活积淀下来的澳门人的澳门。

只有回归到澳门人的生活本身,我们才能找到世界旅游休闲中心建设的出发点,那就是无论如何都要传承和发扬世代相传的富裕、优雅、精致、温情和鸡犬之声相闻的生活方式。也只有这样一种生活方式,才是让游客愿意分享的。令人遗憾的是,澳门的底色长期以来可能被喧闹的娱乐场所给遮蔽了。结果呢?内地游客到了澳门,要寻找的东西找不着,要看的东西没看到,所以才有不满意的地方。在游客反映的问题中,景点单一、产品单调以及相应的拥挤等问题最为集中,约占到反映问题总数的50%以上。澳门总共只有33平方公里,现在旅游活动又集中在几个赌场和大三巴等地区,可能就只有5平方公里。后来出台的游客和市民的分隔措施,把有限的旅游休闲空间缩得更小。游客接触的都是一些商业化、表演性的东西,而不是澳门的本色生活,当然不满意了。

第三个看法是,世界旅游休闲中心建设要走"纲举目张,小而精",而不是"你有我有全都有"的发展模式。这个"纲"就是如前所述的澳门本真的生活,就是澳门的花样年华。要把市民惯常的生活,调到博彩、娱乐和观光等要素之上,传递给最主要的目标市场——大中华区、海外华人以及葡语国家,让更多的人去分享。就像比利时的布鲁日,瑞士的伯尔尼,以及内地的厦门等城市,不是我很忙碌,做出的产品让你休闲,而是我本身就很休闲,然后你来体验、来分享。

"目"呢?就是生活方式呈现和分享的支撑点。比如旅游住宿业,能否嵌入到居民生活空间中去?把当地一些既有历史感,又有生活气息的空间拿出来做特色住宿设施,而不仅仅是威尼斯人、新濠天地。比如餐饮,不一定都是海鲜大餐、高级扒房,能否把一些地方特色美食,像李康记豆腐花、陈胜记的陈皮鸭这样的舌尖上的澳门拿出来让游客分享?比如购物,除了目前的首饰、化妆品之外,还可以和内地合作,开发一些适合内地人需求的时尚产品。我的同事说这里的铂金制品真是又便宜又有特色,让人忍不住想"血拼"哦!还有文化演出、体育赛事,近期的后街男孩、Katy Perry、郑秀文的演唱会,音乐剧《美女与野兽》,还有我女儿吵吵着要来看的《火影忍者》真人舞台剧和Cesar Millan的狗狗训练营,再加上已经成型的《水舞间》和大赛车、艺术节、音乐节等节事品牌,已经营造了一个令人向往的活力、时尚、多元的生活空间。

生活,也唯有生活,才会构成世界旅游休闲中心长久的吸引力,也是世界旅游休闲中心的政策、规划、建设和推广等策略展开的根本指引。

(2015.6.3 中国·澳门)

欧洲篇

    2004年，欧盟与中国签署了ADS，我们飘洋过海去看他们，一路走，一路买，什么都是好的。他们瞧我们呢，也是新奇，从来没有在家门口接待这么多买东西还讲价，找个空地就跳广场舞的中国游客。2012，中俄两国互办旅游年"，开创旅游外交大格局。2015年"欢迎中国"广为工商各界所接受，中文接待环境成为海外目的地各国的日常关注。

漂洋过海来看你
——在葡萄牙"欢迎中国"主题活动上的演讲

Alo，Lisbon！（你好，里斯本！）

Alo，Portugal！（你好，葡萄牙！）

我和我的同事不远万里漂洋过海从龙的故乡第一次来到你的身边。此刻，我是如此的兴奋与开心。

我是带着对历史的敬意来看你的。同古老的中国一样，葡萄牙在人类历史上创造了辉煌的海洋文明并成就了一个强盛的国家。十年前，中国中央电视台（CCTV）制作过一部影响广泛的纪录片《大国崛起》，把葡萄牙作为人类历史上第一个世界性大国向中国普通民众做了系统的介绍。作为欧洲古国之一，葡萄牙自中世纪后期就开始与欧洲其他地区发展海上贸易，航海技术不断创新并为更多的工商阶层和普通民众所掌握。在亨利王子、D.康、B.迪亚士、达·伽马、P.卡布拉尔等一代又一代航海家的不懈努力下，葡萄牙的海上探险队抵达非洲、亚洲、拉丁美洲等地，掀开了地理大发现时代的历史大幕。特别是开辟了欧洲至亚洲的海上航线，促进了欧亚商业关系的发展，葡萄牙帝国达到全盛时代并影响至今。在过去六百年，葡萄牙直接影响世界53个国家，官方语言葡萄牙语成为2.4亿人的共同母语和世界第八大语言。

在葡萄牙人全球探险的时代，你们的祖先就漂洋过海来到了中国并受到了中国宫廷和人民的善意接待。1502年，葡萄牙王国正式向明朝政府派遣了使节。1542年，葡萄牙商人获准在中国宁波定居。1979年2月8日中葡正式建交。1999年12月20日，葡萄牙政府将澳门归还中国，为两国关系全面发展翻开了新的一页。当前，澳门致力于建设"一个中心、一个平台"的目标，"一个中心"就是世界旅游休闲中心，"一个平台"就是中国与葡语系国家商贸合作服务平台，发挥澳门作为中国和葡语国家的商贸服务平台作用以及保持与世界各地联系的优势,推动中葡双方工商人士和普通民众的往来。近年来,越来越多的中国公民选择直接来到葡萄牙旅行的方式,来体验这个国家独特的魅力,了解葡萄牙历史发展的轨迹。

我是带着对现实的向往来看你的。这里环境优美,物产丰富,人文底蕴深厚。葡萄牙位于欧洲伊比利亚半岛西部,罗卡角是欧洲的最西端,是欧洲大陆濒临大西洋最近的地方。一年四季气候温润宜人,软木产量占世界总产量的一半以上,出口位居世界第一,因而有"软木王国"之称。葡萄牙还是全球第十一大制鞋出口国。根据国际贸易中心的统计,葡萄牙的皮鞋及配饰行业产值占全球皮革行业产值的 3.8%。金融危机以来,正是得益于其皮鞋和配饰出口行业的复苏,葡萄牙经济持续平稳发展。中国人说"千里之行,始于足下",今天葡萄牙成为世界数一数二的品牌鞋类出口大国,一定是深植于葡萄牙人民志在四方的历史传统吧。当然,这里的文化、教育、科学基础也很深厚,除了里斯本大学、波尔图大学等一批知名学府之外,在 92 212 平方公里、1050 万人口的国土上集中了各类博物馆近 300 座,各类剧院 347 家,画廊或展览馆 306 所。文化还体现在这里的人民对足球运动的热爱上。葡萄牙足球超级联赛是欧洲五大联赛之一,本菲卡、波尔图、里斯本竞技等足球俱乐部是欧洲和世界足球劲旅,也为中国人民所熟悉,C·罗、菲戈、科斯塔、保莱塔、戈麦斯、德科等足球明星更是年轻人一代耳熟能详的偶像。

葡萄牙也是重要的欧盟国家。在近代西方历史上,葡萄牙是历史文化发源地之一,也是欧元和北约创始成员国之一、著名的《里斯本条约》签署地,欧洲一体化从此翻开新的篇章。葡萄牙还是欧盟除了法、英、德之外最大的对外移民国家,同时也向各国移民敞开大门,2015 年更是荣膺全球投资移民政策排行榜首位。大部分国际航空公司都有飞葡萄牙机场的航线。每年,有超过 3000 万人次民航旅客,其中 78.8%属于国际旅行,充分说明了本国在欧洲和全球经济贸易及旅游旅行市场的重要地位。

旅游业是葡萄牙的国民经济支柱产业之一。全国以 10 余处世界文化遗产为依托,为世界各国各地区的到访游客,提供多元化、多层次的旅游体验。到葡萄牙这个欧洲大陆的西南尽头,欣赏临近大西洋壮观的景色,是一生中值得拥有的感受。近日,著名旅游网站《今日美国》发起的"最佳欧洲旅游国家"评选中,葡萄牙以绝对优势独占鳌头,进一步凸显了普通游客群体对葡萄牙的认同。

我是带着中葡两国旅游交流与合作的信心来到这里的。从现实来看,中国和葡萄牙双向交流人数基础不断扩大,增长势头迅猛。2014 年,葡萄牙来华旅游人数达到 5.23 万人次,同比增长 5.85%。同期中国公民首站赴葡萄牙旅游人数达到 2.40 万人次,同比增长 33.87%。中国游客的消费增长更快,已经成为最大的入境旅游消费群体。根据葡萄牙银行的统计数据,2013 年 1 月至 11 月,中国游客的消费额同比增长了 167.7%,达到 1917 万欧元。2014 年中国游客人均消费 935 欧元,超过安哥拉及俄罗斯游客的消费。我们注意到,2014 年,中国公民赴欧洲旅游人数达到 413 万人次,同比增长 12%,欧洲成为亚洲之外最大的出境旅游目的地,其中就有超过 50 万人是在包括葡萄牙在内的南欧目的地游览。基于这些数据和中国公民出境旅游的发展趋势,我们完全可以乐观地预期,2016 年中葡双向交流将超过 10 万人次,并在未来五年保持持续增长。

2014 年 2 月,葡萄牙旅游局(Turismo de Portugal)与 Travel Link Marketing (TLM)合作在中国设立代表处,标志着葡萄牙在中国的旅游宣传推广进入了一个全新的发展阶段。同年,足球明星 C·罗在中国代言的旅游推广,产生了广泛的社会影响。2014 年的 11 月 13 日,葡萄牙上海签证申请中心正式开业,为中国游客提供更为方便的签证服务。葡萄牙拥有接待中国旅游团的旅行社已经超过 170 家。现在,中国国内关于葡萄牙的旅游攻略,就像葡式蛋挞一样有名、有人气。显示出中国对葡萄牙旅游市场的兴趣日益浓厚,也助推了赴葡萄牙考察访问、置业移民的热情。与此同时,中国政府和旅游业界也积极开展对葡旅游交流,2015 年初首次参加了在里斯本举行的第 27 届葡萄牙国际旅游展,年底北京定制旅游推介活动走进里斯本,积极开拓南欧来华入境市场。

我还是带着中国游客对安全、便捷和品质服务的诉求来到这里的。俗话说,挑的才是买的,或者说,凡是购买者必定也是挑剔者。既然葡萄牙希望有更多的中国游客到访,事实上,葡萄牙已经成为中国公民出国旅游需求日渐增长的目的地,我们应当也有必要对遥远的客源市场的消费诉求有更多的理解。对中国游客的专项调查显示,欧洲作为旅游业发达的地区,旅游服务品质全球领先。过去3年,中国游客主要到访的欧洲国家,满意度均处于80的"满意水平"左右。但同时也存在一个主要问题,即中国出境游客满意度呈现下降的趋势,特别是自主、自助、自游的这一部分青年游客群体评价有所下降。例如饮食方面,他们说"生就中国胃的我,在中国也很挑食好不好"。因此,初期的好奇打量之外,服务品质和细节关注将成为目的地竞争的焦点与重点之所在。面对络绎不绝的中国游客,英国、法国采取了持续改善游客体验的策略,包括上门签证及团体游客过境免签服务改进、缩短签证时间、增加景区警力保护等政策,旅游业界也增加了中国特色餐饮服务。特别是意大利等十几个欧洲国家推出"欢迎中国"项目,以最大限度满足中国游客在住宿、餐饮、转机、购物、市内交通、主题公园游览等方面的核心诉求。

在中国的旅游攻略网络社区里面,关于葡萄牙的内容最多的是"我现在人在欧洲,有几天的时间,想去葡萄牙转一圈,不知道行程要怎么安排,求推荐"等相关主题,说明广大游客,特别是散客和自由行客人到访葡萄牙的意愿是稳定上升的。要使这些旅游意愿变成现实的旅游客流,除了政府推动宣传推广、简化签证、增加航班等便利化的政策措施之外,通过业界来释放更多善意,提供更多普通游客最关心,并可以感知的关注和关爱,可能是更为关键的因素。正如葡萄牙谚语所言——Quem da recebe(给予必将收获),相信"欢迎中国"这一为中国出境游客量身定制的服务品牌,将推动葡萄牙成为中国游客乐游乐享的新兴欧洲旅游目的地。

我漂洋过海来看你,你风雨无阻温暖我,如此,虽千里万里,天下一家矣!

Abrigado(谢谢)!

(2015.11.29 葡萄牙·里斯本)

跨越欧亚大陆的往来
——在"欢迎中国游客"伦敦旅游、酒店和零售业界会议上的演讲

女士们,先生们:

上午好!

由李克强总理率领的中国政府代表团不久前访问英国的时候,带来了 300 亿美元的贸易清单,引起了两国工商界的热议。今天我和我的同事来到这里,想与各位旅游、酒店和零售业界朋友们分享 1400 亿美元的消费信息,还有超过 1 亿人希望体验不同生活、分享不同文明的美好愿望,也想与各位共同推动更多的游客跨越欧亚大陆自由地往来。

在相当长的历史时期里,有着悠久历史和美丽风光的中国都是作为旅游目的地而存在的。尽管我们很早就从书本上知道了莎士比亚,知道了"光荣革命",知道了白金汉宫和"伦敦眼",但是除了少数的政商人士和文化交流,对于绝大多数的中国人来说,英国还是远在天边的想象。直到 1998 年,中国政府正式开放了公民因私出境旅游,初期主要是中国香港、中国澳门和东南亚等近程市场。2004 年,中国与欧盟正式签署 ADS 协议,出境旅游特别是赴欧洲旅游进入了一个高速增长期。2009 年,中国的国际旅游贸易首次出现逆差并逐年扩大,并稳步成长为全球最大的出境旅游客源国和旅游支出国。

受国民经济和居民收入增长、中产阶层兴起、人民币升值、签证便利化和目的地国家推广力度加大等因素的影响,我们有理由对未来五年的中国出境旅游市场保持乐观的预期。预计 2014 年的中国出境旅游规模将达到 1.14 亿人次,同比增长 16%,出境旅游花费 1400 亿美元,同比增长 18%。在为世界旅游业的繁荣与发展做出了积极贡献的同时,中国政府特别是旅游行政主管部门也承受了贸易逆差不断扩大的舆论压力,但是从目前的情况来看,并没有迹象表明中国的出境旅游政策将

会转向更为严格的管制。

在市场规模不断扩大的进程中,出境旅游需求呈现出了明显的平民化、年轻化、散客化特征。2013年的出境旅游市场上有几个值得关注的数据:93.6%的游客是个人支付费用,两次以上出境的游客比例达到61.36%,25~34岁游客的比重为38.6%,55%的游客愿意从互联网上获取目的地信息。由于旅游经验的丰富和青年一代价值观的变化,他们更倾向于自主安排行程而不是跟着旅行社安排好的线路走。在目的地的消费结构中,购物仍然是首选,但是与十年前相比,游客消费理性多了。多数出境旅游者会利用假期与家人在一起,并希望能够对目的地的历史文化和生活方式有更为深入的理解。正是出于对上述数据的理解和对消费动向的观察,我在最新的中国出境旅游发展报告的发布会上给出了"转折之际"的判断。

女士们,先生们:

在中国游客遍布世界各地的足迹中,英国始终是最有魅力,也是最希望到访的目的地之一。从白金汉宫到科茨沃德(Cotswold)庄园,从伦敦眼、"碎片大厦"(The Shard)到爱丁堡城堡,保存完好的历史遗存与繁华都市的和谐守望,对同样古老而又现代的中国构成了强大的吸引力。从莎士比亚、雪莱到哈利·波特,从达尔文、牛顿到约翰·列侬,从戴安娜王妃到贝克汉姆,英国的经典与流行都是中国各阶层人士愿意接受的,这次世界杯英格兰队提前结束比赛,不少中国的年轻人甚至比本地的球迷还要伤感。从巴宝莉(Burberry)优雅的黑黄格子到登喜路(Dunhill)皮具精致的手工,从Barbour风雨衣低调的坚守到劳斯莱斯、宾利、阿斯顿马丁等顶级的汽车品牌,还有高街、下午茶、剑桥、伊顿公学等所有可以承载英式优雅的商品和生活方式都已经深深地烙在中产阶层以上中国游客的脑海中。值得一提的是,在中英两国建立全面战略合作伙伴关系十周年的日子里,到访的中国总理在记者招待会上愉快地表示"今天是一个好日子,阳光明媚"。卡梅伦首相则明确表示,英方已经采取了包括简化签证手续在内的一系列措施来扩大两国民间交流。我还注意到，英国旅游局正在不断加大在中国市场的宣传力度，并且已经成功推出了"欢迎中国——尽享英伦礼遇"的计划。也许我下次再来的时候，就不再需要去大使馆摁手印（录指纹），还可以在酒店早餐的时候吃上温暖的白粥了。正是由于两国关系的良性互动和民间交流的美好印象，我们有充分的理由相信，一定会有更多的游客跨越欧亚大陆更加频繁地往来。

中国人常说，"百闻不如一见"。带着向往之心和美好愿望而来的中国游客对英国的真实感受又如何呢？从2013年第一季度开始，中国旅游研究院开始对包括英国在内的22个中国游客主要出境目的地国家开展满意度专项调查。从调查结果来看，绝大多数游客感觉不虚此行，他们看到了想象中的美丽与优雅，也从自驾车旅行和银联卡（Union pay）支付的便利中发现了惊喜。事实上，中国游客给了英国远高于其他目的地国家的高度评价。天下没有完美无缺的事情，由于文化差异特别是生活习惯的不同，中国游客也在抱怨机场、酒店、博物馆、零售店等场所的中文标识欠缺，没有中餐和热水，看不到中文的资讯和娱乐节目，以及投诉渠道不畅等问题。对于发展进程中客观存在的这些问题，应该说双方都认识到了，并正在采取切实的措施加以解决。政府层面已经做了大量的基础性工作，另外还需要两国业界的务实努力，比如引入游客所需要的服务项目，增加员工的中文培训，扩大对中国市场的宣传等，前提是需要对中国市场的深入了解。会议的发言嘉宾，也是中国旅游研究院的合作伙伴——哲意公司的雅各布先生将会结合"欢迎中国"项目做更为详细的介绍，希望对大家如何接待好中国游客有实实在在的帮助。

有愿望，有能力，再加有方法，就一定会有更多的中国游客来到大不列颠（the Great Britain），感受英国的美好（British Great）！

（2014.7.1 英国·伦敦）

让不同国家的人民沿着丝绸之路旅游、对话与合作
——在首届中国—亚欧博览会上的主题演讲

尊敬的中国国家旅游局祝善忠副局长，

尊敬的新疆维吾尔自治区人民政府史大纲副主席，

女士们、先生们：

    在国际旅游市场稳定发展、持续繁荣的今天，在欧美金融动荡加剧的时刻，大家会聚到美丽的新疆，共商亚欧旅游合作的大计，无疑具有深刻的现实意义。刚才各国旅游部长、大使和世界旅游组织的领导人分别发表了立意高远的演讲，表达了加深旅游领域国际合作的迫切心情，我深受鼓舞。这次会议的目的之一，是为了重现古丝绸之路的商业繁华商讨对策。作为长期关注和研究旅游发展的政府智库负责人，我想借此机会，汇报几点关于丝路旅游的看法与建议。

一、丝绸之路是商业贸易的历史记忆，也是旅游发展的现实空间

    记得2005年中央电视台热播剧《汉武大帝》中有这样一组镜头，张骞历经艰辛出使西域返回都城，衣衫褴褛的张骞出入朝堂时，大臣们纷纷伏地痛哭，这样一幅场景感动了电视机前无数观众。抹去历史的尘埃，2100多年前张骞出使西域所开辟的丝绸之路，其实质是一条连贯东西方的商业大通道。客观而言，这条古通路源起于联盟抗敌，但兴盛于商业贸易。更进一步说，是源于政治上的偶然，却兴于经济上的必然。千百年来，在这条由人力和畜力构筑的古商路上，演绎了无数像龙门客栈一样的商业旧事，也见证了陶瓷、丝绸、青金石等古代奢侈品贸易的繁荣。很多西方国家一度将拥有中国瓷器视为富有的象征，而在古罗马市场上丝绸价格曾达到每磅12两黄金的天价，迫使元老院制定法令禁止人们穿着丝衣以抑制黄金外

流,青金石经由丝路传到印度后被供奉为佛教七宝之一。用今天的眼光来看,以骆驼为主的畜力交通运输方式已经很落后了,陶瓷、丝绸、青金石等古代奢侈品如今也不再那么金贵,当时,却都是先进生产力和优秀文化的重要载体。拂去跨国商贸的历史风尘,绵延一万多公里的丝绸之路,是一条以普通民众为主体的东西方文化交流大通道。在丝绸之路开辟之前,中国的商朝和周朝就已经与西域有使节来往,但只是政治文化精英的零星接触。张骞第一次出使西域归来之后,汉朝务实地抛弃制御匈奴的最初想法,转向"威德遍于四海"的常规交流政策。汉武帝招募了大量身份低微但富有冒险精神的商人,利用政府配给的货物到西域各国经商,并为丝绸之路打上了文化交流的烙印。在随后漫长的历史长河中,越来越多的使节、商贾、僧侣、屯田戍边的官兵纷纷踏上丝路,并由此开启了中国与西方文明之间的常态化交流机制。造纸、印刷、坎儿井等技术不断随丝路流向西方,佛教及其他领域文明则源源流入中国。即便在禁止国民出国旅行的唐朝,玄奘仍能经由丝路去到印度取经,丝绸之路对于促进东西方文化交流和人员往来做出了历史性的贡献。

回到旅游,当我们面对历史曾经的辉煌,总是心动不已,总在想如何将其转化为现实的旅游资源,而操作起来却有很多现实的困境。和京杭大运河、茶马古道等一样,丝绸之路更多时候只是作为历史的存在,画在图上、记在书上,体现了历史的辉煌,更反映了现实的落寞。任何事物都不能只"活"在过去,风物长宜放眼量,继承和发扬是对历史最好的纪念。这里所说的继承和发扬并不是要完全恢复丝绸之路的商业功能,事实上也不可能,毕竟在交通发达的现代社会,它的商贸生命力已经基本丧失,而以文化为载体,活化和串联丝路旅游要素,是丝路复兴的必然选择。如果说古丝绸之路是因商而旅,那么新的丝绸之路则可能是因旅而商。

二、亚欧东西两端的旅游发展为丝绸之路带来全新的振兴机遇

旅游自古有之,殷商时期就出现了王公贵族田猎和观日出的旅游雏形。到战国时期,甚至达到了"哀公好田猎,从禽兽而无厌,国人化之,遂成风俗"的地步。虽然丝绸之路开启了一定规模的跨国商旅,但古时候的旅游终究是小众化的。今天,

人们的旅游动机更为多元,旅游的方式更加便捷,以前三年五载才能完成的游程,现在三五天,甚至三五个小时就可完成。规模化、大众化的旅游时代,已经使得旅游,包括国际旅游成为人们的日常生活选项。2010年,全球国际游客达9.35亿人次,其中以亚欧为目的地的游客占到71%。虽然从人数上看旅游市场规模巨大,但是国际旅游市场的客源地和目的地主要集中在亚欧大陆东西两端的少数国家,而丝路沿线的旅游交流明显滞后。这有地区经济社会发展水平的客观原因,也有沿线国家和地区间合作主动性不足的主观原因。据我了解,最初与中国一起联合启动丝绸之路跨国申遗项目的哈萨克斯坦、吉尔吉斯斯坦、塔吉克斯坦等中亚5国当中,只有乌兹别克斯坦在去年5月才正式成为中国开展组团业务的出境旅游目的地国家。如今,在云南、广西、吉林等地开展红火的边境游,在新疆却难觅踪迹。本区域的游客仍然需要通过办理护照和申请签证的常规方式,去到哈萨克斯坦、吉尔吉斯斯坦等邻国旅游,而不能像云南、广西、吉林等地一样仅凭身份证快速办理边境旅游通行证就可通关旅行。即便费尽周折去到哈萨克斯坦等邻国旅游,在吃住行上常常面临加价45%以上的外宾价。今年5月我和同事赴哈萨克斯坦参加阿斯塔纳经济论坛时,就深感交通、语言、餐饮服务之不便。就目前的情况来看,将丝路之旅打造为世界精品旅游线路,还需要更多务实性的政策支撑,特别是沿线各国政府的政策协调和市场合作。

  政府层面合作,要关注丝路之旅具体的资源基础和市场特征,更要充分考虑全球旅游发展的宏观环境。根据旅游经济演化的一般规律,当常规的观光需求得以满足之后,人们就会进而产生追寻历史和体验当代生活习俗的文化旅游需求。我所服务的中国旅游研究院今年上半年在全国7个主要口岸城市做过一个抽样调查,有34.4%的入境游客来中国的旅游动机是了解中国特色文化,高出第二位的游览观光11.6个百分点,稳居第一位。同时还有57.2%的国际游客参观了中国的文物古迹,比游览山水风光的游客高出近19个百分点,同样排在第一位。我的同事马仪亮博士最近对新疆市场做了专门调研,来新疆的国际游客,多数对南疆喀什、和田等地的丝路文化更加青睐,可以说现实的和潜在的市场需求都非常可观。沉睡了数百年的丝路不应只是坐等游客千里迢迢来追忆,而应主动向世界展示自己的特殊魅力。

三、让更多民众经由丝路旅游展开对话与交流

刚才中国国家旅游局祝善忠副局长已经着重阐述了欧美债务危机对全球旅游的影响,并就新形势下的国际合作提出了富有远见的观点。在今后的丝路之旅国际合作中,发展理念上的认同是基础,也是当务之急。各国政府和业界应当把亚欧旅游合作提至更加重要的战略位置,并加快建立丝路之旅常态化合作机制。丝路沿线各国经济发展的理念和水平,以及国民经济体系中旅游业的位置和作用千差万别,对丝绸之路旅游合作的观念认识和行动步调也不完全一致。在充分研讨和交流的前提下,彼此认同并充分认识到传承历史的责任和潜在的经济收益是畅通丝路合作的前提条件。在此基础上,各国要有专门的机构,充分利用现有的双边和多边合作机制及各种经济、文化、宗教交流平台,建立常态化的对话渠道,务实推进跨区域的旅游市场和产业合作。特别是要在增加口岸、便利签证及通关、协调航权、交通联运、标准对接、丝路旅游整体规划、货币兑换、边境旅游、母语解说等方面多做文章。1995年开始,申根协议逐渐在欧洲国家签署生效,这一便利化的签证安排使得随后5年欧洲的国际游客年平均增速达4.7%,较前5年年平均增速高出1.2个百分点,较前15年平均增速高出近1个百分点。2006年,东盟10国仿效申根模式签署了免签证协定,南部非洲发展共同体目前也正在积极协商类似的免签协议。世界都在行动,我们也应该齐心协力。

令人欣慰的是,丝绸之路跨国申遗项目启动以来,国际影响不断扩大,参与的国家从最初的中国和中亚5国扩大到今天包括日本、韩国、印度、阿富汗、伊朗在内的12个国家。这12个国家的人口数占世界总人口的41.9%,面积占13.3%,GDP总量占20.5%。同时,这又是一片经济发展极不均衡的区域,尤其是机场数、铁路里程和公路里程分别仅占世界总量的4.1%、18.5%和8.8%,多数国家,特别是中国西

部与中亚国家的旅游基础设施还不是很发达。这就更加需要相关国家和地区政府群策群力，资源整合，按照由点到线，再由线到面的国际区域旅游合作路线图，充分调动节点区域和业界的积极性和创造力，稳步推进丝路旅游的一体化发展。在这方面，还要借鉴国际旅游合作的成功经验，非洲之傲、法国老爷车旅游，以及新近开通的中俄旅游专列都是跨国长线旅游的突出代表。当下，在统一规划的基础上，开展联合宣传和开发一程多站式旅游产品，恐怕是发展丝路之旅的优先领域。

没有安全就没有旅游，特别是对于民族分布多、宗教信仰差别大的新兴国际旅游线路，游客人身与财产安全的重要性尤为突出。同时，随着世界旅游供给和国际游客旅行经验日益丰富，游客对旅游品质的要求也越来越高、越来越细。长远来说，无论是旅游安全还是旅游服务品质，更多地取决于稳定的收益预期下，业界的主动维护和民众的积极参与，这就需要通过多种渠道进行安全和品质保障机制上的整合，让丝路沿线民族群体参与旅游开发，分享旅游发展的成果，这也应该是丝路跨国旅游开发中需要一贯坚持的重要宗旨。丝绸之路的跨国旅游合作已经明显滞后于国际旅游的发展和人们来往便利的需求，从政府丝路旅游资源普查与保护、政府信息交换、旅游行政主管部门的宏观调控与行业监管、保险一体化、商业化危机处理机制共建、游客满意度调查、旅游开发利益分享机制完善等方面加快突破，可能是提速丝路旅游复兴的迫切要求。

女士们，先生们：

让不同国家、不同地区、不同民族的人民像走亲戚一样常来常往，是旅游业界的职责，也是政府的责任。丝绸之路已经沉寂了几个世纪，衷心希望通过本次会议所倡导的国际旅游合作，让丝路上的驼铃再次响起，让更多国家的人民沿着丝绸之路对话、交流与合作。

谢谢大家！

（2011.9.2　中国·乌鲁木齐）

好客之道需要更多的日常关注
——在意大利"欢迎中国"主题活动上的专题演讲

女士们,先生们:

上午好!

今天中意两国旅游业界在罗马隆重集会,共商欢迎中国游客的策略,确是一件非常有意义的事情。经过三十五年的发展,特别是2004年中欧签署ADS以来,中国已经不仅是各地游客竞相访问的目的地,也是世界广为关注的客源国和旅游消费支出国。2013年,中国共有9819万人次出境旅游,在海外消费了1286亿美元,预计2014年这两个数字将分别达到1.14亿人次和1400亿美元。受国民经济和居民收入增长、人民币升值、签证和交通便利化、目的地国家市场推广,特别是相对稳定的出境旅游政策影响,中国出境旅游在未来五年中将继续保持高速增长的态势。世界上还从来没有哪一个国家在如此短暂的时间里形成如此规模的旅游消费市场。回到十年以前,我们无法想象一年会有上亿国民有能力和平地到访这么多的国家和地区,与异国他乡的人民面对面地交流和对话。巨量市场带来的不仅仅是商机,也有一个如何相互适应的问题,比如客人还没有适应做客的规矩,主人也没有做好款待的准备,而且新的变化又来临了。

最新调查数据和研究结果表明,在市场规模不断扩大的进程中,中国出境旅游需求开始呈现明显的平民化、年轻化和散客化特征。2013年的出境游客中,93.6%是个人支付费用,61.36%拥有一次以上出境经历,38.6%是25~34岁的年轻人,55%倾向于从互联网上获取目的地信息。由于旅游经验的丰富和年轻一代价值观的变化,他们更倾向于自主安排行程而不是跟着旅行社安排好的线路走。在目的地的消费结构中,购物仍然是首选,但是与十年前相比,游客消费理性多了。多数出境旅游者会利用假期与家人在一起,并希望能够对目的地的历史文化和生活方式有更为深入的理解。正是出于对上述数据的理解和对消费动向的观察,我在最新的中国出境旅游发展报告的发布会上给出了"转折之际"的判断。

女士们,先生们:

作为拥有悠久的历史文明与现代生活方式的国家,意大利在中国旅游市场具有极高的知名度,很多中国游客都愿意来到这里,体验和分享意大利优雅的生活方式。在中国人的眼中,意大利的首要特质是浪漫,是时尚和经典的完美融合。提起意大利,很多中国人都能说出一长串的人名、地名、历史事件和生活场景:恺撒、但丁、达·芬奇、米开朗基罗、拉斐尔、伽利略;比萨斜塔、佛罗伦萨、威尼斯水城、古罗马竞技场、五渔村;文艺复兴、烧炭党人、第二次世界大战;《罗马假日》《我的太阳》、AC米兰;法拉利、兰博基尼,还有玛莎拉蒂、乔治·阿玛尼、古驰、范思哲、普拉达……当然,还有相互敬烟的美女、红酒、意大利面。可以说,在中国人,特别是城市年轻人的美好生活清单中,已经充满了意大利的元素。

2010年我曾经短暂访问过意大利。在罗马,除了斗兽场、博物馆、古老的建筑,给我留下更为深刻印象的则是在一家有机餐馆就餐的经历。餐馆的装修并不豪华,可以说还有点陈旧的味道,但当侍者非常认真地介绍端上来每一道菜品的食材产地、种植、采摘、运输和加工过程的时候,我深深地为意大利人看似散漫而实际认真的生活态度所感动。我还在中国的网站上看到了这样的游记:在拿坡里,你想知道公共厕所在哪里?话一出口,保证有人不厌其烦地把你领到地点才罢休。你如果和一位拿坡里人交上了朋友,那意味着从此你多了个亲戚。逢年过节,就是陌生人也会在大街上给你倒上一杯红酒,互相碰杯,表示祝贺。

随着中意全面战略伙伴关系的不断深化,两国在旅游领域的交流与合作也日趋密切,旅游互访人数稳步增长。2011年6月,意大利先后启动了针对中国市场的TRAVEL项目和"中国计划",并正式推出专门为中国游客打造的中意双语"旅游护照"。2014年3月,意大利对中国公民实行新的旅游和商务签证政策,不再需要面试环节,从7月起,签证申请时间缩减至36小时,意大利已经成为对华发放签证最快的欧盟国家。正是由于为这里浪漫、优雅而认真的生活方式所吸引,还有便利的签证政策和精心周到的安排,2013年,首站来意大利旅游的中国公民达到了47.8万人次,居欧洲各国的前列。

那么,数十万到访意大利的中国游客真实感受又如何呢?中国旅游研究院今年第一季度的调查报告表明,访意中国游客的满意度指数为81.25,在25个样本国家和地区中居于第8位。中国游客对意大利的历史文化景点、公共交通、自然生态和城市管理等方面普遍感到较为满意,同时我们也注意到普通游客对服务价格、安全感、中文标识、中文资讯与娱乐节目、服务信息的可获得性,以及中式餐饮等方面满意度一般。可能由于语言和文化差异,游客对行程中的投诉渠道及处理结果则普遍感觉不甚满意。旅游是异地的短期生活方式,如果我们不能对游客的日常生活需求给予足够的关注,则不仅会影响满意度评价,也会影响在目的地停留时间的长度和再次到访的决策。

为了更好地接待中国游客,我们有必要系统地研究中国文化和中国人的生活方式,特别是一些高感知度的需求细节。比如入住酒店以后,欧洲人会先找冰桶,中国人则会找热水瓶;早餐时,欧洲人吃面包和牛奶,中国人则喜欢白粥和包子;年轻人晚上看电视,意大利人看《爱丽莎》(Elisa di Rivombrosa)和《第十三位使徒》(Tredicesimo Apostolo),中国人要看《中国好声音》和《宫锁连城》。在旅程中难免会遇到这样那样的困难,游客也希望能够找到可以说中文的帮助者。我们已经注意到意大利的酒店、航空公司、机场、免税店、博物馆和城市公共服务部门已经为此付出了相应的努力,包括在酒店提供中文服务,在房间内安放热水壶,准备中式早餐和餐具等。为了让更多的中国游客了解提供这些项目和服务的企业,也为了更有效地提升面向中国游客的服务水准,中国旅游研究院与合作伙伴——意大利哲意公司在全球联合推出了"欢迎中国"(Welcome Chinese)认证项目。稍后,哲意公司CEO,也是我的好朋友雅各布先生还会有更为详细的分享。

在中意战略合作伙伴的框架下,有意大利人民的好客之道,加上旅游业界对游客日常生活细节的关注,我们有理由相信中意两国的旅游合作将成为东西方文化交流特别是民众友好往来的典范。

谢谢!

(2014.6.26 意大利·罗马)

民众之间的自由往来是旅游合作,也是国家对话的战略基础
——在 2012 中俄旅游论坛上的主题演讲

女士们,先生们:

上午好!

无论我们对于政治和外交做什么样的解释,其本质还是在于人心的凝聚和彼此的认同。正如昨天的开幕式上,中国政府温家宝总理所说的那样,国之交在于民相亲,民相亲在于心相通。也如俄罗斯联邦普京总理所说,双方携手全力扩大中俄关系的民意基础。让中俄友谊世代相传,这极为重要。努力促进普通民众的自由往来,是中俄旅游合作的现实前提,也是两国战略对话的社会基础。

中俄两国的交流历史源远流长,特别是 1917 年十月革命以后,无论是俄罗斯还是苏联都是对中国的政治、经济、文化、教育乃至社会生活方方面面影响最大的国家,并在 1950 年随着《中苏友好同盟互助条约》的签署达到顶峰。那时由于新中国刚刚成立,人民生活还不富裕,两国之间的交流与人员往来更多是政府层面的互动,以及留学生、专家互派和社会精英阶层之间的交往,普通民众之间的往来还是非常少的。后来由于意识形态之争,两国关系冷了下来,并使得两国民众之间文化认同与相互了解的愿望和可能性都下降了,特别是对于 1980 年后出生的青少年群体来说,甚至可以用"疏离"来形容,感觉就是一个陌生的邻居。有点像住在北京小区的居民,可以上网与异国他乡的人聊天,可以为非洲的难民流泪和捐款,却不知

道隔壁那家的主人叫什么名字。

从1990年开始,在两国领导人"总结历史,开创未来"的思想指导下,同处于经济社会转型的中俄两国在贸易领域和边境往来方面开始活跃起来,特别是中国的轻工产品、服装、酒水和日用品,以其类型的多样和价格的低廉,获得了俄罗斯市场的广泛欢迎。时隔多年以后的贸易发展和商品流通,历史地让商人,特别是小商小贩成为两国人民再次交往的第一载体。中国绥芬河口岸初开的时候,满眼望去都是"倒包"的商人,他们做生意,也顺便旅游观光,体验民俗生活。其实很多国际交往都是始于商贸往来,比如中国古代的陆地和海上的丝绸之路,不仅仅是贸易之路,也是民众交流之路。进展顺利的话,商品贸易会进一步带动旅游、教育、文化、体育等领域的人员往来。今天看来,那个时代本应是开启两国人民之间更大范围、更加自由往来的最佳窗口期。令人遗憾的是,在利益的驱使下,少数不良商人和劣质商品伤害了俄罗斯人民的感情,加上社会转型期各种内部矛盾的影响,尽管我们为此付出很大的代价和努力,但直到今天这方面的影响还没有完全消除。

在商人往来的同时,政府部门、社会团体之间的交流也开始活跃起来,真正意义的中国赴俄团队旅游市场就是从公务考察做起的。2005年,俄罗斯正式成为中国公民团队出境旅游目的地国家,在签署一系列双边合作协议后,大众旅游市场开始形成,并带动起一批像"俄风行"这样已成规模的专业批发商。但是在此过程中,双边旅游交流也遇到过不少困难,包括中国游客,特别是南方游客对接待条件的抱怨、通关时的漫长等待、乘坐夜行列车时的财产被盗,以及保险与救援机制衔接不当导致游客和旅行社利益受损,从而在一定程度上影响了中国公民赴俄罗斯旅游的积极性。最大的挫折则来源于1998年的金融危机,在那一年的8月17日,卢布一夜之间大幅贬值近四倍,经营赴俄旅游的企业面临破产。现在的市场环境已经好转了许多,特别是北京直飞莫斯科的航线开通以后,中国游客到莫斯科和圣彼得堡双飞七日的行程价格只需要5000元人民币。从产业实践的角度而言,存在的问题主要有两个方面。一是市场规模扩大的问题。2011年,俄来华人数达253.6万人次,中国赴俄游客80.96万人次。相对于当年中国7000多万人次和俄罗斯1200多万人次的出境旅游市场存量,双边旅游市场的规模还有很多增长空间。更值得关注的是,现在赴俄罗斯旅游的中国团队游客中超过70%是60岁以上的老人,到访的也主要是一些传统景点。二是企业之间的合作还很不顺畅。据俄罗斯海关统计,2011年中俄贸易额达835亿美元,在中俄两国对外贸易总额中的比例分别为10.42%、2.3%。双方相互投资总额也超过30亿美元,相对于两国的经济发展水平和世界贸易总体格局,这些数字并不高。就是在有限的旅游投资中,由于特许牌照收得过紧,一些中资旅行社只能以承包挂靠的形式开展业务,无形中增加了本可以节省的商业成本。还有劳动力短缺的问题,特别是旅游旺季也是俄罗斯员工休假的高峰期,往往找不到足够的员工,从而影响了业务的顺利开展。

尽管有这样那样的困难,两国人民之间的交流一天也没有停止过。得益于历史影响特别是中苏友谊的延续,中国人民对灿烂多彩的俄罗斯文化一直是心向往之。当我还是中学生的时候,读完的第一部外国中篇小说就是《这里的黎明静悄悄》,学会的第一首外国歌曲就是《共青团员之歌》。这个月初的时候,我在中国旅游研究院接待了由副校长卡尔里克院士带领的圣彼得堡财经大学代表团一行。我们都是经济学背景,可是当我们谈起十二月党人、托尔斯泰、莱蒙托夫、普希金、斯坦尼斯拉夫斯基,谈起孔子、孙子、老舍的时候,仿佛在谈论彼此熟悉的老朋友。在中国,有太多如我一般的中年人都有着浓郁的俄罗斯情结,都期待到那片广袤的国土上去走一走,看一看,去体验那些小时候就在书本上、在电影里熟悉的故事和人物,还有场景。当然,我们也更愿意与更多普通的俄罗斯人接触和交流,更愿意了解今天的邻居是如何生活的。千千万万普通民众对彼此文化和生活的了解,在彼此尊重和宽容基础上相互走动的意愿,既是中俄两国世代友好的社会基础,也是旅游交流与合作的潜在市场。

在两国旅游发展的进程中,由政府推动和主导的政策创新固然重要,但是旅游说到底还是老百姓的事情,还得充分发挥市场机制的作用。从战略上谋划做什么固然不易，在实践上研究清楚如何做的措施并有效实施，更加需要两国旅游业界付出扎扎实实的努力。

首先，中俄两国需要加大在彼此旅游市场的宣传推广力度。对目的地的了解是旅游活动的第一步。如何让普通民众能够认识并了解对方的旅游形象是至关重要的。旅游形象是国家形象的有机组成部分，但是又不等同于国家形象。相对于日本、韩国、东盟、欧洲和北美，俄罗斯在中国的旅游宣传和市场推广，无论是工作机构，人员交流，还是活动的频次和力度，都还有很大的努力空间。与中国一样，俄罗斯同样既是传统的，也是现代的，既是强大的，也是不平衡的，既是追求和平发展的，也是不完全为世界所理解的国家。除传统的旅游交易会、市场推广活动之外，还需要注意利用网站、博客、微博、社交网络等新媒体宣传俄罗斯丰富多彩的旅游资源和当代生活方式。昨天晚上盛大华彩的开幕演出后，我发了几篇微博。事实上，在过去的几个月中，我一直在利用各种途径宣传俄罗斯旅游的有关消息。很快就有不少网友跟帖说要去俄罗斯旅游。不能只是满足于政府公务人员到对方去签几个意向书，拍几张照片回去发消息，而是要培养专业化的宣传促销团队，运用市场化的方式深入到老百姓的生活中，用他们听得懂、听得习惯的语言去传递他们最关注的旅游信息。

其次，开发针对不同细分市场的旅游产品。中俄两国都有悠久的历史、灿烂的文化和多样化的自然地理环境，但是我们不可能把所有的资源一下子都推到市场上去，更不可能让所有的游客都接受同样的产品。就像中国的京剧，往往是人到中年以后才可以体会到丰厚的历史文化内涵，以及多样化的艺术美感。理解俄罗斯传统的建筑、文学、音乐、艺术、芭蕾，乃至民间传统文化和当代生活方式，也是需要相应的生活阅历和教育背景的。对于广大的青少年而言，他们更喜欢轻松、自主和参与性强的娱乐文化，比如马戏团的演出。再比如昨天参加演出的"帕拉斯·雅典娜智慧女神"电子乐队，保利亚、波利亚科娃、米加斯所演的《青春飞扬》，欢快灵动的感觉一定会为更多的中国青少年所喜欢的。能够让更多的青少年群体经由类似的文化娱乐了解俄罗斯。旅游有教育的功能,但是不能一开始就奔着教育去,如果小孩子去春游之前,就老想着写一篇可以让老师表扬的游记,结果可能事与愿违:玩也玩不好,写也写不好。这就需要我们在游客需求的调研方面,在旅游市场策略方面,在旅游产品开发方面多下一些功夫。游客玩得开心了,就会替你做免费的宣传员。

再次,努力促进旅游业界,包括旅行社、旅游饭店、航空公司,以及旅游教育和科研机构的沟通交流,增进彼此了解,在信任的基础上加强合作。旅游是老百姓的事情,是市场的事情。最终还是需要市场主体去把旅游客源地、旅游集散地和旅游目的地串联起来。所以要高度重视旅游企业的作用,企业互动起来了,政府的意志才能落到实处。同时,还要广泛做好工商界和投资界的工作,吸引他们到俄罗斯投资旅游事业。我希望今天到场的官员不要只盯着对方的同行,不要考虑什么行政级别,多与企业家握握手,交换名片。像携程旅游集团的郭东杰总裁、海航旅业的张岭总经理、首旅集团的刘毅总裁,他们都是中国非常有实力的大老板。希望你们真诚地欢迎他们去经商和投资,并在市场宣传、供应商采购、人员培训等方面给予他们实实在在的帮助。

最后,希望俄罗斯旅游业界能够重视旅游基础设施建设,为中国游客提供高品质的旅游服务。在中国游客集中的通关口岸、旅游饭店、旅游景区、餐饮、购物和娱乐场所,尽可能增加中文标志和汉语解说,晚间电视多一些中文频道,还可以多一些中餐菜单。毕竟,在异国他乡听到、看到自己国家的语言文字是非常亲切的。旅游住宿设施也应在基本的标准上多元化开发,既需要高星级的旅游饭店,也需要多样化的经济型饭店、青年旅舍和民居客栈。旅游汽车不一定要多么豪华,但是要有一定的舒适性,比如夏季要有空调。更希望政府部门和旅游业界引导俄罗斯人民善待中国游客,让中国游客放心地在俄罗斯大地上旅行和体验。旅游是和平的使者、友谊的桥梁。我们要正确对待旅游发展初级阶段可能出现的这样那样的问题,各国各地区都会有的。还是以昨晚国家大剧院的演出为例。我注意到这样一个细节：当演员还在台上的时候，部分中国观众已经开始走动、离场。而右边的俄罗斯代表团的观众席则全都静坐如初，耐心等到演员全部离场后才起立离场。这是对艺术家和诸多功勋演员的尊重，也是对剧院的尊重。只要我们多走动多交往，就会相互学习，相互影响。只要彼此信任，加强沟通和交流，就没有过不去的坎。民众之间往来的多了，旅游业也就发展起来了，中俄两国的战略对话就会世世代代持续下去。

谢谢！

（2012.3.24 中国·北京）

中俄旅游投资的成长空间与路径选择
——在中俄旅游论坛第二次会议上的主题演讲

尊敬的俄罗斯联邦政府文化部梅津斯基部长，

尊敬的中华人民共和国国家旅游局王志发副局长，

女士们，先生们：

在今年3月的中俄旅游合作论坛北京峰会上，两国政府和旅游业界共同认识到：旅游应当，也可以成为中俄两国战略协作的新亮点。旅游产业得以产生和发展是以游客的相互往来为前提，也是以经济、文化和社会功能释放为导向的。随着民间往来的频繁和业界交流的加深，项目投资、技术合作、专业人员互派等商业活动，还有与人员往来和要素流动的政策配套，都会自然而然地提到议事日程上来了。为适应中俄两国旅游合作态势的演化，双方需要更加稳定的对话平台和更为长效的合作机制，尤其是两国金融、投资和旅游业界之间的沟通与交流。正是在上述共识的基础上，我和我的同事——俄罗斯"无国界世界"的伊万主席共同商定，在两国旅游行政主管部门的授权下，把中俄旅游合作论坛常态化。在充分考虑到俄罗斯地方政府和旅游业界现实需求的前提下，把这次会议的主题确定为"投资促进产业合作"。

随着中国经济社会的发展,外汇储备的稳定增长,特别是中国出境旅游市场的持续发展,中国资本市场在海外的发展正在从分散的项目投资转向战略导向的产业投资。经过三十多年的改革开放,中国虽然从人均指标上看还属于发展中国家的序列,2011年人均GDP为5414美元,世界排名第89位,但是从经济总量上看从2010年开始已经成为世界第二大经济体。根据刚刚召开的中国共产党第十八次代表大会所确定的战略目标,中国要在2020年全面建成小康社会,人均GDP和人均国民收入都要翻一番。这是一个非常宏伟的目标,必将对中国和世界经济的未来走向产生广泛而深刻的影响。从微观方面看,中国的国有和民营企事业单位,已经在投资、研发、设计、制造、分销、品牌、商誉等商业能力方面积淀了可观的存量,并且还在随着国家经济社会的发展而增长,这是中国参与国际市场分工和经济合作的基础。政府对产业界的海外投资总体上也是支持的,商务部和国家旅游局就在研究旅游企业"走出去"的问题。政策设计的现实支撑部分来源于中国拥有世界最大的外汇储备。2011年底,尽管增速有所下降,中国的外汇储备(不含香港、澳门和台湾地区)还是高达3.18万亿美元。正是这些宏观经济指标的变化,为中国的海外投资政策奠定了自信的基础。在中俄两国战略协作伙伴关系的框架下,促进各级各类商业主体对俄罗斯的产业投资也是中国政府的必然选择。

在发展入境旅游的初期阶段,中国也同样面临着旅游基础设施不足和投资短缺的制约。为解决这些问题,我们采取了"政府主导、适度超前、创汇导向、入境为主"的发展战略。在"国家、地方、部门、集体、个人一起上,自力更生和利用外资一起上"的政策指导下,形成了以政府为引导,社会投资为主体,外资为重要成分的多元化投资机制,先后完善了旅游饭店、旅游车辆、旅游景区、旅游厕所等旅游接待设施,以及游客问询、安全与救援、法律与政策等旅游公共服务体系。1999年以后,随着国民旅游的兴起和资本、技术、人力资源等要素市场化程度的不断提高,民间资本和境外资本越来越广泛地参与到旅游业各领域,成为旅游投资的重要主体,为旅游业的发展注入了活力和动力。旅游投资呈现出国有资本、民间资本、国际资源互动、自有资本、银行借贷、公募和私募基金、公开上市、证券交易等多种融资协调发展的旅游投资格局。

经过这三十多年的市场历练,一批旅游产业投资主体成长起来了,并初步具备了市场化的海外投资能力。从目前的情况来看,国有资本依然在旅游投资,特别是大型和高端项目投资中占据重要位置。除了传统的国旅、港中旅、中青旅、华侨城等大型旅游集团外,包括中国石油、中国石化、中粮、中化等特大型中央国有企业也开始成为越来越显化的市场主体。隶属地方政府的国家企业是旅游投资的另一支重要力量,包括北京的首都旅游集团、上海的锦江国际、广州的岭南集团、杭州的杭州旅游集团、安徽的黄山旅游集团等。他们的投资领域已经覆盖并超越了传统的"吃、住、行、游、购、娱"等旅游要素,从纵向和横向两个角度形成了完整的产业链条。我们也注意到,携程、去哪儿等民营旅游企业发展迅速,在短短数年就成长为我国在线旅游业的龙头企业,跻身于全国旅游集团前20强。如家、七天、汉庭、锦江之星等经济型酒店集团,万达、世纪金源、联想、开元、海航等旅游集团的投资方也主要是民间产业资本和境外风险投资。从项目结构上看,大型和特大型旅游项目越来越多。如万达集团在长白山、西双版纳、大连金石滩等地打造国际一流水准的旅游度假区,总投资超过1000亿元。

从20世纪80年代开始,国旅、中旅、香港中旅等大型旅行社就开始在海外设立分支机构。90年代后期,首旅、华侨城、海航等旅游集团开始尝试在美国收购酒店、投资主题公园。近年来,在"走出去"和多元化战略的指导下,以中国石油为代表的特大型企业在俄罗斯、哈萨克斯坦等地投资兴建了一批高星级酒店和旅行服务企业。目前,中国旅游企业"走出去"呈现出经营业务不断拓展、经营地区不断扩大、旅游企业类型趋向多元化等特点。跨国经营领域包括旅行社、饭店、餐饮及景区。经营的地区涉及亚洲、非洲、欧洲、北美洲、南美洲和大洋洲的30多个国家和地区。在世界旅游业分享"中国红利"的同时,中国旅游企业也在积极开拓海外市场,在服务出境游客的同时,提高中国旅游在国际上的竞争力。在此过程中,除了产业投资基金和旅游市场主体外,包括国家发展改革委员会、国务院国资委、商务部、中国人民银行、国家外汇管理局、中国贸易促进会、国家开发银行、中国进出口银行、中国投资有限责任公司、中国投资协会等政府机构、金融机构和行业协会也发挥了积极的作用。

中国出境旅游消费的持续调整增长为旅游企业的海外投资奠定了坚实的市场基础,拓展了广阔的成长空间。在过去的十年时间里,中国公民出境旅游市场创造了持续增长的奇迹。在过去十年中,中国公民出境旅游市场(不含香港、澳门和台湾地区,下同)保持了19.75%的平均增长率,是全球旅游经济体系中增长最快的客源国家。2011年,中国出境旅游人次数为7025万人次,形成了720亿美元的消费市场,在继续稳居亚洲第一大旅游客源国的同时,成为继德国和美国之后的第三大旅游支出国家。今年的前三季度,中国出境旅游的人数攀升至6147万人次,同比增长19.17%,世界第一大出境市场正在中国形成。在为世界旅游经济的繁荣与增长做出贡献的同时,出境旅游市场也在稳步促进中国旅游企业的国际化布局。中国和俄罗斯山水相连,人文相亲,资源互补,市场互通,具有良好的合作发展基础和前景。俄罗斯已跻身最受中国游客欢迎国家排行榜第三位,紧随瑞士和法国之后。理论研究和产业实践已经表明,俄罗斯是中国旅游产业对外投资的优选区域。

投资是实践性和专业性很强的市场行为,也是市场机制起主导作用的商业行为。我很高兴看到在这么短的时间内,两国旅游行政主管部门、地方政府、行业组织就能够在共识的基础上,达成了若干有实质性内容的投资协议,也希望协议所确定的项目和内容能够得到很好的实施。为此,我将与中方有关机构一同努力,促进中俄旅游领域的投资行为,并希望得到俄罗斯联邦政府有关部门、地方领导人和企业家的认同与呼应。

第一,在游客往来的基础上稳步推进包括投资在内的产业合作。近年来,随着中俄政治互信的深化和成功互办文化年、国家年、语言年、旅游年等活动,两国旅游合作更加紧密。在首届中俄旅游合作论坛上,两国政府宣布了到2015年双向交流人次每年超过五百万的战略目标。俄罗斯旅游资源丰富,是中国公民主要的旅游目的地之一。2011年,中国赴俄游客80.96万人次,俄来华人数达253.63万人次。2012年前三季度,中国公民赴俄罗斯旅游的人数达70.24万人次,同比增长7.64%,是一个令人欣慰的增长速度。同时,我们也看到:相对于中国7000万人次和俄罗斯2000多万人次的出境旅游市场规模而言,双边旅游市场的规模还有很大的增长空间。市场是投资最为稳定,也最为有力的推动力量。只有市场扩大了,投资者才能够看到商机,获得利润。希望俄罗斯在向中国企业界推广投资项目的时候,更要宣传旅游市场的增长空间,给企业家在旅游领域的投资以更大的信心。为此,中俄两国需要进一步加大在彼此旅游市场的宣传推广力度。对目的地的了解是旅游活动的第一步。如何让普通民众能够认识并了解对方的旅游形象是至关重要的。旅游形象是国家形象的有机组成部分,但是又不等同于国家形象。相对于日本、韩国、东盟国家、欧洲和北美,俄罗斯在中国的旅游宣传和市场推广,无论是工作机构,人员交流,还是活动的频次和力度,都还有很大的努力空间。除传统的旅游交易会、市场推广活动之外,还需要注意利用网站、论坛、社交网络等媒体宣传俄罗斯丰富多彩的旅游资源和当代生活方式。

第二,向中国企业更为详细地介绍俄罗斯的政治、经济、商业环境和可供开发的旅游资源。俄罗斯国土辽阔、资源丰富、政治稳定、人口素质高,与中国的经济互补性很强,市场潜力巨大。同时,我们也要正视两国历史文化与政商环境的差异性。部分中国企业家反映,俄罗斯市场机制还处于完善进程中,与经济和商业有关的法律法规还不太了解,即使了解了也还会有变化,特别是在地方执行的过程中还需要投资者花时间去探索。在此,希望俄罗斯能够向中国投资者和旅游运营商介绍更多的法律、经济和商务信息,包括但不限于:投资与商务的法律要求,主管部门与办事流程,土地、劳动力与税收规定,国外专业人才签证配额,与投资和经营相关的原材料进口政策,当地工会力量、企业文化等。总之,这些信息越详细越好,并且能够让中国的投资者可以方便地通过互联网、使领馆、商会、论坛等渠道方便地查阅。毕竟,一个大的投资项目落地后,企业不可能遇到事情就找政府,充分的信息和稳定的商业预期是影响企业投资更为重要的因素。在具体的项目方面,下午俄罗斯会有专门的推介,我也希望更多有实力的中国旅游产业投资者能够对包括界河旅游、"东方之门"在内的边境旅游项目感兴趣,沿中国东北、内蒙古、青海、新疆等与俄罗斯西伯利亚和远东地区,重点开发观光、体验型的旅游项目。据我所知,俄罗斯旅游发展也需要一批现代化的酒店住宿设施,集娱乐、商务和休闲为一体的旅游综合体,以及景区和交通接待基础设施。我还希望中国的投资者和企业家能够依托俄罗斯先进的装备制造业优势,特别是在莫斯科、圣彼得堡等地,合资建设、生产和运营观光巴士、旅游房车和郊野旅游设备。

第三,结合中国公民赴俄罗斯旅游的流向、流量和消费特征,理性引导中国对俄旅游投资领域和投资方向。中国旅游企业还处在"走出去"的初级阶段,在投资的地域选择方面要充分利用好人缘和地缘优势,围绕我国公民赴俄旅游比较集中、我国企业投资比较集聚以及华人居住较为集中的地区进行布局。莫斯科、圣彼得堡、乌兰乌德、拉斯诺亚尔斯科和新西伯利亚都是中国游客较为集中的城市和地区。在逐渐适应国外投资环境和积累比较丰富的经验后,企业可以根据自身能力和规模,在平衡风险和收益的基础上,逐步扩大投资规模和投资范围。在投资领域和投资方向上,应围绕中国游客的关注点和兴趣点进行布局。比如,中国游客认为俄罗斯的旅行社服务、餐饮、购物、酒店设施等不尽如人意,相关的基础设施有待完善。在酒店、景区景点等传统领域投资的同时,需要特别关注山水森林旅游、历史文化旅游、红色经典旅游等中国游客比较感兴趣的领域。

第四,希望俄罗斯政府和旅游业界进一步研究推动简化通关手续,加强旅游安全、人才培养、保险救援、投资保障等方面的沟通协商,不断强化市场交流和产业投资的综合配套与政策协调。我们高兴地得知,俄罗斯已经简化了中国游客的签证程序,两到三人的家庭小型旅游团也可以免签,使得中国游客到俄罗斯旅游更加方便,提高了人们赴俄旅游的积极性。为进一步节省游客办理签证手续的时间,缩短旅游周期,旅游部门还可以探索建立"无纸化"签证申请系统,使中国公民可网上申请签证,视频申请签证面谈。在通关手续上,有中国游客和商务人士反映俄罗斯通关速度较慢,希望俄方可以简化相关手续、提高通关效率、加快通关速度。旅游者的安全问题是中俄旅游发展的一个重要方面。在中俄旅游论坛第一次峰会上,波利休克副主席已经提到了跨境旅游者的保险问题,希望能尽快完善和落实相关文件和制度,减少旅游者的后顾之忧。

中俄旅游交流与产业合作才刚刚起步,我们有信心把旅游培育成为两国战略合作的新亮点。同时,我们也需要足够的耐心和理性,一步一步地解决投资过程中的现实问题,把投资培育成为中俄旅游产业合作的关键支撑力量。在可以预见的将来,中俄旅游合作还会在东北亚、上海组织、中国—欧洲等多边和区域旅游合作中发挥更为重要的作用。

谢谢大家!

(2012.11.16 中国·上海)

共享文化记忆,共建旅游合作
——在中蒙俄"万里茶路"文化旅游产业项目推介暨合作洽谈会上的主旨演讲

同志们,朋友们:

万里茶路是中蒙俄三国弥足珍贵的历史记忆,也是不同国家、不同民族之间民众往来的文化基础。17世纪以来,这条兴盛了二百多年的国际商贸通道,通过以茶叶为主的货物贸易推动了国家和地区的经济增长,增进了三国人民之间的彼此了解和相互亲近。在鼎盛时期,中国每年向蒙俄输出茶叶20余万担,使得中国古代开门七件事——"柴米油盐酱醋茶"中的"茶",走入了蒙古和俄罗斯人民的日常生活。蒙古游牧民族有"三茶一饭"的生活习俗,俄罗斯也流传着"宁可三日无食,不可一日无茶"的谚语。沧海桑田,百年巨变,如今的"万里茶路"虽然不复往日商来人往的繁华景象,却依然是沿途国家和地区各族人民共同的记忆。

无论历史的记忆多么令人神往,老百姓更加需要的是现世的生活。如果可以还原历史,穿越到四百年前,我们也许看到的场景并不是想象中的那般浪漫。事实上,古代商人在万里茶路上往返奔波,克艰克难,硬是用原始的交通工具和自己的双脚走出了堪称世界商业史上奇迹的万里茶路。今天我们在太原这个晋商的中心城市隆重集会,向历史和记忆致敬的同时,更多的是要共同思考这条道路如何为今天的生活服务。说到生活,过去更多是指惯常环境下的日常生活,现在呢?生活还包括人们对远方的向往和异地的旅行与居住,也就是我们今天所说的旅游。

与茶路时期相比,今天的旅行群体早已从商人扩展到普通民众,旅行的主要目的是为了领略自然风光、历史遗迹和分享异地的生活方式。为此,各国政府和商业机构都在积极开发旅游资源,并致力于提供更高品质的交通客运和目的地接待体系。为了满足大众旅游时期持续增长的市场需求,中国政府于2009年、2013年先后颁布了《关于加快旅游业发展的意见》和《国民旅游休闲纲要》,决定"要把旅游业培育成为国民经济的战略性支柱产业和人民群众更加满意的现代服务业",明确提出到2020年基本落实职工带薪休假。今年4月,全国人大高票通过了《中华人民共和国旅游法》,这些法律和文件标志着旅游业正式进入了国家战略体系。在现代国家治理体系中,倾听民意、为民谋利是基本的执政理念。中国政府之所以如此重视旅游,是因为中国已经进入以国民消费为主体的大众旅游时代。旅游就像喝茶,已经成为中国普通百姓可以触摸的日常生活方式。2012年,中国国内旅游规模再创历史新高,达到29.6亿人次,旅游收入2.59万亿人民币,还有8318万人次的出境旅游。我也注意到,蒙古和俄罗斯两国政府同样在努力推动旅游市场的繁荣与发展。俄罗斯通过强化旅游行政管理能力、离境退税、国际营销、简化签证等系列举措扶持旅游业发展。蒙古通过旅游节庆策划、对外旅游营销、旅游交通建设、旅游安全保障等措施提高蒙古的旅游吸引力。

中国政府在规范发展出境旅游的同时,高度重视包括中蒙、中俄在内的国际旅游合作。为了推动民众旅游交流,中俄两国元首达成互办旅游年的一致意见,2012年在中国举办了"俄罗斯旅游年",2013年在俄罗斯举办"中国旅游年"。中国国家主席习近平在今年春天于莫斯科举办的"中国旅游年"开幕演讲中指出"旅游是人民生活水平提高的重要指标"。俄罗斯总统普京致辞要"把旅游培育成为中俄战略协作伙伴关系的新亮点"。如今,推动更多民众往来和旅游合作已经成为包括中蒙俄在内的各国政府和社会各界的广泛共识,也培育了稳定增长的市场基础。2012年,中国赴俄游客34.3万人次,占赴俄旅游的外国游客数量的13%,俄罗斯来华游客131.21万人次,中蒙两国人民旅游交流也已突破80万人次。然而,与相互之间的贸易总额相比,与各国出境旅游市场的现实规模相比,三国的旅游交流合作无论在规模,还是层次上都有很大的提升空间。

同志们,朋友们:

"国之交在于民相亲",只有在更多民众往来的基础上,才能建立起务实长久的国际关系。当普通百姓经由旅游,在面对面的交往中切实分享彼此的生活方式,而不仅仅是政治、经济和外交渠道的正式沟通,我们才不再是"陌生的邻居",而是常来常往的兄弟姐妹。

我期待不同国家、不同民族、不同文化背景的老百姓彼此之间有更多的了解,更多的包容,更多的好感。古代中国商人通过万里茶路向蒙古、俄罗斯运送散发着异香的茶叶、图案新奇的丝绸、精妙绝伦的瓷器等物品,并从蒙俄两国带回毛皮、呢绒、羊马等不计其数的商品。那个时候的老百姓对异国他乡的了解正是基于这些货物,还有商人的口头传播。对货物、对人认可了,才会产生好感,才会产生交流交往的愿望。我想大家都期待着能够有机会到邻国的土地上去走一走,看一看,去体验那些小时候就在书本上、在电影里熟悉的故事和人物,还有场景。当然,我们也更愿意去了解今天的邻居是如何生活的。千千万万普通民众对彼此文化和生活的了解,在彼此尊重和宽容基础上相互走动的意愿,既是三国世代友好的社会基础,也是旅游交流与合作的潜在机遇。文化展览、艺术演出等是各国民俗文化交流的传统形式和主要载体，除此以外，百姓生活应当是最好的旅游宣传。在网络时代，不再有人能够垄断信息权，不再有人是天然的权威传播者，我们必须告诉民众特别是年轻人一个真实的中国、一个真实的蒙古和一个真实的俄罗斯。事实上，百姓的日常生活越来越成为国际游客的体验对象，超市、茶馆、餐厅、美容院、电影院等市民生活中的常态化元素正成为外国游客的新宠。

我期待在持续完善面向国际游客的商业接待体系的基础上，务实、从容地推进中蒙俄旅游交流与合作。从商业视角看，旅游是为人的空间旅行和短暂居住而服务的产业领域。在中俄全面战略协作伙伴关系、中蒙战略伙伴关系框架下，积极培育边境旅游、红色旅游、学生旅游、老年旅游、商务旅游、避暑旅游等细分市场。而在具体的资源开发、客源组织和目的地接待的过程中，政府的战略管理和公共服务固然不可或缺，但更要积极发挥旅行社、交通、餐饮、住宿等商业机构的主体作用。千万不要忽视这些看起来不那么有宏观感觉的东西，成千上万的老百姓出行、观光，还有在异国他乡事无巨细的生活，都靠政府来满足？不可能嘛！因此，建立并完善面向游客日常服务的商业接待体系是三国旅游合作的阶段性目标。否则，游客到了目的地国家，吃，吃不好，睡，睡不安，买个东西也语言不通，下次他就不会再来了。各国政府都希望有大规划、大项目、大投资，对此我完全理解。但是国际旅游市场开发和跨国旅游合作，自有其内在的商业逻辑和演化路径，慢不得，更急不得。民众间往来的多了，才会有稳定的市场基础；商业接待设施和服务体系完善了，才会有战略谋划的产业基础。万里茶路也不是一天建成的，发展旅游也是，得有些耐心。

我期待政府能够为民众的跨境旅行提供更加便利的公共服务。旅游市场的培育和跨国旅游合作，让老百姓心向往之固然重要，顺利地、方便地出行和到访则更为关键。去朋友家做客，有住的，有吃的，主人也欢迎，可是老是小区前拉几道岗哨，反复地查你的证件，询问你来干什么，还要留下些买路钱，再加上路不熟，我看多数人就会打道回府喽！俗语说，好事要办好。目前，签证政策和边检程序已经成为中蒙俄旅游市场规模扩大的主要制约因素。俄罗斯已经对中国团体游客实行全境免签，蒙古已对中国持有普通护照的游客实行落地签证。建议各国政府继续完善过境免签、全境免签、落地签证等便利化政策体系，可以先从增派签证官员、缩短出签时间、延长签证有效期、对符合条件的散客实行多次往返签做起，有效降低游客入境的经济与时间成本，简化现行的边检程序，让游客往来更加方便，从目的地接待的点滴细节中实实在在地感受主人的好客。

当然，政府要做的事情决不仅限于签证便利化这一项工作。比如这次会议提出的"茶路旅游"的概念，就有一个如何从规划、推广、接待、培训等环节的协调落地的问题。可不可以借此会议之机，把茶路旅游的专题研究深入下去，把这条线路打造成为中蒙俄旅游合作的优先项目？可不可以依托中俄边境自由贸易区、中蒙边境开放城市做好边境旅游线路及产品的联合开发？这些都是可以继续思考的话题。

"远亲不如近邻"，中蒙俄三国山水相连，人民之间理应常来常往。万里茶路是存留于我们共同记忆中的珍贵历史，也是共建合作的有效载体。为了这一世界性的"茶路之旅"，为中蒙俄旅游合作的美好明天，让我们携手共进！

（2013.7.1　中国·太原）

迎接旅行购物的中国时代
——在全球百货公司峰会上的主题演讲

主席先生，

各位商界领袖、媒体朋友：

上午好！

三年前，我在芝加哥参加中美省州旅游局长会，有两个画面至今难忘。一是当地的主流媒体报道"中国游客来了",所配的图片主要是中国人拎着大包小包的购物袋从梅西百货和大大小小的精品店出来,笑意盈盈地走在繁华的街道上。另一个是陪同我的当地华侨说,没想到现在同胞们这么有钱,更没想到你们这么愿意消费,似乎全世界都在发自内心地欢迎中国人的到来。与此同时,我也注意到有媒体渲染中国游客似乎不解风情,就知道"买买买",而且就知道挑贵的买,还不分场合地大跳广场舞。两相比较,究竟哪一种才是最真实的中国游客画像呢?

今天,包括出境在内的旅游消费已经确确实实地进入了国民大众的日常生活,成为人民生活水平提升的重要组成部分。

中国人自古以来就有"读万卷书,行万里路"的传统。然而,受经济发展水平、休闲理念和交通工具等多种因素的局限,能够像徐霞客和马可·波罗那样周游世界的人还是很少的,大多数老百姓终其一生都是生活在某个熟人熟地的空间里。至少就当代旅游发展历史的角度而言,1999 年是一个标志性的年份。当年国庆节史无前例地放了七天长假,即世人所熟悉的"黄金周"。从那时起,越来越多的国民参与到旅游休闲中来,不仅为国家旅游经济运行构筑坚实的市场基础,也以其持续高速增长的出境旅游人次有力支撑了世界旅游市场的繁荣与发展。2015 年,国内旅游市场达到创纪录的 40 亿人次,与 1.34 亿的入境旅游人次共同创造了约 6400 亿美元的旅游收入;1.2 亿人次的出境游客为世界带去了 1045 亿美元的消费增量;国民出游率已经达到 3 次;旅游对国家经济增长和就业的综合贡献率均超过了 10%。正是由于这些市场数据的支撑,李克强总理才在今年的《政府工作报告》中明确宣告,中国开始迎接大众旅游的新时代。

无论是境内还是境外目的地,我们能够明显地感觉到跟着导游的小旗帜的团队旅游已经不再是中国游客的显著标签了。取而代之的三三两两的游客,可能并没有什么明显特征,就那么自然而然地融入到当地所有开放的生活和休闲空间。旅游产业的话语权也不再是旅行社、酒店和景区所专属,更多的百货公司、出租车、网络约车、餐厅、咖啡馆、博物馆、电影院、戏剧场开始进入了越来越开放的旅游世界,目的地愈发成为当地居民和外来游客共享的生活空间。

如今持续高速增长的中国游客也确确实实地在影响世界旅游经济、大国外交、区域交流与合作。事实上,从 2012 年,中国就稳居世界第一大出境旅游消费国的位置,对全球旅游收入的贡献年均超过了 13%。现在,中国游客的足迹已经遍布包括南北两极在内的世界每一个角落,但是从过去十五年的数据来看,出境旅游的流向与流量还是主要集中在亚太等近程市场,对这个区域的贡献也最为明显。

根据联合国世界旅游组织的数据,2011—2015 年,亚太地区新增的国际游客中有 1/3 来自中国,人数是排名第二的韩国的五倍以上。在过去五年中,中国的出境旅游消费占亚太地区的近 50%,占全球的近 15%。受益于日渐增长的中国市场,亚洲主要国家的旅游业保持了持续稳定增长的态势。2015 年,中国赴日本旅游人数 518.3 万人次,同比增长 83%;赴韩国 592.7 万人次,占其国际旅游人数的四成多;赴东盟十国 1709 万人次,同比增长 49.9%;赴印度旅游 15.86 万人次,同比增长 13.2%。中国游客赴亚洲主要国家的人数增长远超来访人数的增幅。2015 年,日本、韩国、东盟和印度来华旅游人次分别为 249.77 万、444.11 万、655.2 万、73.05 万,增幅均为个位数甚至负数。

欧洲、北美、南美和非洲等远程目的地的市场份额虽然不大,但是受益于庞大的市场基数和旺盛的消费能力,中国出境旅游的贡献率仍然足以引起高度的重视。以美国为例,2007 年两国政府签署了 ADS 协议,当年中国访美游客就达到 39.7 万人次,同比增长 24%。之后一直保持着稳定高速的增长态势。2015 年,到访美国的中国游客总数达 300 万人次,同比增长 16%。人均消费继续保持在 6000~7000 美元,在访美各大客源国中稳居前列。

无论是创造性的 ADS 制度设计,与俄罗斯、韩国、美国、印度等国家互办旅游年,还是越来越多的国家和地区对中国游客实施包括免签证、落地签、延长签证有效期在内的签证便利化政策,以及很多国家元首和政府首脑在对华谈话要点中不断提升旅游的战略摆位,都意味着旅游已经溢出了传统的旅游宣传推广部门和旅行社、酒店和景区的范畴,开始对目的地国家的购物、餐饮、文化、休闲等第三产业、经济增长和劳工就业产生广泛的影响。

购物依然是国人出境旅游消费最重要的选项,但是决策开始趋于理性,行为开始多元化。据测算,目前拥有出境旅行证件的中国公民约6500万人,而每年出境旅行人次超过1.2亿,这意味着更多人对于出境旅游已经度过了早期"扫盲式"的好奇阶段。那种"九天欧洲十国高速公路游"的"串烧式"线路,"上车睡觉、下车拍照、进店就拿护照(购物)"的团队旅游形象,正在为自由行的休闲度假游客对目的地多元化生活方式的深度体验所取代。无论是早期的团队旅游,还是散客、自助的旅行者,中国游客都是环球购物者中最引人注目的群体。根据中国旅游研究院的专项调查,90%的出境旅游者在行程中都有购物行为,购物项目平均占到目的地消费预算的45%以上。

受消费成熟、人民币汇率下降预期、上海自由贸易区开放海外购物电子商务平台,以及海关监管政策等因素的影响,多次出境旅游者的海外购物行为将会趋于理性。那种见到奢侈品牌的服装箱包、高档珠宝、腕表、酒水和化妆品就刷卡刷到爆的冲动式购买会变成新闻,而年轻女性指着名牌包跟店员说"一、二、三,这几个不要,其他全部打包"的故事则会变成旧闻。取而代之的可能是高频率、低客单价、高性价比的二三线品牌或者本地品牌的商品,包括奶粉、高压锅、马桶盖等日用品,各种方便实用的家居常备药,以及带有文化创意性质的旅行纪念品。购物场所也会从精品店、工厂店、免税店和城市郊区的奥特莱斯为主,转向位于城市商业区的百货公司、电器商行、社区商店和各种便利店,甚至面向本地居民的菜市场。

不可忽视的是北京、上海、广州、深圳之外的二三线城市,正在成为首次出境旅游增长最为旺盛的市场。25~40岁的年轻人市场,特别是蜜月旅行、休闲旅游、自驾游、家庭出游等细分市场,其购物消费仍然处于高速增长的时期。这一趋势正在向中西部地区的中小型城镇蔓延,也正是由于他们的存在,包括购物在内的出境旅游市场在未来十年都有抱以充分乐观预期的理由。

包括百货公司在内的商家,对未来五年中国旅游与旅行市场继续保持信心的同时,还需要适应已经来临的变化,秉承"欢迎中国"(Welcome Chinese)的理念,为游客提供更好的异地生活体验。

美丽的风景总是打动人心,美好的生活更是令人向往。发达国家和地区的购物环境正是美好生活的重要组成部分。琳琅满目的商品、象征质量和时尚的全球和地方品牌、有吸引力的价格、富有设计感的购物环境和文明礼仪的售货服务,都在吸引游客驻足体验,甚至有不少都市白领就是为了购物才出境旅游的。

旅游购物的动机、决策、消费行为和市场规模等方面的数据固然令人振奋,同时我们也需要关注游客的购物体验,特别是购后评价,这对满足并提升游客的购物偏好尤其重要。据中国旅游研究院 2013 年以来连续 12 个季度开展的出境游客满意度调查结果来看,总体上是令人满意的,平均为 77.9。从影响游客满意度的感知项目来看,游客对目的地购物的总体满意度指数为 73.45,低于游客对景点、住宿、交通、娱乐和餐饮的满意度平均水平。从购物体验来看,对商品质量、性价比、商场服务还算基本满意,但是对购物的特色感受则不太满意,只有 72.66,主要原因在于各地所售商品的同质化现象比较严重。随着出境旅游散客化时代的来临,百货公司、社区商店、特色精品商店和便利店的中文标志、汉语导购、银联卡受理、免退税系统,还有 Wi-Fi 的接入速度可能都会成为购物体验的重要影响因素。中国旅游研究院愿意与各位分享旅游市场,特别是旅游购物的非保密数据和相关信息,也愿意与哲意控股共同努力,推动"欢迎中国(Welcome Chinese)"项目成为连接出境旅游者与各大百货公司的桥梁和无障碍通道,让中国游客在环球购物之旅中发现更多、体验更多。

再过五年,中国将全面建成小康社会。根据国务院有关文件的规划,到 2020 年,国民出游率将达到 5 次。那将是一个包括近 70 亿人次的国内旅游和超过 2 亿人次出境旅游的大市场,为全球的百货公司、零售业、金融支付、退税服务,以及涉及旅行生活服务的各类私营机构带来巨大的商机。希望目的地国家和地区的企业家在分享来自中国的市场机遇的同时,也为使出境旅游者享受到目的地高品质的生活服务体验提供更贴心、更有效率的商业服务。

再次感谢组委会给了我峰会开幕演讲的机会!这不仅是因为自己是一名长期从事旅游研究的学者,更因为站在我背后的数以亿计的中国游客,以及这些游客背后的古老而现代、传统而时尚、神秘而开放的中国。俗话说,百闻不如一见。真诚欢迎各位企业家、媒体朋友多到我的祖国走一走,看一看。那里有全球第二大经济体的商机,更有壮美的山水和多彩的人文,美丽中国欢迎你们。

谢谢!

(2016.5.28 瑞士·苏黎世)

美洲篇

旅游之于美国的政商各界，大体上局限于宣传推广、旅行社、酒店、主题公园等概念。后来，他们听到世界旅游组织宣布中国已经成为全球第一大旅游客源国和消费支出国，听到古巴和更为遥远的阿根廷都把吸引更多的中国游客到访和商业投资，听到省州旅游局长会议上的数据和信息，中美双方高层启动了"旅游年"等多个重大项目。

在游客增长的基础上务实推进
中美旅游产业合作
——在 2012 年中美省州旅游局长对话会上的主题演讲

尊敬的中国国家旅游局邵琪伟局长，

尊敬的美国旅行协会总裁罗杰·道先生，

各位同事，各位朋友：

  近些日子，米歇尔可能是中国网络空间里人气最高的美国女性了。在为她的丈夫奥巴马总统竞选连任所做的助选演讲中，米歇尔以近乎拉家常的语言向世人展示了美国第一家庭的家国情怀。尽管没有提出林肯总统在葛底斯堡演讲中"民有、民治、民享"（of the people, by the people, and for the people）那样的传世名言，但是仍然可能会成为经常让后人提及的文献。当她饱含深情地回忆，"那时，我们曾经那么年轻，那么相爱，那么负债累累"，我和很多中国的青年人一样禁不住怦然心动。事实上，真正能够打动人心的往往并不是那些塑造历史的宏观叙事，而是触手可及的人间温情。很多中国人对美国的了解，并不是熟读了《独立宣言》《联邦党人文集》，而是从好莱坞、迪士尼、麦当劳、可口可乐这些日常生活场景开始的。旅游，正是寻常百姓的日常生活，是不同国家、不同地域、不同文化之间民众之间的往来，在往来、对话和交流的基础上，彼此了解，相互包容。

  正如中国国家旅游局局长邵琪伟先生在今年 3 月的中美商贸联委会旅游工作组第四次会议上所指出的那样：中美关系是当今世界最重要、最具活力、最具潜力的双边关系之一，中美旅游合作是发展中美关系的重要领域。自 2007 年签署旅游合作的声明以来，双方人员交流规模稳定增长，旅游合作机制不断深化，双方旅游推广力度不断加强，两国旅游合作取得积极成果。特别是在过去一年里，中美两国旅游合作在人员交流规模、旅游合作机制、签证便利等方面取得了明显的成果。

2011年，中美两国游客双方互访总量近350万人次。中美已经互为第四大旅游客源地和目的地国。据美国商务部数据显示，2011年中国游客在美人均消费7107美元，远高出当年美国国际游客平均2440美元的消费水平。

千千万万普通民众之间的来往，特别是日渐增长的中国游客，在有效拉动消费、促进就业和扩大经贸往来的基础上，在很大程度上也增加了两个大国之间战略对话的民意基础。顺应旅游市场持续发展的需要，在旅游业界的共同推动下，诸如签证、航空、边检、中文接待环境等长期困扰旅游交流的政策问题在不同程度上得到了解决或改善。我们注意到骆家辉大使在今年年初宣布了新的签证措施，他还于上周在北京宣布美国正在采取各种便利措施欢迎更多的中国游客到美国去旅游，也鼓励美国游客到中国来旅游观光。便利化导向的政策创新和政府高层释放的积极信号，对于开展中国公民赴美旅游组团业务，对于持续推动中美两国的旅游合作是非常有利的。正是由于美国政府部门、行业协会和社会各界的共同努力，访问美国的中国游客满意度得到有效提升。据中国旅游研究院的跟踪调查，2011年访美中国游客的满意度指数为75.14，今年1—6月则上升到79.36。

在对话机制常态化的同时，两国产业之间的深层次实质合作也有了突破性的进展。喜达屋、万豪、卡尔森、凯悦、圣达特、精选国际、最佳西方等美国国际知名酒店品牌均已在中国落户，美国运通与中国国旅集团合资的旅行社已成为首批试点经营中国公民出境旅游的三个外资企业之一，迪斯尼公司先后在中国香港和上海投资建设迪斯尼乐园。2010年，总部位于中国上海的锦江国际集团与德尔公司合作收购美国第三方酒店管理公司——洲际酒店管理集团。锦江的这次成功并购不仅是中美两国旅游产业合作的有效样本，也是中国旅游企业国际化成长进程中值得深入研究和借鉴的商业案例。

正是基于两国政府在发展旅游上的共识、两国人民之间交流与交往的意愿，特别是旅游业界在市场推广和目的地接待体系完善方面的持续努力，我对中美两国旅游交流与合作前景充满信心。

各位同事,各位朋友:

在为既有的成就而自豪的同时,我们也要关注影响和制约双边旅游交流的宏观环境和若干现实问题。希望两国政府部门、旅游推广机构和企业界在稳步扩大游客规模的基础上,务实推进旅游规划、旅游投资、旅游管理、旅游教育、科技和人才开发等领域的全面合作,其无疑具有显而易见的现实意义。

我期待着中美两个旅游大国携起手来,共同应对国际经济危机对旅游业的挑战,为世界树立信心。目前,受欧债危机的影响,世界经济复苏还不是很明朗,欧洲和美国居高不下的失业率,在一定程度上抑制了旅游需求的正常增长。更为令人不安的是,传统的服务贸易保护主义正在与绿色贸易壁垒、民族主义相结合,英国增收"出境旅游税"、欧盟对过境航空公司征收"碳关税"、发达国家社会媒体过于有意无意地淡化其他国家的新闻,等等,都为国际旅游特别是中远程的跨国旅游活动投入了阴影。海岛主权之争、内部政权动荡和接二连三的自然灾害,近年来引领世界旅游经济增长的亚太和中东地区的不确定性日渐增加。如何保证世界旅游业的繁荣与稳定,需要联合国世界旅游组织(UNWTO)、世界旅游与旅行理事会(WTTC)、亚太旅游协会(PATA)等国际组织努力工作,更需要包括中国和美国在内的世界旅游大国的率先垂范。从这个意义上说,稳定增长的游客双向往来、跨越大洋的产业合作,以及彼此发展理念和实践模式分享对于世界旅游业而言都是莫大的福音。

我期待着中美两国切实促进到访游客与目的地居民间的相互了解、彼此包容和平等对话。不仅仅美国,现在全世界都在欢迎包括中国在内的国际游客。然而从政府意志到社会共识,还有漫长的道路要走。从这几年的情况来看,赴美中国游客满意度较高的行业主要是交通、娱乐,其次是景点和购物,但是美国的目的地接待系统在餐饮、住宿和公共服务方面也还有很大的努力空间。特别是在中文版的旅游网站建立、中文电视频道收看、中文菜单、旅游购物场所的价格透明度、购物场所服务员工的友善度与中文表达能力,以及旅游投诉的有效处理等方面,中国游客一直抱怨很多。事实上,中国出境游客满意度的平均指数2011年为81.54,今年上半年为83.26,作为目的地的美国在全球的同期排名仅为第13位和第12位,低于英国、瑞士、澳大利亚、新加坡、法国、韩国等发达国家,也低于泰国、越南、马来西亚、巴西等发展中国家。事情的另一面则是目的地城市和社区居民对游客的不满意也开始显化。本月初的时候,我在中国的网络上看到一则消息,说是最不受目的地欢迎的国际游客,美国排第一,中国排第二——倒是应了"中美国(Chimerica)"和G2的说法了。在接受中国之声的专题采访时,我说,中国游客在境外确实有些令人不愉快的现象,比如说话声音大、过马路不看红绿灯、喜欢买名牌商品有时把货架都买空了,等等。很多国家和地区在出境旅游发展的初级阶段也遇到过这样一些问题,应当以宽容的心态来对待。有问题说问题,不要把它弄得过大,动辄说中国人或者美国人如何如何。当然,中国也在教育出境游客在法律法规的框架下进行消费活动,不能觉得自己有钱了,想怎么样就怎么样。我相信随着中国公民出境旅游的发展,特别是在各位同事的共同努力下,这些问题一定会逐渐好转的。

我也期待着中美两国旅游主管部门和行业协会能进一步落实有合作框架中的具体内容,包括但不限于旅游形象宣传与市场营销、人才培训与交流、资源开发与产品整合、旅游投资与经营、产业信息交流等工作内容。与中美商贸联委会框架下的旅游对话平台不同,中美省州旅游局长对话会应当是落实机制。今年已经是第六次对话会了,然而两国旅游业界的实质性合作还很有限。客观地讲,在人员往来和官方互动的同时,鲜见旅游业界和民间的声音,以至于有舆论认为形式大于内容。是改变现状的时候了,希望今后的对话会议能够吸纳更多的旅行社、酒店、餐饮、航空公司、文化创意、免税购物,以及教育和研究机构的专业人员加入到这一机制中来。可以考虑在旅游局长对话的同时,平行召开旅游业界的研讨和交流会议,促进中美旅游买家和供应商面对面的会谈,以增加业界参与的积极性。经过一段时间的努力,把现有单一平台扩展为"1(中美省州旅游局长对话会)+1(中美旅行社与供应商专题洽谈会)+X(企业管理、人力资源、教育、研究等专题研讨会)"多平台共享的交流机制。条件成熟以后,这一平台也可以逐步纳入中美战略与经济对话的框架,使之上升为中美两个大国交往的新内容。

我还期待着以旅游企业和商业机构之间的合作为重点,务实推动中美两国旅游产业的深度合作。这需要双方共同努力,在市场准入、职业资格认证、天空开放、土地等自然资源利用等方面为企业之间的合作创造良好政策环境,特别是推动中国企业赴美投资旅游业,实现双向投资的平衡。上周,我与 WTTC 总裁斯科斯尔先生在香港共同主持了首届中国旅游企业领袖圆桌会议。与会者共同认为:中国应当,也能够在世界旅游经济中发挥更大的作用。除了旅行社、酒店、景区、免税品等业务领域的合作以外,环境保护与旅游可持续发展主题也可以是现实的合作选项。在享受旅游经济繁荣与发展的同时,中国同样面临着部分景区的自然环境受到破坏、社区居民参与不足等问题,已经在影响中国旅游资源的永续利用和旅游经济的可持续发展。在这方面,美国的国家公园管理局(NPS)等政府机构、大学和科研机构,以及来自民间的环境保护机构都有相关的经验可以分享。为此,有必要加强教育界、学术界、社会媒体等渠道的非官方交流力度,研究设立以学界与智库为主体的中美联合研究交流计划,务实推动中美旅游院校、培训机构和旅游研究机构间的业务合作。

各位同事,各位朋友:

旅游是人类长存的生活方式,也是公民的基本权利。旅游业固然有拉动消费、促进就业等经济属性的一面,但又不完全是经济,还有促进文化交流、文明对话和素质提升的另一面。中美两国旅游业界有责任向游客宣传本国丰富多彩的自然资源、历史文化和当代人的生活方式,让更多的到访游客了解多元的美国和真实的中国,而不仅仅是那些刻意展示的场景和事件,更不能把赴美旅游简化为赴美购物。1956 年,美国前总统艾森豪威尔将军本着全世界各国人民之间应该通过对话和面对面的交流达到相互理解、相互信任来实现世界和平的目的,发起创立了"人民对人民国际组织"(People to People International),历届美国总统均曾经担任过该组织的名誉主席。我相信,世界各国、各地区人民面对面的对话与交流将是旅游发展的本质之所在。保障人民在大地上更加自由,更有尊严地行走,是中美两国政府和旅游业界共同的责任。

谢谢!

(2012.9.1 中国·青岛)

旅游应当,也能够成为中古经贸合作的优先领域
——在中古经济合作规划第一次共同工作会议上的发言

在古巴旅游部的大力支持下,旅游调研组进行了卓有成效的工作,并就进一步加强双边旅游合作形成若干共识。

旅游是世界上第一大产业,越来越多的国家把促进旅游市场的增长上升为国家战略。中古两国都高度重视旅游业的发展,因为旅游业不仅能够推动经济增长,创造就业机会,而且可以为国家之间的关系奠定稳固的民意基础。同志加兄弟的中古两国关系正处于历史最好时期,但是相对于政治互信和高层互动,普通老百姓之间的交流还不够充分。国之交在于民相亲,旅游正是促进民众往来亲近的最好平台。把旅游业放在更加重要的位置,纳入两国元首和政府高层的战略议题,具有十分重要的现实意义。

客观地讲,尽管做了大量的文献研究,古巴同志提供的材料也十分翔实,但是我们行前对古巴的认识依然不系统。印象中,古巴有切·格瓦拉,有阳光沙滩,有雪茄,有朗姆酒。不畏强权的革命象征下,旅游形象若有若无。经过这段时间的工作,真正的古巴、完整的古巴旅游业才在我们的头脑中逐渐清晰起来。从世界范围来看,度假旅游主要包括地中海、东南亚和加勒比三大区域,而古巴正是加勒比地区旅游业的典型代表,也是世界知名的旅游目的地。这里有巴拉德罗为代表的阳

光、沙滩、海水等自然旅游资源,有哈瓦那老城区、特里尼达、西恩富戈斯等世界文化遗产,有何塞·马蒂、切·格瓦拉为代表的丰厚人文底蕴,还有雪茄、朗姆酒、香水、手工艺品等足以打动中国游客的购物选择。相同的信仰坚守,不同的人文风情,在古巴奇迹般地融合在一起,从革命象征到加勒比印象的认知嬗变,使横跨大洋的加勒比度假旅游不再那么遥远。

考察中,我们体会到古巴发展旅游业的决心和开拓中国市场的期望。中国出境旅游的迅猛增长,也为中古更加深入的旅游交流创造了前提。1997—2011年,中国出境游人次年均增长速度达到16.6%。2004年超过日本,成为亚洲首位客源国。2011年,出境旅游人数达7025万人次,同比增长22.4%。出境旅游花费达726亿美元,增长32.2%。遗憾的是,2011年赴古中国游客仅有1.44万人次,虽然增长较大,但比重太小。中国占古巴入境游客比重为0.53%。访古中国游客占出境游客比重为0.0002%。庞大的出境游客规模和极小的访古游客比例反差强烈。一个原因是中国出境游仍然处于发展初期,以近程为主。古巴与中国距离遥远,又无直达航班。而中国游客对人文、历史等观光资源感兴趣,和古巴传统的阳光、沙滩度假资源也形成了一定程度的错位。根本原因是中国游客对古巴了解少,或者说古方的市场宣传力度不够。事实上,两国虽相隔万里,但心理的疏离才是最远的距离。加拿大、澳大利亚,甚至与古巴近在咫尺的墨西哥,都与中国相距遥远,中国游客却数量众多。年初我在中俄论坛作主题演讲时,提及中俄关系是政热经冷,官热民冷,高层交往多,民间交往少。如果中俄是陌生的邻居,那么中古就是遥远的兄弟。都知道兄弟在远方,却没有更多的往来。

基于以上认识,我们建议:

理念上达成共识,旅游应当纳入两国高层互动的核心议题,也能够成为中古两国经贸合作的优先领域。通过双方的共同努力,旅游一定能够在两国经贸和外交中扮演更为重要的角色。

树立合作的明确目标,共同推动访古中国游客平稳较快地增长,争取到2016年让双向旅游交流达到5万人次的规模。

尽快恢复在中国的旅游推广机构,并启动针对中国市场的专项行动计划,积极传递"加勒比典型"的旅游形象——"加勒比,从古巴开始"。专门研究中国客源市场特征,以人文体验为导向,以观光旅游为切入点,提供适应中国游客需求的旅游产品。制订"古巴印象"的旅游购物品牌计划,改进中文标识、银联卡结算等接待环境,并为中国旅游投资商和运营商的进入营造更加积极的投资环境。在北京举办中古旅游合作论坛,适时举办"古巴旅游年",协调组织有实力的两国旅游企业专项对接。

旅游是人类的基本权利,也是长存的生活方式。我相信,随着时间的推移,将会有越来越多的中国游客到访古巴。只要市场规模扩大了,直航的问题、开发的问题、投资的问题,等等,也就具备了有效的市场基础。

(2010.6.29 古巴·哈瓦那)

阿根廷:中国游客的感知与企业家的机会
——在2013阿根廷旅游与酒店投资论坛上的主题发言

尊敬的阿根廷共和国旅游部部长梅耶尔先生,
女士们,先生们:

这是我第二次不远万里来到布宜诺斯艾利斯,来到阿根廷,依然如初次到访一样,对这块美丽的国土和热情的人民充满期待。还记得两年前我和中国国家旅游局的代表团到达的当天晚上,朋友们就安排我们去欣赏探戈舞专场表演。表演是在一家餐厅进行的,出于对艺术,也是对舞者和观众的尊重,正式演出是在餐饮结束之后进行的。大家静静地喝着茶或咖啡,沉浸在舞蹈艺术的世界里。至今难以忘怀的是两场经典的慢舞:不同于年轻人的现代气息,也不同于取悦观众的炫技,两位已经不再年轻的男女用肢体的律动诉说着对生活的感悟。透过经典的探戈舞的激情与张力,我能够感受到舞者的节制、内敛与隐忍。如同那首经典的《阿根廷,别为我哭泣》,让我深深地感受到在热情与浪漫的背后,整个国家的承诺与坚守。

事实上,由于远隔重洋的距离,很多中国人对阿根廷的印象主要是来自电影、电视、网络的报道,来自文学艺术的演绎。一部来自中国香港的著名电影《春光乍泄》让观众记住了美丽、壮观而又带有蓝调背景的伊瓜苏瀑布、潘帕斯草原、安第斯山脉、火地岛;由于迭戈·马拉多纳,每逢南美洲解放者杯和世界杯足球赛季,在中国球迷的心中,阿根廷队几乎就是自己的主队;由于阿根廷娜(Argentina, La)和R.瓦伦蒂诺等艺术家的努力,融入了热情欢快与伤感忧郁的探戈在中国人的心目中成了南美洲民间艺术的代名词;还有贝隆夫人等政治人物也为中国知识阶层广泛熟知,加上中阿两国的战略合作伙伴关系的稳步发展——可以说尽管两国远隔千里万里,但是在中国人的心目中依然觉得阿根廷就像是比邻而居的兄弟姐妹那样,互有好感而生亲近之意。

近年来,访问阿根廷的中国游客数量一直在稳步上升。根据中阿两国的权威数据表明,2012年共有2.5万人次的中国游客到访,预计这一数字到2015年将接近10万人次。为了吸引更多的中国游客访问,据我所知,以阿根廷旅游局为代表的政府和私营机构做了大量的工作。2010年,借参加中国上海世博会的机会,阿根廷旅游局积极宣传本国丰富的旅游资源,并及时开设了中文官方网站。2013年10月到11月,阿根廷联合巴西、智利、哥伦比亚、乌拉圭、委内瑞拉国家旅游局,在中国内地的主要城市广州、上海、北京等地开展了南美旅游推介路演。随着中阿两国的战略合作关系达到新的高度,两国的葡萄酒贸易也取得了长足发展。阿根廷的葡萄种类丰富、品质优良,在世界上享有广泛的声誉。阿政府和业界正在中国积极推广葡萄酒文化,并有望带动相关的主题旅游线路,有效扩大赴阿游客规模与消费总量。

女士们,先生们:

在为两国旅游交流与合作规模快速增长而欣慰的同时,我们还要看到有待挖掘的巨大潜力和今后努力的方向。过去的十年,是中国出境旅游高速增长的黄金十年。2012年,中国出境旅游市场规模高达8318万人次,海外消费1020亿美元,预计今年会达到9500万人次和1280亿美元,并成为世界最大的出境旅游客源国和旅游消费支出国。在这个进程中,中国游客的足迹已经到达了包括南极在内的全球每一个角落,旅游模式也正在从早期的跟着旅行团在目的地浮光掠影地观光旅游,转向以散客、自助旅行的方式深度体验海外目的地的生活方式。确切地说,包括出境在内的旅游消费已经成为中国老百姓常态化的生活方式了。为了吸引更多的中国游客到访,欧洲、美国、加拿大、澳大利亚、新西兰、东盟、日本、韩国、俄罗斯等主要国家和地区纷纷加大了对中国的旅游宣传和市场推广力度,并在签证便利化和中文接待环境方面不断加大改善的力度。比如美国给予中国游客一年多次往返的签证、俄罗斯给予中国游客72小时过境免签的待遇,意大利、希腊、加拿大、韩国、美国等国家和地区也在不断完善景区景点的中文解说版本,增加酒店和餐馆的中餐供应,加强中文导游的招收和培训工作。

相比较而言,中国游客到访阿根廷还面临诸多客观条件和接待环境方面的约束。首先是路途遥远,没有直达航班,加上中转在内的30多个小时的长途飞行对很多人的身体和心理都是巨大的考验。其次是签证获取上的困难,除了商务签证,普通中国人如果要来阿根廷旅游,需要提交的证明材料几乎可以写一份自传了。就是准备好了这些材料,也无法确切地获知什么时候可以拿到签证,甚至不确定是否可以拿到签证。还有就是目的地商业接待体系和服务水平,我所服务的中国旅游研究院按季度发布的《中国出国游客满意调查报告》表明,到访中国游客对阿评价,在22个样本目的地国家中排名也不是很高。在刚刚过去的2013年第三季度,到访阿根廷的中国游客满意度为77.80,在22个抽样国家中排名第17。全部样本国家的本季度平均水平为79.63,游客满意度最高的目的地加拿大为82.91。值得关注的是,受访游客对阿根廷旅游服务,特别是行业管理和景区景点服务的总体评价一般,对阿根廷旅游的抱怨比例为8%,投诉比例为5.3%,高于总体平均水平3.1个百分点。更为详细的调查研究报告,我的同事已经将英文版递交给了阿旅游部。

随着中国经济社会的发展和国民旅游消费的持续增长,一大批旅游运营商和旅游投资商也开始成长起来了。以携程、去哪儿、蚂蜂窝、世界邦为代表的在线旅游代理商,以开元、如家、七天等为代表的新型旅游住宿运营商,以海昌、长隆、方特为代表的主题公园开发商,中国国旅、中国港中旅、华侨城、首都旅游、岭南国际、锦江国际、杭州旅游等大型国有旅游集团,加上万达、中化、中国石油、中坤等大型企业在旅游与酒店产业的布局,还有中信产业基金、国家开发银行、君联资本等更加专业化的旅游投资商,可以说,中国参与国际国内旅游产业竞争的市场主体已经初步形成。中国旅游研究院每年都会跟踪全国旅游集团二十强的变化,去年进入这一俱乐部的营业收入门槛已经超过5亿美元。与此同时,若干具有世界商业领袖风格与形象的企业家群体已经在悄然成长,其中既包括民营资本主导的旅游集团的创始人和领导人,也包括部分国有控股的旅游集团的领导人。他们在中国旅游市场逐渐获得了相对稳定的竞争优势以后,正在紧盯着中国和世界游客的流向与流量的变化,并谋求包括阿根廷在内的世界范围内的投资机会和商业合作的可能。可以说,一个全球旅游的中国时代正在到来。需要指出的是,与中国游客相类似,中国企业家寻找机遇的过程中,对目的地的商业环境有着自己的评价。他们的评价要素至少包括中国游客到访的市场规模与消费能力、人员往来的便利性、商业法律的完善性及金融、土地、人力资源等商业环境配套等。

女士们,先生们:

纵观世界旅游经济的运行,更多的游客往来不仅是目的地发展旅游的主要目标,也是吸引更多投资企业合作的基础。为此,我希望中阿两国政府旅游行政主管部门与宣传推广机构进一步加大在彼此国家的旅游宣传和市场推广力度。正如中国不仅有长城、故宫、长江三峡、兵马俑和大熊猫,还有现代化的北京、时尚的上海和正在步入小康社会的人民生活一样,阿根廷也不仅仅是高山、草原、森林和瀑布,还有探戈、足球、国家科学博物馆、国家美术馆,还有葡萄酒和阿根廷人民的日常生活。事实上,最广大人民的日常生活才是最好的旅游资源。我们应当,也完全可能以远隔重洋的品质生活去吸引更多中国游客的到访。考虑到高昂的旅行成本,有必要与巴西、智利、乌拉圭等国家组成"南美旅游联盟",面向中国和亚太市场开发一程多站的旅游线路,还可以打好南极旅游这张牌,让阿根廷成为中国高端游客南极旅游和跨洋邮轮旅游的出发地和中转站。

人员往来的便利化是旅游发展的前提条件,让更多的人在大地上自由而有尊严地行走,是全球旅游业界的共同愿景。为此,我希望中阿两国政府的旅游、移民、安全、交通等部门在沟通协商的基础上,尽快研究制定包括互免签证、过境免签、团队免签、电子签证在内的签证便利化的路线图和时间表,研究洲际直航、代码共享、行李直挂、空海联运等航空客运的便利化措施。两国的空间距离已经够远的了,决不能再让签证在内的制度约束进一步拉开彼此的心理距离。当然,我们也期待经由科技和工业的进步能够制造出更快、更安全、更舒适的交通工具来,让游客在中阿两国之间夕发朝至。

旅游不过是人们在异地的生活方式,因此,完善的商业接待体系是游客在目的地获得良好体验的现实基础。为此,我希望阿根廷旅游行业协会和私营部门能够为中国游客提供更容易理解的汉语导游和中文解说系统,为中国游客提供可选择的中餐菜单和热水,在金融支付方面让中国游客可以方便地使用银联卡。特别是餐饮,中国有句古话,叫"民以食为天",吃不好饭,再好的风景也会打折扣的。还有娱乐,也希望酒店能够提供一些中文电视频道和中文媒体。

人员往来得多了,就意味商业机会多了。阿根廷是市场经济高度发达的国家,据我所知也为欢迎外国投资制定了完善的法律和促进政策。我希望政府部门能够把这些信息传递给更多的中国企业家,让他们认识到阿根廷的市场机会,帮助他们在这里生根、落地和发展。为此,政府旅游主管部门和宣传推广机构需要与商会组织合作,通过互办国家旅游年、旅游交易会主宾国、企业家联谊会、专业论坛等平台,向中国企业家说明阿根廷的旅游投资环境和商业机会。特别是要发挥旅游和酒店协会的作用,加强旅游业界之间的沟通与往来,像今天这样的会议,就可以吸引更多的两国企业界领导参加进来，并定期发布专业的研究报告和行业信息。有了沟通和了解，再谈投资和商业合作，就是顺理成章的事情了。

无论是游客往来，还是政府和商业机构之间的合作，作为阿根廷旅游局和阿根廷旅游协会、酒店协会的战略合作伙伴，中国旅游研究院一直都在发挥积极的促进作用，并愿意继续在双方的合作交流进程中扮演关键的角色。事实上，在过去几年中，作为中国旅游领域最权威的专业智库，中国旅游研究院在合作协议的框架中为宣传推广阿根廷旅游做出了不懈的努力。包括定期交换《中国出境旅游年度报告》等信息资料，把阿根廷纳入中国出境游客满意度调查的22个样本国家名单中，每个季度都定期向阿根廷政府递交专题研究报告，利用官方网站和宣传册向中国游客、旅游企业、教育科研机构和政府部门广泛推广，应当说起到了相应的效果。现在我们还与哲意公司一道在全球范围内推广"欢迎中国"项目，也希望得到阿根廷旅游业界积极配合，让更多的酒店、餐馆、主题公园、航空公司、博物馆、交通企业等商业机构走入中国游客视野。

"海内存知己、天涯若比邻"。无论多么遥远的距离，都阻挡不了中阿两国人民常来常往的愿望，也阻挡不了中阿两国旅游业界合作的步伐。

谢谢！

（2013.11.12　阿根廷·布宜诺斯艾利斯）

更加广泛的民间交流，更为多样的产业合作
——在第五届中美省州旅游局长合作发展对话会议上的演讲

尊敬的中国国家旅游局邵琪伟局长，

尊敬的美国旅游协会罗杰·道总裁，

女士们，先生们：

第五届中美省州旅游局长合作发展对话会议的嘉宾既有中美旅游交流的开拓

者,也有中美旅游合作的接力者,都亲身经历和见证了两国旅游业合作发展的不平凡历程,并为此持续付出真诚的努力。在国际金融动荡加剧,世界旅游产业发展格局变数增加的今天,中美旅游合作无疑具有重大的现实意义。

一、中美旅游合作有力促进了两国民众交流

中美两国旅游交流虽然起步晚,基数不大,但是发展很快。1979年,美国访华游客仅有6.78万人次,当前,这一数字为200.96万人次。2007年签订ADS协议后,中国积累多年的访美潜力得到了极大释放,当年就达到39.7万人次,同比增长24%。2010年,中国访美游客达到107.76万人次,比2006年增长236.8%。美国成为中国第四大客源国,同时也是中国公民出境旅游第八大目的地国家。

回顾历史,两国旅游交流交往首先得益于领导人的远见卓识和开拓精神。40年前,毛泽东主席邀请美国乒乓球队访华,打开了尘封20多年的中美两国旅游民间交往大门,美国乒乓球队在长城的合影成为当期《时代周刊》封面。1972年,尼克松总统访华,谋求两国关系正常化的7天访问成为"改变世界的一周"。1978年,中国领导人会见美国泛美航空公司董事长西威尔先生,特别提出"要研究一个综合方案,把美国这个门打开",中美旅游交流得以发端。1984年,美国总统里根访问西安兵马俑,作为游客零距离体验了中华文化。2001年,江泽民复信美国游客迈克·奥谢伊,为他在中国拥有"美妙的经历"感到高兴,强调包括旅游在内的民间友好往来是国与国之间发展良好关系的重要基础,希望美国朋友多到中国来看看。今年年初,胡锦涛主席访问美国,同美方就采取措施推进人民交流达成共识,宣布推动相互交游和建立中美省州长论坛。

纵观历史,跨越最为辽阔的太平洋,中美旅游合作最大的推动力量是两国民众间相互了解的愿望和深厚友谊。当前,中美以旅游为主的人员交流已经突破300万人次。平均每天有8000人左右穿梭往来带来了两国日益深入的旅游认知。经由旅游,两国人民既享受了全聚德烤鸭的味觉盛宴,也在日常生活中品尝了麦当劳的美国滋味;既近距离地体验了中国奥运人家的民俗民风和中国功夫的神奇难忘,也实际欣赏了美国东西海岸的迷人画卷,还有好莱坞的星光璀璨。中国代表团这次到访受到了各方的热情款待,其中给我留下深刻印象的是州政府晚宴上那个叫塔玛尼的大学二年级学习心理学的学生。据当地人说,她是十三岁在大街上为无家可归者募捐演出时被星探发现的,现在已经成为一线明星了。在当晚的演出中,她是那么的专业,又是那么的投入,感觉是用心在为我们表演。中国也有很多这样的草根明星,比如电视上的"超级女声"选秀。这些明星来自民间,也为人民大众发自内心地喜爱。正是出于对民众交流与往来的高度重视,美国总统艾森豪威尔将军于1956年创立了人民对人民国际交流协会,其下属的"人民对人民大使项目"与中国欣欣翼翔国际旅行社亲密合作,每年平均组织约两千人次左右的专业交流团到中国访问、交流和旅游。可以说,旅游让中美两国民众之间的交流基础更加牢固。据中国旅游研究院调查,美国游客对中国的满意程度今年第二季度达到了7.99,较2009年同期上升了0.14。

二、中美旅游交流才刚刚开始,未来发展空间巨大

无论从入境市场还是出境市场看,美国在中国的国际旅游份额都还比较小。在赴中国大陆的入境市场中,美国客源仅占1.5%。在外国人入境市场中,美国也仅占7.7%。在中国公民出境旅游市场中,美国占1.9%。在中国公民赴外国出境旅游市场中,美国也仅占6.5%。

作为极具互补性的最大发展中国家和发达国家,中美两国在经贸、文化和教育方面的交往将为旅游交流提供坚实的市场基础,而旅游市场的扩容又会进一步促进两国在各个领域合作的深化。麦当劳是1987年才进入中国的,很快就为中国民众所接受。金色拱门的装饰,加上香喷喷热腾腾的热狗、汉堡、薯条和三明治,成为中国民众印象中最生动的美国元素。这种根植于民众日常生活的体验在两国旅游交往中将会越来越普遍。从唐老鸭、米老鼠、阿波罗飞船到自由女神像,千姿百态的美国形象是中国游客到访的不竭动力。我们的长城、故宫、兵马俑,质优价廉的产品,加上飞速发展的经济,走向现代的民众日常生活方式,丰富多彩的民族文化,则构成了超乎想象的既古典又现代的中国(China：Beyond Your Image)。根据盖洛普(Gallup)调查,从2001年至今,对中国持友好态度的美国人比例从来没有低于40%,且呈不断上升趋势。两国之间的经贸引发了商务旅游、会展旅游和奖励旅游市场的快速成长。多种形式、丰富多样的文化交流激发了两国民众的旅游兴趣,扩大了双方的旅游交流。教育领域的常态化交流既增进了双方了解和包容,形成了包括"修学旅游"在内的新旅游需求,又为包括汉语环境改善在内的旅游合作提供了必要的人力保障。

中美游客的关注各有侧重,中美产业界各有所长,这为和而不同的双方提供了前景广阔的产业合作空间。美国拥有全球最大国际旅游客源,中国拥有未来最大的旅游市场。这是两国产业合作的最大优势。同时,两国游客又有不同的选择重点,现实的和潜在的市场需求都非常可观。2010年,美国游客赴华的主要目的是观光休闲和会议商务,分别为52.87%和26.27%,而中国赴美游客的42%是商务旅游,25%是休闲度假旅游。旅游消费方面,美国游客则远低于中国。2010年中国游客在美花费50.5亿美元,平均每人4693.31美元。美国游客在华花费25.7亿美元,平均每人1276.87美元。可以说,无论是旅游资源开发、旅游品质提升,还是消费能力的有效释放,两国都有广阔的合作空间。美国在旅游领域中科技的广泛应用、丰富的管理经验和成熟的商业模式,中国所拥有的丰富人力资源、传统文化支撑的独特服务优势以及持续上升的消费需求,都是双边产业合作的现实基础。当前,中国旅游业正处于从传统服务业向现代服务业转型的战略进程中,非常需要先进管理经验和现代科技的支撑,两国更加深入的产业合作时代正在到来。

在看到市场扩容的现状和产业合作前景的同时,我们也清醒地认识到还有一系列现实问题需要共同面对、共同探索解决之道。比如,现行烦琐的签证手续,就让两国旅游业备受压力。依据美国旅游协会的一份报告,中国游客计划去美国旅游,即便顺利获得签证,也要过12道作业程序,仅预约面谈的等待时间就至少花费2天,最长要等待100天。如果上海游客想赴美旅游,甚至需要93天时间才能拿到签证,而去英国仅需要10天。中国旅游研究院的中国游客访美总体满意程度调查也证实了这一点。2009年第二季度的平均值为8.18,今年第二季度平均值则进一步下降至7.70,形势不容乐观。

三、民众的旅游福祉和产业繁荣是两国旅游交流与合作的目标,也是相关政策制定的出发点

只有人民与人民之间的交流多了起来,旅游市场基础才可能真正牢固。只有产业与产业之间彼此融合,中美两国的旅游交流合作才可能走向可持续发展的未来。

这就要求我们尽最大努力去消除一切不利于民众自由往来的政策壁垒,从点滴的接待细节上善待到访游客。在世界上自由地行走是包括中美两国人民在内的全人类的基本权利。两国政府和业界应以互利互惠为原则,简化签证手续、缩短签证时间、减少签证费用,给予出境游客更多的便捷。还应当在语言和消费习惯等方面更加充分地为游客着想,加强双方在导游培训、银联卡使用、科技应用和管理提升等方面的合作。

这就要求我们尽最大努力去保障安全和品质,为游客提供放心满意的旅游体验环境。没有安全就没有旅游,保障游客的生命和财产安全是两国旅游业深入合作的核心目标。随着世界旅游供给和国际游客旅行经验日益丰富,游客对服务品质的要求也越来越高、越来越细。无论是旅游安全还是普遍服务品质,更多取决于稳定的收益预期下,旅游业界的主动维护和民众的积极参与,这就需要通过多种渠道进行安全和品质保障机制上的整合。希望两国旅游行政主管部门、地方政府和行业协会为此承担起更大责任,付出更多的努力。从2007年首届会议至今,以中美省州旅游局长合作发展对话会议为平台,双方保持了经常性联系与定期沟通。省州之间在旅游营销、人才培训、产品整合、投资经营与信息共享方面都进行了很多有益的合作探索。今后,两国还需要联合政府和业界的力量,在旅游标准、从业资格互认、安全预警机制和突发事件处置等方面建立起更加紧密的常态化合作机制,在保障游客安全的基础上,不断提升服务品质和游客满意度水平。

这就要求我们尽最大努力去促进两国民众的日常往来,加强旅游市场宣传和营销推广工作,特别重视两国地方政府之间的直接合作。旅游是老百姓短期的异地生活方式,绝大多数情况下,游客有兴趣了解和体验另一片土地的民风民俗和日常生活。从这个意义上说,民众日常而又真实的生活才是最好的市场营销方式。我们鼓励两国人民像走亲戚一样常来常往,这是旅游业界的职责,也是政府的责任。两国各地经济发展的理念和水平,以及国民经济体系中旅游业的位置和作用千差万别,对地方旅游合作的观念认识和行动步调也不完全一致。借助省州旅游局长对话会议的平台,把两国地方之间的直接旅游促销合作提至更加重要的战略位置,并加快建立常态化合作机制。在充分研讨和坦率沟通的前提下,充分利用现有的双边和多边合作机制,以及各种经济、文化和教育交流平台,加深彼此对历史传统和当代文化的认识。建立常态化的业界对话渠道,务实推进泛太平洋旅游合作。

中国领导人邓小平先生曾经说过,太平洋再也不应该是隔开我们的障碍,而应该是联系我们的纽带。中国国家旅游局局长邵琪伟先生指出,中美省州旅游局长合作发展对话会议对促进中美旅游合作一直发挥着积极作用,对更加充分地发挥旅游业的作用至关重要。互为重要客源地和目的地的中美双方各有优势、相依共荣。历史已经见证两国的旅游合作和由此而带来的友谊加深,历史必将再次见证中美两国更加多样的旅游产业合作以及更加多元的民间交流。

谢谢大家!

(2011.9.26 美国·夏威夷)

大洋洲篇

无论是双边外交,还是从世界旅游发展格局来看,中澳旅游合作都有诸多的可圈可点之处。双向往来的游客规模从未因为市场之外因素的影响而波动,一直保持着持续增长的态势。适应散客和自组织旅游市场发展的签证政策、营销推广和商业接待体系,惠及的不仅有游客,还有旅游业界和政府主管机构。

以 ADS 升级为契机，构建中澳旅游合作新机制

——在中国—澳大利亚旅游论坛上的主题演讲

尊敬的弗格森部长，

尊敬的杜江副局长，

女生们，先生们：

今天两国旅游主管部门的高官和产业各界精英会聚于此，回顾中澳两国 ADS 协议签署十二年来的执行成就，分享彼此的产业发展经验，共同谋划未来的合作主题，在后金融危机的大背景下无疑具有巨大的现实价值和深远的历史意义。

一、中澳两国创造了国际旅游合作的典范

澳大利亚是首个获得中国 ADS 资格的西方国家。1997 年，两国政府交换公函，1999 年正式签署中国公民自费赴澳旅游协议。十二年来，中澳两国在旅游领域的交流与合作已经成为世界的典范。

ADS 有效扩大了双边的旅游市场规模。1999—2010 年期间，中国公民赴澳旅游人次年均增速达 15.5%，其中团队游客年均增速超过 30%。2010 年，中国公民赴澳旅游人次规模达 45.38 万，成为澳大利亚的第四大入境旅游客源地。中国游客赴澳旅游消费总计约 31 亿美元，稳居各客源市场第一位，占全部入境旅游收入的 13.1%。据旅游卫星账户数据估算，中国游客消费对澳大利亚 GDP 的完全贡献率达到 0.22%。双方还建构了积极有效的国际旅游合作机制。2006 年，中国国家旅游局局长邵琪伟率团访澳，签署了《中澳旅游合作谅解备忘录》，双方承诺共同打造成功且可持续的 ADS 计划，确保中国游客受到公正公平的待遇，享受高品质的旅游服务。今年 4 月 26 日，在两国总理的见证下，双方再次签署了《关于加强旅游合作的

谅解备忘录》,进一步巩固了双方在旅游领域长期合作的伙伴关系。更为重要的是,十二年来的旅游交流促进了两国人民的直接接触与互信互认。ADS协议的签署实施,不但为两国旅游业界带来了巨大的经济效益,也增进了两国人民面对面的交往和沟通,进一步巩固了相互信任的两国关系。

中澳两国之所以能够在短短十二年间在旅游领域取得如此大的成就,最根本的推动和支撑力量是民众日益增长的旅游需求。两国政府、业界和相关机构为了民众的旅游福祉而协同努力,并且严格执行协议则是促进中澳旅游优化发展的基本保证。中澳ADS协议实施以来,中国国家旅游局一贯坚持加强行业监管,不断规范市场秩序。澳大利亚在中国正式实施开放的110个ADS协议国家和地区中一直处于领先地位,甚至成为一些国际目的地参照效仿的对象。毋庸置疑,在双向旅游交流的过程中也会出现一些诸如欺诈购物、游客滞留等不尽如人意的问题,而宽容对待这些发展中的阶段性问题则是双边旅游持续扩容的重要保障。

二、重点解决旅游品质提升的若干关键问题

目前中国已经是亚洲最大,也是全球增长最快的出境旅游客源国。根据《国家旅游业发展十二五规划》,到2015年,中国出境游客将达到8300万。我看这个数字可能还是保守估计的。近14亿中国人当中,绝大多数还没能实现出境旅游,受益于居民收入及财富水平的继续增长,出境旅游需求将不断扩容,客源区域将不断由东部向中西部扩散。中国出境消费的持续增长将为澳大利亚旅游产业的繁荣发展提供坚实的市场支撑。同时,我们也要看到竞争性目的地发展也在影响中国公民赴澳旅游需求的规模增长与结构变化。事实上,为了争取更多的中国游客,越来越多的国家和地区正在努力创新产品开发、宣传推广和便利化政策。比如东南亚国家和日本、韩国等也相继推出了更加宽松的个人旅游签证政策,甚至局部地区免签。欧洲国家也正在往这个方面走。加上更多的国家和地区开始成为中国公民出境旅游新的目的地,双方所面临的挑战将会与机遇同在。中澳双方需要在把握大势的前提下,不断根据游客需求推出便利化措施,净化市场秩序,切实维护和提升中国居民赴澳旅游品质,将发展重点逐步转向丰富体验型旅游产品开发。

随着出境旅游散客化趋势的快速发展,游客们越来越多地愿意和要求开展适当的灵活旅游,比如父母赴澳旅游顺道探望在澳留学的子女等。相比之下,获得送签权的中方旅行社名单多年没有更新,仍然只有91家,加上澳大利亚ADS旅游签证办理执行的是分领区管理模式,明确禁止跨领区送签,都为中国赴澳游客造成了很大的不方便。另外,面向中国游客的人性化服务,特别是中文接待环境也亟须改善。酒店的中文电视频道和中文报纸、商场的中文导购、机场的中文咨询台等也都比较缺乏,与散客化发展的大趋势不相称。针对中国游客的盗窃、抢劫事件时有发生,旅途过程中经常受到不良人士的骚扰等也都不断成为游客抱怨的焦点,需要澳方更多的重视和改进。还有,相比较市场的"热",产业显得有些"冷"。从产业融合和发展战略的角度而言,我们还希望双方能够务实推进旅游企业之间的合作,包括相互投资、互设办事处。

三、构建有利于两国民众更加自由往来的旅游合作新机制

希望中澳双方以亚太和全球旅游发展的视角,从国家战略的高度共同谋划今后5~10年的旅游合作、发展与创新机制。未来20年,全球旅游业将以年均8%~10%的速度增长,国际旅游市场的重心正在向亚太转移。作为亚太地区地域最广、旅游资源最富集的两个国家,中澳有责任、也有能力在新的发展机遇中更加积极地合作,加快ADS转型升级,共同探索构建中澳旅游战略合作区,促进两国人民更自由地往来。为此,我们建议:

第一,双方旅游行政主管部门和政府高层在评估现状的基础上,尽快研究ADS升级的路线图与时间表。中国公民赴澳旅游越来越大众化,游客对旅游体验中自由度的要求越来越高、越来越普遍。长期以来,ADS框架下的赴澳旅游,在成团人数、签证办理、游程安排等方面都没有根据市场和环境的发展而做本质调整,在一定程度上影响了游客需求的满足和旅游企业的扩大经营。综合考虑旅游产业发展趋势和各方的综合需求,升级ADS协议(ADS Plus)相关内容势在必行。近期可以

考虑修改协议中"团进团出"的硬性规定,将个人旅游签证、商务签证、假期工作签证等各种类型签证统一纳入ADS框架体系,使之成为一个动态的、开放的、灵活的签证体系和双边旅游合作平台,而不是仅限于团队旅游方式。在年度评估的基础上,双方应当尽快启动旅游主管机构的司长级事务性磋商,同时联合双方的学术力量和智库群体,加强以"自由行"为导向的储备性政策研究。

第二,双方进一步推进监管与标准体系对接,维护和提升旅游服务品质。2011年3月4日,中国国家旅游局颁布出台了《关于加强监督管理规范旅游市场秩序的工作意见》。澳大利亚旅游行政主管部门有必要以相应的措施促使市场监管覆盖产业链。考虑到近年来突发事件日益频繁,游客维权意识不断增强,中澳双方应在旅游保险一体化、行政与商业救援机制共建、服务标准体系制定上进行深度对接,以更加有效地保障游客权益和提高游客满意度水平。澳方一直在做针对赴中国游客的满意度调查,两年前,受国家旅游局委托,我所服务的中国旅游研究院同样在进行包括赴澳游客在内的游客满意度调研,并定期发布相关成果。双方有必要在样本选择、抽样法则、满意度计算方法等方面进行对接,共同推进此项工作。

第三,澳大利亚旅游形象有必要做进一步的整合,向中国市场传递出更加真实,更加丰富多彩的目的地形象。中国公民所熟知的澳大利亚旅游形象大多局限于其广袤壮美的自然景观,而对其特色文化、良好的商旅环境,以及特产购物知之甚少。因此,有必要通过有针对性的宣传推广,让更多的中国公民对澳大利亚丰富的旅游资源有更多更真实的认知。

谢谢!

(2011.6.8 澳大利亚·凯恩斯)

后记

以国家的名义
在中国旅业国际创新方面做出更大努力
——在 2015 国家旅业榜颁奖盛典上的演讲

为旅游人颁奖，该以国家的名义

把旅业前面加"国家"两个字，无论是政府、行业还是媒体，这都是第一次以国家的名义，我很高兴。

之前我和旅业传媒的雷蕊总说，这个题目起的好啊！今天的旅游已经成了老百姓的生活方式，我们很快就要公布 2015 年国家旅游业的成绩单，预计国内旅游加上出境旅游将会超过 40 亿人次，国民出游率将首次接近 3 次。上午央视财经的同志问我，这意味着什么？我说意味着我国旅游消费已经站在了发达国家的门槛水平上，意味着旅游正在加速进入老百姓的日常生活，当然，这里面也包括刚才提到的 190 万邮轮游客。

有人说，就是老百姓出去旅旅游、玩儿，图个乐子，好像跟国家挂不上钩的。要知道我们是人民共和国，老百姓的事情就是天大的事情，人民群众对美好生活的向往是我们的奋斗目标。中国梦不仅仅是国家的强盛，不仅仅是中国经济的增长，更是包括旅游在内老百姓生活的幸福。

未来 5 年是中国全面建设小康社会的决胜 5 年，是中国第一个百年中国梦实现的 5 年，在这个梦想中一定，也应当包含旅游消费。刚刚杨宇说，吃有肉、住有楼、还有闲钱去旅游。不要小看这个事，一个国家，如果不能把卫星发射到天上去，就不是

一个强盛的国家;不能把蛟龙号送到海底去,就不是一个有世界影响力的国家;不能够把老百姓幸福地送到游轮上去享受美好的生活,也不是一个让人幸福的国家。现在有40亿人次的老百姓出门去旅游,我们为旅游人颁奖,该不该以国家的名义?

中国旅业从业者,为社会发展、百姓幸福做出了巨大贡献

我同时也注意到,在过去的2015年,旅游产业发生了巨大的变化。过去一说旅游可能就是旅行社、导游——当然,直到今天为止我们的旅行社和导游仍然是这个行业的标志性群体、标志性人群。可是我们也看到,在过去的一年中,旅游业正在成为拉动经济增长,特别是投资、并购、重组、创业创新最为活跃的领域。我在会前看旅业传媒发布的一个H5,《笑谈2015》,非常棒。的确,旅游业在过去的一年发生了太多的事情。旅游投资全年下来会超过8000亿,在目前的经济情况下,这个数字意味着旅游业正在成为一个逆势增长、全线飘红的行业。

在过去一年中,凯撒旅游上市了,成为了越来越开放的一家公司;海航、春秋,把航空和旅游紧密地结合起来了;众信旅游,不仅自己做得好,还往海外去投资;锦江和铂涛合并,成为全球举足轻重的酒店集团。刚刚在西双版纳结束的全国旅游集团20强年会上,20强营业总额,或者说交易总量已经超过8000亿。又是一个8000亿啊! 这在20年前甚至10年前是无法想象的。这个过程当中我还注意到,不管是淘在路上、易游天下,还是6人游,一系列围绕客源地消费变化的公司在成长起来。

我们更关注到,包括像神州专车、滴滴出行这样一些公司,正在从传统的、面向民众生活方式的业态,转向为广大游客提供服务。我们还关注到,在过去的5年中,北京市启动了环球影城这样大型项目的建设,上海的迪斯尼很快也要开业了。我们当然也注意到皇家加勒比的邮轮一艘一艘地下海。这意味着老百姓旅游与旅行的商业基础更加稳固,选择更加多样。

可以说,中国的旅游企业已经不仅仅为本国游客提供服务,不仅仅在行业中间越来越壮大、越来越强大,而且在整个国民经济和社会发展中发出了越来越有影响力的声音。事实上,中国旅游从业者,特别是那些具有行业影响力、具有创业创新精神的旅游企业领导人,为社会的发展、为老百姓的幸福做出了巨大的贡献。

由于你们的存在,数以十亿计的游客才能够平安地去、幸福地归。面对这样一批致力于民生幸福的旅游企业和企业家,难道不应该以国家的名义为他们颁奖吗?我希望大家说:应该的。是吗?

旅游越来越在国家的发展战略中赢得更高的地位

在这样一个快速变化的时代,由于老百姓的旅游消费激发起来了,由于在座各位企业家的努力,旅游越来越在国家的发展战略中赢得更高的地位。

无论是中韩旅游年、中俄旅游年,还是即将举办的中印旅游年、中美旅游年,国家主席、政府首脑出席了开闭幕式,并发表重要的致辞和演讲。包括在这次乌镇的世界互联网大会上,习大大开篇就说,对于乌镇旅游,他曾经也是有过贡献的。

我们欣喜地看到,旅游在国家的经济社会发展战略体系中,正在从经济建设的边缘走向经济建设的主战场,正在从外交的边缘走向外交的中心。

我们看到,为了实现这样一个目标,继2009年国务院制定了《关于加快旅游业发展的意见》之后,国家先后制定了《旅游法》《国民旅游休闲纲要》,去年国务院又颁布了31号文件,即《关于旅游改革和发展的若干意见》,今年又推出了《关于促进旅游投资和旅游消费的若干意见》。我们还注意到各地政府也在为了我们旅游业的发展,创造更加有利的制度环境和市场环境,包括三亚在内,全国各地推出了数万计的旅游厕所。不要小看厕所,旅游要发展,厕所是要革命的。我们看到旅游一步一步走在了社会发展的前列,而游客的文明程度也在逐渐提高。

把国家的名义写在旅游发展的旗帜上

刘淄楠博士,请你放心,中国的游客到了邮轮上,在更好地享受海洋文明的同时,也会给这块移动的生活空间增加来自中国的文化元素。餐桌上放不放老干妈无关紧要,关键是能不能使得中国老百姓的生活方式和你皇家的邮轮气质相匹配。

因为包括邮轮在内的旅游消费新需求和旅游供给新业态,旅游产业走入了国家战略中心。我们应该与中央相向而行,继续以国家的名义为旅游业鼓与呼。我们应不应该以国家的名义为政府点赞呢？当然需要,应当是把国家的名义高高地写在旅游发展的旗帜上。

既然是以国家的名义来去谈旅游,那当然不仅仅是一种荣耀——任何时候你在承担荣耀的同时也都要承担相应的责任。现在是岁末年终的时候,我希望在座的各位业者,在以国家的名义来获得奖励的同时,也能够用我们的创业、创新,用我们精心周到的服务,不管是线上还是线下的,真心诚意地让更多的国民大众参与到旅游进程当中来,实现他们的旅游权利,并给他们更高的品质。在这个进程中,对于以皇家加勒比为代表的邮轮运营商,我希望有更多的男孩女孩,还有他们的父母都能够登上游轮,体验这种漂移在海上的美好生活。

一个产业能够走入老百姓当中才能健康成长

我在会前跟雷蕊总说,希望旅业传媒能够把这个观点广而告之,就是邮轮是国民大众所向往的生活方式,而我自己也特别希望能够登上游轮。刚刚有嘉宾问我有没有坐过邮轮,我说还真没有坐过,不知道哪一天,能登上皇家加勒比号体验一下,因为我从小就喜欢大海,但是没有真正体验过。我从小吃的第一份海鲜大家知道是什么吗？海带,真的没有吃过海鲜。等我长大想吃海鲜的时候,没有机会、没有钱,后来有钱了没有时间。我特别希望有一天我能陪着我的妈妈一起去看看大海、乘坐邮轮。

我们这一代已经很快到了知天命的年纪了,其实想一想生活的目的是什么？不就是让自己的父母能够有幸福的晚年,让自己的孩子有一个快乐的童年吗？

有人跟我说,作为一个学者、老师,你总上中央电视台干吗？我在这里第一次跟大家透露答案吧,就想让自己的娘亲开心,满足老人家可爱的虚荣心——你看我们村里,县委书记都上不了中央电视台,儿子可以上去！所以我特别希望雷总这个录像能上中央台播一播,让母亲看到。

我也更希望,我们的邮轮能够在保障品质的同时,通过技术的进步、通过管理的创新,让越来越多的父老兄弟去享受,让大妈把广场舞跳到甲板上——不要觉得太 LOW,一个产业能够走入老百姓当中才能健康成长。有入境游的业者跟我说当初怎么怎么样接待基辛格。你不用跟我说这个,我最想知道的是你接待了多少万像我母亲这样的普通游客?希望我们的业者在即将到来的 2016 年能够以国家的名义,持续地推动旅游业的创业、创新。

我注意到,在过去的 10 年,旅游创业主要是在需求侧做文章,或者在消费侧做文章,携程、同程、蚂蜂窝等这样的公司,更多的是围绕目的地信息搜寻、消费决策、旅行证件、票务预订等内容。但是一个国家产业的战略创新最需要什么?是原始创新,是自主研发。中国旅游业需要乔布斯,需要苹果。只有当这样一批战略创新的企业成长起来了,我们才可以骄傲地说,旅游是国家战略的重要推进力量。

希望我们更多的资本、管理和技术,能够像这些年推动需求侧创新一样去推动供给侧的创新。不要把自己定义为做旅行社的,定义为做买卖的。我是学经济学的,我始终认为什么东西最稀缺,什么才是最有价值的。在资本充裕的时代,在技术不断迭代的时代,起牵引作用的是什么?是消费需求。消费需求是能够牵引技术、资本、人才这些生产要素的聚合和开放的。

由是观之,把国家旅业开放奖给了凯撒是完全正确的。一个国家和民族的进步,固然要向解放思想、争取民族独立而牺牲的人们致敬;也需要向在和平年代,为了老百姓的生活幸福、为了旅游产业的创新进步而孜孜以求、殚精竭虑的这些人,致以崇高的敬意。

自主创新、承担责任,不负国家的期望

希望在即将到来的 2016 年,各位企业家能够以国家的名义推动旅游业在国民经济、社会发展和对外交往中发挥更加重要的作用。

比如说我们看到这么多邮轮下海,就会想啊,哪一艘是中国制造的呢?我有一个梦想——有一天自己可以拿着凯撒、众信、携程卖给我的票,可以跟刘玉松刘总

一起到中国人自己制造的船上去生活一段时间。慢慢地,我们终会老去,可是无论哪个年龄段,都有自己特定的休闲需求,不是玩碰碰车,不是像钟晖总这样搞户外运动,在室内也可以休闲、娱乐的嘛,我就想在邮轮上听听京剧、越剧、黄梅戏,可不可以? 能不能满足这个愿望? 我希望有一天我们可以坐上中国人自己制造的人民邮轮。皇家、量子、丽晶当然好,但自己更希望坐民众的游轮,50%以上的,甚至更高比例的组件是中国自主知识产权的大船,不管是硬件还是软件,都是中国人自己创造出来的。

当这一天到来的时候,邮轮经济的链条才是完整的链条,我们才可以骄傲地跟全世界说,中国不仅是邮轮消费大国,也是邮轮制造、供给和创新的大国。供给侧改革还包括酒店,包括广义的旅游住宿业,以及从景区到广义的休闲娱乐空间。

很多企业在完成了自己的原始积累以后,当他有勇气把企业变成一个公众性事业机构的时候,他就在肩负一份国家责任。作为一家公众公司,你就必须承担起相应的社会责任。把这样一个国家旅业绿色奖颁给众信旅游,旅业传媒做得非常好,因为这是在鼓励更多的人承担社会责任——只有承担社会责任,你才不枉国家的期望。

让我们以国家的名义,肩负起国家的责任

回顾即将过去的 2015 年,无论是政府、业界还是老百姓,都衷心地感谢在座各位,以及没有到场的各位旅行社的老总、酒店的老总、旅游业界的老总们,还包括更多为旅游消费需求而努力而孜孜奋斗的旅游人,我始终在与你们同行,也将继续以国家的名义向你们致敬!

更希望在即将到来的 2016 年,我们能够以国家的名义肩负起国家的责任,在满足老百姓消费需求的同时,推动旅游领域创业创新和市场研发,在世界旅游领域发出更多的中国声音。

加油,中国旅游人! 从现在开始,让我们以国家的名义!

谢谢!

本书中篇章页及封面使用的世界地图来自国家测绘地理信息局网站,审图号:GS(2008)1884号。

特约编辑：雷　蕊

责任编辑：郭珍宏

图书在版编目(CIP)数据

旅游改变世界/戴斌著. --北京：旅游教育出版社，2016.7

（国民旅游休闲讲稿：三）

ISBN 978-7-5637-3444-3

Ⅰ. ①旅… Ⅱ. ①戴… Ⅲ. ①旅游业—中国—文集 Ⅳ. ①F592-53

中国版本图书馆 CIP 数据核字（2016）第 173180 号

国民旅游休闲讲稿（三）

旅游改变世界

戴斌　著

出版单位	旅游教育出版社
地　　址	北京市朝阳区定福庄南里 1 号
邮　　编	100024
发行电话	(010)65778403 65728372 65767462（传真）
本社网址	www.tepcb.com
E-mail	tepfx@163.com
排版单位	北京旅教文化传播有限公司
印刷单位	北京柏力行彩印有限公司
经销单位	新华书店
开　　本	720 毫米×1000 毫米　1/16
印　　张	13
字　　数	149 千字
版　　次	2016 年 7 月第 1 版
印　　次	2016 年 7 月第 1 次印刷
定　　价	42.80 元

（图书如有装订差错请与发行部联系）

应用写作导论

郭玲 著

北京·旅游教育出版社

目 录

第一章 绪 论 ··· 1
  第一节 写作概述 ··· 1
  第二节 应用写作与应用文书概述 ··· 8
  第三节 应用文书写作的特点 ·· 14
  第四节 应用文书的产生与发展 ··· 16

第二章 应用写作主体的修养与知识结构 ································ 23
  第一节 思想修养 ·· 23
  第二节 知识结构 ·· 25

第三章 应用文书的撰写 ··· 28
  第一节 写作思路 ·· 29
  第二节 确立主旨 ·· 34
  第三节 选择材料 ·· 38
  第四节 结构安排 ·· 43

第四章 应用文书的语言表达 ··· 54
  第一节 语言特点 ·· 54
  第二节 表达方式 ·· 61

第五章 行政公文写作 ·· 70
  第一节 国家公文的沿革 ··· 70
  第二节 公文的格式 ··· 71
  第三节 公文写作 ·· 77

第六章 事务文书写作 ·· 112

第一节　事务文书概述 …………………………………… 112
第二节　计划与总结 ……………………………………… 115
第三节　调查报告 ………………………………………… 120
第四节　简报 ……………………………………………… 123
第五节　项目活动策划 …………………………………… 128

第七章　礼仪文书写作 …………………………………… 131
第一节　礼仪文书概述 …………………………………… 131
第二节　邀请类文书 ……………………………………… 133
第三节　迎送类文书 ……………………………………… 136
第四节　慰问感谢类文书 ………………………………… 139
第五节　祝贺类文书 ……………………………………… 142
第六节　祭悼文 …………………………………………… 146

第八章　告启文书写作 …………………………………… 153
第一节　启事 ……………………………………………… 153
第二节　声明 ……………………………………………… 155
第三节　海报 ……………………………………………… 157
第四节　倡议书 …………………………………………… 158

第九章　求职申请写作 …………………………………… 161
第一节　求职信与个人简历 ……………………………… 161
第二节　留学申请 ………………………………………… 168

第十章　新闻采访写作 …………………………………… 174
第一节　新闻写作概述 …………………………………… 174
第二节　消息 ……………………………………………… 176
第三节　通讯 ……………………………………………… 183
第四节　采访提纲 ………………………………………… 194

第十一章　新媒体写作 …………………………………… 198
第一节　新媒体文书概述 ………………………………… 198
第二节　电子邮件 ………………………………………… 200
第三节　手机短信 ………………………………………… 201

  第四节 博　客 …………………………………………………… 202
  第五节 BBS 帖子 ………………………………………………… 206

第十二章 经济应用文写作 …………………………………………… 209
  第一节 经济文书概述 …………………………………………… 209
  第二节 经济合同 ………………………………………………… 212
  第三节 经济活动分析报告 ……………………………………… 216
  第四节 经济预测报告 …………………………………………… 223
  第五节 市场调查报告 …………………………………………… 227
  第六节 广　告 …………………………………………………… 235
  第七节 审计报告和查账报告 …………………………………… 242

第十三章 学术论文写作 ……………………………………………… 251
  第一节 学术论文写作概述 ……………………………………… 251
  第二节 毕业论文 ………………………………………………… 258

第十四章 申论写作 ……………………………………………………… 267
  第一节 申论概述 ………………………………………………… 267
  第二节 申论写作能力的培养 …………………………………… 272
  第三节 申论写作 ………………………………………………… 275

附件 党政机关公文处理工作条例 …………………………………… 281

后　记 ………………………………………………………………………… 288

主要参考书目 ………………………………………………………………… 291

第一章 绪 论

第一节 写作概述

一、写作的含义

狭义的写作,就是指写文章。"文章",就是表达一定意思和功能的书面语言的作品。就这个概念来说,"文章"是指人类一切用书面语言表达信息和功能目的的书面语言制成品。因此,"文章"既包括语言艺术性的文学创作成品,也包括实用性、交际性的文字创作成品。广义的写作指人类关于艺术作品的创作、生产活动和行为,这里所指称的各种艺术作品的创作,生产活动和行为本质上都是一种广义的写作活动,其差异仅仅在于写作时使用的语言媒介不同。如人们把乐曲的创作活动行为称为"作曲"或"写作";把绘画叫作"写意"、"写生";把创作电影也叫作"电影书写",如法国当代著名的电影大师罗贝尔·布烈松把他的先锋的电影创作行为叫作"电影书写"。

马正平在《高等写作学引论》中说:从操作层面讲,"写作,是写作者为实现写作功能而运用思维操作技术和书面语言符号,对表达内容进行语境化展开的修辞性精神创造行为"。从本体论层面,从终极的本质意义上,即生命、人性、存在的意义讲,"写作是人类运用书面语言文字创生生命生存自由秩序的建筑的行为、活动。这个定义要表述的写作原理是,写作行为本身的深层本质在于寻求生命生存的依托、'家园'、'故土',中国古代圣贤所谓'立言不朽'、所谓'发愤著书'体现出来的优秀写作文化精神的最终本质也正是在这里。当代西方学者所谓'我写故我在'的哲学依据也正在这里"。[1] 由此可见,写作是一项艰苦的创造性精神劳动,是人类活动中不可或缺的重要部分。

---

[1] 马正平著.高等写作学引论.北京:中国人民大学出版社,2003.

在现代传播技术飞速发展的信息社会,人的感受力、审美能力、创造力会随着文化素养的提高而提高,而且闲暇时间也会越来越多,再加上网络发表具有非限制性的特点,这时的文学创作就不是作家、诗人们的专利活动了。甘哈曼在《第四次浪潮》中曾这样描述21世纪的写作:"到21世纪,阅读、创作、著作、艺术活动将是很普遍的人类活动。因为,那时的生产主要不是物质生产而是精神生产。这并不是一个梦想,当总经理的工作被计算机取代的时候,这一天就到来了。"[①]

社会生活告诉我们,通过写作进行学习是当代学习、研究、治学的一条行之有效的途径。随着21世纪的到来,人类已经迈进知识经济的时代。知识经济的时代实际上就是信息革命的时代。美国教育家威斯特曾非常形象地说,在信息社会,写作包围着你。这句话让我们强烈地感受到没有任何一个时代像今天这样需要写作,也没有任何一个时代像今天这样依赖写作。社会学家们都强调写作能力是知识经济时代所必备的基本能力,这是因为在知识经济时代整个社会的本质就是信息的加工、创造、复制、交流、运用;社会劳动结构将产生急剧变化,大多数的就业人员将主要从事信息的加工、处理与创造;而信息的加工与创造根本就离不开写作。与此同时,在知识经济的时代里,物质生产与产品的消费全过程,都将伴随着知识生产,而知识的一个重要载体便是语言文字。如,企业生产什么产品需要对消费市场进行充分细致的调查研究才能确定;产品生产出来以后又必须通过广告宣传以吸引消费者消费;确立怎样的企业形象,也需要科学的分析与论证。而这一切都需要思考,需要策划,需要写作。

二、写作的性质与特点

写作是运用语言文字表达思想感情的创造性脑力劳动。从采集材料、运思加工、创作表达,直至修改定稿全过程,都是写作主体的智能、知识、意志以及思想感情等多种因素的综合体现。

写作,就过程而言,可以简单理解为通过记写活动来制作文字产品。作为一种劳动,它首先是脑力的,创造性的。其表现形式是进行文字符号的排列、组合与操作,或用笔或用电脑等工具制作,创造出成品来。因此从形式上看写作是人们运用语言文字记写思维成果的行为活动。从本质上说,写作是个人情感的宣泄、抒发,也是为交流思想、传播信息而进行精神生产的创造性劳动过程。它随着文字和符号的诞生而肇始,又随着文字的演变而发展。作为一种能力,写作已成为现代社会对人的一项基本素质要求,写作的性质和特点主要表现为以下几点。

---

① 甘哈曼(译者:林怀卿).第四次浪潮.北京:中国友谊出版公司,1984.

(一) 主观能动性特征

主观能动性,按照哲学观点,是人的主观意识和活动对于客观世界的反作用,是人们在实践基础上能动地认识客观世界、改造客观世界的能力。写作活动是作家根据自己的生活经验和审美理想,再现客观生活的创作活动,带有明显的主观色彩。写作的主观能动性特征主要表现在主体精神活动的个性化、实践性和创造性三个方面。

1. 写作的个性化特征

一般的写作活动,无论是审美文体、传播文体的写作,还是书信日记之类的实用文体写作,写作主体都是个人,从构思到执笔为文,都属于个人行为。

写作主体在选择写作题材和对象时,往往根据自己的经历、学识、修养、爱好来选择,明显附着个体的鲜明烙印。正如巴金所说:"50 年来我在小说里写人,我总是按照我的观察,我的理解,按照我所熟悉的人,按照我亲眼看见的人写出来的。"[①]同样,鲁迅反映现实生活的小说,其题材主要是童年时代乡村生活得来的人物形象和生活故事,如《阿Q正传》、《故乡》、《祝福》;其次是离开乡村以后所接触到的城市知识分子的生活,如《伤逝》、《一件小事》等。这两类题材,又因前一类给他的印象更为深刻,所以写起来也更为生动。

2. 写作的实践性特征

写作从本质意义上说,是人对客观世界的一种认识过程。人类在长期的社会实践中,无论对自然界还是人类社会,对人类主体之外的客观世界,还是对人的内心世界,都有一个逐步深入的认识过程。写作,就是把这种认识记录下来。因此,写作主体是社会实践的主体。

从学习写作来说,坚持写作实践是学习、提高写作能力的根本途径。写作是一项知易行难的活动,只有通过自己坚持不懈的努力,写文章才能行云流水。写作是一种能力,一种用语言文字来表达思想感情的技能、技巧。要获得能力、技能、技巧,需要写作主体经过长期的、反复的、刻苦的实践,真正有所领悟,才能把道理和知识转化为一种熟练的习惯和手段指导自己的写作。

3. 写作的创造性特征

人类发展的历史告诉我们,无论是物质文化,还是精神文化,都是人有意识地自己创造自己的历史的结果。写作作为人类的一项精神文化创作活动,是人在其主观意识的支配下所取得的活动结果。它既不是对客体已有的属性的简单认同,也不是对主体已有知识的简单重复,而是对两者的一种超越;它在使客体不断被主

---

① 巴金.观察人.见:巴金近作(第二集).成都:四川人民出版社,1980.

体利用和改造的同时,也使主体对客体利用和改造的能力、水平不断提高。

写作主体的创造性,表现在写作活动的各个环节和写作成果的各个构成因素之中。任何一个写作主体,只要它是以主体个性的方式来获得和表达他对客体的某种见解和情感,他的写作活动就具有一定的创造性。对此,美国学者威廉·W·维斯特认为:"所有的写作都是创造性地。……所有的写作都包括一种新的表达的'起源、发展、形成'的过程。即使你使用的是旧的思想和第二手材料,你产生出一些完全新的东西,一些认真的、完全表达出你的性格和才能的东西。这是因为,每一个人都是独一无二的个人。"

(二)化生性特征

化生是指从认识客观事物到完成写作成果,必须经过主体思维的多重加工、转化,才能最后生成。化生性特征既体现了写作主体的一种特殊心理功能,也反映了写作主体的一种特殊心理过程。

1. 灵感

灵感也叫灵感思维,指文艺、科技活动中瞬间产生的富有创造性的突发思维状态。灵感是人类的一种特殊的思维现象,是文艺、科学活动中因思想高度集中、情绪高涨而突然表现出来的创造能力,这种创造能力对写作活动有着重要的影响。写作主体都希望自己能够突发灵感,思如泉涌,妙笔生华,写出富于创造性的东西。

灵感主要是通常的思维活动发展到一定阶段的一种激烈的跳跃和升华,是通常的思维过程渐进性中断而出现的因滞塞的思维活动被突然接通而产生的飞跃。当某个困扰人的问题突然明了时,接下来的思考便犹如顺风驶船,异常轻松畅快。这说明灵感除了意味着思维过程的飞跃和某种接通之外,还意味着思维接通后会随之而获得巨大的思维创造的冲动和能力。事实表明,灵感是否会降临,与主体是否具备创造性才能有极大关系。

2. 构思完成阶段

写作成果最终以书面形式来表现。这个过程并不是简单地、被动地将某个写作对象书面化的过程,而是对这种写作对象作最后的思考、推敲和修整的过程,这就是构思完成阶段。它是写作过程中极富创造性的一系列艺术思维活动,是文章写作的中心环节,是决定作品思想价值和艺术水准的关键。

构思完成阶段化生性体现在主题的提炼、文体的确定、材料的选择、结构的形式、表达的技巧以及读者接受等方面。构思的水平往往取决于写作主体的思想修养、文化背景、生活经历、审美情趣、知识结构、艺术积累等基础素养。可以说,写作就是一种不断化生的过程。

(三)书面性特征

书面性是指写作过程中一般使用书面交际语言。这能扩大语言在时间和空间上的流传范围,使作品更具广泛性。书面性与化生性一样,是贯穿写作活动始终,并决定着写作成败的一个基本因素,它渗透到主体写作活动的所有环节之中。

自人类有历史记载以来,书面文字形式是人类保存和传播信息最为重要的途径。人类创造文字的主要目的之一就是为了写作。文字对写作的意义除了最直接地体现为为写作提供记录工具之外,还表现在:第一,文字的发明克服了语言交际在时空上所受的限制,使人类历史上产生的一切知识,都有可能流传下来,成为后来者认识事物和思维活动的逻辑起点。第二,文字的使用具有统一和规范语言的作用,这使得运用文字表达的写作成果既有为全民族、全社会成员普遍接受的可能性,也担负着纯洁语言、发展语言,提高全民族、全社会语言运用能力和水平的重任。所以,传统写作理论历来都十分强调写作主体的文字修养对写作的重要作用。

写作最终是以书面语言形式完成的,但其书面性特征并非只在写作主体构思成熟、意欲诉诸表达时才出现,而是随着人的写作实践的不断积累,逐渐作用于主体思维结构之中,成为贯穿写作思维全过程,并始终参与、制约和支配主体精神活动的一种重要的因素。

三、写作的功用

对于写作的功用,仁者见仁,智者见智,各有侧重,表述很多。但究其本质,无非以下三个层面:维持生存的一种手段;表达思想的重要途径;影响社会的重要方式。日常生活中,写作是突破时空限制的一种有效方式。通过写作,可以摆脱时空的限制让更多的人认识我们,了解我们,拓展我们与社会沟通联系的渠道,让我们的生活变得丰富。通过作品,使美好的人事永存,使正确的观念思想不断传承延续。

我们可以通过阅读《我有一个梦想》,细心体悟写作的这些社会功用。

我有一个梦想

马丁·路德·金

100年前,一位伟大的美国人签署了解放黑奴宣言,今天我们就是在他的雕像前集会。这一庄严宣言犹如灯塔的光芒,给千百万在那摧残生命的不义之火中受煎熬的黑奴带来了希望。它之到来犹如欢乐的黎明,结束了束缚黑人的漫漫长夜。

然而100年后的今天,我们必须正视黑人还没有得到自由这一悲惨的事实。100年后的今天,在种族隔离的镣铐和种族歧视的枷锁下,黑人的生活备受压榨。100年后的今天,黑人仍生活在物质充裕的海洋中一个穷困的孤岛上。100年后的今天,黑人仍然蜷缩在美国社会的角落里,并且意识到自己是故土家园中的流亡者。今天我们在这里集会,就是要把这种骇人听闻的情况公诸于众。就某种意义而言,今天我们是为了要求兑现诺言而汇集到我们国家的首都来的。我们共和国的缔造者草拟宪法和独立宣言的气壮山河的词句时,曾向每一个美国人许下了诺言,他们承诺给予所有的人以生存、自由和追求幸福的不可剥夺的权利。

……

如果美国要成为一个伟大的国家,这个梦想必须实现!让自由之声从新罕布什尔州的巍峨的崇山峻岭响起来!让自由之声从纽约州的崇山峻岭响起来!让自由之声从宾夕法尼亚州的阿勒格尼山响起来!让自由之声从科罗拉多州冰雪覆盖的落基山响起来!让自由之声从加利福尼亚州蜿蜒的群峰响起来!不仅如此,还要让自由之声从佐治亚州的石岭响起来!让自由之声从田纳西州的了望山响起来!让自由之声从密西西比的每一座丘陵响起来!让自由之声从每一片山坡响起来!

当我们让自由之声响起来,让自由之声从每一个大小村庄、每一个州和每一个城市响起来时,我们将能够加速这一天的到来,那时,上帝的所有儿女,黑人和白人,犹太教徒和非犹太教徒,耶稣教徒和天主教徒,都将手携手,合唱一首古老的黑人灵歌:"终于自由啦!终于自由啦!感谢全能的上帝,我们终于自由啦!"

四、文体分类

文体(style)也叫体裁(genre)、样式(form)、类型(type)、种类(kind),这是一个跨学科的边缘性概念,在写作学、文艺学、语言学等领域经常使用。文体是指独立成篇的文本载体,是文本构成的规模和模式,是一种独特的文化现象,是历史长期积累的产物。它反映文本从内容到形式的总体特点,属于形式范畴。文本的构成包括表层的文本因素,如表达方式、题材性质、结构类型、语言风格,以及深层的社会因素,如时代精神、民族传统、作家风格、读者经验等。

文体是内容和形式的统一。从本质上说,文体是一种受文化制约的相对观念,其基本性质可以概括为历史性、稳定性、整体性、相对性。

我国文体分类研究历史十分悠久。先秦至汉末是古代文体分类的萌芽期,那时已有"文各有体"的意识,如《诗经》中就分为"风""雅""颂"。魏晋六朝对文体的分类研究有了重要发展,曹丕在《典论·论文》中提出"夫文本同而末异"的区分文体的著名论点。刘勰在《文心雕龙》中把文体分为35种,并对每类常用文体进行了细致的分析讨论。萧统《昭明文选》设计的文体达43种,作者对各文体的辨析对后世文章选本产生了广泛的影响。古人对文体的分类成果和编选文集的方法,为后人提供了学习借鉴的蓝本。

"五四"新文化运动以来,白话文代替了文言文,新的文本分类应运而生。20世纪20年代初期,陈望道先生在《作文法讲义》中把文章分为五类:记叙文、记载文、解释文、论辩文、诱导文。1933年夏丏尊、叶圣陶的《文心》主张把文章和文学分开,把文章分为论述文、叙述文、解说文、论说文四类。关于文学的分类,比较公认的是"四分法":诗歌、散文、小说、戏剧。新中国成立后,随着社会进步,当今较为通行的文体分类是文学文体和实用文体(也叫应用文体)。一是把写作从功能上分为文学写作与实用写作,文学写作即指诗歌写作、散文写作、小说写作、剧本写作;实用写作分为学术写作、新闻写作、公文写作、经济写作、法律写作等。二是从篇幅形态上分为篇章写作与非篇章写作,篇章写作即文学写作与实用写作;非篇章写作就是题名、命名、标语写作等。三是从语言形态上还可分为书面写作与口头写作。

五、现代写作的四要素

现代写作学认为,写作是一个由写作主体、写作客体、写作受体、写作载体四个要素综合作用所形成的系统活动。

(一)写作主体

写作主体即进入写作状态的人,一般谓之作者。写作活动中,主体起主导作用,写作主体的生活素养、学识素养、人格品位和审美理想等都会影响创作。作为写作实践的主体,能够自觉开展写作活动,必须具备一定的基本条件。写作必须要有材料,写作不同于一般的物资生产,用于写作的材料需要写作主体从客观世界萃取。写作主体的经历、学识不仅构成写作者的知识结构和价值观念,还直接影响着写作者的主观能动性和写作行为本身的有效性。

(二)写作客体

写作客体是指作家所要描绘的现实世界(物质世界和精神世界),泛指一切能够成为写作对象的人、事、景等客观对象。写作客体是写作的源泉,是写作的动因。写作客体往往制约引导着写作主体的主观能动性的发挥。

(三)写作受体

写作受体即写作活动的接受对象,即读者。现代写作学认为,完整的写作活动由作者创造作品和读者阅读两个部分组成。作者完成一部作品,只是第一步,不同的读者在阅读中会在内心进行二次创作并赋予作品不同的认知和意义。正所谓,有一千个观众,就有一千个哈姆雷特。实践证明,作品是否被接受取决于受体,作品的价值高低受制于读者的评判,重视写作受体是写作成功的重要因素。

(四)写作载体

写作载体是写作活动物化形式的最终成果,是写作成品的内质与外形的统一体。主要包括主题、材料、结构、语言四要素。主题和材料是内容要素为内质,结构和语言是形式要素为外形。过去写作载体的存在形式主要是纸质媒介,文章作品依托其呈现在世人面前。随着电脑和互联网的日渐普及,电脑及网络作为新的写作载体形式正在受到越来越多的关注。

第二节 应用写作与应用文书概述

一、应用写作与应用文书的含义

应用写作是写作学的一个组成部分,是写作学科的一个重要分支。在广义的写作视域中,应用写作是与基础写作相对的概念,强调的是写作的实际应用能力,即文本的把握生化能力。在狭义的写作范畴里,应用写作通常与文艺创作相对,主要指非文艺性写作。从这个角度讲,应用写作是以应用文书为学习和研究对象,以实用性为明确目的的一种写作行为,通过文字写作来交流信息、统一认识、协调行动,最终实现预定目标。

应用文书是机关、团体、企事业单位和个人,在日常工作、生产、学习、生活中,处理公务私人事务所使用的,具有直接使用价值和约定俗成体式的文书。它是信息传递的一种重要载体,是工作交际的基本工具之一,有着特定的行文格式。应用文是应用写作的物化形态。从应用文的使用来看,可以分为公务应用文和私人应用文两大类。公务应用文是机关团体、社会组织所使用的公务文书。私人应用文是个人、家庭在私人活动中使用的私人文书,如书信、日记、自述、遗嘱等。现实生活中,大多数的应用文能够从文种上明示属于公务文书还是私人文书,只有少数应用文难以简单地从文种上判断是公务文书还是私人文书。例如,告启文书中的"启事",如果以组织名义发布,它属于公务文书,如组织启用新公章的启事。如果以个人名义制发,就是私人文书,如常见的"寻人启事"。这类文书是从写作者区分是否属于公务文书。现实生活中,人们在使用公务文书时,常会混淆公务文书、公文、文件等不同概念。公文,又常被称作"文件"。严格地说,公文、文件、文书这三个概念,在内涵和外延上是有区别的。这些概念的内涵有交叉,但也有明确的不同,弄清它们之间的区别是写好应用文书的基础。

公文,是行政机关在行政管理过程中形成的具有法定效力和规范体式的文书,是行政机关依法行政和进行公务活动的重要工具。广义的公文就是公务文书,即公务应用文。狭义的公文是党政机关、团体、企事业单位在管理过程中形成的,按照规定程序办理,并在法定的范围内使用的,具有法定效力和规范体式的公务文书。这类公务文书也被称为法定文书,就是《国家行政机关公文处理办法》中规定的13种文体。公文的法定格式根据其行文时套用的规定文体确定,如有红色文件版头的,俗称为"红头文件",上面标有发文字号等内容。它是传达贯彻党和国家方针、政策,发布行政法规和规章,实施行政措施和管理职能,请示和答复问题,指导和商榷工作,报告情况,交流经验的重要手段,如《中华人民共和国财政部公告》。因而公务文书又有法定文书与非法定文书之分。非法定文书也被称作事务公文或事务文书。事务文书是指党政机关、企事业单位、社会团体或个人为反映事实、解决问题、处理日常业务而使用的,但又不属于狭义公文,如计划、总结、调查报告、简报、摘编、声明、启事等文书,如《朝阳区发展和改革委员会2004年上半年工作总结和下半年工作思路》。

公文又被称作文件,可以从广义和狭义两个方面来理解。广义的文件包括公务文件和私人文件,实质上是文书的别称。狭义的文件指狭义的公文。"公文"和"文件"在不同的场合用法不同:一是在泛指或使用集合说法时,一般用公文;而在具体指称公文时,多说文件。如:公文写作学、公文培训班,不说文件写作学、文件培训班;说"一份文件""贯彻××号文件精神",不说"一份公文","贯彻××号公文的精神"。二是口头表达时习惯上说文件而不说公文。可见文书的外延最大,公文次之,文件最小。

二、应用文书的分类

按不同的划分原则,应用文书可以分为不同的类别。

(一)从管理工作性质和公务活动的内容相结合的角度划分

1. 党政机关行政公文

主要是指《党政机关公文处理工作条例》(以下简称《条例》)规定的15种公文。

(1)领导指导性公文

主要包括命令(令)、指示、决定、决议、通知、通报、批复、纪要。

(2) 呈报性公文

主要有议案（党的机关不用）、请示、报告。

(3) 公布性公文

主要有公告、通告、公报。

(4) 商洽性公文

主要是不相隶属机关单位、平行机关的往来公文，主要有函。

(5) 兼容性公文

这是指从行文方向看，既可上行又可下行的公文，主要有意见。

2. 法规和规章性文书

法规是指国务院依据法律授权制定的行政法规，其地位次于法律。

规章是指省、自治区、直辖市和较大的市的人民政府根据法律、行政法规和本省、自治区、直辖市的地方性法规拟定，并经各级政府常务会议或者全体会议讨论决定的法律规范形式，其效力等级低于宪法、法律、行政法规和地方性法规。

法规和规章性文书主要有条例、规定、办法、章程、守则、规则、准则、细则、制度、公约等。

3. 会议文书

主要有开幕词、闭幕词、会议报告、提案、会议记录等。

4. 计划、决策与反馈文书

主要有可行性分析报告、计划、总结、答复等。

5. 公务信息文书

主要有调查报告、简报、公务信息、信访摘报等。

6. 日常事务文书

这类文书是指除法定公文以外的，机关、团体、企事业单位在工作中处理日常事务时用来沟通信息、安排工作、总结得失、研究问题的公文。

(1) 公务书信

主要有介绍信、证明信、公开信、倡议书、慰问信、感谢信、贺信、邀请书、聘书等。

(2) 告启文书

告启文书是指单位团体需要公开向大家说明事项或希望共同协助办理某件事情而使用的文书。

主要有启事、海报、声明等。

(3) 礼仪文书

礼仪文书是指机关、团体单位在公关社交活动中使用的文书。

主要有欢迎词、欢送词、答谢词、请柬、讣告、悼词等。

(4)条据

条据是指单位之间,单位与个人之间,在收、领、借钱财物品时所写的凭据。主要有收条、领条、借条、欠条等。

(5)大事记

大事记是指按时间顺序摘要记载机关、团体、单位或一个地区、一个部门在一个时期的重要工作、重大事件、重要活动的书面材料。

(二)按公文来源划分

1. 对外文件

即本单位对外发出的文件。它由本机关拟制,对外传达本机关的意图,沟通信息,寻求合作,递送给需要与其进行联系的单位。

2. 外来文件

即本单位收到外单位发来的文件。它由外机关拟制,将制文机关的意图,通过文书传达到相关单位。

3. 内部文件

即本单位拟制,并在本单位内部使用的文件。如:内部会议记录、通知、通报、工作简报、工作安排,等等。

(三)按行文关系划分

1. 上行文

即下级单位向它所属的上级领导机关发送的文件。公文的流向为由下至上。主要文种有请示、报告等。如《关于在全国开展农田保护工作的请示》《关于开展强化免疫活动消灭脊髓灰质炎的报告》。

2. 平行文

即同级机关或无隶属关系的单位之间来往的文件。如:中央各部之间、省与省之间、军事机关与地方机关之间、市级机关之间的行文,公文流向为平行,主要文种有通知、函等。如《国务院办公厅关于征求〈国家行政机关公文处理办法(草案)〉意见的函》。

3. 下行文

即上级领导机关对所属机关的发文。如:国务院给各部、委和各省、自治区、直辖市人民政府的发文,省委给所属各县县委的发文等。主要文种有决定、决议、通知、批复等。如《国务院关于调整证券交易印花税中央与地方分享比例的通知》。

(四)按作者性质划分

1. 法规文件

即由国家权力机关和行政机关制定与颁发的文件。法规文件包括法律、法令和行政法规等,有较明确的约束力。

2. 行政文件

即国家行政机关处理日常工作使用的文件。如通知、请示、报告等。行政文件是工作中必须遵守执行的,是行动的指南。

3. 党的文件

即由党的机关和组织制定发布的文件。它反映党对各项工作的领导和党的领导活动、党的工作、党的建设等。

(五)按阅读范围和机密程度划分

1. 公布文件

即向人民群众或国内外公开发布的文件。如公告、通告等。

2. 绝密文件、机密文件和秘密文件

即涉及党和国家机密的文件。它只能在所限定范围内阅览。

3. 普通文件

即内容不涉及党和国家秘密的文件。

(六)按办文时限划分

1. 特急公文(也称为特急件)

即在办理时间上要求特别紧急的公文。

2. 急办公文(又叫急件)

即在办理时间上要求紧急的公文。

上述两种公文都是针对特别情况或特殊大事,需要马上报告、知照或处理、答复的公文。对行文处置时间要求较严格。

3. 常规公文(又叫平件)

即按正常规定的时间办理的公文。日常工作中最多的就是这类文件,它是推动工作的重要工具。

(七)按使用范围划分

1. 法定通用文件

即党、政、军各级机关、各社会团体、企事业单位在工作中普遍使用的文件。一般是指《国家行政机关公文处理办法》规定的13种文件。

2. 专用文件

即具有专门职能的机关,在其专门的业务范围的工作活动中,根据特殊需要而专门制定形成和使用的文件。如:外交文书、司法文书、经济文书、诉讼文书等专业方面的文件。

3. 机关常用文

即机关除使用通用文件和专业文件以外常用的文章样式。如：总结、计划、大事记、会议记录等。有些常用文，一经用正式文件或作为正式文件的附件形式发出或颁发，就具有正式公文的效力。

对应用文的分类也不是绝对的，有些文种具有交叉性，给它们分类只是为了便于研究其写作要求、特点、适用范围等，不能一概而论。

三、应用文书的作用

(一) 明法传令，指挥工作

公务应用文书传达党和国家的方针政策，发布法规、规章制度，申明法度，是实施领导管理职能，布置、指挥工作的载体。

例如国家公布的《公务员录用规定》，明文规定了公务员的录用、选拔、管理、招考、审查等具体要求。特别强调了"本规定适用于各级机关录用担任主任科员以下及其他相当职务层次的非领导职务公务员"。它是各级机关录用公务员的指南。

又如《国务院关于印发芦山地震灾后恢复重建总体规划的通知》强调了芦山地震灾后恢复重建的重要性，指明了重建工作的指导思想，对重建工作做出重要部署。

(二) 联系公务，沟通信息

应用文书在联系工作、商洽事宜方面起着重要的作用。它可以协调上下、交流经验、取长补短，还是反映民情、社会动态的桥梁；此外，公务文书还肩负着为领导决策提供信息的重任。

在机场，航班信息是乘客了解出行的重要窗口，维系着各环节各方面的正常运转，如果相关信息不能及时传递，会干扰正常的工作，所谓"牵一发而动全身"。航空公司业内常常会超售客票给旅客带来麻烦。深圳航空公司对这个问题积极应对，发布了《关于航班超售致旅客的公开信》，文章开篇解释说明了造成超售的原因，接着从三方面详细介绍旅客所关心的具体问题的处理方法，并在文中承诺因航班超售造成未能如期成行的旅客，深航将优先为其安排后续航班座位，并做出相应的补偿。这封公开信，让社会了解了深圳航空公司的立场、原则、补救措施。深航主动向社会传递信息，争取顾客的谅解，展现了公开坦率负责的态度，为公司在社会赢得了一定的美誉。同时也化解了乘客的不满，赢得了更多消费者的信任。深圳航空公司的做法影响了其他航空公司，多家航空公司积极仿效，都发布了各自的补偿措施，对行业发展起到了积极作用，也是对国家民航总局《国内航班延误经济补偿指导意见》的贯彻落实。

（三）宣传教育，引导舆论

凭借公务应用文特有的权威性和上下左右通达的传播渠道，公务文书起到统一思想、推动工作的重要作用。公务文书也是实施舆论监督的依据，还可以促使机关工作提高效率，维护社会公平，让公务人员保持廉洁自律等良好的工作面貌。如《中共××县委员会关于向徐庆文、吴春山同志学习的决定》中强调："徐庆文、吴春山同志忠诚地为党和人民的事业奋斗了一生，他们的一生是光荣的一生。他们不愧是我党的优秀党员"，文中介绍了两位同志的典型事迹，引导全体党员学先进、见贤思齐。

（四）记录记载，以为凭据

公文真实地反映、记录单位工作状况，即便在现实作用消失后，仍具有历史效用、档案效用，可以很好地反映工作的轨迹。许多行政公文真实记载了曾发生过的公务联系和某项活动情况，如会议纪要、决定、函等，当时过境迁而又需要查对和佐证时，就起到了凭据证明的作用。

如为贯彻落实《中共中央、国务院关于实施科技规划纲要，增强自主创新能力的决定》《国务院关于实施〈国家中长期科学和技术发展规划纲要（2006—2020年）〉若干配套政策》《国务院关于鼓励支持和引导个体私营等非公有制经济发展的若干意见》，全面提升中小企业的自主创新能力，国家发展改革委、教育部、科技部、财政部、人事部、人民银行、海关总署、国家税务总局、银监会、国家统计局、国家知识产权局、中科院制定了《关于支持中小企业技术创新的若干政策》。这些公文都将在相当长一段时间内指导、规定有关单位和相关人员的工作，保持社会可持续发展。而若干年后，人们还可以从我国的历史档案中找到它们，作为了解我国相关领域相关时期政策轨迹的依据。

第三节　应用文书写作的特点

从写作动因看，应用文书写作不同于其他文体写作。文学创作多为作者抒发主观感情、反映现实生活、运用文学语言描述艺术形象、表达思想的创造性的审美心智活动。而应用文书多是为达到管理、传递信息、解决实际问题、实现社会服务的目的写作的，有约定俗成的格式，多用书面语言并借助图表符号进行写作。

从写作功用看，应用文书具有真实性、针对性、务实性、规范性、时限性等特点，是社会生活中使用频率较高的文体。

一、写作主体的服从性、被动性

文艺创作体现着作者个人的意愿,写作时常有一种创作欲望、创作激情,创作者主观表达冲动贯穿于写作活动始终。应用文书的撰写却不一定体现撰写者的个人意志,更多的是写作意图的客观表达。以公务应用文书为例,它通常是代机关立言,是应领导之命而作。撰写者是服从于服务于领导意志,被动接受写作任务的,这也是应用文书,尤其是公务文书写作的基本特点。

应用文这种写作目标的明确与撰写者写作动力的非一致性,是写作者在写作行为中需要协调把握的。需要写作者做到以下几点:一是要用理智、意志去培养写作动机,不能单从个人兴趣出发。要充分认识到公文写作是岗位的要求、工作的需要。要增强事业心和责任感,积极完成写作任务。二是要通过调查研究、积累材料、置身于特定的公务活动中了解、熟悉所要反映的人和事,用积极的心态调动起写作的兴趣,增强写作的主动性。三是要尽可能创造愉快的写作环境。应用文写作是一种被动性写作,需要很好地调动写作积极性,整合相关知识,合理安排工作,创造良好的写作环境,在紧张而又愉快的环境中完成写作任务。

二、写作活动的群体性

与文学创作的个体劳动不同,应用文书的写作,从交拟、构思、拟稿到修改、定稿等都需要撰写者、领导者与有关人员共同参与。这就要求撰写者要处理好个人与集体、个人与领导的关系。一要乐于奉献,甘当无名英雄。二要充分发挥个人的智慧才能,注意与他人协调配合,尊重并虚心听取有关人员的意见,服从集体,避免自行其是,固执己见。如各级政府的《政府工作报告》,从报告起草到提交会议审议修改,其写作过程就是一个集体参与、汇集智慧、不断深化的过程。

三、写作过程的及时性

及时性,是现代应用写作的必然要求。同时,应用文书只有达到这一要求,才能充分发挥应用文书应有的效用。这也对写作者提出了更高的要求。要求写作者具有较高的文字水平和政策理论水平,熟悉本行业工作,了解相关法律法规,思维敏捷。

2013年3月黄浦江及其上游水域出现大量漂浮死猪事件后,国家农业部立即派出有关人员赴浙江、上海调查了解情况,安排部署应对措施。接着国家卫生和计划生育委员会在4月3日针对在南方出现的人感染H7N9禽流感疫情发布《人感染 H7N9 禽流感疫情防控方案》,及时有效地处置了这一突发事件,保证了人民群众身体健康和生命安全。

四、写作模式的规范性

文艺创作手法千姿百态,不同的作家有不同的风格,有莫言体,有王朔风等。而应用文书写作受应用文特定程式的制约,呈现出规范化的写作模式。多数应用文的标题拟写要选用规范的三项式标题,即"发文机关+发文事由+文种";行文多采用三段式结构,即"提出问题"、"分析问题"、"解决问题";用语多为简洁规范的书面语,表达上少抒情,不描写,直奔主题。

语言上,应用文书写作时要注意把握公务文书事务语体,按照公务文书的用语特点,遵循其约定俗成的行文格式。例如国家卫生和计划生育委员会发布的《5月6日—5月13日人感染 H7N9 禽流感疫情信息》:

2013年5月6日16时至5月13日16时,全国内地报告新增人感染 H7N9 禽流感病例1例,来自江西。新增死亡病例4例,新增康复病例15例。

截至目前,我国内地共报告130例确诊病例,其中死亡35人,康复57人。目前病例处于散发状态,尚未发现人传人的证据。

简洁的语言叙述,有助于公众了解目前疫情的准确情况,体现了公务文书写作直奔主题的特点。

第四节 应用文书的产生与发展

一、应用文书的产生

随着社会的进步、生产力的提高、阶级的出现,作为社会管理手段之一的应用文书也随之产生。应用文书在我国已存在3500多年,可谓历史悠久,源远流长。经过数千年的发展衍变,应用文书文章体制不断发展、变化、完善、丰富,形成了自己的独特风格。根据现有的文献资料,我国的应用文书源头最早可追溯到殷商时期。考古发现,在殷墟甲骨文中,已出现了应用文书的原始形式。这些早期的应用文书涉及的内容相当广泛,说明已在当时社会生活中普遍运用,正如《周易·系辞》所言:"上古结绳而治,后世圣人易之为书契,百官以治,万民以察,盖取诸史。"

由此可见,人类社会自形成以来就有社会管理,社会管理发展到一定阶段就有应用写作,应用写作发展到一定时期就会逐渐形成各种特定的文书种类。纵观中国古代应用文书产生、发展的历史,大致可划分为以下几个阶段。

(一)自发发展时期(商殷到秦汉时期)

我国最早的书写是着眼于应用目的的。迄今所发现的最早的文字,是殷商时代的甲骨文。当时称为卜辞。甲骨卜辞包括前辞、命辞、占辞和验辞四个部分,有明确的时间和署名,可以说是初具雏形的应用文了。西周时期,应用文书有了具体的文种名称,如周王与诸侯用以赏赐、任命和告诫臣子的文书,称为"诰""命";用以誓告军旅的文书称为"誓"。春秋战国时期,应用文就有了统一的称谓。我国最早的文章汇集《尚书》,几乎全部都是应用文。

《尚书》是我国第一部以应用文书为主体的散文总集。《尚书》又称书经,原有100篇,秦焚书后,汉初搜集到28篇,其内容是记载虞、夏、商、周四代的一些政府文告、誓词等公务文书。《隋书·经籍志》关于其流传曾有记载:"《书》之所兴,盖与文字俱起。孔子观书周室,得虞、夏、商、周四代之典,删其善者,上自虞,下至周,为百篇,编而序之,遭秦灭学,至汉,唯济南伏生,口传二十八篇。""其所载,皆典、谟、训、诰、誓、命之文。"《尚书》中的《盘庚》3篇,文字佶屈聱牙,古奥难懂,保存原貌较多,学者们公认此文是商朝遗文,不是伪作。这3篇是盘庚告诫他的臣民迁都的诏书,后来曾有人改名为《盘庚迁都诏》。

《尚书》以外的一些散篇,也多为下行公文,其作用在于传达统治者的命令。如春秋时越王勾践向三军发布的命令:"凡我父兄昆弟及国子姓,有能助寡人谋而退吴者,吾与之共知越王之政。"这个命令只有29个字,言简意明。

在经济活动中,随着商品交换(市)的发展,出现了"质""剂"等契约形式。据《周易·系辞下》记载,神农氏"日中为市,致天下之民,聚天下之货,交易而退,各得其所,盖取诸《噬嗑》"并说"上古结绳而治,后世圣人易之以书契",《周礼》"地官"中有"大市以质,小市以剂",质指长券,剂指短券,大市指买卖人口牛马之市,小市指买卖兵器珍异等物品之市。这里的"契"相当于今日的合同形式。早在3500年前殷商时期的甲骨文,也叫契文。

《易》、《礼》、《春秋》、《左传》、《国语》、《战国策》等典籍,记载了当时的社会交往,书中史事为掌权者提供行政参考。在当时也都是作为应用文为人们所接受的。秦统一中国后,实行"车同轨,书同文",明确规定"命曰制,令曰诏,陈事曰表,谢恩曰章。勤俭政事曰奏,推覆平论曰驳"。汉代蔡邕在《独断》卷中记载,汉时"凡群臣上天子者,一曰孝、二曰奏、三曰表、四曰驳议","汉天子命令,一曰策书、二曰制书、三曰诏书、四曰戒书",由此可见应用文已形成了比较完整的系统,得到社会的认可,规范了行文体系。李斯《谏逐客书》是应用文中的精品,文章立意、取材、论说都体现了事务文书务实性特色,行文逻辑性极强,主题得到极大彰显。秦始皇听信谗言,下令把一切"外国"客卿都驱逐出境,李斯是楚国上蔡人,亦在被逐之列。在这个严峻的政治背景下,他写了《谏逐客书》,运用了大量历史与现实的事例,反复就"逐客"政策是否得当向秦始皇对比利害。李斯文章是"批逆鳞",是要改变国策的文章,所用的口气也是很严厉的,而秦始皇竟能接受,不仅在于李斯旁征博引,援古论今,而主要在于所引论据内容的真实可信。可见在古时应用文也是很讲究"以事实为依据"的。

汉承秦制,应用文书文体趋于繁富,文辞精彩、推导缜密,如晁错的《论贵粟书》,贾谊的《论积储疏》、《谏除盗铸钱令疏》,司马迁的《报任安书》等无一不是优秀应用文典范。这时的应用文已经从单纯的记言、记事解脱出来,笔触涉及社会生活各个领域。写作者由专职的写作史官和贵族拓展到平民,有了明确的命题意识和文体意识。公文文种迅速增多,行文格式、行文制度开始形成。

(二)自觉发展时期(魏晋到清朝)

魏晋南北朝是应用文书的文种及理论大发展的黄金时期。这一时期是应用文发展进程中的转折期。这一阶段出现的文体有贺表、列辞、签、牒状、告身等。六朝的文风对六朝的应用文同样有很大的影响。这一时期逐步形成了比较全面系统的理论。萧统组织文人共同编选了我国现存最早的一部诗文总集《昭明文选》,选录了自先秦至梁七八百年间的130位作家的各体诗、文、辞赋等,分作38类,共700余篇。编入了诏、册、令、教、表、启、弹事、笺、奏记、书、檄、符命、箴、铭、诔、哀、碑文、墓志、行状、祭文等应用文。这时亦出现了关于应用文写作理论较为系统的论述,如曹丕的《典论·论文》、陆机的《文赋》,刘勰的《文心雕龙》等。《文心雕龙》是文章写作理论之大成者,书中论及的59类文体中,有44类为应用文,占全部文体的四分之三,这表明应用文书已在当时社会生活中占据重要地位,有着巨大的影响力。

蜀汉诸葛亮的作品并不多,一篇《出师表》就奠定了他在中国文学史上的地位。究其实,《出师表》是公元227年诸葛亮47岁时准备率军北伐时写给后主刘禅的一份奏章。这篇"表"写得有理、有力、有节、有情,在反复叮咛中责己、谏君,堪称表中精典,文中楷模。文中长句与短句,散句与骈句参差变化,抑扬顿挫,铿锵有力,朗朗上口。六朝时期,不少文人逃避现实,饮酒赋诗,写文章讲究辞藻,追求形式,骈丽之风盛行,写应用文也讲工整对仗,即使如此,也写出了不少好的应用文,如陶渊明的《与子俨等书》《自祭文》,李密的《陈情表》,王羲之的《与桓温笺》,沈约的《答陆厥书》,等等。

唐宋以后,应用文文种及体式更臻完善。据史书记载,皇帝下行文,唐有册、制、敕,到宋增加了诰命、诏书、御札等;官府的下行文,唐有符,宋有牒。上行给皇帝的文种,有表、状、申状等。平行文种,唐有关、刺、移,宋增加了咨报。对各文种的格式,包括开篇结尾用语、用字、用纸,也都有了严格规定。至明清时期,应用文的文种更是随着社会经济文化的繁荣发展不断增多,除公文外,事务文书及专业应用文相继出现,格式也进一步规范化。

从唐代到清代,古代应用文发展日臻成熟、完善。唐代经济文化的繁荣和由韩愈等人兴起的"古文运动",对应用文的内容、形式及文风的转变,产生了巨大的影响。宋代欧阳修提出"信事言文",倡导应用文真实、平易、自然,有文采。散文大家王安石、苏轼等,都有文质兼优的应用文传世。唐宋应用文无论是数量还是质量,都达到了历史的最高峰,锦章佳作大量涌现,如魏徵的《谏太宗十思疏》,骆宾王的《为徐敬业讨武曌檄》,韩愈的《柳子厚墓志铭》、《论佛骨表》,白居易的《请赎魏徵宅奏》,欧阳修的《与高司谏书》,王安石的《答司马谏议书》,苏轼的《乞校正陆贽奏议进御札子》等。

元明清时期的应用文书,体制更加完备,写作理论也得到了进一步发展和完善。明代徐师曾的《文体明辨》、清代姚鼐的《古文辞类纂》、刘熙载的《艺概·文概》等,对应用文书的各种体式有了更深入细致的研究。应用文体制发展中也出现了文体繁芜、浮词套语较多、八股味较浓等问题。但是志士仁人多年来不懈地为国家苍生忧心,使应用文有了更大的发展,成为社会进步的推手。林则徐在向道光皇帝陈述自己禁烟主张的《钱票无甚关碍宜重禁吃烟以杜弊源片》奏稿中,着重指出鸦片"迨流毒于天下,则为害甚巨,法当从严。若犹泄泄视之,是便数十年后,中原几无可以御敌之兵,且无可以充饷之银"。这是奏稿的核心部分,"几无可以御敌之兵,且无可以充饷之银"这两句话,点出了清王朝如再不禁烟,将会出现的"军队瓦解,财源枯竭"两大问题。而这两点恰好是关乎封建政权生死存亡的关键。正由于击中了要害,道光皇帝不能不多次召见,反复权衡,最终下了"禁烟"的决心。奏稿包含了对鸦片战争前夕国际形势的分析,还对朝廷内部禁烟与弛禁两派政略做了反复探讨,而这些都基于对鸦片危害的充分调查研究与对道光皇帝心理的深入剖析。这篇奏章既反映了人民的正义要求,又是从维护封建统治集团利益的角度去展开论述,表现出林则徐较高的策略思想水平。

(三)变革繁荣期(辛亥革命至今)

辛亥革命以后的整个20世纪是我国应用文书发展中发生革命性变革的时期。辛亥革命后,废除了封建王朝所使用的一些传统旧式公文,建立了使用白话文和新式标点符号的现代公文。

南京国民临时政府颁布了第一个公文程式条例,废除了封建王朝几千年来使用的"制、诏、敕、题、奏、表、笺"等公文名目,明令采用"令、咨、呈、示、状"五种公文名称(另有"公函"、"布告"),并规定用途,使公文简化、适用。由于辛亥革命反封建并不彻底,因而在公文的确定和使用中,仍存有虚伪欺诈等恶习以及形式主义、文牍主义等遗风。袁世凯准备复辟帝制期间,公文程式一度出现向封建帝制时期倒退的现象。1914年5月26日,北洋政府第二次修改公文程式,规定大总统的公文有"策令、申令、告令、批令"等,这些都是仿古的称谓。袁世凯称帝失败后,1916年7月公文程式进行了第三次修改,恢复南京临时政府原定的公文程式,细化了公文种类,由原来的7种增加到13种,即:大总统令、国务院令、各部院令、任命状、委任令、训令、指令、布告、咨、咨呈、呈、公函、批等。1927年8月13日,公文程式进行了第四次修改,公文种类有:令、通告、训令、指令、委任状、呈、咨、咨呈、公函、批答共10种。1928年6月11日,公文程式第五次修改,取消了"咨呈",将"通告"改为"布告"。1928年11月15日,公文程式第六次修改,基本恢复了南京国民临时政府提倡的公文程式,除将国民依法对政府陈述意见的"状"从公文种类中剔除,其他文种照旧。此后,国民党政府机关的公文,大体沿袭了国民临时政府主张的公文形式。

中华人民共和国成立以后,对公文进行了改革,其他应用文也在语言上推陈出新,文风上尚实从简,文体上去除僵化,增添适应社会的新问题,使应用文更贴近生活,更适应现代社会的需要。1951年9月2日,政务院发布《公文处理暂行办法》,规定公文种类为7类12种,即:(1)报告、签报;(2)命令;(3)指示;(4)批复;(5)通报、通知;(6)布告、公告、通告;(7)公函、便函。随着社会发展,国家机关公文程式分别在1957年、1981年、1987年、2000年进行了修改和修订。具体情况将在"第五章行政公文"中详细介绍。2012年4月6日,中共中央办公厅、国务院办公厅联合印发了《党政机关公文处理工作条例(以下简称《条例》),同时废止了1996年中共中央办公厅印发的《中国共产党机关公文处理条例》和2000年国务院印发的《国家行政机关公文处理办法》(以下简称《办法》)。原《办法》规定公文种类有13种,《条例》规定文种为15种,增加了"决议"和"公报",同时将"会议纪要"改为"纪要"。原有13个文种的适用范围与《办法》的规定基本相同。

二、现代应用文书的发展趋势

随着现代经济和科学技术的发展,应用文书已进入了全新的发展阶段,现代应用文书展现出更多的新特点。

(一)中心内容经济化

当前的世界经济处于激烈竞争的时代。和平与发展是世界各国共同的历史使命。要想摆脱贫困,就要集中精力发展经济与科学文化事业。要想发展,就得占有市场。在世界各地区不断形成许多贸易区域如欧洲共同市场、北美共同市场,环太平洋经济合作组织,东南亚联盟,地中海沿岸自由贸易区以及世界贸易组织,等等。这就表明拥有市场,就拥有财富。就国家而言,不再是单一的封建宗法制度下的封闭经济、孤立的小作坊经济,而是组织跨行业、跨地区、跨国界的大型的集团公司,参与世界市场的竞争。围绕这种大市场经济出现了许多在国内国际上流行的通用性文体,如新型的章程、合约、进出口单证、资产评估书、专利申请书、商贸信函、广告、商用公告、通告、信用状、抵押文书,等等。向来"庄严"的国家文书——行政公文,被经济所"异化"。公告的法定职能是公布国内外重大事项。但在商业里公告被用来公布公司的重大的事项,如开业、开股东大会等,其职能相当于通知。不仅如此,就是一些传统的文书,也已被经济的发展所改造,而成为新的形式了。如书信在贸易中可以与合约(订购确认书)连用,请柬可以发展为中英对照、加回执、加附录等形式。经济生活驱动世界、支配国家、指挥个人,自然也支配人与人交往的应用文。

(二)使用范围国际化

由于以经济为中心,以国际市场为主轴,经济区域之间、国家之间、集团之间、企业之间的交往不断扩大。而这些国家、区域、集团之间往往都有彼此约束、共同信守的文件与规定。因而出现了应用文的国际化、标准化。比如订购合约,我国台湾、香港的区别不大。再如广告文案,中美英日德法的制作法差不多,只有水平的高低不同。进出口单证、各种条例、申请、邀请书、信用证、保险书章程、办法等,在世界范围内日益趋于通用化。

(三)语言表达"多语化"

多语化是国家生存发展的需要。经济全球化使得应用文的语言表达也向着多语化的方向发展。多语化是应用文自身发展的需要。从应用文写作的发展历史看,应用文起源于人类的社会活动,并在社会生产、社会管理、社会生活中,随着物质文明、精神文明、政治文明的发展而不断发展。与传统的应用文不同,现代应用文在涉及经济活动、对外贸易时往往采用中文、英文双语书写。在国际交往日益增多的形势下,公司企业如果只用中文或只用英文起草文件,就会在执行时遇到困难,采用双语,则于双方有利。应用文的"多语化",也同样是现实的需要,历史的必然。

(四)书写技术现代化

随着现代科学技术的发展,特别是电子通信技术的发展,应用文的书写技术和操作系统的现代化程度也日益提高。多功能全自动的复印机、图文传真机、电子信函、电子邮件,尤其是 3G 技术的广泛应用,使得现代社会沟通交往更加便捷,极大地便利了国与国之间、区域与区域之间、集团与集团之间的商业交往与联系。使用图文传真、电子邮件和互联网,即可将自己的函件与文件内容传递到对方手里,并通过自动打印机、自动复印机,迅速地将这些文件复制成册分送到所需送达的单位。

与传统应用文相比,现代应用文还具有如下趋势和特点:(1)专业化和知识化。传统应用文比较偏重"文",现代应用文比较偏重"应用",现代应用文是新时代信息传播中多种知识交汇的新文体,内容的知识化是其新特点。现代应用文同专业的关系更加密切,专业化是现代应用文的特点和发展趋势之一。(2)高度结构化以及图表、数字的运用越来越多。随着社会的进步,先进的表达技术被广泛运用于各领域,现代商业应用文表现为高度结构化,大量使用图表等非文字工具,数字与文字的关系更为紧密,这也是现代应用文的发展趋势。

总之,现代应用文以其内容的经济化、使用范围的国际化、语言表达的多语化、书写技术的现代化成为一种普遍的现实。

第二章　应用写作主体的修养与知识结构

　　修养指人的修为涵养,与人的性格、心理、道德水平、文化水平等都有密切的关系,是人综合素质的表现。人的能力有大有小,人的能力形成与自身素质和实际锻炼密切相关。能力是在实践中形成、发展和表现出来的,具有实践性、综合性、专业性的特征。能力指的是人以掌握和运用知识技能为前提,并用以决定实践活动效率的一种个性心理特征。我们说一个人有能力是指他的智慧、言语、行为能够胜任和完成某种职务或任务,一个人的能力以其综合素质(心理学的"素质"是指人的先天特质;这里的"素质"是教育学和人才学的"素质",包括人的后天修养)为条件。因此,人的能力可以说是其综合素质——各方面修养的反映。

　　美国为了保持综合竞争力,始终保持美国人才高地的地位和竞争优势,提出了现代人必须具备良好的基本技能、思维能力、个人品质三种素质和能够利用与支配各类型资源、处理人际关系、获取信息并利用信息、综合与分析、运用各种技术的五种能力,并把这个作为现代教育的重要目标。目前,良好的文字写作或写作表达不仅是世界公认的一种核心的基础能力,也是学校教育培养的重要目标。实践证明,写作水平的高低,取决于写作主体的修养和能力;写作水平的高低直接受制于写作者的综合素养水平。

第一节　思想修养

　　大多数应用文书具有明法传令、指挥指导、联系公务、沟通信息、宣传教育、引导舆论、记录记载、以为凭据等作用。因此,应用性公务文书的写作者应该具备一定的思想修养水平。王国维说:"无高尚伟大之人格,而有高尚伟大之文章者,殆未之有也。"写作者必须有正确的世界观、人生观,由此观察社会、体验生活,从而反映历史的和现实的客观世界。而若是没有一定的思想理论修养是无法完成公务文书的撰写的。

　　写作主体的思想修养主要是指政治信仰、道德观念和思想品质。良好的思想素养包括先进的世界观、人生观,正确的立场、观点,高尚的道德、情操,饱满的政治热情和健康的生活情趣。季羡林先生在阐述写作主体的理论修养时特别强调:"我个人认为,马克思主义的精髓就是唯物主义和辩证法。唯物主义就是实事求是。""至于辩证法,也可以作如是观。看问题不要孤立,不要僵死,要注意多方面的联系,在事物运动中把握规律,如此而已。"①

有了这样的意识修养,就能适应现实社会对实际应用写作,特别是公务应用写作的政治要求。具体而言,应用写作主体的思想修养大致应包括以下几个方面:

一、良好的政治素质

公务文书的政治性决定了公文撰写人员首先应具备较高的政治素质。不同社会属性决定了政权的性质和政府组织的政治属性,受雇或从属于政府组织的人员必须熟悉其政府组织的主体政治思想,才能较好地胜任其所担负的写作任务,使其职务写作作品符合规定要求。

在写作实践中,政治观点是撰写人员政治素质的核心,政治理论水平对撰写人员政治观点的确立起着举足轻重的作用。较高的政治理论水平是应用写作的基础,对撰写人员做到合理正确的分析、判断、透过现象、抓住本质、鉴别是非起着关键作用。事实证明,没有较高的政治理论水平是写不好公文的。政治立场同样是政治素质的关键内容,即撰写人员是站在所代表的组织和人民的立场进行写作,还是着眼于本部门狭隘利益甚至个人利益进行写作,是直接关系到公务应用文的质量的。

二、具有较好的政策理论水平

应用文书是公务活动的产物,公务活动离不开政策的指导与控制。政策保证公务活动的正常化、有序化,政策的实施即是公务活动的运行过程。因此,公文撰写人员必须有较高的政策水平。公文的撰写过程,即是执行政策、依靠政策、理解政策、表达政策的过程。因而,撰写人员必须有较高的政策理论水平,并是政策的自觉维护者和执行者。政治理论水平与政策水平是撰写人员政治成熟与否的标志。两个水平越高,政治成熟度就越高,撰写公文的水平也就越高。公文撰写人员要遵循党和国家的路线方针、政策,有大局意识、责任意识,为国家的发展献计献策。

---

① 《季羡林说写作》,中国书店 2007 年 1 月第一版,78-79 页。

三、具备基本的法律法规常识

现代社会本质上讲就是法治社会,市场经济就是法治经济。在市场经济的条件下,所有的商业活动都要遵循契约精神。商品交换要遵守契约,买卖合同要遵守《合同法》,凡此种种,无一例外。公务文书写作具有很强的政策性、法律性。这就要求公文的撰写者必须具有一定的法律知识,与时俱进,提高自己的法律素质和修养,在公文写作中能自觉遵守法律法规。

第二节 知识结构

知识结构是指个体为实现一定的目标,在对人类知识进行学习和定向选择后,在自己头脑中形成的具有一定层次的相互补充协调的知识体系。学识是写作的基础。对写作者而言,要"见多识广",具有良好的学识修养,因为写作过程实质上是学识的组合和应用的过程。

应用写作的主体应是"通才型"人才,其应具备的知识结构包括以下几方面。

一、基础知识层

基础知识层主要包括语言文字、人文历史、法律法规等基本知识。这些知识是写作者必备的基础知识,它们是构成文章的最基本要素,是写作公文时的知识基础和依据。知识贫乏,则不仅作文困难,而且写出的文章往往也空洞乏力、干瘪枯燥。此外,随着社会的不断进步,写作者必须跟上时代的步伐,及时吸取新知识、新思想,不断充实自己,才能不断提高自身写作水平。萧伯纳曾形象地指出:"新思想造成新的技巧,有如流水造成河道一样。"

二、中间知识层

中间知识层主要包括政治经济与社会管理、社会学、心理学,以及社会组织结构与交往等常识。掌握这些知识对建构作者的理论修养、提升作者的理论水平很有帮助。掌握这类知识也有助于提升应用文书的写作质量,有利于写作主体自身素质的提高。

公务活动涉及社会各方面,相关联的因素复杂多样,写作者必须具备多方面知识,成为一专多能的"杂家",才能适应公务文书写作的需要。一般而言,承担公务文书写作的人员要尽可能地通晓政治、经济、哲学、管理等各方面知识,甚至对于社会学、心理学、公共关系学、行政管理学、法学等也应有所涉猎和了解。理论源于实践又反作用于实践,没有正确的理论指导的实践活动必然是盲目的。公文写作是综合性很强的实践活动,需要理论的指导。而提高修养是建筑理论大厦的"脚手架"。任何一个专业领域都有自己的特殊规律,也有自己的理论基础。平时保持良好的阅读习惯,尽可能拓展知识面,会有效减少公文写作难度,扩大写作的适应面。

需要指出的是,不能脱离实际地要求每个写作人员都成为全才或各方面的专才。一切都应从工作和自身的实际出发,以工作和自我发展为导向,在打好基础的同时,尽量拓宽知识面,构建合理的知识结构。

三、专业知识层

专业知识指那些与写作主体从事的工作性质、内容、范围紧密相关的行业知识。这些知识通常既涉及工作的核心范畴,也是构成相应公务文书的主体知识。

(一)管理知识

公务应用文书写作的主体多从事管理或辅助管理工作,多处在管理岗位。写作公务文书就是运用公务文书这个载体实施管理,所以应当具备相当的管理学知识,掌握管理的一般原理、方法和技术。

(二)相关专业实务知识

由于公务文书写作者分散在不同的工作岗位,因此这里指的相关专业实务知识范围相对宽泛。在党政机关、企事业单位工作,写作主体必须了解我国的国情、省情、市情、厂情等,还要掌握所在行业和机关的业务知识,以及办公厅(室)的业务知识。在政府机关工作应了解机构的设置、职权范围、隶属关系,以及财政、税务、工商、农业、计划、人事、劳动、文化、教育、科技等部门的职责分工、业务范围。只有这样,才能胜任撰写公文的任务。公文撰写者在企事业单位工作应当掌握本行业的有关知识。若在企业,必须了解本企业的组织结构、生产设施、工艺流程、资本资产、能源动力,了解职工的技术水平、人员构成及产品的类型质量,以及成本、利润、工资福利、规章制度等诸多要素。如果一个机关公文写作者,对行政机关的实际情况不了解,又不懂行政管理的规律,诸如对行政组织的运行、行政领导的实施、行政决策的执行都不熟悉、不清楚,是很难写出符合行政工作实际的公文的。

掌握具体实务知识,还应注意掌握本部门的历史与现状,包括它的发展演变情况,甚至包括本部门、本地区的风土人情等。例如,2013年夏天,我国银行同行业业务中"利率异动"。在研究解决这个问题时,南开大学经济研究所所长柳欣在

《人民日报》上发表文章,提出"振兴实业,方能避免'利率异动'",既从金融学专业视角对现实问题做了学理上解读,又有针对性地提出了解决问题的方法。

四、写作知识

这是应用文写作主体必备的知识。要了解应用文的有关概念、分类,各类公务文书的作用,了解公务文书写作载体、客体和受体的特点。熟悉公务文书的撰写过程,掌握公务文书常用的写作思路,熟悉公务文书中确立主题,选择、处理材料,安排结构的基本方法。能够熟练编写写作提纲、起草和修改文本,懂得公文的表达方式和语言特点。熟悉有关应用文书写作的方法和规定,正确选用公文文种等。

除了熟知文体分类,还应熟悉写作流程。一般而言,文章写作包括两个阶段,其一是构思阶段,其二是文章写作阶段。前者是一种在观念中发生的内在认识活动,后者是一种将构思转化为篇章的制作活动。王充在《论衡·超奇》中说:"实诚在胸臆,文墨著竹帛,外内表里,自相称副,意奋而笔纵,故文见而实露也。"言简意赅地说明了文章写作的内在机理。对此,郑板桥有更为形象的论述:"江馆清秋,晨起看竹,烟光日影雾气,皆浮动于疏枝密叶之间。胸中勃勃,遂有画意。其实胸中之竹并不是眼中之竹也。因而磨墨展纸,落笔倏作变相,手中之竹又不是心中之竹也。总之,意在笔先者,定则也。趣在法外者,化机也。独画云乎哉?"郑板桥不愧为一代大师,通过栩栩如生的描述,形象生动地揭示了绘画作文的内在过程要诀,精辟透彻。

第三章 应用文书的撰写

应用文书撰写通常是因事需要、他人请托,或"受命"写作,与文学创作相比较为被动,在行文程序上也有一定的讲究。特别是公务应用写作中的公务文书写作签发还须遵循公文的拟制程序。公文拟制的基本程序是:交拟、拟议、撰拟、审核、签发、复核、缮印、用印、登记和分发。

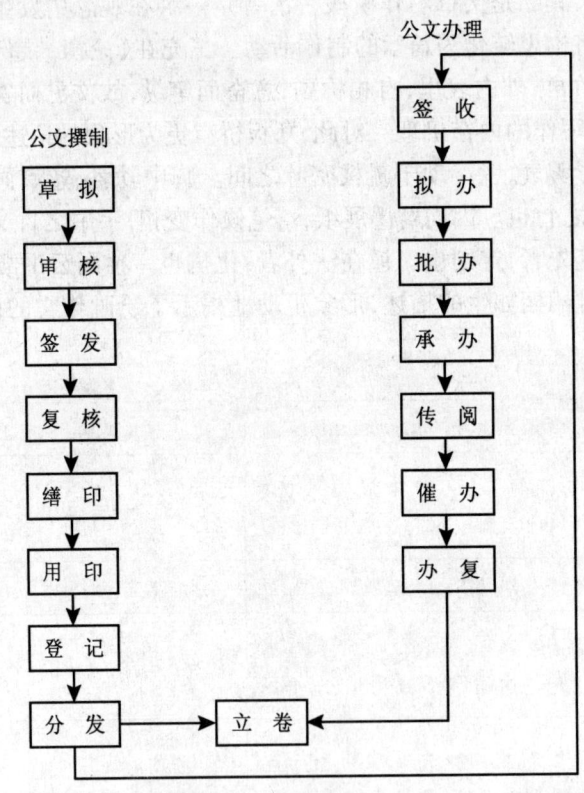

公文撰制和公文办理各环节关系图

为统一中国共产党机关和国家行政机关公文处理工作,2012年4月6日,中共中央办公厅、国务院办公厅联合印发了《党政机关公文处理工作条例(以下简称

《条例》),同时废止了1996年中共中央办公厅印发的《中国共产党机关公文处理条例》和2000年国务院印发的《国家行政机关公文处理办法》(以下简称《办法》)。《条例》的发布施行,对推进党政机关公文处理工作科学化、制度化、规范化必将发挥重要作用。

《办法》规定,"公文处理是指公文的办理、管理、整理(立卷)、归档等一系列相互关联、衔接有序的工作"。也就是说公文处理由公文办理、管理、整理(立卷)、归档等工作组成。

《条例》规定,"公文处理工作是指公文拟制、办理、管理等一系列相互关联、衔接有序的工作"。其中,公文拟制包括起草、审核、签发3个环节(在《办法》中,这3个环节均隶属发文办理)。《条例》同时将整理(立卷)、归档划归公文办理范畴。经此调整,公文处理工作由公文拟制、公文办理、公文管理组成。

第一节 写作思路

语言是思维的载体,任何写作都是思维的呈现和表达。思维主宰着写作的全过程。写作有其共同的思维规律,而不同门类的写作,又有其不同的思维特点。

一、思维与思路

思维是具有意识的人脑对于客观现实的本质属性和内部规律作出的自觉、间接和概括的反映。人的思维与语言紧密联系。语言是思维的载体,人需要借助语言进行思维。思路,是思维活动的运行轨迹。文章思路,就是作者构思文章时,有规律、有条理、有方向、连贯的思维过程的"路线"。张志公在《怎样锻炼思路》中指出:"思路,这是关乎文章结构的最根本的东西。""作者的思路是他对客观事物怎样观察、理解、认识的反映。思路不是凭空产生的,是以客观事物为基础的。客观事物反映在作者头脑里,经过观察、理解、认识的过程,形成了他对这件事物的印象、看法、态度或感情。把这些印象、看法、态度或感情理出个头绪来,就是所谓的思路。按照这个思路写成文章,就是所谓组织结构。文章的结构组织是否严密,表明他对所写的客观事物是否形成了鲜明的印象、看法、态度或感情。"[①]

写作有其共同的思维规律,都是遵从客观—主观—客观,及物化—意化—物化这一认识论、反映论过程的转化。作者在动手写作前都会认真理清思路,思路是否

---

① 张志公.怎样锻炼思路.中国青年,1963(12).

清晰关系全篇的成败。文学作品中作者要"讲故事",要打动人,要设计故事的开篇、高潮、结局,整个作品呈现出深藏含蓄、曲折迂回的思维轨迹。应用文书的结构通常是作者思路的直接呈现。文学创作主要运用形象思维,在创作过程中始终伴随着形象、感情以及联想和想象,通过事物的个别特征把握一般规律,从而创作出艺术美打动读者观众。它要运用典型化的方法塑造形象,表达作者的思想感情。曹禺在《雷雨》序言里说:"隐隐仿佛有一种情感的汹涌的流来推动我,我在发泄着被压抑的愤懑,抨击着中国的家庭和社会。"由于形象思维中始终伴随着强烈的情感活动,因而作家在审美创造的同时,也获得了审美的享受,既创造形象来表现出自己对生活的是非观和爱憎,又通过这种表现获得了情感的满足和精神的愉快。这也是打动读者观众的关键。读者观众们关注繁漪、四凤、侍萍们的命运,也是对整个社会的关注。而公务文书写作主要运用抽象思维及逻辑思维,它舍弃具体表象,依靠概念、判断、推理来进行思维活动。要在思维过程中实现由形象到概念、由具体到抽象的过程,以抽象的概念来揭示事物的本质,表述认识的结果。

　　逻辑思维是以逻辑推导为主体的思维形式,因此,要提高应用文书写作能力,就必须学点逻辑,懂点逻辑。逻辑思维不像形象思维那样除借助语言外还可借助形象、色彩、声音来思维,它只能依靠语言来思维。因此,应用文书写作对语言的要求较高,要字斟句酌,推敲各个环节的有机联系。对语言的要求有时甚至到了"一字入文,九牛不出"、"一字千金"的地步。由此可见要提高应用文书的质量,一定要在语言文字上下功夫。但是,强调应用文书以逻辑思维为主,并不排斥以形象思维为辅,而且,有时还要借助灵感思维。例如习近平主席在十八大常委见面会上的讲话鼓舞人心,话语讲究平实质朴,但是也生动形象。

　　我们的党是全心全意为人民服务的政党。党领导人民已经取得了举世瞩目的成就,我们完全有理由因此而自豪,但我们自豪而不自满,决不会躺在过去的功劳簿上。新形势下,我们党面临着许多严峻挑战,党内存在着许多亟待解决的问题。尤其是一些党员干部中发生的贪污腐败、脱离群众、形式主义、官僚主义等问题,必须下大气力解决。全党必须警醒起来。打铁还需自身硬。我们的责任,就是同全党同志一道,坚持党要管党、从严治党,切实解决自身存在的突出问题,切实改进工作作风,密切联系群众,使我们的党始终成为中国特色社会主义事业的坚强领导核心。

二、思路与结构的一般关系

　　文章的结构和作者对客观事物的观察、理解、认识以及思想脉络是紧密相关的。

文章结构实质上就是作者认识客观事物的思想脉络在文章构造上的反映,是作者思路的体现。任何一篇文章都有它的思路,而文章的思路就是按照一定的条理由此及彼表达思想的路径和脉络。这个路径和脉络实际上是一个连贯的、有条理的思维过程。它主要表现在文章的取材、线索、顺序、开头、结尾、过渡、照应、段落层次的关系等方面。文章思路的发展和推进有一定的走向,不同的文体有不同的选择。常见的有沿着时空线、逻辑线、感情线、意识流展开思路,生发故事或主张。应用文主要沿着逻辑线、时空线展开思路,明示主旨。

文章的结构安排是由思路决定的,思路是结构安排的依据和理由。文章的结构组织是否严密、清晰,反映了作者的思路是否严密、清晰;而思路是否严密、清晰,又表明作者对自己所关注的客观事物是否形成了鲜明的印象、想法、态度和情感。文章的结构层次是受内容制约的,要分清文章的层次,首先必须树立整体意识,从宏观上把握全文、全段的大意。其次就是"因势利导、分型辩证、对症下药"。

三、应用文书写作常用思路

应用文书写作主要是运用逻辑思维进行构思。不同的文种,不同的写作意图,一般会以不同的逻辑思维方法进行构思,而这种思路相应也会影响到应用文书的结构形式。

(一)递进思路

即在阐述观点时,各层次、段落之间环环相扣、逐层深入,如同剥笋壳一般,前一部分论述是后一部分论述的基础,最后推导出文章的结论。调查报告多用这种思路。

叶黔达在《公务文书写作的递进思路及多种思路的综合运用》中说:递进思维是认识事物或事理由浅入深、由表及里、由低到高、由小到大、由轻到重,层层递进、循序渐进、逐步深入的一种思维方法。运用这种方法,可以深入清晰地阐释某些比较复杂的事理,说明某些比较复杂的关系,有助于深刻认识事物的本质属性,使文章有一定深度。一些说理性较强的公务文书常循此法形成文章思路:或者是认识问题由浅入深层层推进,或者从提出问题到分析问题到解决问题。例如《农村文化活动设施量少质差的现状亟待改变》的调查报告就按以下思路写成:××县农村文化活动设施量少质差→"文化饥饿症"带来农村精神文明滑坡→文化活动量少质差的主要原因→采取有力措施重视农村文化活动阵地建设。[①]

---

① 叶黔达.公务文书写作的递进思路及多种思路的综合运用.秘书,2002(4).

(二)并列思路

即围绕中心,从不同角度进行论证说明,利用分论点构成并列关系,共同论述中心论点,以便达到多角度解说的目的。经济活动分析报告多采用这种思路。例如:《温州深圳山西三大炒房团现状调查》就采用并列思路行文,从"不炒住宅炒商铺"、"转战三四线城市"、"聪明反被聪明误"以及背景链接"炒房团幕后操盘手"多个侧面揭示风光一时的炒房团目前的境况,为社会提供有价值的信息。这样的行文思路可以满足读者多角度了解事实的需求,有利于形成"好读"的调查报告。

(三)比较思路

比较思路是运用比较和鉴别的思维方法形成的一种思路。

比较大体可分时间、空间两类比较。时间比较是在历史形态上的比较,通过比较能发现同一事物或不同事物在不同时期呈现出的差异,这也叫纵向比较(纵比)、历史比较。空间比较是在现实既定形态上的比较,通过比较能鉴别出不同事物在同一时期不同空间中呈现出的异同,这也叫横向比较(横比)、现实比较。纵比能追本溯源,使思路清晰,易于看到事物的发展变化。横比思路宽阔,易于看到事物与相关事物的差距。两者各有长短,可取其长综合运用,即采用方案比较法,又称为综合比较法或优选法。就是在同等条件下,综合考虑到时空等多方面因素,将几种方案、几种情况进行全面比较,鉴别出最佳方案、最正确情况来。在撰写规划、方案、可行性报告、经济预测报告、决策意见等文种的构思中,常采用这种综合比较法。

任何比较都要注意事物的可比性,即比较的标准要一致。要注意抓住事物的本质特征进行比较,以便更深刻地认识和把握事物的异同和性质。注意比较的灵活性,根据实际情况和写作需要,从多角度、多方面对事物作比较,以便更全面、更准确地认识事物。可以把正反两方面的观点、事例对比地组合在一起,形成强烈的反差,使两种不同的事理在对比中更清晰,从而更有力地突出自己的观点和主张。例如,《湘鄂情转型困局:客人不见了 巨亏关店苦盼春天》文章指出在限制"三公消费"的背景之下,国内著名的餐饮企业湘鄂情成为反映高端餐饮温度骤降的典型代表。文章用大量的事实、客观的数字对比今昔,说明湘鄂情今昔差异:

湘鄂情公告称,上半年预计亏损1.6亿元到2.4亿元。公司宣布关闭旗下8家门店,占其直营门店总数的近三分之一。其中北京万泉河店4月份刚刚装修完毕开业不久,此次也在关闭之列。曾经门庭若市的湘鄂情门店,营业状况直线下滑。去年单店盈利超2000万元的北京月坛店,今年一季度报亏350多万元。

(节选自《新京报》,2013年7月22日)

(四) 归纳和演绎思路

1. 归纳

归纳,是从两个以上个别的、特殊的事物或道理的共同属性中,推出同一类事物或道理的普遍性结论的推理方法。它是从个别到全体、从特殊到一般的思维方法。例如《国务院关于表彰国家科委等单位长年深入基层开展扶贫工作的通报》,它总结性地历数了国家科委等单位组成扶贫团(组)定点联系帮助贫困地区,使贫困地区经济、社会面貌发生了可喜变化等情况,然后强调指出:"这些部门艰苦细致、卓有成效的扶贫工作,受到了贫困地区广大干部、群众的热烈欢迎,得到了社会各界高度赞扬。国务院特予通报表彰。"如不采用这种完全归纳法,就不会起到这样的影响力、感召力。

2. 演绎

这是从普遍性的前提推出特殊个别性结论的思维方法。在说理性较强的应用文书中,较多运用演绎法。例如《××市××局关于机关干部勤政廉政的规定》中写道:"廉洁奉公是党的优良传统,是党的根本宗旨的具体体现,是党取信于民的根本保证,也是机关干部应具备的职业道德。只有做到高效廉洁,党的工作才能得到群众的信任和支持,党的事业才能得到群众的关心和拥护,党和政府才有可能带领和团结大家同心同德,共渡难关,深化改革,实现'四化'。全局干部特别是党员领导干部必须'从我做起,从现在做起',以身作则,勤政廉政。根据我局工作实际,特作如下规定……"

(五) 总分思路

总分思路是运用综合和分析两种思维方法而形成的思路。分析就是把事物分成若干部分,分别加以研究,即由总到分,化整为零。对实体事物进行分解,对抽象事物进行分类、剥离,就是剖析。综合则是把事物的各个部分联合起来,从整体上加以考察,也就是由分到总,集零为整。综合的过程,就是对实体事物组合、对抽象事物概括的过程。

"分析和综合也是互相依存、互相联系、互相转化的"[①]。分析是综合的基础,没有分析,认识不可能具体深入,也就无从综合。综合是分析的前导,没有综合,很难统观全局,就可能只见树木不见森林,分析就缺乏方向和目标。分析重在发现事物的本质,分析不是目的,而是认识事物的手段。分析之后,还要把事物的各个部分放到事物的整体中,放到各个部分相互之间的联系、作用和矛盾中,放到事物的运动、变化中去考察它们的地位、作用,从而去把握其本质。但综合也不是现象的

---

① 叶黔达,柯世华. 现代公文写作技巧. 成都:四川人民出版社,2003.

罗列,不是事物各个部分机械地相加,而是要按照事物各个部分间的有机联系,对事物各个方面作全面的、本质的反映,从而从整体上把握事物的特征。这也是分析的目的。《经济参考报》2013年7月23日刊登的《全球价值链固化中国如何突围》,文章采用总分思路,首先介绍中国企业面临的问题,然后介绍中国专家学者、官员对这一问题的认识,最后再归纳提出解决之路。

(六)因果思路

因果思路是运用探因和寻果的思维方法形成的思路。

运用因果思路时,首先要全面分析导致结果或现状的原因。在诸多原因中首先抓住主要的、根本的原因,同时也不忽视次要原因。实事求是地、全面地分析事物的内因和外因,不能只抓一点不及其余,防止片面性和绝对化。其次要深刻地分析产生结果的原因。要深入分析,从原因中去探究产生原因的原因,这就是所谓因因分析。因为有时表面的原因也只不过是个现象,如果我们的分析浅尝辄止,只根据这个表层的原因得出结论,这个结论就可能是十分肤浅的。因此,要力求"打破砂锅问到底",揭示出最深层的、最根本的、最起作用的原因。《法制日报》2013年7月23日刊载的《官员迷信"大师"盖因不信制度》说到官员上门求见"气功大师"王林,通过层层深入地分析原因,揭示了现在有些官员拜"大师"的深层原因,再推导出健全社会制度的重要性。文章深刻、客观地剖析了拜"大师"的"原因的原因"。

第二节　确立主旨

《现代汉语词典》解释"主旨"的含义为:主要的意义、用意或目的。就是说主旨一是写进文章中的材料本身所蕴含的主要思想意义,二是作者写作的目的和意图。材料本身所隐含的思想意义是客观的,作者写作的目的和意图是主观的,主旨是客观与主观的统一。没有客观材料这一思想载体,作者的意图就无法表现;没有作者明确的写作目的和意图,蕴含在材料中的思想意义也就不能被发掘和表现出来。材料是作者写作目的和意图得以表现的基础,作者的写作目的和意图是材料中自然存在的思想意义得以升华和表现的条件,二者缺一不可。由此可见主旨由材料本身所蕴含的思想意义和作者写作目的及意图两个要素构成,最终体现为作者对客观事物的认识、评价以及由此而产生的观点和主张。

说到"主旨"就必须说说它和"主题"的差异。《现代汉语词典》解释"主题":一是文学、艺术作品中所表现出来的中心思想,是作品思想内容的核心;二是泛指谈话、文件等的主要内容。由此可见"主题"和"主旨"的含义是有差别的,二者作为概念来讲时,其外延是不重合的;"主题"是就文学、艺术作品而言的,"主旨"是就实用文体来讲的,二者的使用对象不同;用于文学作品的主题和用于实用文体的主旨有着"质"的不同。文学作品的主题可以多层次设置,可以隐含在作品的深处;应用文的主旨不仅不能多层次,更不能含蓄、隐晦。应用文讲究一文一事,旗帜鲜明、直奔主题。文学作品的作者在主题的确定与选择方面具有"自主"权;应用文写作则不同,确定主旨完全取决于需要解决的现实问题,对于作者来说,是被动或代为作文,是不由自主的。文学是借助艺术形象来传达作家的审美意识和思想观念,这一特点决定了创作过程中暗示和象征手法的运用。应用文的主旨不仅应当明确,而且必须突出,以便读者容易准确地把握,很少用暗示和象征。文学作品的主题是通过文学作品的各个构成要素表现出来的作家的观点、倾向、思想和情感,其中情感性处于主导地位;应用文的主旨是作者就需要处理和解决的问题所发表的意见、建议、主张或所表明的态度,等等,解决问题的意见、建议、思路和方法等是其核心。

一、主旨的含义和作用

应用文的主旨又称题旨、立意等。就是通过文章的具体材料所表达的中心思想、基本观点或要说明的主要问题,是作者对客观事物的评价和态度。它是社会生活的客观反映和作者主观思想结合的产物,是文稿中通过全部写作材料所表达的中心思想和公务活动的行为意向的统一。应用文的写作主旨在文稿构思和写作中是全篇的统帅,它决定写作材料的取舍、结构的安排、语言表达方式等。

二、主旨的要求

(一) 正确

朱光潜在《选择与安排》中写道:"每篇文章必有一个主旨,你须把着重点完全摆在这主旨上,在这上面鞭辟入里,烘染尽致,使你所写的事理情态成一个世界,突出于其他一切世界之上,像浮雕突出于石面一样。"[①]应用文书的主旨一经确立,它就成了全文的中心,全篇文章因它而有了灵魂和生命。应用文的主旨关系着具体文书的价值和生命,行文必须遵守国家方针、政策、法律、法规,结合实际情况,揭示事物本质,不弄虚作假。只有这样才能实现应用文应有的功用。

---

① 刘锡庆,朱金顺,李维国,吴炫. 写作论谭. 北京:中央广播电视大学出版社,1982.

(二)鲜明

应用文书的主旨必须明确、突出、直截了当。赞成什么,反对什么,态度鲜明,使读者准确把握作者的写作意图,明确自己的工作职责、工作方向和工作方法等。换个角度讲,公务应用文是用于指导工作的,发挥着协调步调、统一行动的作用,这就要求所有的受文对象对文章主旨的理解是相同的。要达到这一目标,主旨的明确至为关键。

应用文书为解决实际问题而写,其作用的发挥、价值的体现首先取决于受文对象对主旨的准确把握。这就要求应用文的主旨必须直陈文中、显露于外,来不得半点的含蓄和隐晦。具体地讲就是作者的意图和主张是什么,要让读者一看就明白,而不必费心揣摩,以免产生曲解。应用文主旨表现为观点直白、显露,态度明确,明确表达发文者的意图,不作委婉表达。中共中央办公厅、国务院办公厅《关于党政机关停止新建楼堂馆所和清理办公用房的通知》,《光明日报》刊登的《实践是检验真理的唯一标准》等都是直白解说行文的目的,直接表明作者的主张、态度。

(三)集中

应用文书行文多数内容单一,一文一旨。这样便于解决现实中的疑难,沟通意图明确。教育部颁布的《普通高等学校本科教学工作水平评估方案》紧紧围绕"教学工作水平"提出对高校本科教学工作各种考核要求、标准。

三、主旨的确立及表现方法

应用文书的主旨,一般来自三个途径:来自单位领导、来自工作生活实际、来自党政机关文件。

(一)主旨的确立

1. 来自于机关单位的有关领导

应用文写作多为受命写作,因此在接受任务时,要善于领会和把握领导意图。领会和把握好机关领导的意图要做到:一是在领导交代撰写任务时,撰写人一定要认真地听、记、想,对不明确或遗漏了的问题要及时地问清楚,务求弄清楚领导的意图;二要在收集材料和分析材料的过程中,不断地领会领导意图。特别是当发现领导的意图存在疏漏、矛盾甚至错误的时候,撰稿者应及时与领导沟通,化解问题。例如《教育部办公厅关于印发〈普通高等学校本科教学工作水平评估方案(试行)的通知〉》是领导机关工作的一部分,教育部提出以具体的标准来检查、检验高校的教学工作水平,及时行使职权,也是对高校工作的督查。

2. 来自于工作生活实际

经济社会每个社会要素都牵动着全局,要保持工作主动性,不断创造财富,推动社会进步,就要不断总结工作情况,了解经济活动发展态势,因而研究性报告必不可少。如中华人民共和国商务部发布的《2004年印度经济贸易情况分析》。文章有条理地分析了印度经济贸易情况,为我国相关产业做好应对措施提供了有效信息支持。又如,2013年7月1日国务院办公厅发布了《当前政府信息公开重点工作安排的通知》,这项工作是按照国务院关于政府信息公开工作的部署开展的,它"带动了政府信息公开工作全面深入开展,在回应公众关切、有效保障人民群众依法获取政府信息方面迈出新的步伐。当前,社会各方面对政府信息公开工作高度关注,本届政府部署的一些重要工作,都对加强相关信息公开提出了明确要求"。

3. 来自于党和国家以及上级的文件

上级文件精神是我国企事业单位、社会团体的工作指南,大部分公务文书的写作主旨往往直接依据党的路线、方针、政策和国家的相关法律、法规等来确定。例如《教育部办公厅关于做好2013年中小学生暑期工作的通知》,就是"为贯彻落实《国家中长期教育改革和发展规划纲要(2010—2020年)》要求,全面推进素质教育,认真安排好学生暑期工作,让中小学生度过一个安全、健康、快乐和有意义的暑假,现就做好2013年中小学生暑期工作的有关事项和要求"做出的通知。

(二)主旨的表现方法

1. 标题点旨

标题是文章的旗帜和眼睛,用标题揭示主旨能"节约"读者的时间。如《增强服务意识,繁荣社会主义文艺——中宣部文艺局、人民日报文艺部联合召开学习毛泽东〈在延安文艺座谈会上的讲话〉座谈会纪要》,标题就指明了文章的主旨。

又如《××集团公司关于实行"产品三包"责任制的通知》,在标题中概括点明了主旨。

2. 开宗明旨

应用文讲究开宗明义,直奔主题。例如《中华人民共和国教师法》开篇明确立法目的为"为了保障教师的合法权益,建设具有良好的思想品德修养和业务素质的教师队伍,促进社会教育事业的发展,制定本法"。又如中国人民银行《关于加强金融机构监管工作的意见》中"为了认真贯彻落实《国务院关于金融体制改革的决定》,切实转换中国人民银行的职能,进一步加强对金融机构的监管,保持金融秩序的稳定,现就加强金融机构监管工作提出如下意见"也是选用开宗明义的写法,使读者快速明了行文主旨。

3. 呼应显旨

主要是在文章开头和结尾相互呼应,以突出主题。例如教育部《普通高等学校思想政治理论课教师队伍培养规划(2013—2017年)》开篇提出：

为贯彻落实党的十八大精神和《国家中长期教育改革和发展规划纲要(2010—2020年)》，建设一支高素质的高校思想政治理论课教师队伍，根据《中共中央宣传部 教育部关于进一步加强高等学校思想政治理论课教师队伍建设的意见》(教社科[2008]5号)精神，结合高校思想政治理论课教师队伍建设实际，特制定本规划。

在《规划》结尾再次强调这项工作的重要性和要求，使得首尾呼应，突出主旨。

本规划由教育部负责组织实施。各地各高等学校要切实落实教社科[2008]5号文件，从实际出发，参照本规划制定本地本校思想政治理论课教师五年培养规划，重点落实项目资助、社会考察、宣传推广等计划，并纳入本地本校教师培养培训工作中，通过形式多样的途径和方式，努力提高教师的思想理论素养、教学水平和科研能力。

4. 小标题显旨

小标题既可提纲挈领、条分缕析，可减少一些过渡性的文字，更好地突出重点，还可使文章疏密有致，文面清爽，吸引读者的注意。小标题要以话题为统率，处处体现话题，这样整篇文章才能集中而具体地反映写作意图。对于一些涉及较多方面、被关注程度高的文章，可以采用小标题来提示各部分的内容，使读者容易掌握文章的焦点、难点、重点等。如《关注"三农"发展 实践服务求真知——关于信阳市新县吴陈河镇周湾村"三农"问题的调查报告》，文章分"一、调查数据""二、'三农'具体情况""三、我为乡亲献计策"三个大部分。第一部分又从"经济收入状况""受教育状况""生活状况"三方面来显示"调查数据"。第二部分又分"农民方面""农业方面""农村方面"报告"三农"具体情况。小标题为文章突出"三农"主题起到了很好的作用，事半功倍。

第三节 选择材料

应用文书的材料，是指为了写作应用文书而采集的，用于提炼、确立、表现写作主旨的事实和观念。它包括作者在写作前搜集、积累的各种事实、数据、意见、观点、经验、问题，以及上级有关指示精神等，还包括经过选择、写进文稿中的表现主旨的所有材料。

一、材料的含义

写作材料是指为了写作而采集的，用以提炼、确立、表现写作主旨的事实和理论。应用文的材料是提出问题的依据,形成主旨的基础,表述观点的物质内容。常作为应用文材料的有数据、意见、观点、经验、问题、精神等。例如《欧洲经济仍未走出增长困境》①一文开篇就谈道:"目前欧洲经济形势与当初日本颇为相似,甚至可能步日本后尘。"接着文章用数据说明"欧元区已连续第六个季度衰退。当前欧元区经济与2009年相比,仅有2.5%的增幅,年均增长率与日本上世纪90年代的情形极其相似。"文章进而从"欧洲银行的资产负债问题并不突出","从不动产价格的调整情况看,欧洲房产市场相对健康","从通胀预期和货币政策对应来看,欧洲的对应相对比较稳健"三个方面分析论说了"欧洲经济仍存在较强的抗危机和复苏能力"。文章用数据、事例等丰富材料,依逻辑推论将欧洲经济问题、经济前景有条理地摆出来,使观点和材料很好地呼应。

二、材料的作用

(一)材料是写作的前提

写作材料是构成文章内容的物质基础,是写作活动的前提。在写作学中,人们常将文章比喻成人:主题是人的灵魂,材料是人的血肉,结构是人的骨骼,语言是人的细胞,表达是人的外貌衣饰。很生动形象地说明了各写作要素的有机联系。如果没有材料或材料很少,文章必然言之无物,虚而不实,流于空洞,即便勉强写出来,也必然是干巴巴的索然无味。大量占有材料,这是古今写作经验中最基本、最重要、最需要掌握的环节。只有明白搜集掌握材料的重要意义,又懂得写作方法和技巧,才能使写出来的东西言之有物,以理以事实服人,合乎客观的要求。

(二)材料是形成主旨的基础

材料和主旨同属于文章要素,两者关系密切。人们常说:"巧媳妇难为无米之炊",在写作时,大量的、真实的、能为主旨服务的材料,就是巧媳妇手中的米。主旨从材料中形成,材料是引发感受、提炼观点、形成主题的基础。主旨是对全部材料思想意蕴的高度概括。

(三)材料是说明主旨的支柱

材料不仅是形成主旨的基础,还是说明主旨的支柱。没有材料的支撑,主旨根本无法确立;没有恰当的、能够说明问题的材料,主旨也不会言之在理、有说服力。俄国著名科学家巴甫洛夫说过:"要研究事实,对比事实,积累事实。无论鸟翼是多么完美,但如果不凭借着空气,它是永远不会飞翔高空的。事实就是科学家的空

---

① 欧洲经济仍未走出增长困境.经济日报,2013-07-31(2).

气,你们如果不凭借事实,就永远不会腾飞起来。"我国宋代学者朱熹也说过:"作文需是靠实……不可驾空纤巧。大要七分实,只二三分文。"句中的"事实"和"实",指的就是材料。如果没有材料,主旨就无从产生,也根本无法表现。例如《"7·23"甬温线特别重大铁路交通事故调查报告》在介绍"事故地区气象情况"时运用大量细致的材料、数据,为解说当时的特殊气象做了有力明证。

根据事故调查组委托国家电网公司雷电监测与防护实验室利用中国电网雷电监测网对事故所在区域雷击数据进行的统计分析,7月23日19时27分至19时34分温州南站信号设备相继出现故障时,温州南站至永嘉站、温州南站至瓯海站铁路沿线走廊内的雷电活动异常强烈,雷击地闪次数超过340次,每次雷击包含多次回击过程,雷电流幅值超过100千安的雷击共出现11次。8月29日至9月2日,事故调查组又委托中国气象局组成气象专家组,依据中国气象局雷电监测系统确认了上述温州南站雷电活动及雷击设备情况。

这些不带主观色彩的客观叙述,很有说服力、解释力,都是基于反映问题的"硬材料"。

三、选择材料的要求

(一) 确凿

即文章所选用的材料要真实、准确。例如中国少先队事业发展中心2013年5月发布的《第六次未成年人互联网使用状况调查报告(2012)》。报告介绍调查范围时说:

本次报告对全国10省(区、市)98所城镇地区中小学校13488名10~17岁中小学生及其家长的新媒体使用状况进行了实地调查。调查显示,被调查未成年人触网比例高达96.8%,较2011年增长5.4%。其中,首次触网年龄在10岁以下(含10岁)的学生占到61.8%,28.1%的未成年人在7岁之前就开始接触网络。调查发现,在广告、视频和游戏中,分别有60.4%、30.6%和23.6%的未成年人认为仍然存在不良信息,以不雅图片(63.5%)、自拍暴露视频(38.2%)、虚假信息(37.0%)和视频裸聊(35.0%)为主。

(节选自中国少先队事业发展中心网,2013年7月23日)

调查报告用大量可靠的数据和事实揭示了互联网对我国未成年人的影响。文章选用材料有理有据,很有说服力。

（二）切题

就是要求文章的材料要有针对性、实用性，紧紧围绕主旨，为主旨服务。选进应用文书里的材料，首先必须有针对性，能紧扣写作主旨。选用的材料必须能准确地说明观点。不能材料和观点互相脱节成为"两张皮"。与主旨无关的材料，再生动也不能选用，否则将与主旨南辕北辙。其次，要选用能明确、具体、突出地说明主旨或观点的材料，给人以深刻的印象、清晰的认识，不能笼统含糊，让人不得要领。例如《浙江：三年抢救濒危剧种》[1]一文用数据、事实说明目前传统戏剧的窘境，接着提出具可操作性的保护措施。文中的数据、典型材料都紧紧围绕主旨，为主旨服务。

（三）典型

就是在选用材料时要揭示本质，有代表性、说服力。例如《中国前沿新跃动——广东转变经济发展方式述评》[2]一文用数字揭示了广东经济发展的喜人成绩："临近岁末，改革开放前沿广东又传来令人振奋的消息：今年1月至10月，全省国民生产总值同比增长14.7%，全年将逼近3万亿元，折合美元预计可达3900多亿美元，将首次超过台湾地区。这是广东在1998年超过新加坡、2003年超过香港之后，又一次超越'亚洲四小龙'。"

（四）新颖

即写进应用文书里的材料，一定要有时代感，要与社会发展紧密结合；能够表现客观事物的发展变化趋势，反映客观事物的最新面貌，以及现实生活中人们最关心的那些新人、新事、新思想、新成果和新问题。例如《中国前沿新跃动——广东转变经济发展方式述评》中"发展模式变化去壮大未来"这一部分在叙述、说明广东转变经济发展方式时说：

"发展模式之变"的探索，对广东改革、开放、发展眼前的冲击和未来的影响不可估量，正推动广东经济朝着速度快、效益好、结构优、协调发展的科学发展方向加速前进。

多年来，"珠三角"与粤北山区及东西两翼发展失衡一直是广东发展的"心病"。然而，从2004年起，曾被称为广东"发展寒极"的粤北欠发达县、市，其生产总值、地方预算收入等主要经济指标增幅，均高于全省平均水平。专家估计，未来5年内，广东省计划安排到山区及东西两翼的重点项目达112个，总投资6864亿元，这无疑将促使这些地区迎来一个发展的新阶段。

---

[1] 浙江：三年抢救濒危剧种.光明日报，2013-07-24.
[2] 《中国前沿新跃动——广东转变经济发展方式述评》，中央政府门户网站 www.gov.cn，2007年12月7日。

四、处理材料的具体方法

(一)类化法

即按材料的共同属性和特征将零乱的材料进行梳理和归并,使之显示出"类"的特点。关键在于确定一个能反映事物本质特征的、与分类目的相适应的、始终一贯的标准,用这种方法,可以找出各"类"间的内部联系,提炼出有价值的小观点、全篇主旨。

(二)筛选法

即力求从纷繁的材料中找到最切合主旨的材料。使用筛选法强调对材料的选用不能停留在一般的认识上,必须反复多次地鉴别、筛选。

(三)浓缩法

即通过留主干、抓要点、去细节、科学抽象等,凝练事实、说明观点,突出最有价值的内容。浓缩法是把有价值但又非常详尽纷繁的材料加以压缩,使之更为凝练、更突出精华的处理材料的方法。

(四)截取法

即选用一个完整事件的片断或一个完整事物中的部分去表现观点的一种删繁就简的处理材料方法。用这种方法,不求事件的连贯、事物的完整,只求能言简意赅地说明问题和阐明观点。叙事性较强的应用文书写作,如简报、通报、调查报告常用此法。

采用截取法要注意:服从主旨需要;不断章取义;上下文衔接,过渡自然顺畅,表述角度前后一致。

五、合理安排材料

合理组织材料,使材料与观点形成一个有机体。

(一)先亮观点,后举材料

一般用层、段、条首句概括观点。例如教育部、国家发展改革委、财政部三部委发布的《关于深化研究生教育改革的意见》在第二部分"改革招生选拔制度"中先亮观点,后讲具体要求、做法。

(二)先举材料,后亮观点

这是先举事实、列举数字或说明根据,然后推导出结论、归纳出观点的方法。

这种方法的优点是由事到理,说服力强。叙事性应用文书或文书中叙事性较强的片断写作,常用此法。

(三)边举材料,边亮观点

这是一边举材料,一边亮观点的夹叙夹议的方法。这种方法的优点是既摆事实又讲道理,行文层层深入,使人便于理解。应用文书中叙事说理性较强的部分常用此法写作。例如《生态文明的中国觉醒》中在谈到"形势的确不容乐观"时就采用了夹叙夹议的方式。

第四节 结构安排

文章的结构,实质上是作者认识客观事物的内部规律和事物之间的相互联系的思想脉络在文章中的体现和反映。张志公先生在《怎样锻炼思路》中说:"思路,这是关乎文章结构的最根本的东西。"思路是形成结构的基础。也可以说,思路是文章的脉络,而结构是思路的外在表现,或是思路的物化。要完整严谨、条理清楚地安排应用文书的结构,准确、明白地表达思想,就要先把思路理清理顺。应用文书写作要求作者将思路清晰、缜密地表现出来。

思路中包含着思想,对于公务文书来说,其结构与作者或者行政机关领导的思想是对应统一的。在一篇公文中,发文机关要求什么、要求做什么、怎么做,都必须符合逻辑,符合客观现实。对于法规与规章文书,其章断条连式或条文并列式结构,更是作者思路鲜明、具体而条理化的体现。而对于企业事务文书来说,若作者的思路杂乱不清、不缜密不清晰,写出的文章结构必是杂乱无章的。因此,要想写好文章,首先必须理清理顺思路,谋篇布局,确定文章主体结构。

一、文章的结构

文章结构是文章内部的组织构造及其所反映出的外部形态,安排结构即是谋篇布局,确定用怎样的思路来选择材料说明问题。

应用文书结构上的特点源自文体特质,但是在写作时,还是要求写作者的文字要能激起读者阅读兴趣,准确清晰地表达内容。一要完整连贯,首尾圆合。所谓完整是指文章的结构布局有头有尾,首尾圆合,通篇一体,连贯就是通篇一贯。要求文章的部分与部分之间、片断与片断之间、前言与后语之间都要紧密连接,一以贯之,结构严谨、完美。二要疏密相间,错落有致。我们在安排层次和段落时,长短要适当搭配,要根据文书主旨表达的需要,有详密、有疏落,使全篇布局疏密相间,错落有致。总的来说,要有的放矢,合理安排,能使行文错综其势,舒缓自如,给人一种抑扬顿挫、节奏铿锵之感。三要波澜起伏,曲折变化。"文似看山不喜平",文章布局应该崇曲忌直。谋篇布局的波澜起伏和曲折变化,反映了客观事物的错综复杂和发展变化,同时,也能满足读者的审美要求。

二、应用文书的结构要求

(一)要反映客观事物的本质联系和规律

客观事物有它的存在形式,有它的特点,有它的运动规律。文章表现的对象是客观事物,其结构形式应取决于内容,要体现客观事物本身的内在本质联系。如写通报,无论是用于传达重要情况,还是用于表彰、批评,都必须把事实叙述清楚。因此,公文作者就要依据事件发展的过程、事物的特征来安排行文结构,这样方能高效准确地反映通报事实的真相。

(二)要服从表现公文主旨的需要

公文的结构安排,就是要把内容材料组合成一个统一的有机整体以表现主题。因此,内容详略、材料先后、层次段落的划分等,都应紧紧围绕主旨,遵从公文主旨表达的需要。例如写请示,顺序上应先写理由,再叙事项,最后提出请求。详略上,理由部分应简明扼要,概括性强;请示事项部分包括意见与要求,是全文重点,要详写,要写得具体明确。最后,以模式化请求语结束。

(三)要做到层次分明、思路清晰

层次的划分与段落的安排,具体展示了作者的思路与公文的结构。为了便于阅读者迅速把握公文写作的意图,公文作者一般采用分层分段写作方式,并充分利用小标题,使文章结构简明清晰。如写事件时遵循"开端—发展—结局"的先后顺序,写问题时则按照"发现问题—分析问题—解决问题"的逻辑顺序展开。例如《××集团公司财务管理混乱现状的调查报告》,文章选用递进思路,深入清晰地报告"混乱的表现"、解决的措施。行文结构表现为:

××集团财务管理混乱

↓

"财务管理混乱"导致乱账多,员工主人翁意识削弱

↓

财务管理混乱的原因

↓

采取有力措施抓好财务制度

（四）要适应不同文种的体式特点

应用文书各文种都有相对稳定的结构体式，一般都有严格的体式规范。公文的结构安排需适应体式的规范要求。这就要注意研究、把握公文文体样式的规范。如工作通知，通常包括通知的目的依据、通知的事项和执行的要求三个组成部分。例如《"7·23"甬温线特别重大铁路交通事故调查报告》，全文三万六千余字，调查报告行文思路清晰，六个部分逻辑结构明了，这样使得复杂而冗长、夹用大量专业术语的事故调查报告为广大读者顺畅阅读。以下为该事故调查报告的行文目录：

目　录

一、基本情况

（一）事故线路情况

（二）事故列车及司机情况

（三）事故相关设备情况

（四）事故地区气象情况

（五）事故地段治安情况

（六）事故相关单位情况

（七）LKD2－T1型列控中心设备研发、上道情况

二、事故发生经过

三、事故应急处置情况

四、事故原因和性质

（一）事故原因

（二）事故性质

（三）事故暴露出各有关方面的主要问题

五、对事故有关责任人员和责任单位的处理建议

（一）建议免于追究责任人员

（二）建议给予党纪、政纪处分人员

（三）建议责成相关单位和主要负责人作出深刻检查

（四）建议对LKD2－T1型列控中心设备研发单位依法进行整顿

（五）建议对相关单位和人员进行行政处罚

六、事故防范和整改措施建议

（一）深入贯彻落实科学发展观，牢固树立以人为本、安全发展的理念

（二）切实加强高铁技术设备制造企业研发工作的管理

（三）切实健全完善高铁安全运行的规章制度和标准

（四）切实强化高铁技术设备研发管理

（五）切实严把高铁技术设备安全准入关
（六）切实强化高铁运输安全管理和职工教育培训
（七）切实加强铁路安全生产应急管理
（八）切实加强高铁规划布局和统筹发展工作

三、公务文书的结构类型

公务文书的结构类型，是指公文正文在外部形态上所表现出的形式。公文的外部形态尽管各有不同，但大体有以下类型。

（一）篇段合一式

正文全文内容容纳在一个完整的自然段内，即一个段落就是一篇完整的公文。这种形式常用于内容简洁单一的公文，否则，难以把写作的目的缘由、事项、结语三个层次都融进一段。

例如：

中共中央关于恢复沈雁冰党籍的决定

（一九八一年三月三十一日）

我国伟大的革命作家沈雁冰（茅盾）同志，青年时代就接受了马克思主义，一九二一年在上海先后参加共产主义小组和中国共产党，是党的最早的一批党员之一。一九二八年以后，他同党虽然失去了组织上的关系，但仍然一直在党的领导下从事革命的文化工作，在中国现代文学运动中做出了卓越贡献。他临终前恳切地向党提出，要求在他逝世后追认他为光荣的中国共产党党员。中央根据沈雁冰同志的请求和他一生的表现，决定恢复他的中国共产党党籍，党龄从一九二一年算起。

（二）三段式

这是短篇公文的一种比较规范的外部结构形式。正文把写作目的缘由、事项、公文结语分为三个层次。三段式中，文章重点部分往往在中间段即行文事项部分，这一段篇幅要相对长一些。

（三）两段式

这是内容简单、篇幅简短的公文常用的形式。两段式大多是将一段式或三段式重新编排组合后的结果，如：把篇段合一式中的结语部分单独列为一段；把三段式中的结语部分省略；在转发性公文中，将转发对象名称、转发态度（即批准、同意）列为一段，把转发的执行意见、要求列为另一段；在答复性公文如复函、批复等文件中,将答复依据的文件写为一段,且多为独句段,将答复事项及结尾另列为一段;把开头、结语部分省略,而将主体内容分割为两段等。

例如:

国务院关于取消和下放50项行政审批项目等事项的决定

国发〔2013〕27号

各省、自治区、直辖市人民政府,国务院各部委、各直属机构:

经研究论证,国务院决定,再取消和下放一批行政审批项目等事项,共计50项。其中,取消和下放29项、部分取消和下放13项、取消和下放评比达标项目3项;取消涉密事项1项(按规定另行通知);有4项拟取消和下放的行政审批项目是依据有关法律设立的,国务院将依照法定程序提请全国人民代表大会常务委员会修订相关法律规定。

各地区、各部门要认真做好取消和下放管理层级行政审批项目等事项的落实和衔接工作,切实加强后续监管。要按照深化行政体制改革、加快转变政府职能的要求,继续坚定不移推进行政审批制度改革,清理行政审批事项,加大简政放权力度。

附件:1. 国务院决定取消和下放管理层级的行政审批项目目录(共计29项)
2. 国务院决定部分取消和下放管理层级的行政审批项目目录(共计13项)
3. 国务院决定取消和下放管理层级的评比、达标项目目录(共计3项)

国务院

2013年7月13日

(四)多段式

用于内容稍多、篇幅较长的公文,一般在四个自然段以上。开头概述情况,说明缘由、目的或依据,结尾单独成段或省略。主体部分切分为若干段,各段都不分条列项。要注意保持公文各部分之间清晰、简明的逻辑关系。内容繁杂、篇幅长的公文,一般不宜采用多段式,宜采用分部式或总分条文式。

(五)条文式

法规、规章和职能部门的一些行业文书,不少都使用这种形式。全文从头到尾都用条文组织内容,显得眉目清晰,排列有序,简洁明了。应用文书中的条文式结构,一般可采用以下两种。

1. 章断条连式

适用于内容多、篇幅长的法规、规章。这种结构以章为序划分有关法规、规章的层次,各章下的"条"不依章断开另起开头,而是连续编号。这便于执行承办时援引有关条文。章下可分条,极少数还在章下分节,节下再分条。章、节、条均用小写汉字数目表示,如第一章、第一节、第一条。条下有的分款,款不带序数,一个自然段就是一款;条下有的列项。项冠以带圆括号的汉字数码,如(一)、(二)等。项下可分目,目冠以阿拉伯数字,如1、2等。

2. 条文并列式

适用于内容不太多、篇幅不太长的法规、规章和其他应用文书。条下同样可分款或项、目。若是非法规、规章的其他应用文书,通常不用"第×条"标示,其标法形如:第一层为"一、",第二层为"(一)",第三层为"1.",第四层为"(1)";不另以其他数码为序数。若是只有一层时,则以"一、"这类数码为序数。

条下的款或项、目独立成段。段间内容具有相关性。

（六）总分条文式

这是公文用得较多的一种外部结构形式,公文、规章、合同等文书,常采用这种结构。公文开头部分先总说:或概述情况,或说明写作目的、依据、原因,或阐明主题,摆出结论。后文则分条文分述有关内容,每条或说明事物的一个方面,或围绕主题阐述一个问题,或分析事情的一个原因,或提出一项要求、措施、办法,等等。条文又可划分出不同层级,如条下可分款(款不带序号),也可列项(项冠以带圆括号的汉字数码),项下可分目(冠以阿拉伯数字)。有的在分条之后还有一个总说的结尾,形成"总说—分说—总说"的结构。值得注意的是,各条文开头一般都有一个概括本条中心或提示本条内容范围的主旨句。文章采用这种结构形式显得提纲挈领、眉目清晰、排列有序。

（七）分部式

按这种结构形式,通常把公文分成几个大部分,每个部分就是一个层次。为使文章眉目清晰,每个部分可用小标题或者序号或序号加小标题的方式列出,以此概括该部分中心或者提示该部分内容范围。这种结构形式容量较大、眉目清楚、头绪分明,适用于内容较多、篇幅较长的公文。报告、工作总结、理论文章、调研文章等类文种常用这种结构。写作时一定要注意前后各部分由浅入深或者由实到虚、由表及里的逻辑顺序以及各部分间的逻辑关系。

四、公务文书结构的基本内容

（一）标题

公务文书的标题通常有三种形式:

1. 公文式标题

公文式标题程式性强,表达平直,主要用于正式公文。通常它由发文机关、事由和文种三项组成,此三项称为公文标题"三要素",公文式标题也叫三项式标题。例如:《国务院关于同意北京市撤销大兴县设立大兴区的批复》《教育部办公厅关于做好2013年中小学生暑期工作的通知》《长沙市统计局关于申请解决购车经费的请示》。

2. 新闻式标题

新闻式标题即通常说的文章题目式标题,它又可分单标题和双标题。单标题即单行标题,通常有三种标题方式:

(1)主旨式。标题提出应用文书的主旨,如《必须加强社会主义精神文明建设》《药品销售中回扣现象再也不能继续下去了》。

(2)事实式。标题陈述基本事实、情况,如《大巴山捕蛇严重导致鼠害猖獗》。

(3)问题式。标题提出问题、规范内容走向,如《职工的归属感从何而来》《首都钢铁公司是怎样实行经济责任制的》。

双标题即只有正题和副题的双行标题,其中正题符合单标题的要求,更多地突出应用文书的主旨,副题则对正题起补充说明的作用,通常说明应用文书写作的内容范围和文种。如《艰苦的拼搏,丰硕的成果——××省供销系统1990年工作总结》。这种标题信息量丰富,表现灵活,简报、总结、调查报告等常用这种标题。

3. 四项式标题

这是由公文式标题变通而成的一种规范的标题形式,通常由单位(或对象)、时限、事项和文种四个部分组成,如《××市××研究所2012年度科研工作总结》。这种形式的标题,程式性强,常用于应用文书中的计划、总结以及法规、规章、经济文书等。单位(或对象)、时限,可以视具体情况而省略一项或两项。

无论是什么样式的标题,作为应用文书,标题都要能显示主旨或者显示主要内容,这是根本性的要求,也是与文学作品灵活多变、异彩纷呈的标题的不同之处。

(二)开头

公文的性质和特点决定了公文的开头必须直截了当、开门见山,愈简洁愈好。开头应当点题或揭示公文的内容走向,并领起下文。常用的开头方式有:

(1)概述情况,简明扼要、切题地介绍有关情况或背景。报告、会议纪要等常用此法开头。

(2)说明根据,常以"根据"、"遵照"、"按照"等词语引出上级指示精神或有关法律、法规,标示行文有据。通知、批复等常用这种方式开头。

(3)直陈目的,常用"为了"、"为"、"……为此"等领起下文。法规、规章、决定、通知等公文常用此方式。

（4）交代原因，常用"由于"、"因为"、"鉴于"等词领起下文，也可直接陈述发文原因。

（5）阐明观点，开头先亮出观点，或者点明主旨，然后加以解释说明，以引起读者的重视。

（6）表明态度，开头直截了当地对批转、转发或发布的文件或者有关的事项、会议表明态度，做出评价，提出看法。批转、转发性通知多以此开头。

（7）引述来文，开头引述对方来文、来电的标题、文号，然后引出下文。复函、批复普遍使用此方式开头。

上述公文开头方式，有时需要多种方式综合运用。例如：《普通高等学校思想政治理论课教师队伍培养规划（2013—2017年）》开篇如下：

为贯彻落实党的十八大精神和《国家中长期教育改革和发展规划纲要（2010—2020年）》，建设一支高素质的高校思想政治理论课教师队伍，根据《中共中央宣传部 教育部关于进一步加强高等学校思想政治理论课教师队伍建设的意见》（教社科〔2008〕5号）精神，结合高校思想政治理论课教师队伍建设实际，特制定本规划。

（三）结尾

公文常见的结尾方式有：

（1）强调式结尾。即正文结束时，对文中的主要问题作强调说明，以引起阅读者的重视。

（2）期请式结尾。如请求上级批复、批转、批准的请示，与对方商洽、商请的函普遍使用此方式收篇。

（3）总结式结尾。即正文结束时，对文中的主要观点或问题做出归纳或总结，使读者对全文有一个较完整的印象。

（4）要求式结尾。如决定、通报，正文结束时常提出要求、希望、号召、建议等。

（5）补充式结尾。即正文结束时，补充交代有关事宜。通知常用这样的结尾。

（6）专用结束语式结尾。如"特此通告"、"特此通报"、"特此通知"、"特此报告"等。

五、公文正文基本内容模块及结构模式

（一）公文正文基本内容模块

因公文显著的特点是规范化体式，所以它的内容相对固定，而这种相对固定内容的基本构成成分便是公文正文基本内容模块。

公文正文的基本内容模块一般来说有五个,即"依据"、"目的"、"文种承启语"、"事项"、"要求"。例如:

××县人民政府关于对2006年度国土资源管理先进单位进行表彰的决定

各乡镇(工委)、县直各部门:

2006年度,各乡镇(工委)和国土资源局在县委、县政府的正确领导下,以科学发展观为指导,与时俱进,开拓创新,①在保护国土资源、保障经济建设、维护农民权益、服务社会发展等各项工作中取得了显著成绩,涌现出了一批先进集体。②为表彰先进,推动今后工作,③经县政府研究决定,对在2006年度国土资源管理工作中作出突出成绩的先进单位予以表彰。

④一、基本农田保护工作先进单位:官厅乡人民政府、留楚乡人民政府。

二、土地集约利用工作先进单位:中小企业局。

三、服务县域经济发展先进单位:饶阳镇、同岳乡、白池村、杨池村、菜园村。

四、服务全县经济建设先进基层单位:国土局耕地保护股、土地开发整理中心。

⑤希望受表彰的先进单位戒骄戒躁,再接再厉,为保护国土资源作出新的贡献。其他单位要以受表彰的先进单位为榜样,切实抓好国土资源尤其是耕地的保护工作,并节约、集约、合理利用建设用地,确保全县耕地不减少、质量不下降。国土资源系统广大干部职工要再鼓干劲、再增措施,强化服务,为促进国土资源事业再上新台阶、推进我县经济实现跨越式发展做出新的贡献。

二〇〇七年五月十日

例文中,段落①前标注的内容为依据;②标注的内容为目的;③标注的内容为文种承启语;④标注的内容为事项;⑤标注的内容为要求。

一般来说,"依据"是公文制发的缘由、现实根据或法律根据,以及有关事件的情况交代等公文制发的出发点。每一篇公文的制发皆有依据。它体现了制发公文的根据、必要性、适时性和针对性。

"目的",即制发公文的目的。目的有时用惯用语"目的句"(或称为"主旨句")表示。目的句是常用"为"、"为了"等介词的提示语句。公文皆有发文目的。"目的"也包括发文的意义。目的句的作用,主要是开宗明义,提示发文的目的、意义或动机,以唤起受文者的注意。

"文种承启语"是承上启下、启示事项的过渡句子。这个句子包含对所发公文属于何种文种的提示。如上例为"决定",所以文种承启语便是"县政府决定"。

"事项"是公文的重点,是公文制作者围绕或根据主旨而展开的内容、叙述的情况、分析的问题、提出的做法、措施或执行方案等系列内容。"事项"集中体现了行政机关对某项工作具体的政务行为、态度。在例文中,"事项"表现为受表彰的对象。

"要求",是文尾针对或围绕事项而提出的希望、号召,强调的问题以及面向全局而作的指示等。在例文中,"要求"表现为对受表彰单位、其他单位、干部职工的希望和要求。

(二)公文正文的结构模式

公文正文基本内容模块通过不同的方式组合,形成不同的结构模式,使公文结构模式表现出变化。这种变换组合必须考虑模块之间内在的逻辑关系,撰写者及读者阅读公文的思维惯性。因此,公文的结构模式又具有相对的稳定性,主要表现为公文正文基本内容模块通常按照固定的排列顺序组合。

如例文中的结构模式是:

"依据"是写作公文的理由、根据,是公文制作的出发点,按逻辑关系位于首位。"目的"是提示行文的背景、动机,应以依据为前提,必定排在依据之后。"文种承启语",必然位于目的之后,事项之前。"事项"之后需要进一步强调,或为落实具体的做法而提出希望及号召等,这些针对事项而提出的意见性"要求",只能排在事项之后的文尾。这是一种完整的公文正文基本内容模块组合方式,属于标准规范的结构模式。但这种模式不是唯一的,可根据具体情形省略其中某些模块,组合出不同的结构模式,包括以下几种:

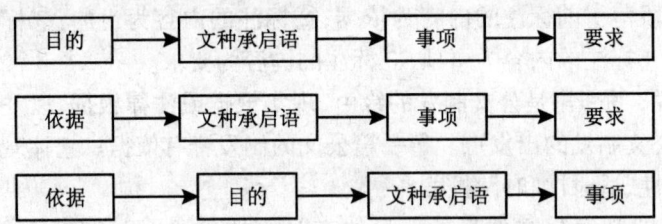

决定公文正文结构模式是否采用省略式,要依据利于突出主题的原则、适应文种特点的原则、服从内容表达需要的原则以及简明精练的原则。

(三)撑握公文正文基本内容模块与及结构模式的意义

1.利于条理清晰地阅读、强化对公文内容结构的认识

认识和掌握了公文正文基本内容模块,尤其是在学习了结构模式图后,由于图形直观、形象、具体,便于理解掌握,因而为灵活运用奠定了基础。

2. 利于规范撰稿思路,逐步提高写作速度

了解公文正文基本内容模块和结构模式,可以将整篇公文的写作训练,变成类似于"模块式技能培训"的写作训练。还能将杂乱无序的谋篇布局思路变成规范性较强的撰稿思路,利于在下笔前对正文结构模式的五个模块进行全面的考虑,选择最佳结构模式,较快速地依程式写出公文。

第四章　应用文书的语言表达

应用文书都是因事而作、都有很强的目的性，不同于文艺性写作的触景生情，可以为抒发情感而挥洒自如。尤其是公务文书的制发都是为了解决机关、团体、单位在工作中亟需解决的实际问题，应用文的语言表达应体现出应用语体的特点和风格。

第一节　语言特点

语言是人类思维的工具和思维成果物化的重要手段，也是应用文书写作的基本工具和内容。应用文书种类众多，尽管内容不同、体式各异，但在语言运用上，总的来说都遵循几个基本的原则，即：准确，规范，简洁，质朴，得体。古人云："言之无文，行而不远。"语言就是思想的"外壳"，就是文章的"肌肤"。一篇文章拥有了美丽而恰切的"外壳"、漂亮的"肌肤"，定会鲜活感人，文章主旨也能传之久远。

应用文书语言的规范性还包括：书写清楚，不乱用简化字，慎用口语、俗语，巧用成语、谚语、歇后语等，要符合文言文法或现代汉语语法习惯。此外，标点符号使用要规范，标点符号也有表意作用，同样可以传达写作者内心与文章中人、事、物、景的思想情感、微妙变化、特质、意蕴。标点符号要标示清楚，标点符号的选用要根据文章内容的需要，不乱用标点符号。

一、准确

所谓准确，就是要从质和量两个方面恰如其分地反映事物，说明情况，分析问题，得出结论。这是公务文书语言最基本的特征和要求。具体要求如下。

（一）用词要切合文章的内容

语言是文章的外在表现，要充分表现文章的主题思想和内容。例如《关于筹委会工作完成情况的报告》一文写道："筹组由 400 名香港永久性居民组成的香港特别行政区第一届政府推选委员会，是筹委会的一项重要任务，也是筹建香港特别行政区的'龙头'。""龙头"一词就非常准确地反映出这项工作在筹建香港特别行政区工作中的先行的、首要的地位和作用。又如:"香港能够实现平稳过渡,在于认真执行了邓小平同志确定的方针,坚持按照香港特别行政区基本法规定的原则和精神办事;今后的50年乃至更长时间,要保持香港的繁荣稳定,关键仍在于坚定不移地、不折不扣地实施基本法。"文中的"坚定不移"、"不折不扣"都十分准确地强调了坚持基本法的决心和态度,用语坚决肯定,给读者留下深刻的印象。

(二)要辨析词语,讲究分寸感、精确感

汉语的词汇极其丰富,同义、近义词语极其纷繁,措辞用语时应当准确、精当,把词语的细微差别体现出来,避免产生歧义。例如:"没有能源的开发和交通运输的发展,工业的发展是不可想象的。""不可想象"一词,意思就含混不清,不知是指"根本不可能",还是指"很困难"。应该在"不可能"和"很困难"两者中选择一个准确达意的词。

在选用近义、同义词时,要注意"辨异"。如"时代"、"时期"、"现代"、"近代"都表示时间划分,但它们所表达的范围不同。"希望"、"盼望"、"渴望"三个词都表达愿望,但主观上的强烈程度却一个强于一个依次递增。"书"、"语文书"属于同一事物,前者表概括的、一般的事物,后者表示具体的、个别的事物。汉语词汇多有各种色彩,主要应注意区别词语的感情色彩,分清其是褒义、贬义,还是中性,根据具体语境来选用。例如:"在科学研究中,有时会遇到瞬息万变的高速运动过程,依赖人的眼睛是无法细致观察的。"这里陈述的是一种客观现象,是不带感情色彩的,"依赖"含有贬义,应该选用中性词"依靠"更好。

口头词语与书面词语的选用,必须考虑语境,加以体味和把握。例如:毛泽东《别了,司徒雷登》:"人民解放军横渡长江,南京的美国殖民政府如鸟兽散。司徒雷登大使老爷却坐着不动,睁起眼睛看着,希望开设新店,捞一把。司徒雷登看见了什么呢?除了看见人民解放军一队一队地走过,工人、农民,一群一群地起来之外,他还看见了一种现象,就是中国的自由主义者或民主个人主义者也大群地和工农兵学生等人一道喊口号,讲革命。总之是没有人去理他,使得他'茕茕孑立,形影相吊',没有什么事做了,只好夹起皮包走。"

这是毛泽东1949年8月16日针对当时美国国务院污蔑中国新民主主义革命的反华白皮书为新华社所写的评论。全文以新闻语体的通俗语言写成。在此基础上,运用了许多口头词语,也运用了一些书面词语,二者配合巧妙,文白相间,亦庄亦谐,生动活泼,讽刺辛辣,含蓄幽默,取得了良好的表达效果。

(三)要正确使用关联词语

正确使用关联词语能准确地表明事物和事理关系,如果滥用和错用关联词语,就会造成意思的混乱和悖谬。常用的关联词语如下：

表假设的有："假如"，"如果"，"即使……也"等。

表条件的有："只要……就……"，"只有……才……"，"无论……都……"等。

表选择的有："或"，"不是……就是……"，"要么……要么……"，"与其……不如……"，"宁可……也不……"等。

表并列的有："也"，"又"，"一面……一面……"，"既……又……"等。

表递进的有："甚至"，"并且"，"不但……而且……"，"既……又要……"，"都……何况……"等。

表转折的有："虽然"，"但是"，"然而"等。

(四)句子表意要恰如其分,不悖事理

公务文书的内容，既要符合党和国家的方针、政策，又要符合实际。这就要求用以表达其内容的语句要正确反映客观事物的本质。无论是用判断句说明事理，还是用陈述句说明情况，或者用祈使句提出要求，都要表达得合情合理、恰如其分、周密得体。

(五)造句要符合语法规范,以准确达意

即要求句子成分完整不能残缺，相关句子成分搭配恰当、顺序合理，从而准确无误地表达意思。例如：

1. 他们必须以开拓的精神,为完成改革的任务。

2. 两年间,这个厂的生产总量,以平均每年递增百分之二十的速度,大踏步向前发展。

3. 市级各有关部门认真贯彻,大力宣传了这次会议精神。

例1缺谓语，去掉"为"或者在"任务"后加上"努力工作"来做谓语成分。例2的主语"总产量"与谓语"发展"搭配不当，可将"大踏步向前发展"改为"大幅度地提高"。例3应调整语序，将"认真贯彻"放到"大力宣传"的后面。

在复句中常常出现的错误是用错关联词，或关联词搭配不当。如："我爱我的家乡,但是我更爱我的祖国。"由于错用了转折关联词"但是"，使原来是递进关系的语句，变成了语意上出现逻辑错误的句子。

二、简洁

应用文书的语言讲究言简意赅，干净利落，不啰唆重复，不拖泥带水。具体要求如下。

(一) 遣词造句紧扣主题

为达到这个要求,遣词造句应从行文目的、对象出发,只讲最为重要的话。

某市人民政府办公厅《关于在全市范围开展"安全月"活动的通知》一文在叙述"安全月"活动的总体指导思想时,语言简洁有力:"今年'安全月'活动的总体指导思想是:狠抓安全生产责任制的落实,加强基层安全管理工作,夯实安全管理基础,消除事故隐患,保障安全。"文章行文没有套话、空话,指导思想明白无误,与主旨无关的不写,众所周知的道理也不再加以说明,做到了无赘字、无赘句。

(二) 力戒浮词冗言,摒弃空话、套话

应用文书,特别是公务文书是为了解决实际问题而撰写的,因此要求用最简练的语言表达尽可能多的实际内容。篇幅冗长、烦琐芜杂的表达不但使人厌读,而且让人不易抓住关键,而空话、套话不承载任何有用信息,这些都妨害公务文书作用的发挥。所以要精心遣词造句,删去一切浮词冗言,空话、套话,以求以少寓多,简洁明快。

公务文书的体式是在长期的应用写作实践中约定俗成的,在拟写时应遵循有关的规范,体现表达方式上的特色,有助于语言简洁。说明事理多采用直接说明、简要说明,陈述事实多用概括式叙述。议论多是直接阐明观点,做出结论。例如:"对已经确定停产整顿或搬迁而未执行,以及检查中发现事故隐患拒不整改的企业,要采取强制性手段,落实各项整改措施。"这是布置性通知中对落实整改措施的具体要求,文章并不详细说道理,而直接讲明要求,语言简洁,语气坚决。

(三) 多用专用词语和有生命力的文言词语

应用文书,尤其是公务文书常用许多文言词语,它们凝练典雅,具有特定的含义,很难用同义白话替代,而且言简意赅,易为人们领会、理解。经长期使用、淘汰选择,已趋于定型的专用词语,使用位置比较固定。如表根据的有:根据,遵照,兹因等;表目的的有:为了,为,为着等;表请示的有:恳请,拟请,特请等;表称代的有:本部,贵厂,该单位等;表询问的有:当否,妥否,是否可行等;表结论的有:为荷,为要等。还有很多单音节的文言词语也是常用的。公务文书中适当使用一些专用词语和文言词语,有助于使语言简明,强化其公务语体,起到白话所起不到的作用。

(四) 使用缩略语、数据、图表等

缩略语包括简缩和数概,它是把多音节的词语或短句,简缩成较少音节的词语的一种方式。如:"三公"经费,"三重一大","五讲四美三热爱","两弹一星","神六","神七";香港特别行政区筹备委员会,简缩为"筹委会";物质文明和精神文明,简称为"两个文明"。使用缩略语、数据、图表等,可以使公务文书文约而辞丰。

例如，国务院前总理朱镕基在第九届全国人大第四次会议上作的《关于国民经济和社会发展第十个五年计划纲要的报告》中指出：

　　对外开放水平不断提高，全方位对外开放格局基本形成。对外经贸体制改革稳步推进，外向型经济迅速发展。2000年进出口总额达4743亿美元，其中出口2492亿美元，分别比1995年增长69%和67%。出口商品结构改善，机电产品和高技术产品所占比重提高。对外开放领域逐步扩大，投资环境继续改善。吸收外资规模增大，质量提高。5年累计实际利用外资2894亿美元，比"八五"时期增长79.6%。国家外汇储备2000年底达到1656亿美元，比1995年底增加920亿美元。

　　这段文字用有说服力的数据，使文章语言简洁而内容充实，清晰地说明了"九五"成绩。

　　公务文书中，用数字来介绍情况，说明问题，提出工作目标的情形较普遍，它简明、准确，增强了公务文书内容的具体感和真实感。但要正确使用好数字，就要注意以下几点：

　　（1）数据要准确。引用到公务文书中的数字要做到准确无误，避免因数字失实影响文章的真实性与可靠性。

　　（2）要尽量将定性与定量相结合。使用数据时，应对其背景材料做必要的说明。运用数据说明时，要做必要的分析和评价。

　　（3）要做到表述正确。

　　倍数只能用于表数量的增加，不能用于表减少；分数则既能用于表数量的增加，又能用于表减少；番数多用于表数量的增加，不用于表数量的减少。

　　"增加到"与"增加了"的数量不相等；"以上"、"以下"表示数目的界限，使用时是否包括本数，要加以明确。凡是"增加"（提高，扩大，上升）后面带"到"、"为"、"至"的便包括原底数，指增加后的总数。"增加"后面带"了"或不带"了"的，则不包括原底数，只指净增加数。同样，"减少"、"下降"、"缩小"、"降低"后面带"到"、"为"、"至"的，均指减少后的余数。"减少"后面带了"了"或不带"了"的，指差数，即纯减少数。

　　定数和约数不能在同一个句子中使用。一般报请性公文中涉及的事项、统计资料，均要用定数。在介绍基本情况，作预测、估计时，则可用约数。约数反映粗略的认识和数量的近似值，在具体表述时，可在数字前加"约"、"大约"、"近"或在数字后加"左右"、"上下"、"以上"、"以下"等。

　　在公文写作使用数字时，要参照《出版物上数字用法的规定》，不得任意乱用、混用汉字数字和阿拉伯数字。目前，文章中使用阿拉伯数字的情形日益增多，反映出与世界接轨的一种发展趋势。

三、质朴

质朴是指应用文书要用朴实无华、平易通俗的语言,直截了当、深入浅出,直言其意。具体的要求是:一是选用词语时,多用词语的本义、直言义,适当选用专用词语、专业词语。一般应避免藻饰和渲染。二是选用句式多为平直的陈述句,不过多使用修饰限制词。三是选用表达方式时,以说明、叙述、议论为主,一般不用描写和抒情。四是以消极修辞为主,选用积极修辞方式时,应以行文需要为条件,有时可以选用引用、比喻、节缩、数概、设问、排比等修辞手法,把事理讲述得明白、生动,道理阐述得深刻、有力,易于读者领悟理解。一般不用夸张、拟人等艺术性强烈的修辞方式。

四、得体

得体是指应用文书语言符合文种要求,符合行文目的,适应使用场合。

公务文书文种丰富,各类文种均有自己的用语要求和语言风貌。如指令性公文命令、决定、指示等注重庄重,严肃;周知性公文通知、通告、通报等讲究平实,通俗,具体;总结、情况反映等强调客观,准确,具体;可行性研究报告突出严谨,周密。

在长期的公务活动中,形成了各种不同的文种,办同类公务时使用同样的文种,需要说一些同类型的话。时间长了,使用多了,这些同类型的话逐渐从使用方法、使用位置上固定下来,形成公务文书特有的用语和表达模式。正确使用这些用语模式是语言得体的重要内容。比如"近查","据查","业经","综上所述","为此","切望","迅当处理"等。公务文书还大量使用介词短语,使表达更趋严密,如表对象、关联的"对,对于,将";表提示范围的"关于";表时间、处所的"自,自从,从,到,在,当,于";表原因的"由,由于,鉴于";表排除的"除,除了",等等。

公务文书语言的得体,还表现在适当地使用模糊语言和委婉用语。模糊语言是指外延不确定,内涵无定指的弹性语言。模糊语言具有概括性特点。它与含糊不清、模棱两可的歧义语言有着本质的区别。模糊语言可用来反映现实生活中大量存在的各种模糊现象。如:"全国绝大多数地区解决了温饱问题,开始向小康过渡;少数地区已经实现小康;温饱问题尚未解决的少数地区,人民生活也有不同程度的改善。""绝大多数地区","少数地区","不同程度"等这些模糊语言,准确地反映出我国的实际情况,使表达更简洁、清晰。但在使用模糊语言时,要适当、适量,该用精确语言的地方就不能用模糊语言代替。一般可将模糊语言与精确语言结合使用,使表情达意疏密有致、张弛有度。"近期内"、"部分"、"全厂上下"、"显著"、

"逐步"、"按有关规定"、"有参考价值"、"有显著转变"、"三番五次"、"经常"等,都是常用的模糊词语。

委婉用语和表达在公务文书中使用也较为广泛。一些不便于也无法直说的内容,可以用委婉语言表述。恰当地使用委婉用语和委婉表达,可以增强语言的分寸感,使文章表现出礼貌、典雅,增强亲和力。如在记者招待会上,有关领导同志表示"在可能的范围内回答提出的问题","感谢中外记者朋友对中国国防感兴趣"等,这也可以说是一种模糊语言。公务文书的语言特点在具体篇章中是综合体现的,不能截然分开,所以在撰写公务文书时,写作者的语言文化素养是十分重要的。

公文常用惯用语简表

序号	类别	作用	常用习惯用语
1	开头用语	主要用于公文开头,表示发语、引据	为、为了、为着、查、接、顷接、根据、据、遵照、依照、按照、按、鉴于、关于、兹、兹因、兹有、兹定于、现将、今、随着、由于
2	称谓用语	用于表示人称或对单位的称谓	第一人称:我、我单位、本公司、我们、敝单位(用于函) 第二人称:你、你局、贵公司、贵方(用于函) 第三人称:他、该公司
3	递送用语	表示文、物递送方向	上行:报、呈 平行:送 下行:发、颁发、颁布、发布、印发、下发、下达
4	引叙用语	用于复文引据	悉、收悉、近悉、接、顷接、现接、据
5	拟办用语	用于拟办、审批	拟办:责成、交办、试办、办理、执行 审批:同意、照办、批准、可行、可办、不可
6	经办用语	用于标明进度	经、业经、已经、兹经、拟将、拟定、责成
7	过渡用语	用于承上启下	鉴于、为此、对此、据此、有鉴于此、为使、对于、关于、现将……如下、答复如下
8	期请用语	用于表示希望请求	上行:请、恳请、拟请、特请、报请 平行:请、拟请、特请、务请、如蒙、即请、切盼 下行:希、望、尚望、切望、希予、勿误

续表

序号	类别	作用	常用习惯用语
9	结尾用语	用于结尾收束	上行：当否，请批示；可否，请指示；如无不当，请批转；如无不妥，请批准；特此报告；以上报告请审核；以上意见如无不当，请批转……执行 平行：为盼、为荷、特此函达、尚望函复为宜 下行：为要、为妥、望遵照执行、此复……现予公布、特此通知、特此公告、特此通告、此令
10	征询用语	用于征求、询问对有关事项的意见、态度	当否、妥否、可否、是否妥当、是否同意、如无不妥、如无不当、如果可行

第二节 表达方式

表达是将思维成果用语言反映出来的一种行为。所谓表达方式是运用语言来介绍情况、陈述事实、阐述观点、总结经验、探索规律、表达感情的具体方法、手段。文章是客观事物的反映。客观事物是千差万别的，并且人们在反映客观事物、表达主观认识时，由于出发点不同，目的角度不同，因而使用的方法和手段也各不相同，从而形成不同的表达方式。通常人们常用的表达方式有五种，即叙述、议论、说明、描写、抒情。应用文书受其性质和写作目的之制约，常用的表达方式为说明、叙述、议论。这三种表达方式的使用在不同文种中，多有不同侧重，往往以其中一种为主，同时辅以其他两种表达方式。

一、说明

说明是用简洁明了的文字，客观地解说事物或事理，以便人们清楚地认识事物或事理的性质、状态、特征、成因、构成、关系、功能等的表达方式。

说明的对象非常广泛，可以是具体的事物，如山川河流、工艺文物；也可以是抽象的事理，如思想观念、名词术语。

（一）说明的作用

说明作为一种语言表达手段，不但是说明类文章的基本表达方式，也是记叙、议论文章常用的表达方式,在各类文种中被广泛地使用。在记叙类文章中,它常用作解说人物经历、事物特点,介绍背景。在议论类文章中,它可以交代论据,对某些概念、知识做注释性介绍。

在应用文书中,说明是主要的表达方式之一。法规、规章、启事、合同、计划、产品说明书等的撰写都以说明为主要表达方式。公务文书中的说明,常与叙述、议论同时使用。如工作报告、决定、通报、总结、调查报告、简报等文种,在交代背景、述说事实、提供论据时,常把叙述与说明结合使用;在阐述道理、得出结论时,又常常是议论与说明结合使用,使表述的事理更加清晰、透彻、具体。例如,《中华人民共和国国民经济和社会发展第十二个五年(2011—2015年)规划纲要》开篇就言简意赅说明"十二五"规划纲要的制定意义,即"主要阐明国家战略意图,明确政府工作重点,引导市场主体行为,是未来五年我国经济社会发展的宏伟蓝图,是全国各族人民共同的行动纲领,是政府履行经济调节、市场监管、社会管理和公共服务职责的重要依据"。

(二)说明的种类

1. 定义说明

定义说明是对事物的本质属性做简要说明的方法。它重点地讲明事理、事物的质的规定性。例如,《电子出版物管理规定》第二条对什么是电子出版物做了定义说明:"本规定所称电子出版物,是指以数码方式将图文声像等信息编辑加工后存储在磁、光、电介质上,通过计算机或者具有类似功能的设备读取使用,用以表达思想、普及文化知识和积累文化,并可复制发行的大众传媒体。"在定义说明中,判断词"是"的前、后项是可以互换的,在互换后对定义内容并无影响。

2. 分类说明

分类说明是将事物按一定的标准划分成不同类别,并分门别类地加以说明的方法。例如,国家环境保护总局2000年6月5日发布的《关于〈1999年中国环境状况公报〉的说明》就采用了分类说明的表达方式。先总说国家目前的状况,然后从"水环境"、"海洋环境"、"大气环境"、"工业固体废物"、"辐射环境"、"耕地与土地"、"森林与草地"、"生物多样性"、"气候与自然灾害"几个方面来分别说明情况,把国家环境状况清清楚楚地展现在国人面前。

3. 举例说明

举例说明是列举具体的例子说明事物特征的方法。其作用是把比较抽象、复杂的事物和事理解说得更加具体而明晰。通常有典型性举例和列举性举例两种。前者能使被说明的事物更为具体、清楚;后者能使被说明事物的范围更清楚。例如,《中共中央国务院关于进一步加强社会治安综合治理的意见》(2001年9月5

日)指出:"目前,我国经济发展、政治稳定、民族团结、社会进步,总体形势很好。但也要看到,我国仍面临着错综复杂的国内外环境,影响社会稳定的因素依然存在。主要是:敌对势力加紧对我国进行渗透和破坏活动,境内外民族分裂势力、宗教极端势力和暴力恐怖势力相互勾结,利用所谓民族、宗教、人权等问题制造事端,企图破坏我国的社会稳定……"在列举了我国面临的复杂情况后,提出解决问题的要求:"全党必须认真学习贯彻江泽民同志的重要讲话精神,以'三个代表'重要思想为指导,始终坚持社会治安综合治理的方针,积极探索新形势下做好社会治安综合治理工作的新方法、新措施,切实维护社会政治稳定,努力为改革开放和社会主义现代化建设创造更好的社会治安环境。"

举例说明要求所选例子真实、具体、有代表性。否则不能达到变抽象为具体、变复杂为简明的目的。

4. 数字说明

数字说明是用确凿的数据来说明事物和事理的方法。在公务文书中使用数字说明往往能起到以一当十的作用。例如,胡锦涛同志《在全国抗震救灾总结表彰大会上的讲话》介绍汶川地震时指出:

四川汶川特大地震是新中国成立以来破坏性最强、波及范围最广、救灾难度最大的一次地震,震级达里氏8级,最大烈度达11度,余震3万多次,涉及四川、甘肃、陕西、重庆等10个省区市417个县(市、区)、4667个乡(镇)、48810个村庄。灾区总面积约50万平方公里、受灾群众4625万多人,其中极重灾区、重灾区面积13万平方公里,造成69227名同胞遇难、17923名同胞失踪,需要紧急转移安置受灾群众1510万人,房屋大量倒塌损坏,基础设施大面积损毁,工农业生产遭受重大损失,生态环境遭到严重破坏,直接经济损失8451亿多元,引发的崩塌、滑坡、泥石流、堰塞湖等次生灾害举世罕见。

从这个例子不难看出,用数字说明事物、情况,可以更科学、精确、简洁地勾勒出事物的客观面貌,给读者十分具体的印象。

5. 比较说明

比较说明是将相似或不同的事物进行类比、对比来说明事物的特征的方法。

在公务文书中,比较说明常常与数字说明同时使用。通过用数字对比反映量的变化,将客观事物的变化特征鲜明地展示出来。例如,国家发展计划委员会主任曾培炎《关于2000年国民经济和社会发展计划执行情况与2001年国民经济和社会发展计划草案的报告》,在介绍"去年计划执行情况"时指出:

全年进出口总额4743亿美元,比上年增长31.5%,其中出口增长27.8%,进口增长35.8%。新批外商投资项目比上年增长32.1%,合同利用外资金额增长51.3%。实际利用外资590亿美元,其中外商直接投资407亿美元。

在使用比较说明时,比较的事物之间要有可比性,比较的标准应一致。公务文书中,除经常使用上述几种说明方法外,还常用图表说明、引用说明。在特殊情况下还使用比喻说明、描写说明等。

(三)公务文书中说明的特点

1. 公务文书行文时,往往是说明、议论、叙述结合使用,只用"说明"一种表达方式的情况极少。即使是以说明为主的一些文种,也大都离不开议论、叙述。几种表达方式结合使用,可以相辅相成,相得益彰,使表达清楚、有力。

2. 多种说明方式常常同时使用。如数据说明和比较说明结合运用,可以从定量、定性两个方面把工作、生产、经济活动等情况的历史、现状和发展变化解说得更为具体、确切,增强人们对事物的认识。

3. 公务文书在使用说明时,更讲究说明的客观性、内容的科学性和语言的准确性。

二、叙述

叙述是有次序地将人物的经历、事件的发展变化过程叙说交代出来的一种表达方式。完整的叙述一般有六个要素,即:时间,地点,人物,事件,原因,结果。

(一)叙述的作用

叙述在写作中的使用频率最高,不论非文学作品还是文学作品都离不开它,是最基本的表达方式。在公务文书中,它是情况报告、表彰或处分通报、调查报告、事故报告等文种的主要表达方式。它主要用于交代背景,介绍文章涉及的人、事、单位的情况,记述事件的发生、发展、结局,以及为论文提供事实依据等。

(二)叙述的人称

人称是指作者叙述的观察点、立足点。

叙述时,以参与者的身份出现,叙述"我"、"我们"的见闻、经历、认识感受,称之为"第一人称"叙述。选用第一人称叙述能给读者真实、亲切的感受,这是主观性叙述。

叙述时,作者以旁观者的身份,置身于事件之外,从旁叙述"他"、"他们"的言行,交代事件、环境为"第三人称"叙述。选用第三人称叙述,可不受时空和是否亲身经历的限制,因此叙述面较广、较自由,这是客观性叙述。

作者直接叙述"你"、"你们"的思想、行为,称为"第二人称"叙述。使用第二人称,有直接对话的亲临感,让读者感到在面对面的交流。

在公务文书中,三种人称大都单独使用。如撰写总结、拟订计划,必须采用第一人称。而调查报告主要使用第三人称。在有些文种中,三种人称须同时使用,如涉及第三方单位的来函、去函、情况通报,常出现"我们"、"你们"、"他们"。在交叉使用两种人称时,应十分慎重,不能随意打乱叙述线索,在人称转换时,应有交代和过渡,要注意人称的准确,叙述脉络的合理、清晰。

(三)叙述的方法

1. 顺叙

顺叙是按照人物经历或事件发生、发展的自然时序进行的叙述。例如,李铁映在祝贺新华书店创建60周年的贺信中写道:

新华书店是我党在新民主主义革命时期创立的集出版、印刷发行为一体的机构。在革命战争的年代,新华书店所印刷、发行的大量革命书籍,激励着无数战士冒着敌人的炮火,冲锋陷阵,吸引着众多的进步青年追求真理、投奔革命。新中国建立以后,新华书店作为我国图书发行事业的主渠道,在社会主义两个文明建设中发挥了巨大的作用。今天凡是能够识字的中国人,几乎都读过由新华书店发行的图书;新中国一代又一代的知识分子,都把新华书店作为自己学习知识、探求真理的良师益友。

贺信按照时间顺序将新华书店的诞生、发展,及其在各个历史时期的作用、地位,简洁明了地作了介绍。这种顺叙的方式使行文顺其自然,来龙去脉条理分明,便于组织材料,贯通文理,符合人们的认识规律,易为读者理解,是公文中常用的叙述方法。

2. 倒叙

倒叙是把事件的结局或事件中最突出的片段提到前面来叙述,然后再以顺叙的方式进行叙述。这种表达方式开卷生波,形成悬念,能够很好地突出重点,增强读者的阅读兴趣,是快速抓住读者的有效方式。

3. 插叙

插叙是在叙述主要事件的过程中,因为需要,暂时中断叙述主线,插入与中心事件有关的内容的叙述。插叙可以对人、事、景物做说明、补充和解释。它可以丰富文章的内容,使行文疏密有致。使用插叙,要注意自然妥帖地插在关键部位,插叙结束即回到叙述主线上,使主线的重要地位得到保障。

这种叙述方式,在公务文书中使用较少。

(四)公务文书叙述的特点

1. 以概述为主,一般不使用具体叙述。公务文书的叙述要求概括准、线条粗,着重事的整体勾画,不要求具体、详尽。着眼于借之以显示原委,表明事理。掌握这种叙述方法的关键在于对事件要有整体的清晰的认识,否则难以把握好取舍详略的尺度。

2. 以顺叙为主,讲究平铺直叙,注重事件的过程性特点,符合人们的认识规律,能让读者尽快了解所叙的内容。

3. 常与其他表达方式结合使用。如夹叙夹议,叙事论理,叙述说明等。

三、议论

议论是作者就某个问题、事件进行评论、分析,表明自己的观点、意见、态度的一种表达方式。

(一)议论的作用

议论这种表达方式被广泛地运用在各类文体中。在文章中使用议论,能更有效地突出文章的观点,使主题更为鲜明,同时也能加深文章的理论深度,使人们对事物的认识从感性上升到理性。

(二)议论的构成

完整的议论由论点、论据、论证构成。

1. 论点

论点是议论价值的体现,是作者的观点、主张、态度。常常由作者直截了当地提出。如:"党政领导干部选拔任用工作,是关系党和国家全局的大事。""人民日报是中国共产党中央委员会的机关报,肩负着宣传邓小平建设有中国特色社会主义理论和党的基本路线,宣传党的方针政策,传达党中央和国务院一个时期的工作部署和重大决策的重要任务。"

论点分为中心论点和分论点。中心论点是文章论述的核心,也称作基本论点、大论点。分论点是围绕中心论点、支撑中心论点的小论点。

2. 论据

论据是论点成立的理由和依据,即证明论点的材料。论据包括事实论据、理论论据。事实论据指客观存在的情况、数据、事实等。理论论据指被实践证明了正确的理论,如科学原理、定律、公理、格言、警句等。

论据支撑论点,论点统率论据,两者相辅相成。

3. 论证

论证是组织和运用论据证明论点成立的过程和方法。

在三要素中,论点是核心,论据是基础,论证是连接论点和论据的桥梁。

(三)议论的类型

若从证明论点的方式来划分,议论有立论和驳论两种。

立论又称证明,是针对问题或事件,运用论据从正面证明自己的主张和见解。公务文书在写作时往往省略论证过程,直接出示结论、结果。驳论是反驳对方观点,证明对方观点错误,从而确立自己观点的论证方法。立论和驳论是相辅相成的,其划分也并不是绝对的。在立论文章中,常有驳论。要确立任何一个观点、主张,便意味着要否定、批驳与之相对立的观点,破与立是辩证统一的,只不过在运用时有所侧重而已。

(四)论证的方法

论证的方法有许多种,公务文书常用的有以下几种。

1. 例证法

例证法是用事实作论据,直接证明论点的方法。例如,《中共中央纪委十八大工作报告》指出:

坚决查办违纪违法案件,维护党纪国法的严肃性。把查办案件放在突出位置,重点查办领导机关和领导干部中滥用职权、贪污贿赂、腐化堕落、失职渎职案件,涉案人员职级不高但数额巨大、影响恶劣的案件,以及发生在群众身边的腐败案件。2007年11月至2012年6月,全国纪检监察机关共立案643759件,结案639068件,给予党纪政纪处分668429人。涉嫌犯罪被移送司法机关处理24584人。全国共查办商业贿赂案件81391件,涉案金额222.03亿元。坚决查处了薄熙来、刘志军、许宗衡等一批重大违纪违法案件,表明了我们党反对腐败的坚强决心。建立健全防逃追逃追赃机制,协调有关部门成功将赖昌星等一批外逃的重大案件涉案人员缉捕归案。坚持依纪依法、安全文明办案,加强案件审理、申诉复查和案件监督管理工作,保障党员干部的合法权益。信访举报渠道更加畅通,查办案件组织协调机制更加健全。剖析违纪违法案件,建章立制,堵塞漏洞,查办案件治本功能进一步发挥。

运用例证法应做到选用的论据无论是具体事例、统计数据,还是概括的事实,都要真实典型,为论点服务,有说服力,防止以偏概全;量要适度,不能太少,亦不可过多,以免冲淡论点。

2. 引证法

引证法是引用经典性言论,党和国家政府的文件,科学上的公理和定理,格言、谚语来直接证明论点的正确性的方法,具有极大的权威性和鲜明的理论性。例如,江泽民同志《在中国共产党第十五次全国代表大会上的报告》中指出:

在党的纲领中明确提出社会主义初级阶段的科学概念,这在马克思主义历史上是第一次。邓小平在谈到建设初级阶段的社会主义时特别强调:"我们现在所干的事业,是一项新事业。马克思没有讲过,我们的前人没有做过,其他社会主义国家也没干过,所以,没有现成的经验可学。我们只能在干中学,在实践中摸索。"这就是说,在中国,真要建设社会主义,那就只能一切从社会主义初级阶段的实际出发,而不能从主观愿望出发,不能从这样那样的外国模式出发,不能从对马克思主义著作中个别论断的教条式理解和附加到马克思主义名下的某些错误论点出发。

引证法在公务文书中被广泛使用,在使用这种方法时,要完整、准确地把握原义,不能断章取义。在引用原文时,要做到引用的语句、标点都完全正确。只有这样,才能使引证为文章增强表现力和说服力。

3. 对比法

对比法是将性质相反、相对或有区别的事物进行比较、对照,以证明论点的方法。例如:

我们党执政以后,特别是在新的历史条件下,能不能成功地解决党内监督问题,尤其是对高中级干部的监督问题,是加强党的建设需要解决的一个重要问题。从党的建设实践看,这方面既有经验也有教训。哪个地方、部门什么时候党内监督工作抓得比较紧,民主集中执行得比较好,个人专断、滥用职权和"有令不行,有禁不止"的情况就比较少,消极腐败现象也会受到抑制,出了问题一般也能得到及时解决。反之,监督工作薄弱,民主集中制受到破坏,权力被滥用而又得不到制止,往往就会出问题,甚至大问题。

4. 因果法

因果法是通过分析事理,揭示论点和论据之间的因果关系来证明观点正确的方法。例如:

使用有机肥料,是我国农业生产的优良传统。但近几年来,在农村出现了重化肥轻有机肥、重用地轻养地、重产出轻投入的倾向,不少地区农家肥的使用减少,绿肥作物种植面积下降,大中城市的粪肥、垃圾也很少利用。出现这种情况的主要原因:一是普遍放松了对有机肥料工作的领导,没有把它摆到应有的位置;二是积造有机肥料的劳动强度大,手段落后,加上农民对土地利用存在短期行为,不愿意多投入有机肥;三是没有制定相应的政策,缺乏必要的经济扶持政策。实践证明,长期单一使用化肥,不能满足农作物对多种养分的需要。各地应十分重视有机肥资源的开发和利用,鼓励农民多施有机肥料,增加对土地的投入,搞好地方建设。

因果分析是论证的重要方法,因为事物发展没有无因之果,也没有无果之因,因果联系是事物的客观联系,采用这种论证方法,便于阐明道理,说明原因,指明发展趋势。

(五)公务文书议论的特点

(1)常常采用不完整论证,简化论证过程,直接表明论证结果、立场、主张等。

（2）多以正面论证为主,旗帜鲜明地表明观点。

（3）往往与其他表达方式结合使用,夹叙夹议是最常见的方式。这样可以节约叙述、说明的笔墨,又使言论恰当地突出矛盾的焦点、问题的中心,使文章的篇幅、行文的节奏得到较好的控制。

第五章 行政公文写作

这里的行政公文指的是《国家行政机关公文处理办法》规定的公务文书,即俗称的"红头文件"。

第一节 国家公文的沿革

新中国成立以来,《国家行政机关公文处理办法》经过了多次修订。下面对公文文种沿革情况作简单介绍,读者从中可以看出国家体制变化、政策调整的轨迹。

1951年9月政务院发布《公文处理暂行办法》,规定了7类12种行政公文:(一)报告、签报;(二)命令;(三)指示;(四)批复;(五)通报、通知;(六)布告、公告、通告;(七)公函、便函。当时没有"请示"文种,"请示"和"报告"是不分的,这也造成多年来这两个文种使用的混乱。"签报"和"便函"均为公文文种,当时国家尚未完全脱离战争状态,这两种运转快捷的文种是适应当时形势的需要产生的。

1957年11月国务院秘书厅发布《公文名称和体式问题的几点意见》,规定了7类12种行政公文:(一)命令、令;(二)指示;(三)报告、请示;(四)批复、批示;(五)通报、通知;(六)布告、通告;(七)函。"请示"从"报告"中分离出来,成为独立文种。同时取消了"签报"和"便函"。

1981年2月27日国务院办公厅发布《国家行政机关公文处理暂行办法》(国办发〔1981〕15号),规定了9类15种行政公文:(一)命令、令、指令;(二)决定、决议;(三)指示;(四)布告、公告、通告;(五)通知;(六)通报;(七)报告、请示;(八)批复;(九)函。当时实行计划经济,增加了"指令",这一文种有着时代烙印。删去了"批示"。

1987年2月18日国务院办公厅发布《国家行政机关公文处理办法》(国办发〔1987〕9号),规定了10类15种行政公文:(一)命令(令)、指令;(二)决定、决议;(三)指示;(四)布告、公告、通告;(五)通知;(六)通报;(七)报告、请示;(八)批复;(九)函;(十)会议纪要。增加了"会议纪要",一般地说"会议纪要"具有指示性和信息性,"会议纪要"和"指令"同为行政公文文种,体现出计划经济向市场经济的过渡。

1993年11月21日国务院办公厅修订并发布《国家行政机关公文处理办法》(国办发〔1993〕81号),规定了12类13种行政公文:(一)命令(令);(二)议案;(三)决定;(四)指示;(五)公告、通告;(六)通知;(七)通报;(八)报告;(九)请示;(十)批复;(十一)函;(十二)会议纪要。取消"指令",国家确定市场经济为国家经济体制。增加"议案"体现政治民主、依法治国。将"报告"和"请示"分离成为不同文种,有利于纠正请示和报告不分的情况。

2000年8月24日国务院发布《国家行政机关公文处理办法》(国发〔2000〕23号),规定了13个种类的行政公文:(一)命令(令);(二)决定;(三)公告;(四)通告;(五)通知;(六)通报;(七)议案;(八)报告;(九)请示;(十)批复;(十一)意见;(十二)函;(十三)会议纪要。新《办法》同1993年《办法》比较,取消了"指示","指示"提出工作的指导原则,为下行文。"决定"和"通知"比"指示"更明确、具体。新增"意见"有利于管理民主、简政放权。特别应注意的是,此次的发布机关是国务院,体现的是国家意志,显示出中国加入WTO后,国家将公文管理纳入中央政府管理范围,中国将与世界全面接轨。

为统一中国共产党机关和国家行政机关公文处理工作,2012年4月6日,中共中央办公厅、国务院办公厅联合印发了《党政机关公文处理工作条例》(以下简称《条例》),同时废止了1996年中办印发的《中国共产党机关公文处理条例》和2000年国务院印发的《国家行政机关公文处理办法》(以下简称《办法》)。《条例》的发布施行,对推进党政机关公文处理工作科学化、制度化、规范化必将发挥重要作用。

新颁布的《条例》规定公文种类主要有:(一)决议;(二)决定;(三)命令(令);(四)公报;(五)公告;(六)通告;(七)意见;(八)通知;(九)通报;(十)报告;(十一)请示;(十二)批复;(十三)议案;(十四)函;(十五)纪要。

第二节　公文的格式

现行国家公文标准格式于1999年制发,相比于1988年的国家标准在许多方面作了修订,比如:增加了公文用纸的主要技术指标以及印刷和装订要求;增加了每页正文行数和每行字数以及各要素标识的字体和字号;增加了主要公文式样;对公文用纸的规定作了较大调整,将国际标准A4型纸作为公文用纸纸型,等等。新标准更加适应现行行政公文在制作和处理方面的要求,内容更丰富,标准更详细,对促进公文的规范化、国际化具有重要意义。

一、公文的文面格式

(一)公文用纸

1. 公文用纸主要技术指标

公文用纸一般使用的纸张定量为 $60g/m^2$ ~ $80g/m^2$ 的胶版印刷纸或复印纸。纸张白度为 85% ~ 90%,横向折度≥15 次,不透明度≥85%,pH 值为 7.5 ~ 9.5。

2. 公文用纸幅面及版面尺寸

公文用纸采用 GB/T148 中规定的 A4 型纸,其成品幅面尺寸为 210mm × 297mm,尺寸允许偏差见 GB/T148。

公文用纸天头(上白边)为:37mm ± 1mm

公文用纸订口(左白边)为:28mm ± 1mm

版心尺寸为:156mm × 225mm(不含页码)

3. 文中图文的颜色

未作特殊说明公文中图文颜色均为黑色。

(二)排版规格与印刷装订要求

正文用 3 号仿宋体字,文中若有小标题可用 3 号小标宋体字或黑体字,一般每面排 22 行,每行 28 个字。

二、一般公文各要素标识格式

公文格式标准将组成公文的各要素划分为眉首、主体、版记三部分。

置于公文首页红色反线(宽度同版心,即 156mm)以上的各要素统称眉首;置于红色反线(不含)以下至主题词(不含)之间的各要素统称主体;置于主题词以下的各要素统称版记。

其中"眉首"、"版记"两个概念在公文印制行业已使用多年,"主体"是新修订的标准提出的新概念。之所以这样划分,是为叙述方便,更重要的是这三个部分各有其特点,具有相对的独立性,界限比较明显。

眉首的特点是位置相对固定,掌握了本标准对眉首所含各要素位置的规定,就可以设计文件的"红头"部分。

主体的特点是位置经常变动,依公文内容的长短而定。由于公文实质性的内容均在此部分,称之为"主体"有其道理。

版记的特点是位置要依公文主体的构成而定。由于按本标准的规定公文要双面印刷,版记的位置有处于哪一面的问题;如果公文有附件,版记还存在放在正文后还是放在附件之后的问题。因此版记有必要作为一个单独部分加以叙述。

用一个形象的比喻,眉首可称之为公文的"头",主体称之为公文的"身",版记称之为公文的"脚"。把公文各要素分为"头"、"身"、"脚"三部分,既方便从总体上掌握其联系,又便于对其进行"解剖",掌握其区别。

(一)眉首部分

1. 公文份数序号

公文份数序号是将同一文稿印制若干份时每份公文的顺序编号。用阿拉伯数码顶格标识在版心左上角第1行。

并不是所有的公文都需要编制份数序号。《条例》规定带有密级的公文要编制份数序号,也是为了年终归档方便查核。

2. 秘密等级和保密期限

如需标识秘密等级,用3号黑体字,顶格标识在版心右上角第1行,两字之间空1字;如需同时标识秘密等级和保密期限,用3号黑体字,顶格标识在版心右上角第1行,秘密等级和保密期限之间用"★"隔开。

根据《条例》的规定,涉及国家秘密的公文应当按照国家秘密及其密级具体范围的规定分别标明"绝密"、"机密"和"秘密"。

"绝密"是最重要的国家秘密,泄露会使国家的安全和利益遭受特别严重的损害。

"机密"是重要的国家秘密,泄露会使国家的安全和利益遭受严重的损害。

"秘密"是一般的国家秘密,泄露会使国家的安全和利益遭受损害。在国家行政机关的公文中应按照上述要求标识公文的秘密等级。

保密期限是对公文密级的时效加以规定的说明。

3. 紧急程度

如需标识紧急程度,用3号黑体字,顶格标识在版心右上角第1行,两字之间空1字;如需同时标识秘密等级与紧急程度,秘密等级顶格标识在版心右上角第1行,紧急程度顶格标识在版心右上角第2行。

4. 发文机关标识

发文机关标识格式:由发文机关全称或规范化简称后加"文件"组成。如:"国务院文件","中共中央文件",其中"中共中央"是规范化简称。对一些特定的公文可只标识发文机关全称或规范化简称,不加"文件"二字。

关于发文机关标识的位置,格式标准提出了两种。

第一种是用于平行文或下行文,发文机关标识上边缘至版心上边缘为25mm,也就是留出25mm(约2行)位置用于标识上述的份数序号、密级和紧急程度。要注意,即使上述3项要素均不需要标识,也要留出这段空白,也就是说,在设计文件红头时,发文机关位置应自上页边起留出天头37mm+25mm=62mm的距离。

第二种仅限于上行文,凡上报的公文发文机关标识上边缘至版心上边缘为80mm,即要留出80mm-25mm=55mm的空白供上级机关批示文件用,也就是说上行文发文机关标识距上页边为天头37mm+25mm+55mm=117mm。

5. 发文字号

发文字号由发文机关代字、年份和序号组成。发文字号在发文机关标识下空2行,用3号仿宋体字,居中排布;年份、序号用阿拉伯数码标识;年份应标全称,用六角括号"〔〕"括入;序号不编虚位(即1不编为001),不加"第"字。

发文字号之下4毫米处印一条与版心等宽的红色反线。

年份要用全称,不应简化,如"87"、"93"等均属标识不正确。年份应用六角括号"〔〕"括起。注意六角括号不是数学公式的中括号,因为当引用公文时,标题后面的发文字号要用圆括号"( )"括起,如果年份用中括号括起,就违反了低级符号中不得包含高级符号的原则。因此称之为"六角括号",与数学的中括号相区别。另外,二者形状也略有不同。有的文件把年份用圆括号括起,是不规范的标注,应该按本标准的规定使用六角括号。

序号是发文的顺序号。一般都是按文件的形式统一编,即是哪个部门主办的,只要是同一发文形式,就要统一按顺序编号。有的机关按主办部门或按文件内容划分编序号,是一种较烦琐的办法。本标准规定序号不编虚位,不加"第"(有的单位加"字")等虚字,主要是讲究实用,尽量减少公文的字数。

发文字号的位置,本标准规定在发文机关标识下空2行,规定在发文字号之下4毫米处印一条与版心同宽的红色反线,这样就明确了发文机关标识与红色反线之间的距离是3行,发文字号应标在第3行,并且不要紧贴红色反线,空出约4毫米的距离(实际工作中只要不贴红色反线即可)。发文字号应居中。

6. 签发人

上报的公文需标识签发人姓名,主要目的是使上级单位的领导了解下级单位谁对上报事项负责。

签发人应平行排列于发文字号右侧。发文字号居左空1字,签发人姓名居右空1字;"签发人"后标全角冒号,冒号后用2号楷体字标识签发人姓名。

(二)主体部分

1. 公文标题

红色反线下空2行,用2号小标宋体字,可分一行或多行居中排布;回行时,要做到词意完整,排列对称,间距恰当。

2. 主送机关

标题下空1行,左侧顶格用3号仿宋体字标识,回行时仍顶格;最后一个主送机关名称后标全角冒号。如主送机关名称过多而使公文首页不能显示正文时,应将主送机关名称移至版记中的主题词之下、抄送之上,标识方法同抄送。

3. 公文正文

主送机关名称下一行,每自然段左空2字,回行顶格。数字、年份(用阿拉伯数码标识的)不能回行。

4. 附件

公文如有附件,在正文下空1行左空2字用3号仿宋体字标识"附件",后标全角冒号和附件名称。附件如有序号使用阿拉伯数码(如:"附件:1.××××");附件名称后不加标点符号。附件应与公文正文一起装订,并在附件左上角第1行顶格标识"附件",有序号时标识序号;附件的序号和名称前后标识应一致。如附件与公文正文不能一起装订,就在附件左上角第1行顶格标识公文的发文字号并在其后标识附件(或带序号)。

5. 成文时间

成文日期是公文生效的时间,是公文的一项重要内容。公文如果没有生效时间,在某种意义上说就是"一纸空文"。格式标准规定成文日期要用阿拉伯数字书写。成文时间的标识位置视具体情况而定。

6. 公文生效标识

公文生效标识是证明公文效力的表现形式。它包括发文机关印章或签署人姓名。公文生效标识有以下两种情况,一种是单一发文机关的公文生效标识,另一种是联合行文机关的公文生效标识。

(1) 单一发文机关的生效标识

印章是公文的生效标志,所以每份公文都应签注印章。

(2) 联合行文的生效标识

当联合行文需加盖两个印章时,应将成文时间拉开,左右各空7字;主办机关印章在前;两个印章均压成文时间,印章用红色。只能采用同种加盖印章方式,以保证印章排列整齐。两印章间互不相交或相切,相距不超过3毫米。

(3) 特殊情况说明

当公文排版后所剩空白处不能容下印章位置时,应采取调整行距、字距的方法加以解决,务使印章与正文同处一面,不得采取标识"此页无正文"的方法解决。

7. 附注

公文如有附注,用3号仿宋体字,居左空2字加圆括号标识在成文时间下一行。附注一般是对公文的发放范围、使用时需注意的事项加以说明,如"此件发至县团级"、"此件可见报"等,不是对公文的内容作出解释或注释。

(三)版记

2012年中办、国办联合印发了《党政机关公文处理工作条例》,在格式上取消了"主题词"。

1. 抄送

公文如有抄送,在主题词下1行;左空一字用3号仿宋体字标识"抄送",后标全角冒号;抄送机关间用顿号隔开,回行时与冒号后的抄送机关对齐;在最后一个抄送机关标句号。

2. 印发机关和印发时间

位于抄送机关之下(无抄送机关在主题词之下)占1行位置,用3号仿宋体字。印发机关左空1字,印发时间右空1字。印发时间以公文付印的日期为准,用阿拉伯数码标识。

格式标准规定印发机关左空1字,印发时间右空1字,并且只能占一行位置。因此,印发机关如果字数太多,可以自行简化;本标准规定印发日期用阿拉伯数码标识,也有尽量缩小占格的考虑,以保证一行位置能容下印发机关和印发日期。

3. 版记中的反线

版记中各要素下均加一条反线,宽度同版心。

4. 版记的位置

版记应置于公文最后一页(封四),版记的最后一个要素置于最后一行。

版记一定要放在公文的最后即公文的最后一面(本标准规定公文双面印刷)的最下面的位置。之所以这样规定,是为了保证公文的完整性。

(1)公文主体之后的空白容不下版记的位置,需另起一页标识版记,此时版记要放在最后一面,即使前一面完全空白也没有关系。

(2)公文的篇幅如果在一个折页(即有四面)以上,这时公文的页数一般应是4的倍数,此时版记也一定要放在最后一面,而不管前面的空白有多少(一般不会超过3面)。

(3)公文有附件。如果附件最后的空白能够容下版记,而该页又正是4的倍数,此时版记应置于该空白处,以免造成不必要的浪费。如果附件是被转发的文件,该文件后面也有版记,此时被转发文件的版记不能代替转发文件的版记,转发文件还应标识自己的版记。

(四)页码部分

用4号半角白体阿拉伯数码标识,置于版心下边缘之下一行,数码左右各放一条4号一字线,一字线距版心下边缘7毫米。单页码居右空1字,双页码居左空1

字。空白页和空白以后的页不标识页码。

（五）公文中的表格

公文如需附表，对横排 A4 纸型表格，应将页码放在横表的左侧，单页码置于表的左下角，双页码置于表的左上角，单页码表头在订口一边，双页码表头在切口一边。

公文如需附 A3 纸型表格，且当最后一页为 A3 纸型表格时，封三、封四（可放"分送"，不放页码）应为空白，将 A3 纸型表格贴在封三前，不应贴在文件最后一页（封四）上。

（六）公文的特定格式

1. 信函式格式

发文机关名称上边缘距上页边的距离为 30mm，推荐用小标宋体字，字号由发文机关酌定；发文机关全称下 4mm 处为一条武文线（上粗下细），距下页边 20mm 处为一条文武线（上细下粗），两条线均长为 170mm。每行居中排 28 字。发文机关名称及双线均印红色。两线之间各要素的标识方法与一般公文相同。

2. 命令格式

命令标识由发文机关名称加"命令"或"令"组成，用红色小标宋体字，字号由发文机关酌定。命令标识上边缘距版心上边缘 20mm，下边缘空 2 行居中标识令号；令号下空 2 行标识正文；正文下一行右空 4 字标识签发人签名章，签名章左空 2 字标识签发人职务；联合发布的命令或令的签发人职务应标识全称。在签发人签名章下一行右空 2 字标识成文时间。分送机关标识方法同抄送机关。其他要素的标识方法与一般公文相同。

3. 会议纪要格式

会议纪要标识由"××××会议纪要"组成。用红色小标宋体字，字号由发文机关酌定。会议纪要不加盖印章。其他要素的标识方法与一般公文相同。

第三节　公文写作

按照《条例》规定的公文种类写作公文时，要认真选用文种，严格遵照行文要求拟写公文。

一、命令（令）

（一）含义

命令（令）是依照有关法律规定公布行政法规和规章、宣布施行重大强制性措施、批准授予和晋升衔级、嘉奖有关单位和人员而使用的公文书。

(二)特点

(1)适用范围控制严。法律规定,国家主席、全国人大常委会和委员长、国务院、国务院总理和各部部长、地方人民代表大会和地方人民政府以及军事领导机关,才可在法律规定权限内发布命令。党的领导机关必要时须与国家行政机关联名行文命令。此外,实行准军事化管理的铁路、民航等特殊行业,也可发布命令。群众团体、企事业单位不能使用命令行文。

(2)权威性和强制性高,一经发出,必须绝对服从,做到令行禁止。

(三)种类

1. 公布令

用于公布行政法规、规章的命令称为公布令。公布令发布的对象是依法制发的国务院的行政法规,国务院各部门的部门规章以及地方人民政府的政府规章。一些地区、部门根据行政法规、规章的"类规章性文件",不能使用发布令。

2. 行政令

用于宣布即将采取的重大强制性行政措施,如遭遇严重自然灾害、战争,打击毒品犯罪、平息社会骚乱等,可使用行政令。

3. 嘉奖令

用于向有功人员或单位授予荣誉称号,表彰英雄模范的功勋及奖励突出贡献的单位和个人。

(四)写作

公布令标题一般由发文机关和文种构成。

标题下发文字号称为令号,采用本届机关或领导人任期内统一流水号的方式编制,直至任期届满,换届另编新号。若机关发令极少,可与其他公文一样编发文字号。

公布令的正文多为篇段合一式结构,其中可划分为颁布对象、颁布依据、颁布决定三项基本内容模块。

落款署名为发令机关名称或机关首长的职务名称和姓名。

二、议案

(一)含义

议案是各级人民政府按照法律程序向同级人民代表大会或者人民代表大会常务委员会提请审议事项所使用的公务文书。

议案一般涉及重大问题,具有建议性、可行性特点。《宪法》第72条规定:"全国人民代表和全国人民代表大会常务委员会组成人员,有权依照法律规定的程序分别提出属于全国人民代表大会和全国人民代表大会常务委员会职权范围内的议案。"

(二)特点

1. 内容的法规性和政策性

凡纳入法律程序,人民政府无权决定、须提请国家权力机构人民代表大会审议的事项,一般是关于国家主权、权力和利益、重要法律法规、国家机关主要领导人的任免等事项,这些都是严肃、庄重的事项,政策性、法规性强,须经人民代表大会审议后,方可立法。

2. 行文的定向性

议案不是普发性公文,只能由各级人民政府行文,行文时,落款可以署政府主要负责人的职务和姓名。政府的工作部门不能使用议案。同时,议案只能向同级人民代表大会或人民代表大会常务委员会行文,不能向别的部门和单位行文。

(三)种类

1. 立法议案

指用于提请审议法律和法规的议案。人民代表大会是国家的权力机构,也是立法机关。但只有省级以上人民代表大会以及全国人民代表大会授权的地方人民代表大会才有立法权,党的机关、国家行政机关、企业事业单位都没有立法权。许多法律法规(草案)首先由政府提出,提请全国人民代表大会或全国人民代表大会常务委员会审议通过后,予以确立。这样的议案是立法议案,简称法案。

2. 政治议案

指用于提请审议办理重大政治事项和处理重大问题的方案或意见的议案。例如外交方面的重大原则问题,民族问题,国家主权问题,民主、法制问题等。如《国务院关于提请审议批准〈中华人民共和国和保加利亚共和国关于民事司法协助的协定〉的议案》。

3. 任免议案

指用于提请审议决定政府和国家机关主要领导人、国家驻外机构主要负责人任免的议案。例如《国务院关于提请审议万永祥等二十一位同志职务任免的议案》。

(四)写作

全文由标题、主送机关、正文、落款组成。正文包括提出议案的案由、案据和方案三部分。议案撰写要目的明确,理由充分,文字简洁,忌用命令口气。议案与建议的区别:议案涉及重大问题并且有一定的呈文程序;建议适用范围较广,事无巨细,均可提出建议。

三、决定

(一)含义

决定是对重要事项或者重大问题做出安排,奖惩有关单位及人员,变更或者撤销下级机关不适当的决定事项而使用的公务文书。

(二)种类

1. 指挥性决定

也称部署性决定。这类决定是针对某方面的工作、某一类问题或某项重大行动所作出的安排。它偏重于确定某方面的方针政策,以统一认识和行动。突出特点是政策性强,要求下级坚决贯彻执行。如《全国人民代表大会常务委员会关于修改〈中华人民共和国大气污染防治法〉的决定》。

2. 奖惩决定

用于对做出突出贡献的先进集体、个人进行表彰奖励或对一些影响较大、群众关心的事故和错误进行处理。例如《中共中央、国务院、中央军委关于表彰全国抗震救灾英雄集体和抗震救灾模范的决定》、《国务院关于授予赵春娥、罗健夫、蒋筑英全国劳动模范称号的决定》、《国务院关于处理"渤海二号"事故的决定》、《国务院关于大兴安岭特大森林火灾事故的处理决定》等。

3. 事务性决定

也称告知性决定。其适用范围较广,如批准有关文件,设置、变更或撤销机构,撤销或变更下级机关不适当的决定事项,人事的任免,决定召开重要会议,处理某项具体工作等。这类决定的特点是重在宣告、知照,只要求下级机关、单位及人员知道。如《中共中央关于恢复沈雁冰同志党籍的决定》等。

(三)写作

1. 标题

一般采取公文标题的常规模式,即发文机关+事由+文种。如《国务院关于进一步加强产品质量工作若干问题的决定》。标题中有时可在主要内容部分加书名号,如《国务院关于修改〈价格违法行为行政处罚规定〉的决定》,但标题中不得使用其他标点符号。

2. 正文

采用公文常用的结构基本型,由开头、主体、结尾三部分组成。

开头交代发布决定的背景、根据、目的、意义。如《国务院关于进一步加强产品质量工作若干问题的决定》的开头:"为认真贯彻落实党的十五大精神和十五届四中全会通过的《中共中央关于国有企业改革和发展若干重大问题的决定》,全面实施《中华人民共和国产品质量法》和《质量振兴纲要(1996年-2010年)》,提高我国产品质量总体水平,促进国民经济持续快速健康发展,现就进一步加强产品质量工作若干问题作如下决定。"

如果是批准某一文件的决定,则写明批准对象的名称。如果是表彰、惩戒性的决定,开头部分则要叙述基本事实,即先进事迹或事故情况,篇幅要比一般决定长一些。这部分也属于行文的根据。

主体写决定事项。用于指挥工作的决定,这部分要提出工作任务、措施、方案、要求等,内容复杂时要用小标题或条款显示出层次来。用于批准事项的决定,这部分要表达批准意见,如有必要,还可对批准此事项的根据和意义予以阐述。用于表彰或惩戒的决定,这部分要写明表彰决定和项目,或处分决定、处罚方法。

结尾主要用来写执行要求或希望号召。

示例:

国务院关于追授常香玉同志"人民艺术家"荣誉称号的决定

国发〔2004〕19号

人事部、文化部、中国文学艺术界联合会:

常香玉同志是我国著名豫剧大师。在70多年的艺术实践中,她善于继承,勇于创新,创立了独树一帜的常派艺术。她先后在《花木兰》、《白蛇传》、《拷红》、《破洪洲》、《五世请缨》和《朝阳沟》等剧中,成功地塑造了一系列生动感人的艺术形象,深受广大人民群众的喜爱。常香玉同志对民族戏曲艺术充满着炽热的情感,始终履行自己提出的"戏比天大"的诺言,将毕生精力贡献给了我国民族戏曲事业。

常香玉同志对党、对人民怀有深厚的感情,凡是党的号召、人民的需要她都竭尽全力。在新中国成立初期为支援抗美援朝,她率剧社巡回各地义演半年,以演出收入捐赠"香玉剧社号"战斗机一架。随后,她又率团亲赴朝鲜,冒着战火硝烟慰问志愿军,在175天中演出了180场。此后在大庆油田初创期间和其他重大活动中,她都率团慰问演出。近年来,尽管她年事已高,但仍积极参与社会公益活动,在病重治疗期间还抱病参加慰问奥林匹克中心建筑工人的演出。她的一生是献身艺术的一生,是爱党、爱国、爱人民的一生。

常香玉同志是人民的艺术家,深受广大人民群众的尊敬和爱戴。她忠诚实践"三个代表"重要思想,为党的事业、为民族艺术的发展做出了杰出的贡献。为贯彻落实发展先进文化的时代要求,弘扬常香玉同志的崇高精神,国务院决定追授常香玉同志"人民艺术家"荣誉称号。

国务院号召全国广大艺术工作者以常香玉同志为榜样,热爱祖国,热爱中国共产党,热爱人民;学习她对艺术精益求精、勇于创新的艺术品格;学习她德艺双馨、无私奉献的品质和崇高精神,为繁荣和发展我国艺术事业做出更大的贡献。

（国务院章）
二〇〇四年七月七日

这是一篇表彰性决定,具有指导性,行文措辞有真情实感,对常香玉同志评价准确简明。

四、公告

(一)含义

公告是向国内外宣布重要事项或者法定事项的周知性公务文书。

(二)种类

1. 向国内外宣布重要事项的公告

主要用于级别较高的国家行政机关郑重地宣布重要事项、重大事件。某些部门如新华社经授权也可发布公告。

2. 公布法定事项的公告

这是根据有关法律、法规规定使用的专门事项公告。如地方人大机关的颁布法规公告和公布选举结果公告,法院的诉讼文书送达公告。再如商标公告、专利公告、破产公告、上市公司公告、拍卖公告、企业法人登记公告、公务员招考公告、招标公告、房屋拆迁公告等均属于这一类。随着法制的健全,这类公告会越来越多。

(三)特点

1. 发布范围的广泛性。公告是面向国内外发布有关国家大事的文告。有的要求世界各国各地区周知,其告知范围广泛。

2. 发布事项的重要性。公告发布的事项都是涉及国家政治、经济等方面的重大事项,如举行重大会议、重大人事变动、重要科技成果,以及涉及国内外有关方面的重要规定、重大的政治或军事活动和其他为世界所关注的必须予以郑重宣告的事项。

3. 发布机关的限定性。公告一般以国家各级领导机关的名义发布。地方各级主管部门发布应遵守或周知的事项时,应使用通告。社会团体、企事业单位和各基层组织在公布事项时,一般不得使用公告。

4. 公告篇幅简短,一事一告,态度严肃,语言庄重。

(四) 写作

公告的标题一般采用两种形式:"发文机关+文种"或"发文机关+事由+文种"。

公告正文通常包括公告依据、公告事项和专用结束语三个基本内容模块,一般采用篇段合一式结构。要求条理清楚、用语准确、简明庄重。写作应开门见山,直陈其事。客观叙述公告发文的依据、目的和公告的具体事项内容,做到简明扼要,言简意赅。最后以"特此公告"、"现予公告"等惯用语收篇,结束语可省略。

写作公告时,首先要明确:一是本机关是否有权发布公告;二是公告的事项内容是否确属重要事项。如果不是,就考虑使用其他文种。目前社会上公告滥用的情况比较严重。诸如单位更名、迁址,商店开业、彩票中奖、小区停水等都不应使用"公告",而应根据实际情况选用"启事"、"通知"或"通告"等文种。

示例:

哈尔滨市人民政府关于关闭松花江哈尔滨段取水口的公告

哈政发〔2005〕29号

根据省环保局最近监测数据和省政府通知要求,为确保哈尔滨市生产、生活用水安全,于11月23日23时起,关闭松花江哈尔滨段取水口,停止市政供水管网向市区供水,具体恢复供水时间另行通知。由此给广大市民带来的不便,请予谅解。

二〇〇五年十一月二十三日

五、通告

(一) 含义

通告是在一定的范围内,对人民群众、机关团体公布应当遵守和周知的事项的公务文书。

(二) 种类

1. 通告从内容上划分可分两类:一类为全国范围内的重大法规性通告,如《中华人民共和国公安部通告》;一类为针对某一项工作或专门问题发布的通告。

2. 通告从效用上分,又可分为制约性通告和周知性通告。前者是在一定范围内,为保证某一项工作的开展与某项活动的进行而发布的规定性措施。

(三) 特点

通告与布告、公告同属于周知性公文,但它们各有特点。

1. 通告所宣告的事项多属于专业性或业务性的,多涉及公安、交通、金融方面,而布告内容广泛得多,涉及面较广;公告为重大事项的发布。

2. 通告适用的范围,不仅仅限于上级对下级,不相隶属的单位也可使用。它有具体范围和时限性。通告发布的形式较多,可登报,可广播,可张贴。布告以张贴为主,公告多广播、登报。

(四)写作

通告的标题一般采用三种形式:"发文机关+文种"、"发文机关+事由+文种"或"文种"。

通告正文包括通告原因、通告事项、通告结语三个基本内容模块。通告原因主要介绍发布通告的背景、根据、目的、意义。通告的事项为主体部分。其中法规性通告一般篇幅较长,为做到条理分明、层次清晰,大多采用分条列项的写法。事项性通告通常内容单一、篇幅简短,可采用篇段合一式结构方式。通告结尾以"本通告自发布之日起实施"或"特此通告"收束,结语可省略。

通告是直接面向社会普通民众行文,为了便于通告内容的理解和执行,写作时应注意将通告的原因交代清晰,通告事项要具体明确、一目了然。通告语言应准确简明,专业性较强的通告,应尽量选用通俗易懂的专业术语。

示例:

广州市公安局关于2007年清明节期间临时交通管制的通告

穗公〔2007〕89号

为确保2007年清明节期间道路交通安全畅通,根据《中华人民共和国道路交通安全法》的有关规定,我局决定在2007年3月31日,4月1日、5日、7日、8日、14日、15日,每天8时至17时对银河公墓周边路段实行临时交通管制。具体如下:

一、禁止货运汽车进入燕岭路(兴华路口至华南快速干线广汕出入口)。

二、载客前往银河公墓的出租小汽车须在省武警医院门口以西150米处下客,之后往东行驶至北环高速公路广汕收费站入口东面匝道处调头驶出该路段。

三、途经银河公墓路段的车辆须按现场临时交通标志提前绕道行驶。

四、警车、消防车、救护车、工程抢险车等特种车辆不受上述措施限制。

五、违反本通告的,由公安机关交通管理部门依法予以处理。

特此通告

二〇〇七年三月二十三日

(五) 公告与通告的区别

公告是向国内外宣布重要事项或法定事项的告知性公文。通告是在一定范围内公布应当遵守或周知性事项的告知性公文。它们在性质和写法上有许多相似之处。

公告和通告都是周知性的公文，内容都不涉密，都要公开发布、登报、张贴、通过电视播出或广播。它们的写法也相似。但它们在适用范围、制发单位、发送对象、作用等方面有明显区别。

1. 内容使用范围不同。这是两个文种最主要的区别。公告用于向国内外宣布重要事项，公布某些法定专门事项；通告用于向一定范围公布应当遵守或周知的事项。

2. 制发单位不同。公告由较高级别的国家机关、人大机关和有关法律、法规指定机关制发。规定性通告多由政府机关发布，周知性通告任何机关、团体、单位均可发布。但党的机关正式常用公文不用这两个文种。

3. 发送对象不同。公告向国内外有关方面、法定有关方面发布。通告向一定范围内的机关单位和人员发布。

4. 作用不同。公告强调法定的权威性，其周知事项常有较强的法律效力或行政效力。除法定机关或者较高级别行政机关外，基层行政机关和企事业单位不用公告行文。规定性通告有一定的规定性，涉及的事项往往要求一定范围的机关、单位、群众遵守或办理，对其有一定的约束力。而周知性通告只具有告知性、知晓性作用。

六、通知

(一) 含义

通知是上级机关向下级传达指示、布置工作、知照事项时所使用的一种应用广泛、使用频率较高的下行公务文书。

适用于发布、传达要求下级机关执行和有关单位周知或者执行的事项，批转、转发公文。

(二) 种类

1. 指示性的通知。凡是上级机关对下级机关、单位就某项工作发出指示、提出要求、作出安排，而又不宜采用命令行文时，可选用通知。

2. 批示性通知。主要包括三种：批转性通知、转发性通知和发布性通知。上级机关转发下级机关的文件，可用批转性通知；下级机关转发上级、同级或不相隶属机关的文件,均用转发性通知;发布行政规章、管理规章用发布性通知。

3. 事务性通知。这类通知主要起知照性作用,如会议通知、任免通知、放假安排通知等。又如机构设置、启用印章、更正文件、迁址办公等,均用这类通知。

(三)写作

通知标题一般采用三种形式:"发文机关+文种"、"发文机关+事由+文种"或"文种"。

通知正文包括通知原因、通知事项、通知结语三个基本内容模块。通知原因主要介绍发布通知的背景、根据,或目的、意义。通知的事项为主体部分。一般为做到条理分明、层次清晰,大多采用分条列项的写法。若通知内容单一,可采用篇段合一式结构方式。

通知结尾以"特此通知"收束。

1. 指示性通知

示例:

国务院办公厅关于2013年部分节假日安排的通知

国办发明电〔2012〕33号

各省、自治区、直辖市人民政府,国务院各部委、各直属机构:

根据国务院《关于修改〈全国年节及纪念日放假办法〉的决定》,为便于各地区、各部门及早合理安排节假日旅游、交通运输、生产经营等有关工作,经国务院批准,现将2013年元旦、春节、清明节、劳动节、端午节、中秋节和国庆节放假调休日期的具体安排通知如下。

一、元旦:1月1日至3日放假调休,共3天。1月5日(星期六)、1月6日(星期日)上班。

二、春节:2月9日至15日放假调休,共7天。2月16日(星期六)、2月17日(星期日)上班。

三、清明节:4月4日至6日放假调休,共3天。4月7日(星期日)上班。

四、劳动节:4月29日至5月1日放假调休,共3天。4月27日(星期六)、4月28日(星期日)上班。

五、端午节:6月10日至12日放假调休,共3天。6月8日(星期六)、6月9日(星期日)上班。

六、中秋节:9月19日至21日放假调休,共3天。9月22日(星期日)上班。

七、国庆节:10月1日至7日放假调休,共7天。9月29日(星期日)、10月12日(星期六)上班。

节假日期间,各地区、各部门要妥善安排好值班和安全、保卫等工作,遇有重大突发事件发生,要按规定及时报告并妥善处置,确保人民群众祥和平安度过节日假期。

国务院办公厅
2012年12月8日

指示性通知,标题一般采用三要素齐全的规范标题:发文机关+事由+文种。

正文包括通知缘由、通知事项、通知要求三个基本内容模块。通常采用总分条文式结构。

通知的缘由为通知的引言部分,可以介绍背景、概述情况、分析形势,或肯定成绩、指出问题,或说明依据、阐明发文的目的意义或指导思想,或上述内容综合说明、阐述。

通知的事项是指示性通知的主体,应写明做什么、怎么做,即写明工作任务、原则规定、执行要求、具体措施、注意事项等。这部分内容通常采用条文式。

通知的要求,即通知结语,常以说明执行要求、表达希望来结束全文,必要时申明对不办理或办理执行不力者的处罚办法。这一部分也可以省略。

2. 批示性通知

示例:

北京市人民政府转发国务院关于发布《国家行政机关公文处理办法》的通知

各区、县人民政府,市政府各委、办、局,各市属机构:

经市政府同意,现将《国务院关于发布〈国家行政机关公文处理办法〉的通知》转发给你们。请认真组织学习,并做好贯彻执行的准备工作。国务院新发布的《国家行政机关公文处理办法》,对于规范和指导各级国家行政机关公文处理工作具有重要的意义,市政府将根据国务院的统一部署贯彻执行。

附件:《国家行政机关公文处理办法》

二〇〇〇年十月十三日

批转、转发性公文标题中应标注"批转"或"转发"字样。

正文一般有转发对象和批示意见两个基本内容模块。转发对象应注明被转发公文的发文机关、文件名称、发文字号,并表明转发态度(同意与否),做出决定(现转发)。批示意见部分通常是对被转发公文的基本精神作进一步的强调或必要的补充说明,以突出被转发公文的重点或核心内容,引起转发范围的重视,以利贯彻执行。若被转发公文内容相对简明,涉及的是常规性工作时,也可不写批示意见,或视情况不同简单提出"请认真贯彻执行"或"参照执行"即可。

3. 发布性通知

示例：

黑龙江省人民政府关于印发黑龙江省 2003年度企业最低工资标准的通知

黑政发〔2004〕4号

大兴安岭地区行政公署，各市、县人民政府，省政府各直属单位：

现将《黑龙江省2003年度企业最低工资标准》（黑政发〔2003〕×号）印发给你们，请认真贯彻执行。

附件：《黑龙江省2003年度企业最低工资标准》

二〇〇四年二月三日

发布性通知标题中应标注"颁发""发布""印发"字样。一般来说，公布比较重要的行政规章、管理规章用"颁发"、"发布"，公布一般性的、暂行的或试行的规章用"印发"。

正文一般包括发布对象、执行要求两部分基本内容模块。这类通知篇幅简短，多采用篇段合一式结构。

4. 事务性通知

示例：

关于召开全市社会主义精神文明建设工作会议的通知

各市、县(区)党委和人民政府，市直有关单位：

市委、市政府决定召开的北京市社会主义精神文明建设工作会议，现定于11月24至26日在平谷县育新宾馆召开。现将有关事项通知如下：

一、会议的议题

总结交流在深化改革、扩大开放，发展社会主义市场经济条件下，加强精神文明建设，促进两个文明建设协调发展的新经验；表彰一批在精神文明建设中取得显著成绩的文明单位和文明户标兵；研究在发展社会主义市场经济的新形势下，进一步加强社会主义精神文明建设的任务、对策和措施。

二、参加会议的人员

1. 各区县来4人，其中：区县委或区县政府主管精神文明建设工作的负责同志1人，区县文明办或市委宣传部主管精神文明建设工作的负责同志1人，文明单位和文明户标兵代表各1人。

2. 各区县党委或政府主管精神文明建设工作的负责同志1人。

3. 市精神文明建设委员会成员。

4. 市直有关单位负责同志，市直文明单位代表和新闻记者（名单附后）。

三、请各区县以区县为单位，市直机关以市委机关工委、市府机关工委、市委高校工委、市军区、市农垦总局、民航华北管理局、北京铁路（集团）公司为单位，将参加会议同志的姓名、职务、性别于11月15日前用书面或电传送市委办公厅第二秘书处。参加会议的同志请于11月23日到平谷育新宾馆1号楼报到。

四、各区县可来一辆工作用车。其余自带车辆，司机食宿自理，大会不予安排。

五、需接车和需要回程车的同志，请于11月15日在报名单时一并告知，亦可电话告知市委办公厅行政处。

中共北京市委办公厅

北京市人民政府办公厅

二〇〇五年十一月一日

会议通知一般包括召开会议的原因、目的、会议名称、主要议题、到会人员、会议报到时间和地点、需要准备的材料等。有些通知还应写明赴会的交通路线、交通工具运营班次、接待安排，以方便远方赴会的人。上述内容并非每个会议都须写全，但不管怎么写，都应做到内容周密、语言清楚、表达准确。结构上常采用总分条文式或条文式。

事务性通知正文比较简单，一般包括通知的原因（目的或依据）、告知事项具体内容两个基本内容模块。行文注意简洁明了，简短精练。

（四）写作注意事项

1. 批示性通知标题写作注意事项

第一，不要漏掉转发、发布性通知本身的文种——"通知"。如"某公司发布《某某公司职工奖惩办法》的通知"。

第二，层层转发有关文件的通知，标题中往往出现两个以上"关于"和"通知"。如：

《××县人民政府转发××市人民政府转发省人民政府关于××××（事由）的通知的通知的通知》

本机关发的是转发性"通知"，转发的是市政府的"通知"，而市政府也是转发省政府的"通知"。这样一份公文出现了三个文种名称。

为了防止重叠和烦琐，按照惯例，可以省略中间层次和自己使用的两个"通知"，只保留文件发源处的一个文种"通知"。这样，即可将标题变成《××市人民政府转发××省人民政府关于××××(事由)的通知》。但在正文开头,应把被删节的中间层次写进去,如:"近接市人民政府以×政发〔2010〕16号发来省人民政府关于××××(事由)的通知,现转发给你们……"这样,便于上下级之间关系协调。

第三,除法规、行政规章、管理规章名称加书名号外,转发的其他公文一律不加书名号。

2. 布置工作通知与决定的区别

布置工作时,常规性工作使用通知,非常规的重要事项和重大行动使用决定。内容重要、时间紧急且延续时间不长的工作可发紧急通知,如防范灾害、布置安全措施等工作。

3. 不要错用"通知"

有些张贴在单位告示栏的事务性通知不属于行政公文,如通知有关人员开会、房产或福利等部门告知某些事项,都不是行政公文,这些文书不履行发文程序,应属日常应用文。贴在电梯口、阅览室门上的工作时间安排,也可以使用"须知"而不用"通知"。

有些社会团体和研究机构召开会议,为了扩大会议规模,广为邮寄《××会议通知》,这类会议应该使用会议邀请函。

七、通报

(一)含义

通报是在一定范围内或机关内部使用的一种告知性公务文书。通报用于表彰先进,批评错误,传达重要的精神或情况。

(二)种类

根据作用和应用范围,通报可分为三类:

1. 表彰通报。用于在一定范围内表扬好人好事。
2. 批评通报。用于在一定范围内批评错误,纠正不良倾向。

批评通报和表彰通报,都是下行文,制发单位没有级别限制。

3. 情况通报。多用于向有关方面知照应该掌握和了解的信息、动态,以供工作参考。

情况通报多作下行文,也兼作平行文。

(三)作用

通报对下级和有关方面的指导作用重于指挥作用,主要是起倡导、警戒、启发、教育和沟通情况的作用。具体是：

1. 嘉奖和告诫的作用。对具体的人和事表扬或批评,起到鼓励先进、弘扬正气或批评错误、打击歪风邪气的目的。表彰通报和批评通报对当事人的奖励或惩罚,具有行政约束力。

2. 交流作用。传达重要情况和知照事项的通报,能及时交流信息,上情下达,能促进上下级之间、有关部门之间相互了解。

（四）写作

1. 标题

通常由发文机关、事由和文种三个要素构成,有时可省略发文机关和事由,只写"通报"二字。

通报的签署和时间可标注在标题下方；通报也可以有抬头、落款,发文时间则写在发文机关下面。

2. 正文

（1）表彰通报

第一,叙述先进事迹,包括时间、地点、人物、事迹、结果。

第二,对上述事件进行分析、评议,指出其典型意义,或概括其主要经验。语言要简明。

第三,提出表彰或发出号召。

如果是转发式的表彰通报,正文部分先对下级机关所发的这个材料进行评价,加上批语,即对被表彰者进行评议等,再发出号召或提出要求。

（2）批评通报

第一,写明通报缘由,即将事故或错误事实的经过情况、时间、地点、事故、后果等交代清楚。

第二,对事故进行分析评议,重点分析事故发生的原因,指出事故的性质及其危害,并提出处分决定。

第三,写明防止此类事故的措施,要对症下药,提出告诫,或重申某一方面的纪律。

（3）情况通报

写好情况通报的正文,关键在于对情况的掌握要确实、全面、充分。情况通报正文主要包括：

第一,叙述情况。

第二,分析情况,阐明意义。

第三,提出指导性意见。

示例一:

关于转发《近水楼台不得月——××县688名科级以上干部无违纪建私房》的通报

山东省××县688名科级以上干部,身居建筑之乡,不搞近水楼台,无一人违纪建私房。他们在经济迅速发展、人民生活有了改善的情况下,不图享受,不贪安逸,依然保持艰苦奋斗的作风,自觉与人民群众同甘共苦,体现出共产党员应有的优秀品质和领导干部人民公仆的本色,为我们树立榜样。现将他们的做法转发各地区各部门,请各级党组织认真组织学习。

××县的经验表明,党员领导干部时刻坚持全心全意为人民服务的宗旨,就能做到先天下之忧而忧,后天下之乐而乐,吃苦在前,享受在后,一心一意带领人民群众进行改革和建设事业。党员领导干部严格遵守和执行规章制度,自觉把自己的行为置于群众的监督和制度的约束之下,就能保持清正廉洁的作风。党员领导干部处处从自己做起,起表率作用,就能以上带下,形成一个好风气,促进党风和廉政建设。同时还说明,加强党风和廉政建设关键在于真抓,只要决心大,措施得力,在落实上狠下功夫,就能取得好效果。

当前,各地在清理违法建私房方面取得很大成绩,但发展不够平衡。希望各级党委、纪委继续深入贯彻党的十三届六中、七中全会精神,按照中纪委《关于清理党政干部违纪违法建私房和用公款超标准装修住房的报告》的规定,善始善终地把这项工作抓紧、抓好、抓到底。要通过清理,总结经验教训,学习××县切实加强制度建设,严格检查监督,巩固取得的成果,防止这类问题再度发生。

中共中央纪律委员会
二〇〇三年五月十日

这是表彰性通报。正文包括先进事迹介绍与评价、表彰决定、希望和要求三部分基本内容模块。在介绍先进事迹的基础上,画龙点睛地揭示出事迹的意义,简要论证其典型经验用以推广,以便人们学习借鉴。用简洁的语言提出希望和要求,具有很强的针对性。

示例二:

陕西省人民政府关于楼台林场2·15特大伤亡事故的通报

1991年2月15日,省楼台森林公园仙人桥由于游人过多而严重超载,致使一侧扶手钢绳断裂,桥面倾斜,166人翻落桥下,造成伤144人,死亡22人的特大伤亡事故。县委、县政府主要领导同林场密切配合,采取果断措施,对受伤人员进行全力抢救。林业部、省委、省政府和西安市委、市政府的主要领导多次赶赴现场,了解有关情况,指导抢救工作。经过省市县有关部门和各有关医院共同努力,辛勤工作,各项善后工作进展顺利,死者家属生活得到妥善安排。目前除四名因伤致残人员急需住院治疗外,其余140名受伤者已经恢复健康,先后出院。

2·15事故是一起特大伤亡责任事故。完全是由于楼台林场管理混乱、纪律松弛、工作懈怠,工作人员玩忽职守和领导失职造成的。近年来,楼台森林公园游客日增,但因条件较差,存在不少事故隐患。对此,林场领导和公园领导麻木不仁,既没有采取相应的安全防范措施,也没有及时对工作人员进行严格的安全生产教育。更为严重的是,1990年2月,林场公园管理处竟将钢绳吊桥承包给不具备经营管理资格的园林队职工李××,李××又违反合同,背着领导,四下转包给当地农民张××,张××承包后,只顾赚钱,不顾安全,时有违反规定,超额售票的现象发生。2月15日(正月初一),公园内游客激增到两万多人,事故苗头以明显可见,但现场值班的园林负责人未采取果断应急措施,也未及时向上级领导汇报。在吊桥严重超员,秩序已经混乱的情况下,承包人继续售票,致使规定只能承载30人的吊桥,一下子涌上近200人,加之无人疏导,终于桥倾人翻,酿成这起特大伤亡事故。

为了严肃法纪,教育广大干部群众,经过对事故原因和责任的调查,反复核实,××县人民法院以重大事故责任罪判处李××有期徒刑3年,张××有期徒刑5年。经省检察厅批准,省检察厅驻省林业厅监察室决定:

给予×××行政记过处分,建议给予党内警告处分。

给予×××行政记过处分。

给予×××行政记过处分。

楼台林场特大伤亡事故,给人民生命和国家财产造成重大损失,教训是极为深刻的。各地、各级人民政府,各企事业单位都要从这次事故中认真汲取教训,引以为戒。要以对党和人民高度负责的精神,把保证人民生命财产安全放在首位。要进一步加强对安全工作的领导,健全制度,落实责任,深入开展安全教育,不断增强职工干部和人民群众的安全生产意识。要正确处理安全与生产的关系,严禁违章作业,发现事故苗头要迅速做出反应,及时堵塞漏洞,消除隐患。在节假日、生产旺季、闹市区、重要娱乐场所或组织大型活动,尤其要精心做好安全保卫工作,要落实值班值勤制度,坚持领导带班,切实做好安全第一,防范于未然。

春节在即,各地、各单位接此通报后,要组织干部群众认真学习。领导干部要亲自挂帅,对安全保卫工作进行一次全面的检查,严格制度,完善防范措施,千方百计保证人民安全、祥和地过好春节。

一九九一年十月十日

批评性通报正文一般包括错误事实简介及分析评价、处理决定、希望号召三部分基本内容模块。分析评价主要是对照有关法律规章、形势背景,实事求是分析错误根源,指明其性质和危害,表明发文机关的态度。根据具体情况明确提出处理决定是对犯错误的单位和个人所做出的行政处罚、纪律处分以及对错误的纠正补救办法。最后提出希望和要求,希望引以为戒。

示例三:

关于"五一"黄金周期间全国假日办总值班室
受理投诉及处理结果部分情况的通报

各省、自治区、直辖市旅游局(委):

  2004年"五一"黄金周在党中央、国务院的高度重视下,在各相关部门大力配合、各级假日旅游协调机构精心组织下,全国假日生产生活秩序平稳正常,实现了"健康、安全、秩序、质量"四统一的目标。但从全国假日办受理投诉情况及反馈的信息来看,也存在一些值得重视的问题。从4月30日12时至5月7日17时,全国假日办总值班室共接到咨询和投诉电话近千件,有效投诉占30%左右。主要涉及景区点服务质量、航班延误、列车晚点、旅游企业服务质量不达标和道路交通安全等方面的问题。其中投诉景区点105件、旅行社85件、民航54件、宾馆饭店52件、公路水运46件、铁路15件、综合治安12件、交通安全事故7起。现将全国假日办总值班室汇总整理的《关于"五一"黄金周期间受理投诉及处理结果的部分情况》予以通报,请有关省(区、市)旅游局(委)对涉及本辖区管理的尚未作出处理的投诉问题进行调查核实,对违规情况属实、情节严重的作出严肃处理,并将调查情况和处理结果于6月20日前报国家旅游局质监所。各地旅游行政管理部门要以对人民高度负责的精神,处理好游客投诉,并举一反三,努力提高旅游企业服务质量,抓好本辖区旅游市场的治理整顿工作。

国家旅游局

二○○四年五月二十六日

  情况通报内容集中,多为一事一报;写作比较灵活自由,结构因文而异。正文主要包括情况反映、问题分析、提出要求和希望三个基本内容模块。这类通报行文要突出重点,抓住本质。无论是情况陈述还是问题分析,都应不蔓不枝,语言简洁得体。

(五)写作注意事项

1. 通知与情况通报的区别

(1)内容范围不同。通知可以发布行政法规和规章,批转和转发公文,传达需办理和周知的事项等;通报则是表扬先进,批评错误,传达、交流重要的情况、信息。两者虽然都有告知的作用,但通知告知的主要是工作的情况,以及共同遵守执行的事项;通报则是告知正反面典型,或有关重要的精神或情况。

（2）目的要求不同。通知的目的是告知事项,布置工作,部署行动,要求受文机关了解要办什么事、该怎样办理、不能怎样办理,有严格的约束力,要求遵照执行;通报的目的主要是或交流、了解情况,或通过正反面的典型去教育人们,宣传先进的思想和事迹,提高人们的认识。

（3）表现方法不同。通知的表现方法主要是叙述,告知人们做什么、怎样做,叙述具体,语言平实;通报的表现方法则常兼用叙述、说明、分析和议论,有较强的感情色彩。

2. 奖惩性决定、表彰或批评性通报的区别

（1）命名性表彰使用决定,一般性表彰使用通报。

公布学校评出的"优秀学生干部"等也属命名性表彰,也可使用"决定"公布。

（2）开除用决定,其他批评用通报。

使用批评性决定或通报,应把握"决定"适用于"惩","通报"适用于"批评"。开除公职用决定,其他处分用通报。主要领导犯严重错误或触犯法律,解除其职务用决定;一般干部犯错误用"通报"给予某种批评处分;工作不得力,可以用任免通知免除其职务。

开除学生学籍用决定,给予其他处分用通报。

八、报告

（一）含义

报告是用于向上级机关汇报工作、反映情况,答复上级机关询问的公务文书。

（二）种类

按照内容和作用报告可分为:

1. 工作报告,是向上级机关汇报当前工作的实际情况、措施办法、存在问题等,为上级机关及时准确了解下级单位的工作进展进程,从而制定正确方针、有效指导工作提供借鉴。

这类报告可分为例行工作报告和专题工作报告。例行工作报告用于定期向上级机关汇报,如常见的年度、季度工作报告。专题工作报告则是在某项重要临时性工作完成之后或正在进行之中,专门就这一项工作的情况向上级汇报。

2. 情况报告,是下级机关在工作中遇到重大紧急情况,向上级机关撰写的书面报告。情况报告突出工作中的"情况",工作报告则注重工作的"全过程"。

3. 答复报告,是针对上级询问的事项专题作答,是一种被动行文的公文。

根据写作范围报告又可划分成综合报告和专题报告。

综合报告用于反映一定阶段、一定范围的多方面工作情况。专题报告侧重于某一项工作或某一方面工作的情况。实际工作中的报告多为此类型。

除以上类型的报告外,还有报送报告。报送报告是向上级机关报送物件或有关材料的报告。这类报告正文极为简单,有的甚至只有三言两语,把报送物件、材料的名称、数量说明即可。

(三) 写作

报告的结构包括标题、正文、落款三部分。报告的正文一般包括缘由、事项和结尾三部分。

1. 标题。报告的标题可根据需要省略发文机关。但不能省略事由和文种。

2. 各类报告正文的写作要点。

(1) 工作报告。正文内容一般包括基本情况、主要成绩、经验体会、存在问题、基本教训、今后意见等几部分。这类报告篇幅较其他类型报告长,应恰当安排其层次结构。可分条分项陈述,也可列小标题分部分或分问题写。

(2) 情况报告。情况报告常用于向上级汇报下列事项:

第一,严重的灾害、事故、案情、敌情。

第二,重要的社情、民情,如社会生活中的新动态和上级某项有关国计民生的新政策、新规定的贯彻执行情况及群众的反映等。

第三,督促办理或检查某项工作的情况,如财务、税收、物价、质量、安全、卫生等项工作的检查结果。

第四,举办重大活动、召开重要会议的基本情况,各级各类代表会议的选举结果等。

第五,对某项工作造成失误和问题的检讨与反思。

第六,其他重要的、特殊的、突出的新情况。

情况报告要力求做到:

第一,内容集中、单一,突出重点,抓住事物本质,实事求是地反映情况。

第二,把情况和问题讲清楚,把事情的经过、原委、结果、性质写明白。

第三,提出处理意见和建议,要写得具体、明确、简要。

第四,行文要脉络清楚、层次分明。

(3) 答复报告。答复报告的内容要体现针对性,答其所问。答复报告的正文包括答复依据和答复事项两部分内容。答复依据指上级要求回答的问题,应写得十分简要。答复事项指针对所提问题作出报告,表述要明确、具体,语言要准确、得体,不可含糊其辞、模棱两可。

3. 报告的结尾。一般报告结尾都有提出要求的习惯用语,根据报告的不同内容使用不同的习惯用语。除呈转性建议报告常以"如无不妥,请批转有关单位执行"的请求式用语作结外,其他各类报告常以"特此报告"、"专此报告"、"请审阅"、"请批示"等用语作结。

示例一:

关于在市直单位开展财政监督检查的报告

市人民政府:

为进一步严肃财经纪律,强化财政监督,防止财政收入流失和国家资金的乱用浪费,根据《预算法》、《会计法》、《国务院关于财政违法行为处罚处分条例》、《湖北省省级预算收入监督管理暂行办法》等有关法律法规,我局拟在市直单位开展财政监督检查。现报告如下:

一、检查单位
……

二、检查时限 2003 年 1 月至 2004 年 12 月发生的财务收支和财务管理情况,对重大违法违纪问题可追溯检查到以前年度。

三、检查内容
……

四、违纪违规处理

检查工作必须贯彻依法行政、依法监督、执法必严、违法必究的原则,对查出的各种违反财经法规的问题,严格按照国家现行财经法规和有关政策进行处理。对于对抗检查、屡查屡犯、明知故犯、编造假账的,必须从严处理。检查中把"处理事与处理人结合起来",切实加大对违法违纪责任人的处理力度,触犯刑律的,移交司法机关处理。检查中查出的各项应缴的违法违纪款项,要保证及时足额缴入国库,拒不缴库的,由银行依法协助划拨扣款。对于清查出来的偷逃税、欠缴税款,必须立即上缴国库,并按税法有关规定予以处理。

以上报告如无不妥,请批转执行。

荆州市财政局
二〇〇五年三月二十三日

(四)写作注意事项

1. 坚持一文一事,重点突出。即一份报告不能同时汇报多个工作(综合报告除外),汇报工作、反映情况要选择典型材料和主要数据以突出重点。

2. 注意用事实说话,少发议论。作为陈述性公文,客观真实是要务。事实陈述要清楚准确,分析要客观。

3. 行文及时,报告中不得夹带请求事项。

九、请示

(一)含义

请示是下级机关就有关问题向上级机关请求指示、批准的上行文书。

请示的适用范围主要包括如下几方面:

1. 对上级有关方针、政策、指示或法规、规章不够明确或有不同理解,需要上级机关做出明确解释和答复。

2. 从本单位的实际情况出发,需要对上级的某项政策、规定做出变通处理,有待上级重新审定,明确作答。

3. 出现新情况、新问题需要处理而无章可循、无法可依,需要上级机关做出明确指示。

4. 需要请求上级解决本单位的某一具体问题和实际困难。

5. 按上级机关和主管部门有关政策规定,不经请示有关部门批准,无权自行处理的问题。

6. 工作中出现了一些涉及面广而本部门无法独立解决的困难和问题,必须请示上级领导或综合部门,以求得他们的协调和帮助。

(二)种类

根据内容和写作意图的不同,请示可分为:

1. 请求指示的请示。这类请示多涉及政策上、认识上的问题。

2. 请求批准的请示。这类请示多涉及人事、财物、机构等方面的具体问题。

(三)写作

请示标题一般采用"发文机关+事由+文种"的形式。标题应避免出现"关于请求批准……的请示"这类语义重复的现象。

请示正文包括三个基本内容模块:

1. 请示缘由。即行文的原因、背景、目的或依据。这一部分是请示事项的基础,也是获得满意批复的重要条件,因此理由要写得充分、有说服力。如果原因复杂,应分条列项写清楚明白。

2. 请示事项。即请求上级机关指示或批准的问题,应力求具体明确,切不可笼统含糊。发文机关行文前应对请示事项有充分的考虑,行文可向上级机关提供用于参考的解决问题的建议或方案,这些建议或方案必须周到、全面、切实可行,以便上级迅速决策,及时答复。

3. 请示要求。是请示正文的最后一部分,经常以"妥否,请批复","当否,请批示","请予批准","请批复"等专用语结束正文。

示例一:

关于丹霞山风景名胜区列为国家重点风景名胜区的请示

国务院:

丹霞山风景名胜区位于我省韶关市仁化、曲江两县境内,面积180平方公里,分丹霞山、韶石山、大石山三个景区,距韶关市区最近处10公里,最远处50公里,柏油公路直达主峰区,观光旅游的交通十分方便。

据地质考证,6 500年前丹霞山所在地是一个大湖泊,由于造山运动,形成红岩峭壁和嶙峋洞穴,构成奇异自然风景。在全世界同类地形中,以丹霞山为最典型,"丹霞地貌"已成为国际地质学名词。现丹霞山景区已开发接待游人的范围为12平方公里,主要景点有87处,山、江、湖兼备,绿化良好,兼之摩崖石刻、寺庵、亭台楼阁点缀其间,自然及人文景观丰富。靠丹霞山南侧的韶石山景区,傍于浈水,是历史上舜帝南巡奏乐之处,内有"三十六石"的奇景;丹霞山西侧的大石山景区,类似丹霞山的奇山异峰,有丹寨幽洞、岩柱等自然景观。

在丹霞山风景名胜区附近,有"金鸡岭"、"九龙十八滩"、"古佛岩"、"南华寺"、"马坝人遗址"等风景区及名胜古迹,总面积约400平方公里。目前,粤北地区以丹霞山风景名胜区为中心形成了我省一条重要的旅游线。

根据国务院《风景名胜区管理暂行条例》,我们对丹霞山风景名胜区进行了资源调查、评价,编制了总体规划。现申请把丹霞山风景名胜区列为国家重点风景名胜区,请审批。

广东省人民政府
一九八八年二月十一日

这是一则请求批准的请示。正文第1段写丹霞山的地理位置和有关情况,第2、3段写丹霞山的风景名胜价值和旅游价值。第1—3段是请示的背景、缘由、依据。最后一段说明单位为申请将丹霞山列为国家重点风景名胜区做了相关准备工作。结尾以请求语作结。

全文结构周密,语言干净利落。

示例二:

关于调整规划用地的请示

南政发〔2005〕10号

江阴市人民政府：

我镇属江阴市区的南大门，近两年来按照上级要求进一步推进集镇建设速度，镇区范围不断扩大。以锡澄路为中心的金三角装饰、地板、油漆涂料、有色金属、废钢回收等市场已形成规模。以紫金路为中心的行政区已建成，以白玉路为中心的东区小学、新的农贸市场、安路房、商住房、高级住宅、紫金广场等已初具规模。

现根据我镇的建设和发展情况，拟将锡澄路东侧、车站西路南侧、白玉路西侧、镇政府北侧一宗土地推向市场，进行住宅建设，面积约400亩左右，计划分批次进入土地交易市场。根据江阴市城市总体规划该地块为工业用地，因我镇已另有工业集中区，为此，特请示将该地调整为住宅用地。

以上请示当否，请批示！

二○○五年三月十六日

这份请示采用了三段式结构，第一段说明事由，第二段提出请求，第三段以祈请句作结，行文简单明了。

(四)写作注意事项

1. 要坚持一事一请示。一般只写一个主送机关，需要同时送其他机关的，应当用抄送形式，但不得抄送发文机关的下级机关。

2. 用语得体。请示的用语要谦恭、庄重。

(五)请示与报告的异同

1. 请示与报告的相同之处

(1)行文方向一致。均属上行文，而且是公文中用得很广泛的两大文种。

(2)在格式上，都由标题、主送机关、正文、署名及时间四部分组成；都应当注明签发人、会签人姓名。

2. 请示与报告的不同之处

(1)行文目的、作用不同。请示旨在请求上级批准、指示，需要上级批复，重在呈请。报告要向上级汇报工作、反映情况、提出意见或建议、答复上级询问，不需上级答复，重在呈报。

(2)行文时间不同。请示需要事前行文，报告一般在事后或者工作过程中行文。

(3)主送机关数量可以不同。请示只写一个主送机关。报告有时可写多个主送机关，如在情况紧急需要多级领导机关尽快知道灾情、疫情时。正式印发请示报送上级时,还应在"附注"处注明联系人的姓名和电话,以利主送机关在必要时查询,而报告没有此项要求。

(4)收文机关处理方式不同。请示属办件,收文机关必须及时批复。报告多属阅件,除需批转的建议报告外,收文机关对其他报告都可不行文。

(5)涉及内容不同。请示用于向上级机关请求批准、指示,凡是下级机关、单位无权解决、无力解决以及按规定应经上级机关批准认定的问题,均可以请示行文。而报告用于向上级机关汇报工作、反映情况、提出意见建议、答复询问。

(6)写作侧重点不同。虽然都要陈述、汇报情况,但报告的重点只在汇报工作情况,报告中不能夹带请示事项,而请示中所陈述的情况只是作为请示的原因,即使反映情况以及阐述原由所占的篇幅再大,其重点依然是请示事项。

十、批复

(一)含义

批复是用于答复下级机关请示事项的一种下行公务文书。

(二)特点

1. 被动性。批复依赖请示而存在。先有请示后有批复。

2. 针对性。批复内容有很强的针对性,请示什么事项,就批复什么事项。它的针对性还体现在批复的主送单位只能是请示的单位,涉及的有关单位必要时可以抄送。

3. 权威性。批复具有权威性。下级机关必须执行上级机关的批复意见。

(三)种类

1. 批准性批复。即对下级请求批准事项的批复。如《广东省人民政府关于同意成立韶关市人民对外友好协会的批复》。

2. 指示性批复。即对下级请求指示事项的批复。如《国务院办公厅关于深圳特区私人建房问题给广东省人民政府办公厅并福建省人民政府办公厅的批复》。

(四)写作

批复的标题为规范完整的公文标题。即:发文机关+事由+文种。

批复的正文包括三部分基本内容模块:

1. 批复依据。下级机关的请示是批复的行文依据,因此要引用请示的标题并加括号标注其发文字号,引用要规范。如:"你局《关于……的请示》(×发〔2010〕×号)收悉。"

2. 批复事项。针对请示事项的批复应准确明了。不得使用模糊语、概数词等不确切词语。应明确表示同意与否,如:"原则同意……","同意……","不同意……"等。一般同意的批复都直截了当作出明确答复,不必说明理由和依据。但若是不同意的批复,除表明态度陈述意见外,一定要阐明理由,以使对方接受。

3. 批复结语或执行要求。批复结语如"此复"、"特此批复",对下级执行批复的要求写在结尾处,文字要简约。

示例:

国务院关于同意将江苏省南通市列为
国家历史文化名城的批复

国函〔2009〕2号

江苏省人民政府:

你省《关于申报南通市为国家历史文化名城的请示》(苏政发〔2007〕96号)收悉。现批复如下:

一、同意将江苏省南通市列为国家历史文化名城。南通市历史悠久,文化底蕴丰厚,历史遗存丰富,近代城市建设特色突出。

二、你省及南通市人民政府要根据本批复精神,按照《历史文化名城名镇名村保护条例》的要求,正确处理城市建设与历史文化遗产保护的关系,明确保护的原则和重点,编制好历史文化名城保护规划,并纳入城市总体规划,划定历史文化街区、文物保护单位、历史建筑的保护范围及建设控制地带,制订严格的保护措施。在历史文化名城保护规划的指导下,编制好重要保护地段的详细规划。在规划和建设中,要注重体现近代文化特色和地方传统风貌,不得进行任何与历史文化名城环境和风貌不相协调的建设活动。

三、你省和住房城乡建设部、国家文物局要加强对南通市国家历史文化名城规划、保护工作的指导、监督和检查。

国务院

二〇〇九年一月二日

(五)写作注意事项

1. 态度要明确。同意、不同意,或是部分同意都要说明白,不能含糊。

2. 对象要明确。批复是对应请示的,一对一行文。如果是带有普遍性的问题,应另用"通知"行文。需要告知其他机关,可抄送。

十一、函

(一) 含义

函是用于不相隶属机关之间商洽工作、询问和答复问题、请求批准和答复审批事项的公务文书。

函作为公文中唯一的一种平行文种，其实际适用的范围相当广泛。在行文方向上，不仅可以在平行机关之间行文，而且可以在不相隶属的机关之间行文，包括上级机关或者下级机关行文。在适用的内容方面，它除了主要用于不相隶属机关相互商洽工作、询问和答复问题外，也可以向有关主管部门请求批准事项，向上级机关询问具体事项，还可以用于上级机关答复下级机关的询问或请求批准事项，以及上级机关催办下级机关有关事宜，如要求下级机关函报报表、材料、统计数字等。

(二) 种类

根据发文目的，函一般分为商洽函、问答函和请准函三类。

1. 商洽函。主要用于不相隶属机关之间商洽工作、讨论问题。
2. 问答函。根据行文的往复，可分为用于向受函方提出询问、要求对方答复的"问函"和答复对方来函询问使用的"答复函"。答复上级机关询问，不使用"复函"，而使用"报告"。
3. 请准函。根据"请"、"批"关系，可分为请求不相隶属机关批准事项的"请示函"和批准不相隶属机关请求事项的"批准函"。

根据行文程序，可分为"致函"和"复函"，亦称"去函"和"发函"。

(三) 写作

1. 标题。多为规范完整的公文标题，即：发文单位＋事由＋文种。
2. 正文。一般包括发函原由、发函事项、结束语三个基本内容模块。

发函缘由交代写函的根据，或据实情，或据来文，要直截了当、谦恭有礼。

发函事项提出要商洽、询问、答复、告知等的具体内容和希望或要求，应具体明确，事项较多时，可分条列项，以便条理清楚。

结束语可根据函的类别，用不同的结语。去函可用"为盼"、"请速回复"、"盼复"、"特此函达"等；复函可用"此复"、"特此函复"、"专此函复"等。

示例一：

关于北京航空航天大学等三十五所学校 2004 年新建学生公寓收费标准的复函

京发改〔2004〕1891 号

市教委:

你委《关于北京高校部分学生公寓住宿费收费标准的函》(京教财〔2004〕43号)及《关于调整北京工商大学良乡校区学生公寓住宿费标准有关情况的函》(京教财〔2004〕69号)收悉。根据《教育部等七部门印发〈关于2004年治理教育乱收费工作的实施意见〉的通知》(教监〔2004〕3号)规定,经研究,对北京航空航天大学等35所学校2004年新建学生公寓收费标准及有关问题复函如下:

一、2004年高校、中专学校新建学生公寓收费标准仍为:校内单元式学生公寓每生每学年不超过1200元,非单元式学生公寓每生每学年不超过900元;社会力量投资建设的校外学生公寓每生每学年不超过1500元。具体学生公寓名单见附件。

二、各有关学校需填报《北京地区学校学生住宿费标准审批表》,经市教委审核,到价格管理部门办理《收费许可证》,并使用财政部门统一印制的行政事业性收费票据,方可收费。收费收入应纳入同级财政专户,实行收支两条线管理。

三、学生公寓收费按学年收取,不得跨期预收。

四、各学校要按照《教育收费公示制度》及我市教育收费公示审核程序的规定,做好教育收费公示工作。

本函自2004年秋季新学年开始执行。

附件:2004年35所高校、中专学校新建学生公寓名单

北京市发展与改革委员会
二〇〇五年九月十四日

这是一份回答函。正文开篇就引出所答复函件的发文字号,有理有据。

示例二：

国务院办公厅关于同意在国家版图意识教育宣传画上使用国旗、国徽图案的复函

国办函〔2005〕76号

国土资源部：

你部《关于在国家版图意识教育宣传画上使用国徽、国旗图案的请示》（国土资发〔2005〕142号）收悉。经国务院领导同志同意，现函复如下：

同意在国家版图意识教育宣传画上使用国旗和国徽图案。宣传画张贴场所、范围等事项，请严格按照《城市市容和环境卫生管理条例》相关规定执行。

（国务院办公厅章）
二〇〇五年八月十五日

这是"函代批复"。下级机关向上级机关发"请示"，上级机关委托自己的部门（一般是办公机构）答复，这时，上级机关的办公部门应行"函"答复，而不应行"批复"答复。表面看是"复函"，实质是上级机关批复的一种变通。使用"复函"还是"批复"答复下级机关，要根据请示事项的内容来确定。这样的"复函"要写明"经×××（本级机关）同意"字样。

（四）写作注意事项

1. 叙事简洁，要求明确。叙述商洽原委要简洁，使收函者能迅速了解行文意图，商洽、询问的事项应清楚明确，便于收函者有针对性地回复。

2. 用语得体，注意分寸。商洽、询问措辞要得体，不能生硬地要求对方按自己的意见办事。复函要有问必答，语气肯定，不能模棱两可。

（五）与其他文种的区别

1. 请准函与请示不同

第一，类型不同。请示是上行文，函是平行文。

第二，主送机关不同。请示是向有领导、指导关系的上级机关行文；而函是向同一系统平行的和不相隶属的业务主管机关行文。

第三，内容范围不同。请示既可用于请求批准，又可用于请求指示。函主要用于请求批准业务主管部门职权范围内的事项。

第四，受文机关复文方式不同。请示的受文机关以批复表明是否批准或作出指示。请示函的受文机关只能用函（审批函）表明是否批准或作出答复。

2. 批准函与批复不同

第一，类型不同。批复是下行文，函是平行文。

第二,主送机关不同。批复是向有领导、指导关系的下级机关、单位行文。而函是向同一系统平行的和不相隶属的机关、单位行文。

第三,内容范围不同。批复既可用于作出批准,又可用于作出指示。批准函用于审批业务主管部门职权范围内的事项。

十二、意见

(一)含义

意见是自有关部门就重要问题提出见解和处理办法的公务文书。

(二)特点

行文的多向性是意见文体的显著特征。意见既可以用作下行文,表明主张,做出计划,阐明工作原则、方法和要求,又可以用作上行文,提出工作见解、建议和参考意见,还可用作平行文,对平行的或者不相隶属机关的有关专门工作做出评估、鉴定和咨询。

(三)种类

1. 指导性意见。是领导机关用于布置工作的下行文,与决定、通知等文种一样,对下级有一定的规范作用和行政约束力,意见更突出它的指导性。意见注重原则性和灵活性的结合,规定性和变通性的结合,以便为下级留有更多的自主余地。

2. 建议性意见。是向上级提出工作建议、设想的上行文,可分为呈报性建议意见和呈转性建议意见。呈报性建议意见是向上级机关提出某方面工作的建议,向上级献言献策,供上级决策参考。呈转性建议意见是有关单位就开展和推动某方面的工作提出初步的设想和打算,呈送领导审定后,批转给更大范围的有关方面执行的意见。

3. 评估性意见。是业务职能部门或专业人员就某项专门工作、业务工作,经过调查、研究后,送交有关方面的鉴定、评估结果,可上行,也可下行。此类意见又可分为针对某项工作的成果、某项决策可行性的鉴定性意见和针对某项工作进行评价、评议,指出错误、不足并同时提出改进方案的批评性意见。

评估性意见作出的评价、鉴定必须科学、客观、公正。要用事实和数据来说明情况;提出的结论要实事求是,恰如其分,不拔高,也不贬低。批评性意见一定要有理有据。

(四)写作

1. 标题。为完整规范的公文标题,即发文单位+事由+文种。标题之下括成文日期。这是意见的通常做法。以信函式文件方式下发的意见,发文字号如果写在标题下方,则成文日期写在末尾的落款处。

2. 正文。包括行文依据、意见内容、结束语三个基本内容模块。多采用总分条文式结构。结束语因意见类型不同而不同。如指导性意见常用"以上意见,请结合实际情况贯彻执行";呈报性意见用"以上意见供(领导决策)参考";呈转类意见均用"以上意见如无不妥,请批转各地执行"。

意见讲究语言得体。既要严肃、决断,又要平和、简明,少用指令性词语,多用期请性、指导性词语,以体现注重商榷、尊重对方的民主作风。

示例:

国务院办公厅关于搞活流通扩大消费的意见

国办发〔2008〕134号

各省、自治区、直辖市人民政府,国务院各部委、各直属机构:

为贯彻落实中央经济工作会议精神,经国务院批准,现就搞活流通、扩大消费提出如下意见:

一、健全农村流通网络,拉动农村消费

(一)继续推进"万村千乡"市场工程(略)

(二)加快完善农产品流通网络(略)

(三)完善农业生产资料流通体系(略)

(四)全面推进家电下乡工作(略)

二、增强社区服务功能,扩大城市消费

(五)进一步完善城市社区便民服务设施(略)

(六)促进城市耐用品消费升级换代(略)

(七)积极促进汽车消费(略)

三、提高市场调控能力,维护市场稳定

(八)健全居民生活必需品储备机制(略)

(九)切实增强市场应急调控能力(略)

四、促进流通企业发展,降低消费成本

(十)培育大型流通企业集团(略)

(十一)支持中小商贸企业发展(略)

(十二)实行商业与工业用电、用水同价政策(略)

五、发展新型消费模式,促进消费升级

(十三)积极培育和发展新的消费热点(略)

（十四）大力促进节假日和会展消费（略）

（十五）进一步促进银行卡使用（略）

（十六）大力发展信用销售（略）

六、切实改善市场环境,促进安全消费

（十七）狠抓流通企业食品安全（略）

（十八）加强市场监管,改善交易环境（略）

（十九）加快建立统一开放竞争有序的市场体系（略）

七、加大财政资金投入,支持流通业发展（略）

（二十）加大财政资金投入（略）

国务院办公厅
二〇〇八年十二月三十日

(五) 与其他文种的区别

1. 上行意见与请示的区别。凡向上级要钱、要物、要编制等,要用请示。意见上行时,是向上级要表态。

2. 下行意见与指示性通知的区别。凡阐明工作的指导原则而不是较多地讲道理、教办法时用指示性通知,指示性通知规定性较强。针对下级工作中的问题,下行的意见应该有分析指导,而不是硬性规定,要突出建议。

3. 平行意见与函的区别。不相隶属机关之间相互行文用函。意见所提建议仅供对方参考,不需要对方回复。

4. 上行建议性意见的要求和实质。

上行的建议性意见提出的建议,要切实可行,可呈转上级,经上级批转各地执行。"建议"部分,不是针对上级而是针对下级的。上行建议性意见是"形式上的上行文,实质上的下行文"。行文时要注意语气。

5. 报告与上行意见的区别

第一,内容不同。报告侧重于汇报工作,一般不涉及今后的工作;意见是"对重要问题提出见解和处理办法"。

第二,目的不同。报告的目的是让上级掌握本单位的工作情况;上行意见多数情况下是让上级"批转"意见中的工作部署。

十三、纪要

2012年4月中共中央办公厅、国务院办公厅颁布的《党政机关公文处理工作条例》将原"会议纪要"改为"纪要"。

(一) 含义

纪要是记载、传达会议情况和议定事项的公务文书。纪要是会议文件，但通常只有大中型会议或比较重要的会议，才要求写会议纪要。

作为一种实录性质公文，它的行文方向可以有多种选择。上行上级机关可起到反映情况、汇报工作的作用；下行下级机关，可以起到统一认识、指导工作的作用；抄送平行机关或不相隶属机关，则能起到交流信息、沟通情况、知照事项的作用。

(二) 种类

1. 办公会议纪要，也叫日常行政工作会议纪要。是根据处理日常工作的办公会议（多为例会）对本系统、本部门的一些问题进行的研究、讨论，作出的决定而写成的会议纪要。办公会议纪要反映了单位的领导机构研究问题、部署工作的情况，为机关工作的开展提供实在的指导和具体的依据。

2. 专项会议纪要，主要是针对某项重要工作、问题或某一重大的理论、实践课题等进行专题研讨后形成的会议纪要，如专门工作会议、专题讨论会、交流会、座谈会、学术研究会的纪要等。专项会议纪要主要用于对有关问题的方针、政策和理论原则进行交流，起到启发、参考和指导的作用。因此，若未经领导机关的批转，它不具备办公会议纪要的行政约束力。

(三) 写作

1. 标题。一般由会议名称+文种组成。

2. 正文。通常包括会议基本情况和会议主要内容两部分内容模块。会议基本情况部分，简要介绍会议的根据、目的，会议起止时间、地点、届次、组织者、与会人员（出席和列席人员名单、主持人）、会议基本议程、主要活动、会议结果、对会议的总体评价等。会议主要内容是纪要的中心部分，反映着会议的主要精神、讨论意见和议决事项等。这一部分根据会议性质、规模、议题等的不同而有所不同。

一般写法：

第一，集中概述法。把会议讨论研究的主要问题、与会人员的认识、议定的有关事项（包括解决问题的措施、办法和要求等），用概括叙述的方法，进行整体的阐述和说明。这种写法多用于小型会议，讨论的问题比较集中单一，意见比较统一，容易贯彻操作，篇幅相对短小。如果会议的议题较多，可分条列述。

第二，分项叙述法。大中型会议或议题较多的会议，一般要采取分项叙述的办法，即把会议的主要内容分成几个大的问题，然后加上序号或小标题，分项来写。这种写法侧重于横向分析阐述，内容相对全面，问题也说得比较细，要包括对目的、意义、现状的分析，以及对目标、任务、政策措施等的阐述。

第三,发言提要法。把会上具有典型性、代表性的发言加以整理,提炼出内容要点和精神实质,然后按照发言顺序或不同内容,分别加以阐述说明。这种写法能比较如实地反映与会人员的意见。

写好会议纪要必须忠实于会议真实情况,最基本、最简单的方法是在会议记录基础上形成会议纪要。

示例:

山东大学学术委员会常务委员会2005年第13次会议纪要

2005年12月12日(星期一)14:00,校学术委员会主任展涛校长在东校区办公楼第二会议室主持召开校学术委员会常务委员会2005年第13次全体会议。

一、会议评审了山东大学引进人才博士生指导教师资格。会议听取了研究生院关于我校引进人才申请博士生指导教师资格人员情况的介绍,投票通过了××等10位人员的博士生指导教师资格。经部分委员建议,同时评议通过了Hoder Chokr、Avrum Ehrlich、×××、Rolf Mueller等4位引进人才博士生指导教师资格。

二、会议评审了山东大学讲座教授人选。会议听取了人事处关于申报我校讲座教授人员情况介绍,投票通过了刘向阳等6人为我校讲座教授。会议强调:今后,学校要进一步完善引进人才的评审机制,逐步将其专业技术职务评聘、博士生指导教师资格遴选和岗位津贴评定等工作合并进行,尽量简化评审过程,保证引进人才尽快发挥作用。

会议还审议了我校入选中科院百人计划人员待遇问题,同意聘任生命科学学院教师×××为我校关键岗位教授。

三、会议听取了人事处关于我校教师海外学术研修情况的汇报。(略)

四、会议听取了学术委员会办公室关于对举报齐鲁医院检验科部分职工学术违纪情况的调查说明,审议了齐鲁医院学术委员会提交的"学术违纪认定意见书"。会议要求,学术委员会办公室根据会议精神,形成答复意见,由人事处负责落实。

与会人员:(略)

请假人员:(略)

列席人员:学术委员会办公室负责人

(四)写作注意事项

1.要真实准确地反映会议的主要精神。写作者应参加会议,全面了解会议情况,正确集中会议意见,准确反映会议宗旨。如果是会期较长的大型工作会议,要督促各分组做好会议记录,根据记录整理,写作会议纪要。

2. 要正确地综合归纳会议的精神实质,体现概括性、理论性。可以用"会议认为"、"会议决定"、"会议要求"等语句提示阅读内容。

3. 写作要及时。办公型会议纪要应在会后几小时内完成,征求与会者意见后,及时修订、发送。

第六章 事务文书写作

在社会活动中,人们需要大量的文字交流来推动工作、学习、生活。除了前面章节谈到的法定公务事务文书,即"红头文件"外,还要使用大量的事务文书,比如计划、总结、调查报告、简报、大事记、工作日志、个人日记,等等。

第一节 事务文书概述

一、事务文书的含义和分类

(一)含义

事务文书是指党政机关、企事业单位、社会团体或个人为反映事实、解决问题、处理日常业务而使用的,有直接实用价值和惯用体式,但又不属于狭义公文的一类文书,也称业务文书。

事务文书写作是应用写作的重要组成部分,这类文书在社会组织中用于处理日常事务。从广义上说,事务文书也是一种公务文书,目的是处理公务和传递信息,使用"事务文书"这一名称,是为了与正式公文相区别。它与狭义的公文即"红头文件"区别在于:

1. 无统一规定的文本格式;
2. 不能单独作为文件发文,需要时只能作为公文的附件行文;
3. 可以公开面向社会,或提供新闻线索,如简报,或通过传媒宣传,如经验性总结、调查报告等。

(二)种类

凡是没有纳入狭义公务文书、法规文书范畴而又不是专业使用的特殊文种的业务文书,从实际情况看使用频率高、用途广泛的计划、总结、调查报告、简报、摘编大事记以及声明、启事等,都属于通用的事务文书。

若按使用情况和性质分,事务文书大致可分为:
1. 计划、决策与反馈文书。包括计划、总结、工作研究、可行性论证报告等。
2. 公务信息文书。包括调查报告、简报、公务信息等。
3. 日常事务文书。包括公务书信、告启文书、礼仪文书等。

二、事务文书的特点

(一)对象的明确性

事务文书的写作有明确的对象、特定的读者,它对于受众有明显的约束力,一般来说受众非看不可。如给所属上级单位的计划、总结、简报、调查报告等,所属上级单位或领导必定阅读。

(二)内容的实效性

事务文书是直接用来处理事务、工作的,注重实用,讲求效率。从主旨的确立到材料的选用都必须切合实际,讲求效率;写作形式也要求讲实际、重效率,利于文书内容的落实和处理。

(三)一定的程式性

事务文书虽然没有法定的程式,但遵循约定俗成的惯用格式。虽然不像法定公文那样有着非常严格的格式要求,但在长期的社会实践中,事务文书的实用性和真实性促使它逐渐形成了较为稳定的结构层次、习惯用语、处理程序等。虽然格式上表现出一定的灵活性,但总体上是相对稳定的。

(四)较强的时限性

事务文书是针对工作、生活中的具体事务而撰写的。任何工作任务、问题的解决,大都有一定的时限。虽然事务文书没有法定公文那样紧迫,但同样也要在限定的时间内及时完成,否则很难发挥事务文书的作用。

三、事务文书的作用

(一)沟通情况,联系工作

它是沟通机关、企事业单位的桥梁和纽带。单位部门之间既有横向的联系,也有纵向的联系。从纵向的联系来讲,在管理者与被管理者之间、上下级之间,存在着指导与被指导的关系。因此,事务文书具有指导工作的作用。

(二)积累和提供资料

"前事不忘后事之师",有些工作需要人们积累有关资料。如计划、总结、调查报告、简报等事务文种,可以集中、详尽地反映情况、说明问题、勾连历史,起到为人们提供所需资料的作用。

(三)宣传教育作用

通过分析形势,申明政策,或者介绍经验、表彰先进及揭露时弊、抨击丑恶,可以起到宣传教育群众,统一认识,提高政策水平,提升工作热情的作用。

四、事务文书的写作要求

(一)慎重选题立意,总结新经验,反映新问题

事务文书与社会生活关系紧密,所以应该围绕现实社会问题,总结新经验,反映新问题,促进社会健康有序发展,正如"文章合为时而著,歌诗合为事而作"。

(二)意义要典型,材料要充实

要介绍、反映有典型意义的人和事。选用材料时,认真斟酌概括材料,主干材料、典型材料、背景材料要真实可靠,让事实说话。

(三)形式要灵活

事务文书的格式多为"约定俗成",在写作时,可以根据主题、材料的特点选用最合适的行文方式,在有效的"空间"释放出更多的正能量。表达方法可以灵活多样,写作顺序可以灵活多样。

(四)语言质朴、确切、简明

写作事务文书都是为了介绍情况、说明原委、陈述事实、总结规律等,因此叙述多用概述,说明多是概说,议论也是直接点明观点主张,说理而不论理。

应根据行文目的、内容等恰当使用语言,如计划必须用确切语言才周密可行。

事务文书的语言,应根据不同的受文对象,关注其接受心理,考虑分寸,避免语言空洞,要简明有效地传递信息。

事务文书的语言还应随社会发展变化而有所改进,要与时俱进;陈旧、过时的词语不宜使用,新名词、术语也要慎用,不以词汇的艰深掩饰内容的肤浅。

第二节　计划与总结

一、计划

古人云:"凡事预则立,不预则废","人无远虑(计划、考虑),必有近忧"。做任何事情之前,都应有一个切实可行的计划,以避免因惰性、感性或盲目而产生混乱、拖沓、浪费。

计划对人们的工作生活起着一个理智的引导作用。它把个人、单位以及整个国家纳入目的明确、有条不紊的规范轨道。小到个人、家庭上街购物所列的物品清单,婚丧嫁娶的迎送安排,大到关系国计民生的发展规划,都属于计划范畴。

(一)含义

计划是为完成一定时期的任务而事前拟定目标、措施和要求的事务文书。

计划是使用范围很广的重要文书。机关、团体、企事业单位的各级机构以及个人,对一定时期的工作预先做出安排和打算时,都会用到计划。

(二)特点

1. 严格的科学性

编制计划要有正确的态度和方法,尽可能地符合实际情况,保证计划的正确性和科学性。俗话说:"计划赶不上变化",所以计划是可以根据实际情况的变化而修订的。

2. 明显的业务性

不同单位、不同部门的计划有其行业和专业特点,即便是一般工作计划也都涉及工作范围内的业务内容。

3. 严肃的责任性

计划是工作生活重要的组成部分,关系着"春秋大业",所以编制计划、实施计划都要严肃认真。编写时可留有余地,以便随时调整。

(三)种类

按不同的划分标准,计划可以分成不同的类别。

1. 按内容分,有综合计划、专项计划等。
2. 按性质分,有生产计划、学习计划等。
3. 按范围分,有国家计划、部门计划、单位计划、科室计划、班组计划、个人计划等。

4. 按时间分,有年度计划、季度计划、月度计划等。

5. 按形式分,有文件式计划、表格式计划和文件表格结合式计划等。

计划还有规划、方案、纲要、要点、打算、设想、预测和意见等称谓,从这些叫法上可以看出计划是规划将要发生的事情。一般地说,"规划"、"纲要"的时间跨度大,范围广,带有全面性和长期性,内容较为概括、原则化;"方案"、"预测"的时间跨度小,多针对专项工作,思考得较细;"要点"、"意见"指上级对下级布置工作时的计划,内容包括上级要求下级在一定时间内做的重点工作以及工作的原则、措施及基本方法和注意事项;"打算"指对未来工作的初步筹划、粗略安排,是非正式的计划;"安排"指适用期短,工作单项、专一的计划,内容具体,篇幅短小。

(四)写作

一份计划由标题、正文两部分组成。

1. 标题

一般包括单位名称、时限、内容和文种,如《万达公司1995年工作计划》是一个完整式标题。也有省略时限(时限不明显或临时的单项工作计划)的标题,如《个人学习总结》。有的还可写成公文式标题,如《关于暑假社会实践的计划》。制定的计划如还需要讨论定稿或未经上级批准,就应在标题的后面或下面用圆括号加注"草案"或"初稿"、"讨论稿"字样。

2. 正文

通常包括前言和计划事项两部分内容。

前言。又叫导语。通常内容有:对基本情况的分析或对计划的概括说明,或说明依据什么方针、政策以及上级的什么指示精神,在什么条件下制定这个计划,完成这个计划的必要性、可能性以及要达到什么主要目的等。这是制定计划的基础,要写得简明扼要,灵活多样。

计划事项。计划事项是计划的主体。一般来讲,计划事项都包括目标、措施、要求三项内容。目标、措施、要求称为计划的"三要素"。

目标,即回答"做什么"的问题,可以是总体目标,也可以是具体任务或指标。总体目标往往是要实现的最终目的,是多方面综合指标的最终体现。具体任务或指标,则是具体说明要完成什么任务,达到什么指标,做好什么工作,开展什么活动等,务必写得具体明确。目标要切实可行。

措施,即回答"如何做"的问题,包括组织分工、进程安排、物质保证、方式方法等。组织分工可说明总体任务分工;进程安排,主要关于分步走实现目标,一般要安排若干阶段。如果是年度计划,每一季度(甚至月份)要完成哪些工作,要达到什么指标都要加以明确。如果是专项计划,则要划分阶段,明确每一阶段的大致任务及具体安排,如关于做好某项工作,可以分为准备阶段、实施阶段、总结阶段。进程安排是计划事项的重要内容,也是完成计划的重要措施之一。物质保证,包括实施计划的人力、财力、物力配备多少、如何配备等。方式方法是完成任务的具体手段,一般要写得比较简要。

要求,即回答"做得怎样"、"如何做完"之类的问题,主要是质量、数量、时间上的要求。质量上,包括要达到什么标准、什么水平、什么程度;数量上,包括要达到什么指标;时间上,包括什么时候完成该项工作,等等。这是对计划达到的效益指标的具体设想,能否多快好省,关键就要在"要求"这一项里加以具体、科学设计。

计划三要素是互相联系的,没有目标,或者目标不明确,就谈不上措施和要求;没有具体的措施,目标就难以实现;而没有具体要求,实现目标的效率、质量就没保证。它们之间是互相依存、缺一不可的。

(五)写作注意事项

计划具有预想性、可行性和可变性等特点,因此拟制计划需要有全局观念和科学的预见性,基础材料要准确真实,这样制定出来的计划才是客观的、科学的。

1. 目标要明确,措施要具体,以便于落实和监督检查,使之具有可行性。
2. 要留有余地,可根据工作需要及时进行补充、修订。
3. 任何一种类型的"计划"都需要具备目标、措施、要求三项基本内容。
4. 计划的表达方式要以说明为主,行文中不要夹杂不必要的议论。

二、总结

(一)含义

总结是国家机关、社会团体、企事业单位等通过对已经做过的工作进行全面系统的回顾,分析研究,判明得失利弊,提高理性认识,找出经验教训,引出规律性认识,用以指导今后工作的一种常用文书。

(二)特点

1. 明显的回顾性。以回顾自身工作情况为基本内容,以自身工作实践的事实为材料,表达上用第一人称"我"或"我们"。
2. 内容的全面性。"总结"一般要表达清楚"做了什么","怎么做的","为什么这么做"和"做得怎么样",反映工作的全貌。
3. 表达的论说性。总结应当忠实于自身工作实践。在总结中,肯定成绩、指出缺点、总结教训以及评价评估，都应是理性的概括，需要在行文中运用材料说明观点，表现出论说的特点。

（三）种类

按照不同的划分标准，总结可作如下分类。

1. 按照内容的不同可分为：生产总结、经营总结、工作总结、学习总结、思想总结等。
2. 按照时限分为：年度总结、季度总结、月总结、阶段总结等。
3. 按照写作主体分为：地区总结、部门总结、单位总结、个人总结等。
4. 按照性质分为：综合性总结、专题总结、单项总结等。

（四）写作

总结多为内部自制文件，可根据工作需要上呈下达。

总结由标题、正文两部分组成。

1. 标题

总结的标题大体上有两类：

一类是公文式标题：由发文机关＋时间＋事由＋文种组成，如《××外贸公司2012年工作总结》。

另一类是文章式标题。这类标题写法比较灵活，通常是将所要表达的思想内容进行简洁、明快的概括，有的设副标题。如《十年来经济体制改革的回顾》、《实行优化劳动组合的做法和体会》等。双标题一般用正标题揭示总结的主题，副标题则对总结的事项、时限、单位等作必要的补充、说明，并标明或间接显示出文体。如《面向国际市场，立足适销对路——××市大力组织出口商品生产和收购的经验总结》、《优生优育，减少人口数量，提高人口素质——××县"十一五"期间计划生育工作总结》等。

2. 正文。

总结正文由前言、主体、落款组成。

前言。即正文的开头，简明扼要地概述基本情况，交待背景，点明主旨或说明成绩，为主体内容展开做必要的铺垫。

主体。这是总结的核心部分，其内容包括做法和体会、成绩和问题、经验和教训等。这一部分要求在全面回顾工作情况的基础上，深刻、透彻地分析取得成绩的原因、条件、做法以及存在问题的根源和教训，揭示工作中带有规律性的东西。回顾要全面，分析要透彻。

落款。包括署名和时间两项内容。如果标题中已有署名，这里可不再写。

（五）写作注意事项

总结侧重于对工作进行理性分析，所以写作时要注意：

1. 不能形式化，要有针对性，突出重点，切忌面面俱到。
2. 切忌将叙述工作过程作为"总结"的主要内容。
3. 要实事求是，有喜报喜，有忧报忧，不能随意夸大和缩小事实。
4. 总结要用第一人称。即要从本单位、本部门的角度来撰写。
5. 表达方式以叙述、议论为主，说明为辅，可以夹叙夹议。

（六）与其他文体的异同

1. 总结与报告

总结是经常使用的事务性文体，它以回顾和评价自身的实践活动为核心。报告是行政公文，是下级机关向上级机关汇报工作、反映情况、提出建议时使用的陈述性公文。

报告，特别是用来反映和汇报工作情况的工作报告，与总结非常相似，但在本质上不同。第一，报告是公文，要严格遵守公文的撰写格式。第二，报告主要是汇报、叙述工作完成和进展的情况，不做经验提炼，不作理论论述；而经验提炼和理性论述是总结的灵魂，抓住规律，指导未来，总结才有意义。第三，报告以叙述为主要表达方式；总结是叙述和议论相结合，常以概述的形式介绍工作情况，以议论的形式谈认识和体会。第四，工作报告通常分两大部分：前一部分汇报工作完成情况，后一部分写明下一步工作打算，结构比较均衡；总结主要谈"过往"，今后的努力方向和工作重点往往作为结尾的一个部分。

2. 总结与调查报告

典型经验的调查报告和经验总结性质相同，都是为了总结经验，指导工作而写作；写法也相近，有时变换一下人称，一篇调查报告可以变成一篇总结。

它们的主要区别在于：第一，从作者的角度看，总结的作者是本单位的有关人员；而调查报告的作者是来自外部的机构和人员。写作出发点不同，看问题的角度不同，认识也就不同。第二，从文章的角度看，总结采用第一人称写作，侧重介绍工作的过程、做法与体会。它叙议结合，以叙为主。而调查报告多采用第二人称写作，叙议并重，且倚重材料，要求用事实说话。调查报告的价值常为选题所左右。第三，从作用的角度看，总结是通过回顾和反思过去，指导未来；而调查报告更多倾向于揭露问题，突出宣传教育、推动工作、传递信息的作用。

第三节　调查报告

一、含义

凡是对某一事物、事件、问题、经验、社会的或自然的基本情况,进行有目的的调查研究,而后写成的书面报告,都叫调查报告。它是一种应用广泛的文体。

二、特点

调查报告是在调查的基础上形成的报告,其特点表现为:
(一)反映客观事物的真实性;
(二)内容上的深刻性和广泛性;
(三)表达上的完整性;
(四)综合性。

三、种类

(一)基本情况调查报告,是了解、研究社会状况的调查报告。其特点是调查研究的课题重大,涉及面广,提出或解决的都是有关社会全局性的问题。如社会基本情况调查报告、人口普查报告、某一地区综合调查报告等。

(二)综合性调查报告研究解决的问题一般都比较重大,需要提供足够的历史和现实资料,并对历史和现实进行细致分析,在情况的叙述和问题说明上,时间和空间的跨度都较大。

(三)专题性调查报告是就一项工作、一个问题、一个事件、一种社会现象进行调查研究而写的调查报告。

(四)典型调查报告分为两种,一种是反映单位或个人在工作中取得的成功经验的调查报告;另一种是反映社会生活中的新事物、新气象、新风貌的调查报告。

(五)问题调查报告也分两种,一种是揭露问题的调查报告,另一种是解决问题的调查报告。

四、写作

(一)标题

调查报告的标题有公文式,如《关于自贡市解决群众三难问题的调查报告》,文章式,如《资产重组使××县乡镇企业步入健康发展轨道》,公文式与文章式相结合式,如《调整结构抓改造,适应市场迈大步——重庆九龙坡区乡镇企业的调查》。

(二)正文

调查报告的正文部分包括导语或前言、主体和结语三部分。

1. 导语(前言)部分

此部分主要表述调查的原因、内容、对象或范围、调查方式以及主要结论。

2. 主体部分

主体部分一般表述两个主要内容,一是调查和分析的结果,二是根据调查分析得出的规律性认识。

3. 结语部分

正文部分的结语一般是对调查报告进行全文性的概括总结。

五、写作注意事项

"调查报告"切忌在思想上先入为主,结论必须在全面掌握、分析真实材料的基础上得出。所用材料与最后的结论要统一,不能堆砌材料,也不能结论与材料不相符合。

"调查报告"虽然要求全面,但要抓住主题,不能面面俱到,一些背景和说明材料可作为附件处理,以使正文主题集中,简洁凝练。

调查报告要有情况、有议论、有办法。

示例:

股权投资在榆林的实践与启示
——榆林能投公司股权投资发展情况调研

榆林市发改委　杨扬

股权投资(Equity Investment),是指通过投资取得被投资单位的股份,通过所持有股份的增值及分红实现投资效益的一种直接融资方式。股权投资作为一项全新的金融工具,可以有效整合各类资金,拓宽直接融资渠道,有着资金来源广泛、投资限制较少、相对股票和债券更易于设立等优点,是缓解资金短缺的有效途径,已成为当前国内外资本市场的重要组成部分。为了促进我市金融业健康发展、提升区域整体竞争力、加快能化基地建设,搭建资金聚合、政府调控、利益共享和资本市场建设平台,2008年4月市政府提出了发展产业基金的思路。2008年7月,我委在《榆林发展动态》刊发了"以发展产业投资基金为突破、加快榆林资本市场建设步伐"的调研文章,提出整合民间资本、发展产业投资基金的建议,引起了省有关部门和市政府的高度关注,胡志强市长作了专门批示,要求加快发展我市产业投资基金。2009年3月,市政府组建了榆林能源化工投资公司。公司成立三年多来,在整合民间资本、发展股权投资方面进行了有益的探索,取得了积极进展。为了全面了解股权投资在我市的发展状况,认真分析股权投资在我市的发展态势,进而推动股权投资在我市的科学发展,我们对榆林能投公司发展股权投资情况进行了专题调研并形成本报告。

一、现状和效果

我市金融业发展水平整体不高,特别是作为现代金融业的核心和金融市场的主要组成部分,资本市场发展严重滞后,直接融资市场几乎空白。为了满足能源化工基地建设特别是地方企业对资金的巨大需求,促进实体经济与虚拟经济同步发展,2009年市委、市政府提出"以股权投资方式弥补能源化工项目建设资金缺口,以设立榆林能源化工产业投资基金突破资本市场建设"的思路,成立了国有独资的榆林能源化工投资有限公司,并赋予其六项职能。随后,能投公司与长三月资本合作控股成立了榆林创业投资有限公司,实行"两块牌子、一套人马、合署办公"的管理模式,构建了以投资决策委员会为核心的投融资管理流程,建立了由国内著名机构参与的政策、技术、财务、法律四大支持体系,打造了一支素质较高的专业队伍,将股权投资的概念成功导入本地,实现了当年注册、当年投资、当年盈利的预期目标。2011年,又根据长三月资本工作重心转移的实际,对长三月资本进行了股权置换,在第十五届"西洽会"上与陕西兴业投资公司签署了《基金合作框架协议》,组建30~50亿的股权投资基金工作取得了实质性进展。

一是利用公司制基金实施了兰炭尾气综合利用项目。(略)

二是采取合伙制基金方式收购了郝家梁煤矿。(略)

三是通过产业基金形式策划了大兰炭项目。(略)

总地看,榆林能投公司股权投资虽然刚刚起步,但已取得了令人瞩目的成绩,集中体现在以下几个方面:

一是资金聚合的功能已经实现。(略)

二是产业引导的作用开始显现。(略)

三是资本运作的影响力得到提升。(略)

二、启示与体会

股权投资之所以能够在榆林顺利开展,并取得很好的效果,主要得益于以下几点:

首先,政府支持是前提。(略)

其次,结合实际是核心。(略)

再次,创新思路是关键。(略)

最后,队伍建设是保障。(略)

三、问题及建议

我市资本市场特别是股权投资刚刚起步,虽然取得了较好成绩,但还存在不少问题。建议当前重点抓好以下几方面的工作,促进股权投资健康发展。

一是进一步增强政府引导作用。(略)

二是进一步增强市场运作能力。(略)

三是进一步增强企业自身实力。(略)

榆林是新兴的资源城市,有很多新情况、新问题、新经验值得研究和学习。这篇调查报告就是反映新事物的调研报告。

第四节 简报

要了解国内外大事可以看电视、听广播,翻阅报纸、杂志,外加上网。而要了解本系统内或是单位内部的情况,交流内部信息,就要阅读简报了。

一、含义

简报是党政机关、群众团体、企事业单位编发的反映情况、传播信息、交流经验、指导工作的一种摘要性的内部文件,也叫作"情况反映"、"情况交流"、"简讯"、"动态"、"内部参考"等。

简报在日常工作中起着十分重要的作用。可以说简报就是简要的调查报告,简要的工作报告,简要的消息报道。

二、特点

简报主要有以下四个特点。

(一) 时效性

简报在机关事务文书中以讲究时效著称。反映突发情况的动态简报,类似于新闻报道中的"快讯"。简报影响力大小,关键是看它能否及时编制报送。所以简报最重要的特性是时效性。

(二) 简明性

简明扼要,是简报的显著标志。简,不仅是指文字少、篇幅短,更主要的是它追求用少量的文字概括出事实的精髓和意义,做到简短而不疏漏。

(三) 新鲜性

新鲜是简报的价值所在。只有努力反映新情况、新动向、新问题、新经验,才能发挥它的作用。也只有内容新鲜,观点新颖,才能引起受众的关注。

(四) 机密性

简报属于"内刊",只在机关、单位内部传阅,不公开发行。这是它与大众传播媒介的主要区别。不同内容的简报,传阅的范围和机密程度也不相同。一般来说,发行范围越窄,机密程度越高。越是级别高的机关编写的简报,机密程度越高。

三、种类

根据不同分类标准划分,有不同种类的简报。如按时间分,有定期简报,不定期简报;按性质分,有工作简报,生产简报,学习简报,会议简报;按内容分,有综合反映情况的简报和反映特定情况的专题简报。总地说来主要分为以下几种。

(一) 会议简报

主要反映会议交流、进展情况。

(二) 情况简报

主要反映人们关注的问题,供领导了解社情民意。

(三) 工作简报

用于报告重大问题的处理情况以及工作动态、经验、问题等。

简报不是一种刊物,它只有几张纸,几个版面,但它具有一般报纸的新闻特点,讲究新闻性时效性。综观会议简报、情况简报、工作简报,它们是向上级汇报情况的简要书面报告,不能看作是一种独立的文体,只是专业性很强的简短的内部小报。

四、写作

简报由报头、报核、报尾三部分组成。

（一）报头部分

又称版头。一般占首页三分之一的上方版面,用间隔红线与正文部分分隔开。报头的内容包括:

1. 简报名称:如《节水工作工作简报》、《××情况简报》、《××动态》、《××信息》、《物价大检查简报》、《冬季征兵简报》。简报名称在居中位置,用套红大号字体,要求醒目大方。

2. 期数:排在简报名称的正下方,按期序编排,有的还注明总期数。

3. 编发单位:在横隔线的左上方位置上。

4. 印发日期:在横隔线的右上方位置上。

5. 密级:在报头左侧上方位置,标志密级并加标识★,如"机密★"、"秘密★"或"内部刊物";保密时限在标识后写上,如"1 年"或"4 个月"之类。

6. 份号:印在报头右侧上方位置。

简报样式如下图所示。

密级		份号
	简报名称	
	期数	
编发单位名称		印发　年　月　日
	×××××××× (标题)	
××××××××××××××××××××××××××		
××××××		
××××××××××××××××××××××××		
××××××		
××××××××××× (正文)		
报送单位:		
发送单位:		共印份数

（二）报核部分

刊登简报文稿的部分称为"报核",是简报的核心部分。

一般由标题、正文两项组成。

只有一篇文章的简报,通常在标题后以"编者按"(也称"按语")的形式叙述事件的背景材料,然后是导语、主体、结果。

按语是简报编者及有关领导审查文稿后,对文稿的内容性质所作的说明和评论。重要的简报,尤其是转发的简报,应在文章前面加一段按语,用以反映编报机关的意向,是编发指导思想的体现。

由几篇文章构成的简报,内容较多时可编排目录,以便读者选择阅读。

无论何种简报在写作的总体结构要求方面都有一致性,即:

1. 简报的标题要揭示主题,简短醒目。

2. 导语通常用简明的一句话或一段话概括全文的主旨或主要内容,给读者一个总的印象。导语的写法多种多样,有提问式、结论式、描写式、叙述式等。导语一般要交待清楚谁(某人或某单位)、什么时间、干什么(事件)、结果怎样等内容。

3. 主体用足够的、典型的、有说服力的材料,把导语的内容加以具体化。

4. 结尾或指明事情发展趋势,或提出希望及今后打算。

5. 背景:即对人物、事件起作用的环境条件和历史情况,背景可以穿插在各个部分,也可以以编者按的形式在文章前叙述。

(三)报尾部分

报尾在简报的最后一页的末尾,用横线将报尾隔开,写上发送单位名称和印制份数。

示例:

节水工作简报

第3期(总第90期)

全国节约用水办公室　　　　　　　　　　　　2006年2月2日

北京市节水取得明显成效

近年来,北京市政府加大节水工作的力度,节水工作取得明显成效,农业、工业和城市生活用水量显著减少。"十五"期间,北京市总用水量从2000年的40.6亿立方米下降到2005年的34.2亿立方米,平均每年下降1亿立方米。

在农业节水方面,通过深化产业结构调整和布局,2005年北京市农业用水量由2000年的16.5亿立方米下降到13.2亿立方米。北京市郊4万余眼机井都装上了水表,达到可装表机井的97%以上,开始全面实行农业用水计量收费制,大兴、朝阳、海淀等区县还实行了IC卡计量收费。地热机井、矿泉及纯净水已全部完成装表任务。北京还将利用世行贷款大力发展节水灌溉,2005年完成节水灌溉面积 30 万亩。

在工业节水方面,北京对五大电厂实施节水项目 20 项,其中 2005 年,五大电厂已投资 4590 万元,年节水 459 万立方米。20 个项目全部完成后,五大电力企业年节水可达 1.45 亿立方米,相当于 70 个昆明湖的蓄水量。"十五"期间,北京市工业用水量从 10.5 亿立方米下降到 6.8 亿立方米,工业用水重复利用率从 2001 年的 89.25% 提高到 2005 年的 91%。

在生活和服务业节水方面,北京市对 29380 个社会单位进行用水计划管理,机关事业单位压缩供水指标 12.5%,社会单位总用水量从 2001 年 16.4 亿立方米下降到 2004 年的 14.3 亿立方米。2005 年全市共推广节水器具 210 万套件,居民家庭节水器具普及率达到 77%。

在"十一五"期间,北京市将进一步完善水价体系,充分发挥市场配置水资源的作用;建立节水奖罚机制;建设水资源调配保护机制;加强与周边地区水资源合作,建设长期跨区域调水合作机制;加快农业用水市场化;推进节水的社会化管理,建设政府与社会联动的节水管理机制。

这是一份经常性的业务简报,反映的是北京市在节水方面取得的成绩。正文的前言部分概括说明,给人以总体印象;主体部分从农业、工业、生活和服务业几个方面展开说;结尾部分对未来进行展望,给人以鼓舞。有观点、有材料,层次分明,语言简洁。

五、与其他文种的区别

(一)与新闻的区别

多数简报内容属于"内部消息",单位机关能公开发表的内容以报纸的形式传播,不宜公开披露的或其影响限于内部的内容,用简报在内部发送。新闻是全社会共享的信息。

(二)与报告的区别

简报没有"主送单位",它可以上行、平行、下行,交流信息的作用突出;报告是法定公文,是上行文,专门用来向上级汇报工作、反映情况、传递信息。

(三)与调查报告的区别

简报是简明扼要、迅速及时的情况报道;调查报告是经过有目的、有系统的调查和研究而写出的社会调查和专题调查,它不一定要求迅速,却要求系统全面,有分析、有研究,篇幅也很长。

第五节　项目活动策划

一、含义

项目活动策划是社会活动中广泛使用的文体。活动策划是对将要进行的"活动"做细致的规划、计划、安排，从人员、物资、项目推进、时间统筹等方面做全方位的预先安排。

对企业经营活动来说做好项目活动策划是提高市场占有率的有效行为，一份可执行、可操作、创意突出的活动策划案，可有效提升企业的知名度及品牌美誉度。活动策划案是相对于市场策划案而言的，严格说它们同属市场策划的兄弟分支，活动策划、市场策划是相辅相成、相互联系的。市场策划和活动策划都服从企业的整体营销思想，只有在此前提下做出的市场策划案和活动策划案才兼具整体性和延续性。也只有这样，才能够有效地使受众群体认同一个品牌的文化内涵。活动策划案应遵从市场策划案的整体思路，才能够使企业保持一定的市场销售额。

二、种类

(一) 传播主导型活动策划

1. 以娱乐政治色彩为目的的活动策划

是按文件指示或人为安排而进行的策划。如团组织生活晚会、联谊舞会等。本类活动相对来说不是很大型的活动，因为常常以在校的学生为主，所以盈利性和宣传性不强。一般是响应国家、省(市)、学校的各类文件号召，或是增强人们之间的感情联络。活动形式比较丰富，比如唱歌、跳舞、诗歌朗诵、现场做诗画、问题抢答、做游戏等。

2. 以宣传普及为目的的活动策划

指以品牌宣传为主、盈利销售为辅的策划。这类活动如诺贝尔经济学奖得主广东行、华语电影传媒大奖，等等。这类活动注重媒体形象的传播，把 LOGO 和报纸版面图片制作成背景板、单册(页)、海报、白皮书、礼品等。另外，报社相关领导参与活动开幕、颁奖、抽奖或闭幕仪式，活动往往令人震撼。

(二) 营销主导型活动策划

指其活动以盈利销售为主、品牌宣传为辅而展开的主题策划。

例如,市场营销策划。这类活动如2002国庆房产大联展以及首届广东企业家VS中国明星足球赛。这些活动策划毋庸置疑也在提高报纸的品牌知名度,但主办方的初衷往往是以活动为引爆点,吸纳企业客户的广告投放和读者、目标消费者的门票收入。2002中国南方汽车展单门票一项就为主办方带来了数十万元的收入,此外还有大量前期与后续的报纸广告收入。此类型活动的主要特点是活动本身就是一块"磁场",具有足够吸引客户热情和消费者眼球的魅力。

(三)混合型活动策划

兼具了以上两个类型的特点,既做营销又搞传播,这类活动如世界华文广告论坛等。这些活动往往以客户下单参与定额广告投放、读者掏钱购买报纸(剪角)等作为其获得参与活动的资格的前提条件,而活动本身也将伴随着声势浩大的品牌推广行为。在当前媒介经营市场竞争日益白热化的形势下,媒体将越来越多地扮演企业或准企业角色,将越来越倚重营销主导型和混合型活动策划,这个领域也将成为国内各大媒体未来的战场。

三、特点

(一)具有大众传播性

好的活动策划一定会注重受众的参与性及互动性。有的活动策划把公益性引入活动中来,这本身既与报纸媒体一贯的公信力相结合,又能够激发品牌在群众中的美誉度。甚至活动的本身就具有一定的新闻价值,能够在第一时间传播出去,引起公众的注意。

(二)具有深层阐释功能

项目活动决定了活动策划不可以采取全面陈述的方式来表现,但通过活动策划,可以用把客户需要表达的东西说得明白。因此,活动策划可以把企业要传达的目标信息传播得更准确、详尽。

(三)具备公关职能

活动的策划往往是围绕一个主题展开的,这种主题大多是有关环保、节约能源等,贴近百姓生活,能够获得广大消费者美誉度。通过这些主题活动的开展,可以最大限度地树立起品牌形象,使消费者不单单从产品中获得使用价值,更从中获得精神层面的满足与喜悦。

四、写作

项目活动策划的结构简洁明了。

(一)标题即活动名称

这类文体标题,直接明了,往往以活动项目名称为题。便于传播,同时好记。

(二)活动目的

用精要的文字直入主题,讲明活动的性质、目的。在陈述目的要点时,要写明该活动的核心构成或策划的独到之处及由此产生的意义(经济效益、社会利益、媒体效应等)。活动目标要具体化,并需要满足重要性、可行性、时效性要求。

(三)活动简介

要提纲挈领,不能过于全面,避免琐碎。

(四)活动安排

通常采用分条列项的方式说明,这样便于落实、便于检查。

作为策划的正文部分,表现方式要简洁明了,使人容易理解,但表述方面要力求详尽,写全每一点设想,没有遗漏。在此部分中,不应仅局限于用文字表述,也可适当加入统计图表等;对策划的各工作项目,应按照时间的先后顺序排列,绘制实施时间表有助于方案核查。人员的组织配置、活动对象、相应权责及时间地点也应在这部分加以说明,执行的应变程序也应该在这部分加以考虑说明。

(五)活动要求、细则

要写得具体、可操作。

(六)活动组织者、参与者

注明组织者、参与者、嘉宾、单位(如果是小组策划应注明小组名称、负责人)。

第七章 礼仪文书写作

礼仪是礼节和仪式的总称。我国是文明古国,是世界上有名的礼仪之邦,人们的社会交往活动和思想感情的交流,许多都是通过一定的礼仪形式和文化活动方式来进行的。礼仪文书就是人们在各种礼节中使用的文体。

第一节 礼仪文书概述

一、含义

礼仪文书是国家、单位、集体或个人在各种社交场合用以表示礼节的,具有较固定格式的文书。它主要是用来调整人与人之间的关系的。

礼仪文书,应当准确、适当地表达出礼仪上的要求,根据不同的时机和对象,力求把文章撰写得恰到好处,让受众心悦其诚。

二、特点

礼仪文书是传统应用文,是适应社会的需要而产生,又随着社会的发展变化而发展变化。其基本特点表现为以下几点。

(一)写作有实用性

礼仪文书多用于日常交际、应酬,既可以处理公务,也可以服务私务。主要以实用为目的,如书信、请柬、名片、启事、电报稿等,有直接的应用性。

写请柬必须突出"请"的目的;写启事要突出"启"的目的,要把所启之事说明白。所以,礼仪文书撰写必须讲求实用性。

(二)内容有针对性

写作内容要为写作目的服务。礼仪文书写作时要有明确的对象,要注意对象的性别、年龄、职业、身份、学识、爱好、习惯、辈分等。只有有针对性地进行写作,才能使内容名副其实,使整体内容达到协调一致。

(三)体式约定俗成

礼仪文书虽不如公文那样有严格的体式规定,但在漫长的写作实践中逐渐形成了一套基本的体式,各种礼仪文书都有自己的规范化体式。如书信先要有问候,后要有祝愿语等,都是社会约定俗成的。随着社会的发展,在写作时既要熟知各种规范陈式,又要跟上时代步伐,适当地推陈出新。

(四)讲求文化内涵

礼仪文书既讲究礼仪内容,同时也要体现出它的文化内涵。撰写时不仅在文辞上,而且在书法款式、用笔用墨、书写印刷材料上也要讲究文化意蕴。例如,书写款式要大方、自然、得体;用纸用料、笔墨颜色要讲究既美观又符合效用,还要体现出有关交际中的礼节、礼貌要求。像写信函,以黑色笔墨为宜,一般不用其他颜色,传统观念认为若以红色写信,就意味着是绝交信。在制作时,一般都比较讲究材料的质地与硬度,还配以一定的装饰,以反映礼仪文书内在的文化涵养。

三、写作要求

(一)审时度势

礼仪文书使用范围极广,它可能涉及私人交往、单位往来,国家之间、地区之间、军事集团之间的交往等,大多为贺信、贺电、唁电,兼有外交公文特点,具有一定的政策性。所以写作时要审时度势,根据具体的情形来确定行文格式、语言风格等。

(二)分清对象

写作时要考虑受众的接受心理,写作时可考虑从职位、单位、关系的密切程度、辈分等方面选择"出发点"和"落脚点",只有这样才能写出令人满意的礼仪文书。

(三)概括简明

礼仪文书多数都应言简意赅,寥寥数字把事情说明白,不赘述,不反复重申强调,"一步到位"即可。

(四)用语得体

礼仪文书语言应讲究简明朴实,巧用修辞提升境界。有时还要因势利导,诙谐幽默,生动形象。总之要符合所用文体的风格。

第二节 邀请类文书

著名诗人白居易有一小诗《问刘十九》，诗云："绿蚁新焙酒,红泥小火炉。晚来天欲雪,能饮一杯无？"诗中最后一句,实为白居易在向老友发出雪夜品酒之邀请。该诗所产生的现实功能相当于今天应用文体中的邀请类文书,即邀请函(书)或请柬。

一、邀请函

(一)含义

邀请函是邀请亲朋好友或知名人士、专家学者参加某项活动时发出的请约性书信,又称邀请书、邀请信。多为企业、机关、团体使用。适用于喜庆活动,也适用于严肃、正规的学术会议活动、复杂的商务活动。

邀请函是公务礼仪书信的一种。在个人交往中使用时称之为请柬。请柬仅适用于喜庆活动。

(二)邀请函的使用范围

1. 邀请参加会议及仪典。如一些纪念性庆祝大会、典礼、仪式等。
2. 邀请参加大型文体活动。如运动会、文艺晚会、联欢会等。
3. 邀请参加各类学术性、专业性会议,如学术研讨会、座谈会、论证会、鉴定会等。
4. 邀请参加商务性、业务性会议,如商务洽谈会、产品展销会、订货会、展览会等。
5. 邀请参加各类社交性活动,如宴会、酒会、茶话会等。
6. 邀请函通常用来邀请上级领导、兄弟单位及外来嘉宾。本单位则用通知的形式行文。
7. 礼遇较高的邀请,则用印制精美的标准请柬,以示礼貌和庄重。

相比请柬,邀请函写作内容更为复杂,对受邀对象有具体要求,如准备参会文稿、参展商品等。请柬仅是对受邀对象发出邀请信息,不附加具体要求。邀请函是机关、团体、单位邀请上级领导、兄弟单位的有关同志前来参加重要的纪念、庆祝等活动时,为表示庄重而使用的一种告知性礼仪文书。

(三) 写作

一份内容完整的邀请类文书,通常包括以下几个项目:标题、称谓、正文、落款。

1. 标题

文种充当标题,或由具体事由 + 文种构成标题,如"关于参加中华民族凝聚力研讨会的邀请函"。

2. 称谓

写明对方姓名、职务、职称、学衔。也可以用"同志"、"先生"、"女士"、"小姐"称呼。有时还可以加上"尊敬的"之类定语。

3. 正文

包括邀请的目的、活动内容、时间、地点及注意事项。文尾部分常用"敬请拨冗光临"、"敬请莅临"、"敬请光临指导"等表达邀请要求的句子。

4. 落款

署上发文单位名称、发文时间。

为表示发文单位的诚意及对受邀对象的尊敬,常在其后使用"谨启"、"谨呈"、"敬启"等敬告词。

示例:

邀请函

×××局长:

2012年11月15日上午9时30分在深圳机场进行2012年度深圳市民用机场应急救援综合演练。

敬请光临指导。

(附启:11月15日上午9:00时在一号航站二楼贵宾厅集中。)

深圳市交通局民航管理处
2012 年 11 月 12 日

二、请柬

(一) 含义

请柬又称请帖,是人们在节日或请客时用的一种简便邀请信。请柬是为邀请宾客参加某一活动时所使用的一种书面形式的通知。

(二)种类

1. 从形式角度分

有卡片式、折叠式、竖式与横式请柬。

2. 从内容角度分

有喜庆请柬,丧葬请柬,日常应酬请柬,礼请柬与谢请柬。

(三)特点

请柬从内容到形式都极富礼仪特征,因而也就具有浓重的传统文化色彩。

(四)写作

一般由标题、称谓、正文、请语、结尾、落款、日期等部分构成。

1. 标题

只需注明文种"请柬"。可位于正文之上,也可单占一页。

2. 称谓

要雅致,用敬语,有礼貌。用学位、学术头衔、军衔等称呼。

3. 正文

要写清活动内容。只需用一句话写明收柬一方所参加活动的名称(形式或性质)及时间、地点。没有必要叙述活动本身及邀请对方的意义。也不需要加"您好"之类的问候语。

4. 结尾

要写上礼节性问候语或恭候语。

恭敬语是请柬所特有的,是该文种的重要标志,且须用雅语,一般带有文言色彩。如"敬请光临"、"恭请光临"等。

5. 附启

即附加陈述。并非每份请柬都有,应根据需要设置。如活动场所,乘车路线等。

6. 落款

署上邀请者(单位或个人)的名称和发柬日期。如是婚柬,要注明新婚夫妇二人姓名,其后加上"敬启"或"谨上"之类的谦词。

注意:一般要提前几天发出请柬。

五、写作注意事项

(一)请柬不同于一般书信,简洁明了是它的特点,不需要嘘寒问暖,不需要长篇叙述。

(二)语言上除要求简洁、明确外,还要措辞文雅、大方和热情。

行文要通顺明白,避免产生歧义。语言要优美、庄重、典雅、热情。

(三)表达要严谨准确。只需写清对方的姓名(或单位)、邀请的事由、时间、地点等即可。

示例:

请柬

尊敬的××先生:

敝公司定于2012年10月12日—10月22日8:00—17:00在上海瑞金大厦3号楼展览大厅举办现代家具贸易洽谈会。

恭候光临。

新大地公司

2012年10月12日

第三节 迎送类文书

孔子曰:"有朋自远方来,不亦乐乎?"中国自古就是礼仪之邦,讲求礼尚往来。客从远道而来,我们设宴款待,为之"洗尘";亲友远赴他乡,我们设宴话别,为之"饯行"。用于这类交往活动的文书在现代社会中也依然有生命力。

这些文书并非正规的官方或公务文件,但它们却可以起到感染人的情绪,影响人的选择,改变人的决策的作用。根据这类文书的作用、特点,我们称其为"迎送类"文书。

"迎送类"文书具有确认、建立、强化或改善公共关系,迎来送往、彼此联系、传播信息、沟通情况等作用。

一、含义

欢迎辞是迎接宾客莅临或迎新集会上表示热情欢迎的致辞。

欢送辞是对宾客离别等表示热情欢送的致辞。

答谢辞是在喜庆宴会、欢迎或欢送会、授奖大会上,或对曾经接待、帮助自己的有关团体及个人表示感谢的致辞。

二、特点

(一)讲究礼貌

欢迎辞、欢送辞、答谢辞都是出于礼貌的需要而使用的,因此特别注重使用礼貌用语,使用尊称、敬语和谦语。例如,称呼要用尊称,一般在姓名前冠以表示亲切的定语,如"尊敬的"、"敬爱的"等;在后面加上表明地位、学识的称呼,如"教授"、"博士"、"经理"、"厂长"、"部长"、"校长"等。对外国元首、政府首脑、大臣等,根据他们的身份可加上"陛下"、"殿下"、"阁下"等。此外,致辞中还要使用谦恭的语句,字里行间流露出真诚、谦逊、敬意或致谢,使对方感到温暖和愉悦。

(二)注重感情

"感人心者,莫先乎情。"只有真诚待人才能促进沟通联系,加深感情,赢得朋友。即使初次见面说些客套话,也要发自真心。

(三)表达委婉

在交际应酬的场合,既要向对方表示友好,又要遵守一定的原则。措辞要注意谨慎,可用委婉言辞表达不同观点。

(四)语言通俗易懂

在致辞时,有时对象靠听觉接受信息,因此撰写致辞语言要注意通俗化、口语化,讲求节奏美。

(五)篇幅简短

出于礼节上的需要,实质性的问题不可能在致辞中讨论和解决,所以致辞行文篇幅不宜过长,表情达意点到为止。

三、写作

欢迎辞、欢送辞和答谢辞虽然名称不同,各有各的使用场合,但他们的结构和写法基本相同。

(一)标题

标题有两种形式:

1. 直接以文种为标题,如"欢迎词"。
2. 说明在什么场合下的致辞或讲话,如:"李铁映在欢迎北京申办奥运会代表团归来仪式上的讲话"。

(二)称呼

在标题下隔一行顶格写上致辞对象的姓名(有的只写姓)和称谓。

(三)正文

在称呼的下一行空两格开始写。这部分可分为开头、主体、结尾三个层次。

1. 开头

欢迎辞一般先概括说明宾客来访的背景,接着表达欢迎的意愿;欢送辞对宾客的离别表示热情的欢送;答谢辞对主人的款待或帮助表示感谢。

2. 主体

欢迎辞的主体包括:第一,客观评价对方的业绩,到访的意义并表示赞赏;第二,简要介绍本单位的情况,如果是欢迎外宾,则是介绍我国的内政外交政策。

欢送辞要对宾客来访取得的成功和友谊的加深予以称颂。

答谢辞要叙说对方给予的关心、支持和帮助,向对方表示感谢,并表示自己对巩固和发展友谊的打算和决心。

3. 结尾

欢迎辞祝愿宾客来访取得圆满成功、访问期间过得愉快。

欢送辞对宾客表示惜别之情,表示对再次来访的期待,并祝愿一路顺风。

答谢辞再次表示感谢并向对方表示良好祝愿。

四、写作注意事项

(一)要注重语言的朴素、自然,不堆砌概念,不装腔作势。方言土语要少用。

(二)要讲人们最关心的问题。

(三)主题要单一。

示例一:

欢送词

松木先生:

当您即将启程回国的前夕,我代表××研究所全体工作人员,向您表示热烈的欢送。一个月来,您与我们朝夕相处,不但在技术指导方面给予我们很大帮助,而且使我们的产品质量也有了提高,对此,我代表全体人员向您表示诚挚的谢意。

在向松木先生告别之时,借此机会,我请您转达我们对您一家的问候与敬意,并请他们在适当的时候来济南参观、游览。

祝松木先生,一路平安,身体健康。

示例二:

答谢词

亲爱的朋友们:

  我们对贵国的访问即将结束。首先,请允许我代表我们旅游观光团一行20人对贵国政府对我们的盛情款待表示由衷的感谢。

  访问期间,我们十分有幸结识了许多知名人士,参观了城镇、乡村、工厂、学校和文艺团体,与各界人士进行了饶有兴趣的谈话,这些都给我们留下了很深的印象。

  我相信,我们这次参观访问将有利于促进两国人民之间的友谊。我们用文字和相机记录下了这次访问中一幕幕的动人景象,回国后,我们将让我国人民得知这一切。我深信,这将给他们以巨大的鼓舞。

  借此机会,再次衷心地感谢大家!

  祝兄弟的中国人民幸福!

  祝两国人民之间的友谊万古长青!

  再见了,亲爱的朋友们!

第四节 慰问感谢类文书

  表述慰问、感谢之情的文书,我们将其归为一类,主要有慰问信与感谢信。

一、慰问信

(一)含义

  慰问信是组织、部分群众以及某个人向有关集体、个人表示慰劳、问候、致意的书信。

(二)种类

  根据慰问原因,慰问信可分为两种。

  1. 对在国家建设、科研工作、项目工程等中作出的重大贡献表示慰问的慰问信。鼓励作出贡献者戒骄戒躁,乘胜前进。

  2. 对由于某种原因而遭到的暂时困难和严重损失表示慰问的慰问信。以表示对慰问对象的同情和安慰,鼓励他们加倍努力,战胜困难。

（三）写作

慰问信写作格式与迎送类文书基本相同，由标题、称谓、正文、落款等构成。

1. 标题

可居中写"慰问信"；也可写成"致××的慰问信"。

2. 称谓

顶格写受慰问的单位或者个人的称呼。如是单位要写全称；如是个人，要在姓名之后加上称呼，如"同志"、"先生"、"师傅"等，后边用冒号。在个人姓名前边，往往还要加上"敬爱的"、"尊敬的"、"亲爱的"等敬语，以表示尊重。

3. 正文

首先，说明写慰问信的原因。其次，叙述对方的模范事迹或遇到困难时表现出来的高尚品质，并向对方表示慰问。然后，写鼓励和祝愿的话。

接着在正文后面或是另起一行空两格写"祝"、"此致"，然后在下一行顶格写"节日愉快"或"取得更大的成绩"、"敬礼"等。

4. 落款

署名要另起一行。日期写在署名的下面，年、月、日要写全。

二、感谢信

（一）含义

感谢信是对某个单位或个人的关怀、支援、帮助表示感谢的信件。

感谢信不仅有感谢的意思，而且有表扬的意思。可以直接写给对方或对方所在单位，也可以张贴在对方单位内或所在地的公共场所，还可以借助报纸、电台广播、电视台等媒体登出、播出。

（二）写作

由标题、称谓、正文、落款构成。

1. 标题

一般多以文种做标题。有的还在"感谢信"的前边加上一个定语，说明是因何事，写给何人的。

2. 称谓

写收信单位名称或个人姓名，姓名后面可以加"同志"、"师傅"、"先生"等称呼。

3. 正文

要写清楚对方在何时，何地，因何原因，做了何事，对自己或单位有何支持和帮助,事情有何结果和影响,还要写清楚对方表现出的好思想、好品德、好风格。最后写向对方学习的态度和决心。结尾写上"此致"、"敬礼"等祝颂语。

4. 落款

署上单位名称或者个人姓名,在署名的下边写上发信的日期。

三、写作注意事项

(一)写慰问信注意事项

1. 慰问信的抒情性较强,要根据所慰问的不同对象,确定信的内容。
2. 要使受慰问者在精神上得到安慰和鼓励,语言应亲切、生动。

(二)写感谢信注意事项

1. 要把人物、时间、地点、原因、结果以及事情经过叙述清楚,便于组织了解和群众学习。
2. 叙述事实时,要突出对方的好思想,感情真挚地表示谢意,使所有看到信的人都受到感染。
3. 用语要得体,既要符合被感谢者的身份,也要符合感谢者的身份。
4. 感谢信以说明事实为主,切勿大发议论。

示例:

致柯棣华大夫家属的慰问信

亲爱的朋友:

我谨代表第十八集团军和中国共产党,为柯棣华大夫的逝世,向你们致以最深挚的悲悼。柯大夫曾予华北敌后五台区最需帮助的军民以无可比拟的贡献。

柯棣华大夫系于1938年受印度国民大会之命,参加其所派遣的印度医疗队,去到延安,于1939年进入华北游击区。他在华北曾经到过许多地方,最后定居于五台区,成为已故白求恩大夫事业的承继者,担任国际和平医院院长,直到逝世。他的中国同志都爱他、尊敬他。为了在抗日游击根据地中之最高贵的任务,为了给伤病战士以兄弟般的友爱,他曾救活了许多抵抗日寇侵入祖国的战士的生命,还帮助了许多人免于残废。我们受惠于他的极多,使我们永不能忘。

柯大夫曾是中印两大民族友爱的象征,是印度人民积极参加反对日本黩武主义和世界法西斯主义的共同战斗的模范。他的名字将永存于他所服务终生的两大民族之间。

我们在全体爱自由的人类的共同损失中,分担你们的悲痛。

谨致

热烈的敬礼!

周恩来
1943 年 3 月 2 日

第五节　祝贺类文书

在社会交往中有一类应用文书是向取得胜利、获得荣誉的团体或个人专门的致信、致辞,以向取得成就的对方表达祝福、祝贺之意。此类文书专门称为祝贺类文书。

一、祝辞

(一)含义

祝辞是指在欢庆佳节、迎送宾客的社会活动中或者举办其他隆重庆典时,领导人向公众表示节日祝贺或者主客双方分别向对方表示欢迎、祝贺、答谢所使用的讲话稿。

祝辞适用的范围十分广泛。国际交往,国内各种场合的集会、宴会、喜庆活动等,客人应邀来访或者参加活动等都经常用祝辞来表达相关各方的衷心祝愿之情。

使用祝辞,可以促进不同国家之间、政党组织之间的友好往来,可以促进单位之间、部门之间和干群、民众之间的沟通联系,在公关活动中起着联络感情、增进友谊、促进交流和加强合作的作用。

(二)种类

根据其使用场合,可将祝辞划分成如下几类:

1. 祝寿辞。是在寿辰纪念活动中所作的祝福。
2. 婚礼祝辞。是用于婚礼活动中表示祝福的讲话稿。
3. 会议祝辞。是用于各种集会或聚会场合的讲话。
4. 祝酒辞。是在酒席宴会开始时,主人向客人表示热烈欢迎、亲切问候,或客人进行答谢并表示衷心祝愿的应酬之辞(同迎送类文书中祝酒辞)。

此外,还有公司(企业)庆典祝辞、乔迁祝辞、晋升祝辞、生子祝辞、升学祝辞,等等。

(三) 写作

常见的祝辞结构有两种:一种是"点睛"式,多用于祝寿辞或特殊场合的祝贺辞、祝酒辞。即用一两句辞语,把自己美好的祝愿表达出来。另一种是文章式结构,全文由称谓和正文构成。

祝辞短小、精练、炽烈。写作时应该做到主旨鲜明、集中,感情真挚、热烈,语言平实、得体,富于感染性。

祝辞属于演讲辞的范围,还要讲究演讲技巧,仪态要自然大方,口语表述要清晰、流畅,语势要波澜起伏,等等。

二、贺辞(信)

(一) 含义

贺辞是机关、团体、单位向取得重大成就、有突出成绩或喜庆之事的有关单位或人员表示祝贺或庆贺的一种礼仪文书。有的还用来表示慰问和赞扬。

(二) 写作

由标题、称谓、正文、落款四部分构成。写作上与迎送辞要求一致。

正文一般包括:对方取得的成绩和所取得成绩的重大意义;表示热烈的祝贺和殷切的希望。

正文部分因祝贺事项、对象不同,内容有差异。

会议贺辞:重在指出会议的重要性。

向同级单位祝贺:在表示祝贺之外,还应提出向对方学习的内容。

下级对上级表示祝贺:除表示祝贺外,还应表示自己的决心和态度。

向个人表示祝贺:着重写明可供群众学习的品德和意义。

结尾常用结尾语"谨祝取得新的、更大的胜利!"

示例:

朱镕基电贺他信·西那瓦就任泰王国总理

曼谷泰王国总理他信·西那瓦阁下:

在阁下就任泰王国总理之际,我谨向阁下表示热烈的祝贺。

近年来,在我们两国政府和人民的共同努力下,中泰友谊不断加强,各领域的合作继续深化。中泰友好关系符合两国人民的利益,有助于地区和平、稳定与繁荣。我相信,在阁下任期内,在两国二十一世纪合作计划《联合声明》的指引下,中泰睦邻互信的全方位友好合作关系必将取得更大发展。

祝泰王国国家昌盛,人民幸福。

中华人民共和国国务院总理 朱镕基
二〇〇一年二月九日于北京

三、祝酒辞

(一)含义

祝酒,是人们交往中的一种祝愿的形式。祝酒辞是祝酒过程中使用的讲话稿,在公关活动场合使用较多。

宴会上致热情洋溢、幽默风趣的祝酒辞,有助于使气氛热烈,促进主客双方感情融洽。好的祝酒辞让人耳目一新,受益良多。

(二)写作

1. 标题

可以写明在什么场合什么人的致辞,也可是写明什么人在什么场合的讲话,如"××在欢迎××总经理宴会上的祝酒辞","××总理在欢迎××政府代表团宴会上的讲话"。

2. 称呼

要热情友好,亲切全面。按照先外后内、先高后低、先男后女、先疏后亲的顺序,把到会的若干类型人物包括在内。如:"总统阁下和夫人,女士们、先生们"。

3. 正文

第一层写致辞者代表谁向到会者表示欢迎或感谢和问候。如果到会者中有外宾,要把欢迎或感谢的内容放在第一段。第二层用饱含感情的笔墨,写双方友谊和合作的新发展。如果是对外宾的祝酒辞,还可扼要赞颂外宾所在国的人民近期取得的业绩。第三层简要说明对未来的希望。第四层致辞者提议"为×××干杯",干杯的目的要与宴会的参加者的愿望密切相关。

四、写作注意事项

(一)要注意祝贺者和受祝贺者的关系,双方关系不同,措辞、语气也不同。

(二)要紧紧围绕"祝贺"的中心行文。

(三)要出于真情实感,切忌应酬虚假。对受祝贺者成绩的评价要实事求是、恰如其分。祝贺者的提议也要切实可行。

(四)语言要简洁扼要,通俗流畅,不要刻意雕琢,堆砌辞藻。

示例:

周恩来总理在欢迎美国总统尼克松的宴会上的祝酒词

总统先生,尼克松夫人:

女士们,先生们,朋友们:

首先,我高兴地代表毛泽东主席和中国政府向尼克松总统和夫人,以及其他的美国客人们表示欢迎。

同时,我也想利用这个机会代表中国人民向远在太平洋彼岸的美国人民致以亲切的问候。尼克松总统应中国政府的邀请,前来我国访问,使两国领导人有机会直接会晤,谋求两国关系正常化,并对共同关心的问题交换意见。这是符合中美两国人民愿望的积极行动,这在中美两国关系史上是一个创举。

美国人民是伟大的人民。中国人民是伟大的人民。我们两国人民一向是友好的。由于大家都知道的原因,两国人民之间的来往中断了二十多年。现在,经过中美双方的共同努力,友好来往的大门终于打开了。目前,促使两国关系正常化,争取和缓紧张局势,已成为中美两国人民强烈的愿望。人民,只有人民,才是创造历史的动力。我们相信,我们两国人民这种共同的愿望,总有一天是要实现的。

中美两国的社会制度根本不同,在中美两国政府之间存在着巨大的分歧。但是,这种分歧不应当妨碍中美两国在互相尊重主权和领土完整、互不侵犯、互不干涉内政、平等互利和和平共处五项原则的基础上建立正常的国家关系,更不应该导致战争。中国政府早在1955年就公开声明,中国人民不想同美国打仗,中国政府愿意坐下来同美国政府谈判。这是我们一贯奉行的方针。我们注意到尼克松总统在来华前的讲话中也说道,"我们必须做到的事情是寻找某种办法使我们可以有分歧而又不成为战争中的敌人"。我们希望,通过双方坦率地交换意见,弄清楚彼此间的分歧,努力寻找共同点,使我们两国的关系能够有一个新的开始。

最后我提议:

为尼克松总统和夫人的健康,

为其他美国客人们的健康,

为在座所有朋友和同志们的健康,

为中美两国之间的友谊,干杯!

第六节 祭悼文

一、祭文

(一)含义

祭文是为祭奠死者而写的哀悼文章,是供祭祀时诵读的。内容主要为哀悼、祷祝、追念死者生前主要经历,颂扬他的品德业绩,寄托哀思,激励生者。

祭文是由古时祝文演变而来,其辞有散文,有韵语,有俪语。

这种文体最早可追溯到汉代。当时人们在祭扫山坟陵墓时,往往要诵读"哀策"即早期的祭文。到了唐宋,祭文开始兴盛并广泛普及开来,种类也不断增多,还出现了写此类文章的大家,名篇流传下来的有韩愈的《祭十二郎文》,欧阳修的《祭石曼卿文》等。以后这种文体被沿用不衰,人们用它来表达对亡亲故友的哀悼之情。

祭文这种形式,现在用得很少,体裁有韵文、散文两种。

(二)写作

人们写祭文,习惯以"维"字开头。"维"是助词,作发语词用,无实际意思。紧接着即言明吊祭时间及祭谁,谁来祭。

祭文的内容必须简短,语言必须精练,要以简明扼要之词表达悲哀沉痛之情。一般祭文以二三百字为宜。过去的祭文,语言均押韵。既可一韵到底,也可变韵,即押两个以上韵。

祭文用"尚飨"结尾。"尚飨"是临祭而望亡人歆享之词。尚,是庶几,希望;飨,就是设牺牲以品尝。

具体结构为:

1. 标题。可写成"祭××文"、"××"为死者的辈分或与生者关系。
2. 以"维"起头。
3. 死者逝世的情况。
4. 祭奠人。
5. 死者生平及事迹。
6. 表示哀痛之情。
7. 结语。用"伏食尚飨"。

示例：

祭十二郎文

韩愈

年、月、日，季父愈闻汝丧之七日，乃能衔哀致诚，使建中远具时羞之奠，告汝十二郎之灵：

呜呼！吾少孤，及长，不省所怙，惟兄嫂是依。中年，兄殁南方，吾与汝俱幼，从嫂归葬河阳。既又与汝就食江南，零丁孤苦，未尝一日相离也。吾上有三兄，皆不幸早世，承先人后者，在孙惟汝，在子惟吾，两世一身，形单影只。嫂尝抚汝指吾而言曰："韩氏两世，惟此而已！"汝时尤小，当不复记忆；吾时虽能记忆，亦未知其言之悲也。

吾年十九，始来京城。其后四年，而归视汝。又四年，吾往河阳省坟墓，遇汝从嫂丧来葬。又二年，吾佐董丞相于汴州，汝来省吾，止一岁，请归取其孥。明年，丞相薨，吾去汴州，汝不果来。是年，吾佐戎徐州，使取汝者始行，吾又罢去，汝又不果来。吾念汝从于东，东亦客也，不可以久，图久远者，莫如西归，将成家而致汝。呜呼！孰谓汝遽去吾而殁乎！吾与汝俱少年，以为虽暂相别，终当久相与处，故舍汝而旅食京师，以求斗斛之禄。诚知其如此，虽万乘之公相，吾不以一日辍汝而就也！

去年，孟东野往。吾书与汝曰："吾年未四十，而视茫茫，而发苍苍，而齿牙动摇。念诸父与诸兄，皆康强而早世。如吾之衰者，其能久存乎？吾不可去，汝不肯来，恐旦暮死，而汝抱无涯之戚也！"孰谓少者殁而长者存，强者夭而病者全乎！

呜呼！其信然邪？其梦邪？其传之非其真邪？信也，吾兄之盛德而夭其嗣乎？汝之纯明而不克蒙其泽乎？少者、强者而夭殁，长者、衰者而存全乎？未可以为信也。梦也，传之非其真也，东野之书，耿兰之报，何为而在吾侧也？呜呼！其信然矣！吾兄之盛德而夭其嗣矣！汝之纯明宜业其家者，不克蒙其泽矣！所谓天者诚难测，而神者诚难明矣！所谓理者不可推，而寿者不可知矣！

虽然，吾自今年来，苍苍者或化而为白矣，动摇者或脱而落矣。毛血日益衰，志气日益微，几何不从汝而死也。死而有知，其几何离；其无知，悲不几时，而不悲者无穷期矣。

汝之子始十岁，吾之子始五岁。少而强者不可保，如此孩提者，又可冀其成立邪？呜呼哀哉！呜呼哀哉！

汝去年书云："比得软脚病，往往而剧。"吾曰："是疾也，江南之人，常常有之。"未始以为忧也。呜呼！其竟以此而殒其生乎？抑别有疾而至斯极乎？

汝之书，六月十七日也。东野云，汝殁以六月二日；耿兰之报无月日。盖东野之使者,不知问家人以月日;如耿兰之报,不知当言月日。东野与吾书,乃问使者,使者妄称以应之乎。其然乎? 其不然乎?

今吾使建中祭汝,吊汝之孤与汝之乳母。彼有食,可守以待终丧,则待终丧而取以来;如不能守以终丧,则遂取以来。其余奴婢,并令守汝丧。吾力能改葬,终葬汝于先人之兆,然后惟其所愿。

呜呼! 汝病吾不知时,汝殁吾不知日,生不能相养于共居,殁不得抚汝以尽哀,敛不凭其棺,窆不临其穴。吾行负神明,而使汝夭;不孝不慈,而不能与汝相养以生,相守以死。一在天之涯,一在地之角,生而影不与吾形相依,死而魂不与吾梦相接。吾实为之,其又何尤! 彼苍者天,曷其有极! 自今已往,吾其无意于人世矣! 当求数顷之田于伊颍之上,以待余年,教吾子与汝子,幸其成;长吾女与汝女,待其嫁,如此而已。

呜呼,言有穷而情不可终,汝其知也邪? 其不知也邪? 呜呼哀哉! 尚飨!

这篇祭文感情真挚,抒情语句较多,有的甚至是泣血带泪。其中有两处最为突出。一是作者得知十二郎猝然病死一段,连用三个"邪"字,三个"乎"字,三个"也"字,五个"矣"字,文辞抑扬顿挫,感情跌宕起伏。二是"汝病吾不知时,汝殁吾不知日"一段,好像与十二郎面谈,自然亲切,入情入理。

二、墓碑文

(一) 含义

墓碑,始于秦汉,原是下葬时竖的石柱,后来有人刻上墓中人的姓名、籍贯、官爵以及功德行事等内容,就成了装饰品。又叫墓谒、墓表、神道碑等,上面的碑文称为墓碑文。

墓碑文一般包括墓主人姓名、籍贯、家世、经历、文章著作、逝世时间,以及某年某月葬于某地。这是文的部分,用散文体。最后是铭,多用诗赋体,是赞颂性的文字。

碑文是记事文体,以叙事为主。古代碑文分两部分,第一部分是序文,主叙事,用散体;第二部分是铭文,为总括性赞誉语,以押韵为常。

(二) 写作

写墓碑文很简单,竖写,右边一列写明时间,即某年某月葬于此处,顶格。中间一列写明墓中人姓名。姓名之上冠以与立碑人的关系称谓,字体稍大;若是二人合葬之墓,则把两人的名字、称谓均标明。左边一列写立碑时间。

有的则更简单,只有中间一行,写明墓中人姓名。有的墓碑还在顶行以左右两字标明其故里。

示例：

王统照先生的墓志铭

王统照先生，山东诸城人。生于一八九七年古历初八日，卒一九五七年十一月廿九日，享年六十岁。先生生平，酷爱文学。在文学创作上，获得很大成就。其代表作有《一叶》、《黄昏》、《山雨》，诗歌《童心》和散文《片雪集》等。先生是"五四"以来中国文坛上的著名人士之一。

先生毕生，献身于文教事业，北京中国大学毕业后，曾任北京中国大学教授兼出版部主任，上海文学社《文学》主编，开明书店编辑和山东大学教授等职。

先生出身于封建地主家庭，但受到进步思想的影响，接受了资产阶级民主主义的革命思想。解放后，在中国共产党的帮助下，先生的革命思想更加提高，从而也更博得了广大人民的爱戴。先生曾任全国人民代表大会代表、山东省人民代表大会代表、中国文联委员、中国作家协会理事、民盟中央委员及济南市委会主任委员、山东省文联主席和山东省中苏友好协会副会长等职。

先生不但对人民文学事业的发展有很大的贡献，对教育培养青年一代亦有很大功绩！先生的革命热情和事业的坚韧精神，均值得后代学习和颂扬。谨撰此文，以资纪念。

三、讣告

（一）含义

讣告也称讣文，就是告知某人去世消息的一种丧葬应用文。

我国现代讣告形式通常有：一般式，公告式，简便式。公告式讣告隆重、庄严，讣告往往由高级机关团体决定发出。简便式的讣告常作为一则消息在传播媒体上公布，以此晓谕社会。

一般人去世用讣告报丧，公开张贴在单位。党和国家领导人使用告人民书或公告报丧。这是规格最高的讣告。

在国际、国内享有崇高威望的知名人士去世后也可以用公告、讣告报丧。

还有一种是新闻式讣告，用发消息的形式在报纸上公布，社会知照。

（二）写作

1. 标题

通常以"讣告"为题。

2. 正文

首先介绍逝者的姓名、籍贯,去世的原因、时间(年、月、日、时、分)、地点,享年岁数。若是有影响的知名人士还要盖棺定论,如"我国现代杰出的文学家、历史文物研究家"。其次,简介生平事迹,对有代表性的重要经历做简要评价。最后写明吊唁、遗体告别仪式、追悼会事宜,告知具体的时间、地点。惯用结束语:"特此讣告","谨此讣闻"。

3. 落款

右下角写明发文单位名称或治丧委员会名称、日期。

(三)写讣告应注意的问题

1. 用语一定要郑重、严肃、简洁,以表示对死者的哀悼之情;
2. 对死者的介绍准确无误,对其评价须客观公正;
3. 讣告应写在黄纸上,以示庄重、严肃。

示例:

讣告

国际著名的民族学家、人类学家、中国著名的历史学家、社会学家和民族教育家,中央民族大学博士生导师、终身教授、优秀的中国共产党员林耀华教授因病医治无效,不幸于2000年11月27日20时20分在京逝世,享年91岁。

林耀华教授遗体告别仪式定于2000年12月9日10时在八宝山革命公墓大礼堂举行。

谨此讣闻。

林耀华先生治丧办公室

2000年11月28日

联系电话:68932442　68932338　68932324
传　　真:68933975　68933983

四、悼词

(一)含义

悼词是单位、团体代表在追悼会上对逝者表示沉痛哀悼的讲话或文章。

悼词有广义和狭义之分。广义的悼词指向死者表示哀悼、缅怀与敬意的悼念性文章。狭义的悼词专指追悼大会上对死者表示敬意与哀思的宣读式的专用哀悼文体。

悼词是从古代的诔词、哀辞、吊文、祭文演化而来。现在的悼词是五四新文化运动的产物,在形式和内容上都与古代不同。

(二)特点

1. 悼词总结逝者生平业绩,肯定其贡献,是具有高度思想性和现实性的文体,以此寄托哀思,又激励后人。如毛泽东在张思德同志的追悼大会上的悼词《为人民服务》,至今都具有很强的现实意义。

2. 悼词的内容是积极向上的,感情基调是昂扬健康的,常使人化悲痛为力量。

3. 悼词表现形式和表现手法的多样性。可以写成记述文,也可以写成议论文或抒情散文。

(三)写作

1. 标题

宣读式的悼词,由一定身份的人宣读,表达全体在场群众对逝者的敬意和哀思,并勉励大家学习逝者的优秀品质。内容以记叙死者的生平功绩为主,格式比较固定,标题多用"悼词"二字。但书面发表时,标题要写成《××同志在××同志追悼会上的悼词》或《××同志追悼会悼词》。

2. 正文

开头以沉痛的语气点明所悼念的逝者,要全面而确切地说出死者的职务、职称和称呼,以示尊崇。接着简要地概述逝者逝世的原因、时间、享年。

然后转入悼词的主体部分,对死者的籍贯、学历以及生平业绩进行集中的介绍,一般以时间先后为序,应突出死者对人民、对社会的贡献,并作出总体一生的评价。

悼词结尾,主要表示生者对死者的悼念之情及化悲痛为力量的决心,可从几个方面写向死者学习,亦可写如何以实际行动完成逝者未竟的事业。结语应该是积极的,现在多用"××同志千古"、"永垂不朽"、"精神常在"等词语代替过去"××同志,安息吧!"的结语。

悼词初稿完成后,通常要经过领导集体讨论,并征求死者家属的意见,再正式定稿。

(四)写作注意事项

悼词的材料要真实,评价要恰如其分,语言要亲切、质朴、沉痛。总之,要充分肯定逝者对社会的贡献,真诚地表达生者的悼念和敬意,以及化悲痛为力量的决心。

示例:

在宋庆龄同志追悼大会上的悼词

邓小平

宋庆龄同志因患慢性淋巴细胞性白血病,多方医治无效,不幸于一九八一年五月二十九日二十时十八分在北京逝世,终年九十岁。

宋庆龄同志是广东文昌县人,从青年时代就追随伟大的革命家孙中山先生,致力于民族革命事业。一九一三年,她担任孙中山先生的秘书,负责处理同国内外往来的大量机密书信和其他日常工作。一九一五年和孙中山先生结婚。她坚定忠诚、恭谨谦逊,始终是中山先生的亲密战友和得力的助手。一九二一年五月,孙中山先生在广州就任中华民国非常大总统。翌年六月,陈炯明叛变革命,炮轰总统府,叛军进逼,形势危急。宋庆龄同志拒绝先行撤离,对中山先生说:"中国可以没有我,不可以没有你。"坚持先送中山先生撤离险境,才在卫士掩护下正面突破火线,身体受到无法补偿的摧残。这一英勇行动,充分表现了宋庆龄同志献身革命事业的坚强意志和卓越胆识。……

宋庆龄同志鞠躬尽瘁,七十年如一日,把毕生精力献给中国人民民主和社会主义事业,献给世界和平和人类进步事业。她在任何情况下都保持着坚定的政治原则性,威武不屈,富贵不淫,高风亮节,永垂千古。尤其难能可贵的是,她跟随历史的脚步不断前进,从伟大的革命民主主义者成为伟大的共产主义者。中国共产党和党的领袖毛泽东、周恩来、刘少奇等同志,很早以前就把她当做自己的亲密的战友、同志和可敬的无产阶级先锋战士。宋庆龄同志逝世以前不久,被接收为中国共产党正式党员,实现了她长时期以来的夙愿。这是宋庆龄同志的光荣,也是中国共产党的光荣。宋庆龄同志永远活在中国各族人民心中,永远活在中国共产党人心中。

悼念宋庆龄同志,我们要化悲痛为力量,紧密地团结在党中央的周围,为完成统一祖国的神圣大业,为把我国建设成为高度民主、高度文明的社会主义现代化强国而努力奋斗!

宋庆龄同志永垂不朽!

(引自1981年6月4日《人民日报》)

第八章 告启文书写作

告启类文书是将各类事务通过媒介物(如报刊、电台、电视或路牌等)公开而广泛地告之于世,以便更多人了解知晓的日常应用文体。

为了吸引大众的注意,某些告启类文书还强调形式上的美化,如海报、某些启事等,有的就是一件优秀的艺术品。

告启类文书使用广泛,类别丰富。

第一节 启事

一、含义

启事是单位及个人向社会公开告知,说明事项的文书。常登载于报纸、杂志上,或张贴于公共场所,或在电视台、电台播出。

启事的"启"是陈述、告诉之意;"事"是"启"的宾语,是"事件、事情"的意思。所以,在拟写启事时,切不可将它写成"启示"。

二、种类

启事的种类颇为丰富。根据内容和使用情况,启事大体可分为寻访类启事、招领类启事、征订类启事、更迁类启事几大类。

每大类中又包含有若干小类,寻访类启事又分为寻人启事,寻物启事;招领类启事包括招生、招工、招聘、招领启事等;征订类启事有征文、征稿、征友、征婚、征订启事等;更迁类启事又有更名、迁移、更正、更印启事等。

总之,一般情况下,机关、团体、单位、组织或个人,因某一问题需告之于众,而又不能使用"通知"时,均可使用"启事",启事对阅读对象没有约束力和强制性。

三、写作

一篇完整的启事通常包括以下几项内容：标题、正文、落款。

（一）标题

可直接写"启事"；也可在"启事"前写上事由，如"寻物启事"；有时还可用事由单独作标题，如"寻人"、"招聘"。

拟定标题时，应力求简短、醒目，能吸引眼球，引起注意。

（二）正文

不同种类的启事，正文内容不同。

1. 寻访类启事

寻人启事，要写明走失者的年龄、性别、身高、体型、长相、穿着、口音、习惯性姿态以及携带物品等。

寻物启事，则应写明失物最基本、最突出的特点（如款式、颜色等），丢失地点、酬谢方式，失主联系方式等。

2. 招领类启事

招生启事应写明招生目的，招收专业，招收名额，招生对象和方法，此外还应注明报名条件、时间、地点和报名方法等。

招聘启事、招工启事与招生启事正文内容相似。

3. 征订类启事

征文启事，有时也称征稿启事，其中"稿"还包括"照片"、"图案"等物。

征文启事需写明四个方面的内容：一是征文目的、意义、对象、用途；二是征文的题材、体裁、范围、字数；三是需要说明的有关事项，如起止时间，投递方法，若对征文进行评奖，还应写明评选的奖项、奖品、方法，评选委员会成员组成情况等；四是征文单位的地址、邮编或征文单位的电邮地址、征文活动负责人。

征订启事，其正文部分一般先概述有关出版物的历史影响、性质，再简要介绍主要的内容、价值，然后写明出版、发行、订价等情况，最后是订购的方法。

4. 更迁类启事

更名启事（指的是企事业单位、团体更名，而非个人更名），其正文主要包括如下三项内容：一是写明发文单位原有名称；二是写明更名后的新名称及更改名称的日期；三是明确指出与更名有关的办理业务的具体方法等。

拟写更名启事，落款要使用更名后的单位名称以及相应的印章。

迁移启事，写明搬迁的原因（有时可省略）、时间，再写清迁移后的新地址及新的联系方式,如电话号码、邮编等。

启事是一种公告性文体,文章首尾不需要客套式的礼貌用语。

落款。署上发文单位名称或个人姓名,并写明发文日期。

示例:

征稿启事

世界网络是一个介绍宽带技术和路由器技术及相关知识的专业网站,建站的宗旨是普及网络知识,推动中国宽频技术及市场的发展。

本站设有宽带网技术、宽带市场、网络测试、路由器技术、路由器市场等栏目。

本站欢迎各种与本站栏目主题相关的稿件。来稿一经采用,我们即会酌情致以纪念品或稿酬以为答谢。

注:

(一)来稿可以是原创,亦可以是文摘。但本站更欢迎原创文章。

(二)文摘稿件请注明原作者及详细出处(摘抄自网站请注明详细网址)。如果原刊登处不准转载,请勿摘抄投稿,否则自负法律责任。

(三)请投稿者附上详细通讯地址,以便稿件被采用后寄上稿酬或纪念品。

(四)原创稿件一经采用,本站对其独家拥有网上版权。

(五)网络测试栏目也欢迎提出意见、建议或信息。

欢迎您的来稿(电邮至:info@linkwan.com),感谢您的支持!

世界网络
2004 年 1 月 1 日

第二节　声明

一、含义

声明是就有关事项或问题向社会表明自己的立场、态度的应用文体。政党、国家机关、一般单位和个人,均可发表声明。

二、作用

(一)声明有表明立场、观点、态度的作用

(二)声明有警告、警示的作用

(三)声明有保护自己合法权益的作用

三、写作

声明通常包括标题、正文、落款几项内容。

(一)标题

可直接以"声明"为题,也可采用"发文单位+文种"或"事由+文种"的形式,如"××单位声明","遗失声明"等。

(二)正文

由引言、主体、结束语三部分组成。

1. 引言部分,说明发表声明的原由、依据或目的,有些简短声明也可不写引言。
2. 主体部分,涉及的问题、事项繁杂时,采用分条列项式表达。
3. 结束语部分,常用"特此声明"结束全文。

(三)落款

写明发文单位名称、发文时间,盖印章,以示对此"声明"负责。

示例:

太原市地名委员会办公室
太原市广告代理咨询服务中心
声 明

根据《国务院地名管理条例》及民政部民办函〔1994〕110号文件精神,由我办与市广告代理咨询服务中心联合设置的广告路牌属永久性城市地名标志,其设置与管理是地名委员会办公室的一项重要工作。

近期发现个别单位假冒我办名义,非法承揽地名标志广告业务。为此,特声明如下:未经我办同意,任何单位不得以地名标志媒体承揽广告业务。目前与我办合作的只有从容企划设计有限公司、博联广告装饰设计公司、环球广告公司三家。除此以外的任何单位不得介入地名广告业务。

1994年7月29日

第三节　海报

一、含义

海报是向公众报道或介绍有关戏剧、电影、文艺表演、体育比赛或报告会、展览会等所使用的一种应用文书。

海报的名称,最早起源于上海。旧时,人们常把职业性的戏剧表演界称为"海",从事职业性戏剧表演称为"下海"。剧目演出信息的张贴物,也因此被叫作"海报"。现在的海报,适用范围更加广泛,除张贴外,有的还登在报纸上,或在电台、电视台播放。

海报以新颖的形式与装饰美来吸引读者的注意。标题大而醒目、信息传递快,大多张贴在本单位或固定宣传地点,具有广告效应。

二、种类

海报从内容上可划分为:电影海报;文艺晚会、杂技表演、体育比赛等海报;学术报告类海报。

三、写作

海报种类很多,写法也各有侧重和特色。但海报的文本内容通常包括以下几项。

(一)标题

标题的写法有3种形式:

1. 以"海报"为题。
2. 直接以活动性质为题或"活动对象+文种"为题,如"迎新晚会"、"舞会"、"学术讲座"、"球讯"等,让人一目了然。
3. 在活动性质前加上举办单位名称作为标题,如"中国作家协会举办丁玲作品研讨会";也有的在正标题前加几句概括目的、意义,说明活动宗旨、精彩程度的话做眉题,以渲染气氛,调动人们的参与热情。如纪念建党90周年:"永远跟党走"歌咏比赛。

(二)正文

一般采用分项列举式的写法,逐项列出活动的时间、地点、内容、参与方式和注意事项等。为增强吸引力,在介绍内容时,语言可有一定的形象性和鼓动性,表现形式灵活活泼,可配有象征性图案,以扩大宣传效果。

(三)落款

写明主办单位和举办单位,署名下一行写明日期。

四、写作注意事项

1. 内容必须真实,文题相符;可以适当使用一些鼓动性词句,但不可失实。
2. 文字力求简洁利索,条目清楚明了。
3. 根据内容配上美术图案,色彩和构图要醒目,具有时代气息和装饰美。

示例:

海报

为了进一步推动大学生科技活动的开展,校团委特邀著名力学家××教授来校作"大学生如何从事科技活动的报告",希全体学生踊跃出席。

时间:2004年6月20日

地点:学院报告厅

××学院学生会
二〇〇四年六月十八日

第四节　倡议书

一、含义

倡议书是个人或集体提出建议并公开发起,希望共同完成某项任务或开展某项公益活动所使用的一种专用书信。

倡议书是把最重要、最有创造性的建议或有关组织、部门的号召,变为群众的自觉行动的重要途径。它可以调动群众心往一处想,劲儿往一处使,共同做好倡导的相关事情。亦是开展精神文明建设的有效载体。

二、特点

(一)具有广泛的群众性
倡议书的对象不拘于某个人、某个群体,这是它的基本特性。

(二)倡议对象的不确定性
倡议书的对象范围往往是不确定的,有关人员可以表示响应,也可以不表示响应。它本身不具有较强的约束力。

(三)公开性
倡议书是一种广而告之的书信,它的行文目的之一就是以期在最大范围引起共鸣。

三、写作

倡议书完整的结构包括标题、称谓、正文、落款等。

(一)标题
一般只以文种为标题,如"倡议书"。

也可由倡议内容+文种共同组成标题,如"为灾区生活困难人员捐款的倡议书"。

还可使用主副双标题形式,如:"让人类多一些朋友——爱鸟、护鸟保护野生动物倡议书"。

(二)称谓
称谓可依据倡议的对象而选用。如"广大的青少年朋友们"、"女同胞们"等。有的倡议书也可不用称谓,而在正文中指出或直接反映在标题里,如"致农民兄弟的倡议书"。

(三)正文
倡议书的正文内容需包括以下几方面。

1.写明倡议书的写作背景原因和目的。

倡议书的发出贵在引起广泛的响应,只有交待清楚倡议活动的原因,以及当时的各种背景事实,并申明发布倡议的目的,人们才会理解和信服,才会自觉地行动。

2.写明倡议的具体内容和要求。

倡议的内容一定要具体化,开展什么活动,做哪些事情,要求是什么,价值和意义都需一一写明。

倡议的具体内容一般是分条开列的,这样写便于清晰明确,一目了然。

3. 结尾

要表示倡议者的决心和希望或者写出某种建议。

(四)落款

在右下方写明倡议者单位、集体或个人的名称或姓名,署上发出倡议的日期。

示例:

倡议书

公司全体员工:

我国幅员辽阔,人口众多,许多地方都有各自的地方方言。讲不同方言的人要相互交流,在语言上就会产生隔阂。为了消除因方言而造成的互相交谈的障碍,国家推广以北京语言为标准音的普通话。

我公司地处南方多方言区,本地人占绝大多数,平时都用方言交谈,非本地的人几乎茫然不懂,而公司大部分业务涉及全国各地,使用方言或夹杂着方言的普通话不利于同各地来客交谈业务,也常常妨碍了双方彼此意见和感情的交流,往往给业务造成了损失,影响了公司经营活动的开展。为此,我们向本公司广大职工倡议:

一、上班时都使用普通话交谈,无论对方是本公司的还是非本公司的,是本地还是外地的。

二、无论在本地还是在外地的公共场所都使用普通话。

三、写报告、材料、订合同等一律采用普通话的书面语言。

四、努力学习普通话,多说多练,时时注意,互相帮助,互相督促。

××公司经理办公室

2012 年××月××日

第九章　求职申请写作

第一节　求职信与个人简历

一、求职信

（一）含义

求职信是求职者向用人单位或单位领导介绍自己的实际才能、表达自己就业愿望的一种书信。多数用人单位都要求求职者先寄送求职材料，通过求职材料对求职者有一个大致的了解后，再通知面试或面谈。因此，求职信直接关系到求职者能否进入下一轮的角逐。

（二）特点

求职信起到毛遂自荐的作用，好的求职信可以拉近求职者与人事主管（招聘负责人）之间的距离，让招聘者迅速感知求职者的有效信息，增加招聘者深入了解求职者的意愿，赢得面试机会。

求职信是自我表白，其目的和作用要是要引起人事主管重视，让对方了解自己，相信自己，录用自己，因此要简明扼要，突出要点，便于招聘人员一目了然。求职信是求职者写给用人单位的信，它是一种私人对公的信函。但又不同于公函，它不是"公对公"的函件。

（三）写作

求职信主要包括称谓、正文、结尾、附件、署名、成文时间几部分。

1. 称谓

称谓写在第一行，要顶格写收信者单位名称或个人姓名。有些求职信也可以不写姓名，而是给出一个概括性的尊称，如："尊敬的领导"、"尊敬的董事长先生"。

求职信不同于一般私人书信，发信人、收信人未曾见过面，所以称谓要恰当、郑重其事。

2. 正文

正文要另起一行,空两格开始写求职信的内容。正文内容包括招聘信息的来源、应聘岗位、本人的基本情况、面试请求等。

第一,简要介绍求职者的自然情况,如姓名、年龄、性别等。接着要直截了当地说明从何渠道得到有关的招聘信息以及写此信的目的。如:"我叫刘宏,现年22岁,男。是财会专业的大学本科毕业生。从报上我看到贵公司招聘一名专职会计人员的消息,以本人的水平和能力,毛遂自荐,请贵公司审核,期望有幸成为贵公司的会计人员。"

第二,写对所谋求职务的看法以及对自己的能力作出客观公允的评价,这是写好求职信的关键。

要着重介绍自己应聘的有利条件,要特别突出自己的优势和"闪光点",以使对方信服。如:"我于2012年7月毕业于东北财经学院财会专业。毕业成绩优秀,在省级会计大奖赛中,获得'能手'嘉奖(见附件),在海南金融杂志上发表过多篇学术论文(见附件)。"写这段内容,语言要中肯、恰到好处,态度要谦虚诚恳、不卑不亢,达到见字如见人的良好效果,进而使招聘方相信求职者有能力胜任此项工作。这段文字要有说服力。

第三,提出希望和要求。

向收信者提出希望和要求。如:"希望您能为我安排一个与您见面的机会"或"盼望您的答复"或"敬候佳音"等。这段是信正文的收尾部分,要适可而止,不要啰哩啰唆,不要苛求对方。

3. 结尾

另起一行,空两格,写表示敬祝的话,如"此致"之类的词。然后换行顶格写"敬礼"或祝"工作顺利"、"事业发达"等。不必过多寒暄,以免"画蛇添足"。

另行注明求职者的联系方式:电话号码,通信地址,电子邮件地址等。

4. 署名和日期

写信人的姓名和成文日期写在信的右下方。姓名写在上面,成文日期写在姓名下面。

5. 附件

有说服力的附件是对求职者的鉴定的凭证。

附件可在信的结尾处注明。如:"另:随信附附件1、2、3……"然后将附件的复印件单独订在一起随信寄出。需加电邮求职信附件格式附件不需太多,但须有分量,足以证明求职者的才华和能力。

（四）写作注意事项

1. 首先要认真分析招聘单位的文化传统和价值理念，了解岗位职位的核心要求和定位；其次是根据招聘单位和岗位的核心要求认真梳理自己的优势、劣势。在充分了解招聘单位和自己的优缺点的基础上，梳理出自己与单位岗位匹配的理由。

2. 根据梳理出的应聘优势，按照求职的目的来为求职信谋篇布局，突出重要的内容，并加以佐证。

3. 写作应从阅信人的角度出发组织内容，段与段之间按逻辑顺序衔接，按照重要性先重后轻的顺序编排组织，有利于在第一时间抓住阅读者的兴趣，切忌铺垫太多，不利于阅读者在第一时间了解最为核心的信息，误以为是一封平常而雷同的求职信而放弃阅读。

4. 求职信要有个人特色，且能体现出专业水平，让阅读者尽管已阅信无数仍有进一步阅读了解的愿望。

5. 表达要直接简洁，叙述清楚明了，避免含混不清，避免使用术语和过于复杂的复合句，有利于阅读者轻松阅读。

6. 对内容、语气、用词仔细斟酌、合理取舍，对希望的表达要积极，充分显示出求职者的乐观心态、责任心、创造力和通情达理的为人。

7. 用具体事例一下子抓住阅信人的注意力。

（五）求职信中自我介绍与简历中自我评价的不同

求职信中自我介绍一定要非常简洁，用几十个字突出自己的职业背景。最好的求职信，最能吸引企业招聘人员的求职信，一定是显示了与企业招聘岗位结合最紧密的工作背景。所以，可参考目标岗位的岗位任职要求写作这部分。

个人简历的自我评价，往往能使企业招聘人员迅速判断简历是否符合企业需求。在符合需求的简历中，那些突出的个人职业特征，能给人力资源经理留下深刻印象，从而使求职者脱颖而出，获得面试机会。

个人简历的自我评价属于个人特点的概括性描述，向企业突出展示自己的综合素质与特点，它包括个人资历总结、工作技能与专长总结、工作风格总结、个人职业资格总结等。

示例一：

尊敬的领导：

您好！很荣幸您能在百忙之中阅读我的求职信！

我是××，即将毕业于广东白云学院××专业。大学期间，我认真学习专业理论知识，阅读了大量经济类的书籍，在校主修×××××等课程，辅修×××××

等课程。通过×××的实操训练,目前能熟练操作应用金蝶、用友等财会软件;熟悉办公软件,能够规范完成日常各种文档的写作。利用课余本人还参加了××学院××专业自学考试课程。通过自身努力不断地夯实专业知识基础。在校期间获得多个奖项和奖学金,如×××。

工作上,曾担任××,多次组织××等活动,受到老师、同学们的一致好评。

思想上,品质优秀,思想进步,笃守诚、信、礼、智的做人原则。在校期间,光荣地加入了中国共产党。(或"在校期间,积极参加入党积极分子培训班,努力做好工作和不断提高自身的思想修养,向党组织靠拢"。没有入党的同学可以这样写。)

社会实践上,四年的大学生活,我对自己严格要求,注重能力的培养,尤其是实践动手能力更是我所注重的。曾在××学习实践。在校期间多次深入企业抓住实践机会,进一步增强了我的社会实践能力。

我期待能成为贵公司的一员,随函奉上我的个人简历,盼答复。

联系电话:139××××××××

联系地址:×××××××

E-mail:×××××××

此致

敬礼

×××

2012年9月18日

示例二:

尊敬的××公司领导:

您好!

我从某网站知悉贵公司招聘财务总监职位,很高兴有机会向您介绍我的情况,期望能加盟贵公司。

我有3年××知名会计师事务所工作经验,在职期间晋升为项目经理,全面了解贵公司所在的××行业;曾在上市公司担任两年财务经理;目前任职某公司,全面管理财务及投融资事务,直接汇报总裁;本人已在职取得了××大学××专业硕士学位。

我目前在职,但随时方便接受面试,我的手机号:134×××××××。

感谢您阅读此信,详情请见我的个人简历及附件资料!
此致
敬礼

×××

2013年1月16月

二、求职简历

现在求职都会用到求职简历,求职简历是求职者比较直观详细的自我介绍,一般用人单位都会仔细阅读。所以一定要写好求职简历。

（一）含义

求职简历是求职者给招聘单位发的一份简要介绍,包含自己的基本信息:姓名、性别、年龄、民族、籍贯、政治面貌、学历、联系方式,以及自我评价、工作经历、学习经历、荣誉与成就、求职愿望及对这份工作的简要理解等。

简单地说,求职简历是为了获取工作岗位,对自己既往学习工作等情况的介绍。简历需要优化,但更重要的是内涵。

（二）种类

按不同的分类标准求职简历可分为多种类型。

1. 实践型简历:强调求职者的工作经历。大多数应届毕业生都没有参加过工作,谈不上工作经历,所以,这种类型的简历不适合毕业生使用。

2. 功能型简历:强调求职者的能力和特长,不太注重工作经历,因此对毕业生来说是比较理想的简历类型。

3. 专业型简历:强调求职者的专业、技术技能,也比较适用于毕业生,尤其是申请对技术水平和专业能力要求比较高的职位,这种简历最为适宜。

4. 业绩型简历:强调求职者在以前的工作中取得过什么成就、业绩,对于没有工作经历的应届毕业生来说,这种类型不适合。

5. 创意型简历:强调与众不同的个性和标新立异,目的是表现求职者的创造力和想象力。这种类型的简历不是每个人都适用,它适合于申请广告策划、文案、美术设计、方向性研究的研发人员等职位。

（三）写作

标准的求职简历主要由四个基本内容组成。①基本情况:姓名、性别、出生日期、婚姻状况和联系方式等。②教育背景:按时间顺序列出初中至最高学历的学校、专业和主要课程;所参加的各种专业知识和技能培训。③工作经历:按时间顺序列出参加工作至今所有的就业记录,包括公司/单位名称、职务、就任及离任时间,应该突出所任每个职位的职责、工作性质等,这是求职简历的精髓部分。④其他:个人特长及爱好、其他技能、所属专业团体、著述和证明人等。

在校大学生个人求职简历基本内容包括标题、个人经历、自我评价等。

1. 标题

标题一般是"个人求职简历"。

2. 个人经历(个人简介)

第一,介绍自然情况,如:姓名,性别,身高,出生年月。

第二,介绍社会属性,如:民族,政治面貌,户籍,婚姻情况等。

第三,受教育情况,如:学历,专业,毕业学校,技能,外语,计算机等级等。

这部分还可由受教育的逻辑时间写起。

第四,社会实践情况。列举组织策划或参加的主要活动。

第五,各类获奖证书。

3. 自我评价

对自己的思想、业务水平、专业技能、工作态度、性格爱好等进行客观评价。

示例一:

对事物有敏锐的洞察力;能很好地与人沟通,具有团队合作精神;对负责的工作会付出全部精力和热情,制订缜密计划,力争在最短时间内将目标达成;喜欢挑战,能在较短时间内适应高强度的工作。

示例二:

本人性格开朗、活跃,乐观向上,爱好广泛,拥有较强的组织能力和适应能力,并具有良好的身体素质。与同学相处和睦融洽,乐于助人,对工作认真负责。能够积极参加学校及班级组织的活动,并能在活动中充分发挥出自己的作用。

4. 求职的意向

说明自己的求职意向,或者写明现在从事什么工作、欲从事什么工作、薪金要求等。

5. 联系方式

注明联系电话、通信地址、邮政编码、E-mail 等。

一份好的简历要将公司可能雇用你的理由,用自己过去的经历有条理地表达出来。个人基本资料、工作经历(包括工作职责和业绩)、教育与培训这三大块为重点内容,其次重要的是职业目标、核心技能、背景概述、语言与计算机能力、奖励和荣誉。

在投递简历前一定要有明确的职业方向,这才是应聘成功的关键。大多数人对自己的求职方向很困惑,因而在简历上不写求职意向或是写得太多,这都不可取。

(四）求职简历中的自我评价辨析

自我介绍是日常工作中与陌生人建立关系、打开局面，展示自己的一种非常重要的手段。因此，通过自我介绍使对方认识甚至认可，是一种非常重要的职场技术。

自我评价并不等同于自我介绍，自我介绍可以非常详细地介绍自己的特点，篇幅可长可短。自我评价则篇幅短，具有概括力强、针对性强等特点。从招聘方的角度来看，他们不会对长篇大论的自我介绍感兴趣，他们只关心求职者最核心的特长与优势。

自我评价也不等于技能和专长。自我评价属于概括性描述，其中包含了以简短的词句总结的自身技能和专长；且自我评价主要是通过这些简明扼要的概述，向招聘方展示自己的综合素质与特点，它包括技能和专长总结、个人资历总结、兴趣爱好描述、沟通协调能力总结，等等。而技能和专长则属于具体性描述，它需要全面、详细、有重点地将自身的技能、专长等核心竞争优势向招聘方加以展示。

（五）写作注意事项

1. 十秒钟原则

简历写完以后，估计一下，是不是能够让对方在十秒钟内看完所有你认为重要的内容。通常简历的长度以 1 页 A4 纸为限。简历越长，被认真阅读的可能性越小。高端人才有时可准备两页以上的简历，但也需要在简历的开头部分有简洁、清楚的资历概述，以方便阅读者在较短时间内掌握基本情况，产生进一步仔细阅读的愿望。

2. 清晰有条理

条理清晰的目的就是要便于阅读。就如同制作一份平面广告作品一样，简历排版时需要综合考虑字体大小、行和段的间距、重点内容的突出等因素。

3. 真实

简历一定要真实，撰写时可以突出有利于自己求职的内容，但绝不能掺假。

4. 针对性强

如果面向不同行业、不同公司和不同职位，都提交同样的简历，那么这样的简历就欠缺针对性。简历有针对性就是：假如 A 公司要求你具备相关行业经验和良好的销售业绩，你在简历中就要清楚地陈述有关的经历和业绩并且把它们放在突出的位置；假如 B 公司要求你具备良好的英语口语能力，你在简历中就可描述自己利用业余时间做过涉外商务翻译的经历；假如 C 公司明确要求应聘者是上海户口，你在简历中就可说明自己是上海浦东区居民。

5. 价值性原则

简历要有重点。招聘者希望看到应聘者对自己的事业抱着认真负责的态度。

所以简历中要突出求职者的职业能力。把简历看作一份广告,用以推销自己。简历应该限制在一页纸以内,尽量运用动作性短语使语言更加鲜活有力;在简历页面上端写一段总结性的语言,陈述你求职的最大优势,然后再在个人介绍中将这些优势以经历和成绩的形式加以细述。陈述有利的信息,争取成功的机会,尽量避免在投递简历阶段就遭到拒绝。在撰写简历时,要强调工作目标和重点,语言要简短,多用动词,并且要避免出现可能会使你被淘汰的不相关信息。

第二节 留学申请

一、留学申请

随着我国经济飞速发展,越来越多的青年渴望到世界各国留学。留学申请是办理出国留学的第一步。作为留学申请中对外联系主要文件之一的自我简介或自我陈述,其质量高低将直接影响申请者的成功率。为了能让对方清楚地了解申请者,在写作时应力求真实、全面、简洁、明了。

自我陈述是决定申请者能否得到大学录取委员会青睐的一个重要因素,有别于其他申请文书。自我陈述包括申请者陈述学习热情、特长以及社会实践经历与个人兴趣。除专业成绩之外,自我陈述可以成为另一个吸引大学录取委员会注意的闪光点。对于某些"精挑细选"其申请人的大学来说,一份优秀的自我陈述无疑是申请者获得成功的敲门砖。

自我陈述的目的在于向录取委员会展示申请者具备成功完成大学课业的学习及工作能力,突出申请者的写作水平以及凸显有别于其他申请者的特质。在写自我申请时,也需要通过直白或者委婉的方式表达出选择所申请大学的动机。

自我陈述旨在为你的申请资料加分,向大学录取委员会尽可能全面地展示你的信息和优势。它不必天花乱坠,也无须百分之百完美,只要能够直观诚实地表达出你是谁及你的所思所感。

二、写作

(一)留学申请写作内容

1.姓名。应与各种学历证明的姓名相同,如有更改姓名的情况,务必予以声明,并附上公证书。

2. 性别。

3. 出生年月日及地点。应与各类学历证明的出生年月日一致,出生地点写明国别和省份。

4. 国籍。

5. 婚否。

6. 现在的工作单位及详细通信地址。

7. 个人教育背景。包括大学、硕士阶段的在读时间,所在大学的名称、专业和所获学位,参加工作后的受教育经历,主要指脱产接受专门的进修、培训或学习。

8. 个人从事专业的经历。填写专业经历力求抓住重点,突出研究方向。担任教学工作的可列出主讲、助讲课程的名称,担任研究工作的可列出参加各个研究项目的课题名称。

9. 个人的著作、论文或研究成果要分门别类列出,并一定要与个人专业经历相一致。所列著作要注明名称、出版年月、出版单位。所列论文要注明论文题目,刊载杂志或期刊名称、期号、语种。对于在学术会议上发表的文章还要注明学术会议的名称、召开时间和地点等。如果其中有被外国学者评论过的,最好附上刊载评论文章的杂志名称及时间。

10. 外语水平。注明参加 TEF、TOEFL、GRE 等考试的时间、地点及成绩。若申请者掌握多门外语,则要一一注明语种并说明熟练程度。

11. 参加何种学术团体,得到何种荣誉。学术团体一般应是省、市或行业的专业学术团体,在学术团体中所担任的职务可注明。荣誉主要是指在专业、技术研究方面获得的奖励和荣誉,并要注明获奖名称、颁奖时间和颁奖单位。

12. 拟申请的大学和导师的姓名。可根据申请者查询的资料予以注明,并要注意按照每个单位、每位导师一份简历的原则,即在同一份自传中不必注明全部想要联系的单位和导师。

13. 拟进行的研究方向和希望从事研究的题目。国外院校的专业面一般较宽,要根据国外情况,力求专业面与其一致。选择希望的研究课题可根据自己的研究兴趣和需要,同时也要尽量考虑对方的条件。

在简历的书写过程中申请者还应注意字迹的工整、清楚,最好用打印机打印。一份成功的简历需做到:既不言过其实,又充分反映自己的实际水平。

申请文书在申请过程中占据很重要的地位,并且它也是申请者能够完全自我掌控的一个环节。花费在润色自我陈述上的时间和努力也会得到很大的回报。

(二)通用申请文书写作主题

在写自我陈述时,要避免直白地告诉对方你有优秀的领导技能,而是需要你介绍你曾成功作为团队、活动"领头羊"的具体经历。国外某位录取委员会的教授说：想要成功写出一份引人注目的自我陈述，你不必亲身攀登珠穆朗玛峰——写什么并不重要，关键是如何写。一份自我陈述通常要求五百字左右的字数。

通过练习以下六个写作主题，可使你更轻松地写出自我陈述。

（1）写出并评价一次难忘的经历、成功或挑战，或是曾经面临的道德上的两难抉择及其对你的影响。

（2）试探讨一些个人的、当地的、全国的或是国际热点问题及其重要性。

（3）写出一位对你有极大影响的人，并详述此人所带来的影响。

（4）描述一个对你有很大影响的小说角色，或是历史人物，并写出其影响。

（5）结合你的个人背景，描述一段对你影响很大的经历以及你能给学校、社区、社会带来的积极影响。

这些题目几乎涵盖了个人生活的方方面面，你可以由此畅所欲言。另一个重要建议就是：写你身边熟悉的事情，你所热爱的事情。

(三) 大学申请文书主题

由于文化差异，国外的写作要求和国内的思维定式有差别，可以通过一些大学申请文书主题写作训练，培养用对方思维思考的习惯，减少文化碰撞和误解。例如，在写作申请时可以考虑以下写作内容。

1. 个人疾病。例如糖尿病、ADHD，不必详述疾病，着重叙述此病对于你学业以及社会生活所带来的影响，表达你与疾病和平相处的淡泊生活态度或战胜病魔的坚强意志，从侧面反映出你的人生态度和意志力。

2. 个人独特的个性。如介绍你的幽默感、亲和力、团队协作精神等。

3. 研究兴趣以及能力。

4. 实习经历。

5. 暑期经历。

6. 喜爱的书籍。不必详述故事内容，着重表达作品给你的影响和对你的意义。

7. 艺术、音乐、创造性写作。

8. 你喜欢的运动。

9. 你的兴趣所在。

10. 你的工作经验。

大学录取委员会的教授们终日面对成百上千的申请文书，你需要努力让你的申请文书与众不同，博得他们的微笑与认可。因此，文书写作需要开门见山地抓住阅读者的眼球，使他们有阅读的兴趣。

第一，写作。

开始写作前最好构思出写作的大纲和主题。当你的主题、大纲初具雏形时,精准地确定出一个中心主题。完成初稿后,让思路沉淀两三天再进行修改与润色。文章完成后,请朋友或是老师帮你"参谋"一番。

第二,要做和不要做的事情(精选)。

要做的事情:

(1)扣题。

(2)展现你所能时,不要只是平铺直叙。

(3)举例说明你选择某个大学或是上大学的原因与动力。

(4)为你的初稿预留出几天,以便有充裕时间构思写作。

(5)尽可能多次地修改润色你的文章。

(6)请你的家人、英文老师帮你一同修改文章。

(7)用成年人的口吻写你的申请文书。

(8)不要畏惧与文书的阅读者分享给你的成长带来巨大推动作用的困境与挑战。

(9)写出你自己的文书,写出真自我。

(10)充满自信。

不要做的事情:

(1)避免陈词滥调。

(2)避免讨论太过具有争议性的话题。

(3)不要写错你所申请大学的名字,切勿张冠李戴。

(4)避免编造扭曲事实。

(5)不要重复其他申请材料所展示过的内容。

(6)切勿考虑雇人替你写作。

(7)除非万不得已,否则要避免使用太过生僻的词汇与难句。

示例:

留学申请书(中英文)

I am a student, graduated from BaoYang middle school, Nanning, GuangXi autonomous region, in 2006. I am still studying in high school now, because I was not enrolled by the ideal university last year. Recently, I have a dream to study abroad. Then I search online and find that it is more convenient and suitable for me to go to New Zealand for study.

First, New Zealand is a multicultural country, which has the most advanced education in the world.

Second, the tuition is lower than other countries', which I think is more affordable for me. Finally, the climate of New Zealand is similar with the climate of the South of China. Considering above reasons, I told my parents my plan on going to New Zealand for study, and my parent agreed with me.

As a girl, I like preschool education since I was young. Nowadays, Chinese parents, who want their children to get better education, pay more attention to preschool education.

If I study specialized curriculums on preschool education, I will go back China and work hard on preschool education after graduation.

My plan is as follows: first, I plan to study English in language institute for about a half year in

New Zealand. Then, I will study specialized curriculums on preschool education.

I believe I have the ability of study abroad, because I have finished all high school courses.

Besides, my parents both have job and have rich income, so they will support me to finish my study. After finishing my study, I will return to my homeland and work on preschool education, so as to achieve my life value.

出国留学申请

我是广西南宁宝阳中学2006届高中毕业生。由于去年未被理想大学录取，我现在还在××中学复读。最近，我产生了出国留学的念头。于是我通过上网了解到我去新西兰留学有比较多的优势。

首先，新西兰是一个多元文化的国家，具有世界先进的教学水平；其次，留学费用比其他国家低且较合理；第三，气候也与我国南方差不多。因此，我向父母说出到新西兰留学的愿望，得到了父母的支持。

因为我是女孩子，从小就喜欢幼儿教育，且今天中国的家长对小孩的教育要求比较高。我如果能到新西兰学习幼儿教育专业课程，学成回国后一定能在幼儿教育事业上有作为。

所以，我决心到新西兰留学，打算先用半年的时间到语言学院专修英语，过好语言关，再进行幼儿教育专业课程学习。

我已完成高中课程的学习，同时我父母都有固定的工作和较丰厚的收入，在留学经费上也会得到父母的全力支持，因此，我相信我一定能较好地完成留学课程学习。学成回国后，我会从事幼儿教育工作，在幼儿教育岗位上实现我的人生价值。

三、写作注意事项

写作留学申请,由于文化和历史的原因,有一些问题需要规避:

第一,不要写得火药味十足;

第二,不要写得观点、态度消极,给人负能量;

第三,不要自吹自擂;

第四,不要擅自猜测录取委员会阅读申请书的目的。

此外,写作时还要注意:

(1)陈述客观真实;

(2)引用真实事例;

(3)注意写作的角度和口吻;

(4)要避免语法、拼写等明显的低级错误。

第十章　新闻采访写作

在当今的信息社会中,获取信息是人们更新观念、把握机会、迎接挑战、创造人生的重要前提。大量新闻、信息包围着我们,新闻事件无时不在发生,我们必须掌握新闻写作的相关知识以应付工作需要。

第一节　新闻写作概述

一、含义

所谓新闻就是对新近发生事实的报道。广义的新闻报道包括消息、通讯、特写、调查报告、新闻评论等,是报纸、广播、电视、网络等媒体中常见的报道体裁。狭义的新闻专指消息。

关于新闻的定义,据不完全统计,有170多种。我国著名新闻工作者范长江认为:"新闻就是广大群众欲知、应知而未知的事实"。这种观点强调"事实"。1943年9月曾任中共中央宣传部长、国家文化部长的陆定一提出:"新闻的定义,就是新近发生的事实的报道。"这一定义强调了"报道"、"事实"、"新鲜"三个方面,概括比较全面,因此得到了广泛的认同。西方新闻界也有一些对新闻的界定,严格地说并不是定义,它们着重强调新闻的"反常"、"猎奇"这一面。如美国《纽约太阳报》采访主任博加特提出了一个经典性的新闻概念:"狗咬人不是新闻,人咬狗才是新闻。"20世纪30年代初期《纽约先驱论坛报》的采编主任斯坦利·瓦利克尔提出了另外一个新闻的典型概念,他说:新闻是建立在三个"W"的基础上,3个"W"即"妇女(Women)、金钱(Wampun)和坏事(Wrongdoing)"。他们的观点集中地代表了西方新闻学的基本立场,即一切反常的、有刺激性的、人们好奇的事才是新闻。

二、种类

按不同的标准新闻可以分为不同的类别。

按题材分,有消息,通讯,专题报道,深度报道,评论,图片新闻等。

按内容分,有国内新闻,国际新闻;本地新闻,民生新闻,经济新闻,社会新闻,科技新闻,教育新闻,体育新闻,娱乐新闻等。

新闻的基本体裁主要有消息,通讯,报告文学,新闻评论等。前文介绍的"简报"也是一种新闻体裁,它的传播范围比较固定和特殊。

新闻的基本表现方式分为客观直录类,多手法表现类,评述论说类。

三、特点

(一)真实性

真实是新闻的生命,"用事实说话"是新闻报道赖以发挥良性作用的基础和前提。真实性特点具体体现在以下几方面。

(1)新闻的五要素必须明确无误。

(2)新闻事实发生的环境和条件、过程、细节、人物的语言和动作,包括心理活动和思想活动都不能进行"合理"想象式地报道。

(3)新闻中引用的数字、引语、用典,以及背景材料都要有根有据。

(4)对新闻中的事实进行解释和说明,必须符合事物的本来面目。

因此,新闻工作者应高度重视新闻的真实性。要保证新闻的真实性,要求新闻工作者具有高度的责任感和使命感,坚持实录精神,坚持实事求是精神。还要不断提高自身的认识、辨别、鉴别能力,提高采访、写作的综合能力。

(二)公开性

新闻是对事实的报道,事实本身不是新闻,只有报道传播出去了,才是真正的新闻。新闻具有公开性。

新闻的公开性,要求报道与传播的公开性,即新闻传播要追求尽可能广的传播面,让新闻在尽可能大的空间范围内得以流通,以实现新闻的自身价值与目的。新闻是应社会的需要而产生,是人们了解外界的窗口,是沟通的桥梁和纽带。

(三)时效性

新闻的生命在于新,新闻的价值也在于新。距离发生时间越近,就越鲜活,越有吸引力,越拥有受众。

新闻从业人员要具备较强的新闻敏感性,要具备积极的"抢新闻"意识,要具备熟练的采访写作能力等。

四、新闻的基本要素

新闻写作要讲究五个"W"一个"H"。通常说的新闻要素是指一条新闻必须清楚交待的五个方面,即何时(When)、何地(Where)、何人(Who)、何事(What)、何故(Why),再加上一个How,即如何,于是有人也称之为新闻六要素。这几个要素在新闻稿件中交代清楚了,一份新闻稿的内容也就饱满了。

第二节　消息

一、含义

消息即狭义的新闻,它以简要的文字迅速报道新近发生而为公众关心的事实,是报纸、广播、电视上最为常用的文体,通常以传播客观信息为主。

由于它是对新近发生的有社会意义并引起公众兴趣的事实的简明扼要、迅速及时的报道,因此,"真"、"快"、"小"成为消息的基本特征。

消息是报纸的主体。各种事实主要靠消息传播。

二、写作原则

消息写作的一般原则,也就是消息写作的基本要求,主要有以下几点。

(一)真实性原则

人们常说"事实胜于雄辩"就是在强调真实性。毛泽东有段名言:"我们反攻敌人的方法,并不多用辩论,只是忠实地报告我们革命工作的事实。敌人说:'广东共产',我们说:'请看事实'。敌人说:'广东内哄',我们说:'请看事实'。敌人说:'广州政府勾联俄国丧权辱国',我们说:'请看事实'。敌人说:'广州政府治下水深火热、民不聊生',我们说:'请看事实'。"毛泽东同志这里反复强调的"请看事实",不能单纯地理解为是政治斗争的需要,而是具有普遍的意义。

新闻的真实是一种实践的真实、历史的真实。

新闻的失实可分为量和质两种。主要表现为个别情节、事例、数字的失误和纯属凭空捏造、无中生有。当然只要有新闻传播的存在,新闻失实就不可能完全避免。

(二)及时性原则

随着生活的节奏在不断地加快,新闻传播之快有时甚至让人难以想象。因此,对新闻机构来说,慢就会落后于人,就会失去竞争力,就会被淘汰。现代新闻传媒的产业属性决定了它必须首先把抢新闻视为生死攸关的事情。

进入20世纪90年代以后,我国电视工作者率先提出了"站在世界重大新闻的报道现场"的口号。新闻发布上的抢时间、争速度,不仅能及时地解惑释疑,而且还具有扶正祛邪、以正视听的作用。这个原则为广大新闻工作者严格奉行。

(三)可读性原则

信息社会大家都是同步接收信息,点击率高的消息多具有可读性。

消息内容新鲜、形式新颖生动,是消息写作获得成功的必备条件。任何一篇消息,如果缺少可读性,不管其主题有多深刻,新闻价值有多高,它的传播影响力势必不强,也就不能算作成功了。

在消息写作中,真实性原则、及时性原则和可读性原则是相辅相成的。如果说真实性和及时性在消息写作的发展中是与生俱来的,那么强调消息的可读性,重视消息使人喜闻乐见、入耳入心的效果,则是现代新闻传播发展的必然结果。

三、种类

通常消息主要可分为以下几种。

(一)动态消息

也称"纯新闻",是最常见的消息。它及时、迅速报道国内外正在发生的或新近发生的新闻事实,是反映新事物、新情况、新动态的主要的消息载体。如《北京晨报》刊登的《京地铁已成世界最繁忙地铁之首 暑期客流每天破千万》(2013年7月15日)。

(二)综合消息

它不是对一个固定人物、一个独立事件的描述阐发,而是将许多不拘泥于时间、地点的事实,经过综合、归纳、概括、提炼成文,具有鲜明的主题和很强的指导性。往往是围绕主题,综合几个较大范围(一个地区、一条战线、一个单位)、在一个时期内发生的事情进行报道。它是综合反映带全局性的情况、动向、成就和问题的报道。如《中国摩天大楼2022年将达到1318座 质量安全存隐患》(《人民日报海外版》2013年7月29日)对我国在建和计划建设的摩天大楼的基本情况做了梳理,指出"质量和安全存隐患",提出"别拿高楼当城市名片"。

(三)经验消息

经验消息是极具中国特色的一种新闻报道形式。它是报道典型经验,用以推动全局、指导工作的一种消息体裁。如2013年7月29日《河北经济日报》刊登的《华北制药的淡季"销售经"》,文章介绍了华北制药在国内外调整市场的销售模式、培养全季候品种的先进做法。

(四)人物消息

人物消息是以人物为主的消息,迅速地反映新闻人物的某种行为或某个侧面。它要求抓住人物的本质特征,选取新鲜、典型的事实材料来表现人物的思想和精神面貌。2013年7月29日,华夏经纬网报道《孙杨轻松摘首金后又痛哭:不让支持我的人失望》。对孙杨再次夺冠做了报道,尤其是客观报道"痛哭",让人了解运动员保持状态和荣誉的艰辛。

四、写作

消息的写作结构包括标题、导语、主体、结尾,并在文中穿插背景材料。其中,背景材料的运用要视整个消息的需要而定。

消息刊登时一般在文首加电头或"本报讯"字样。写作时一般用"倒金字塔"式结构,把最重要、最新鲜、最精彩、最吸引人的内容放在前面。

(一)标题

标题是消息的旗帜和眼睛,拟写得好,可以吸引读者。消息的标题须简明、准确地概括消息内容,帮助读者理解报道的事实。

消息标题的写作要求是:必须有何人/物(who)做何事(what),必须简洁、准确。

如:

专家解惑:孩子到底能不能打
　who　　　　　what　　　　　　(2008年10月1日新华社)
学校因高三学生在宿舍吸烟劝其转学
　who why　　　　　　what　　　(2008年10月1日 四川新闻网)
会昌举办体育盛会喜迎新年
　who what　　　　　　(2009年1月4日《赣南日报》)

消息标题构成有主题(正题)、引题(眉题)、副题(次题)三项。

1. 主题:又称正题,概括与说明主要事实和思想内容。主题是一个完整的句子或词组,能表达一个完整的概念或语义,可以是实题,也可以是虚题,还可以是虚实结合题。通常主题显眼，字号最大。

2. 引题：又称为肩题或眉题。位于主题之前，它是为主题服务的，它的作用是引出主题或提示背景、原因，或引出意义，或烘托气氛。引题大多为虚题，不能构成一个完整的句子。

3. 副题：又称子题、次题。位于主题之后，内容较实，是主题的具体化，用于弥补主题的不足，提示报道的事实结果，或作内容提要，起到注释、补充、印证的作用。主题的文字一般比较精练、简短，副题的文字往往比主题长。

标题的形式有以下几种。

（1）单行标题：

如： 　　西部将建文化保税区　　（《人民日报海外版》2013年7月29日）
　　　　华北制药的淡季"销售经"　　（《河北经济日报》2013年7月29日）

（2）双行标题：

如：主题，实题　　走好新的赶考路　善做善成交答卷
　　副题　　　　省委常委集体学习交流会在西柏坡举行
　　　　　　　　　　（《河北经济日报》2013年7月29日）

　　主题，虚题　　一园一主业　园区有特色
　　副题　　　　聚焦四川特色工业园区与产业集群发展
　　　　　　　　　　（《四川经济日报》2013年7月29日）

　　引题　　　　中缅天然气管道
　　主题　　　　开始向中国输气
　　　　　　　　　　（《人民日报海外版》2013年7月29日）

（3）多行标题。

　　眉题　　　　铺张奢华　炫目包装　煽情作秀
　　主题　　　　银屏歌王争霸大撞车
　　副题　　　　管理部门紧急叫停部分节目
　　　　　　　　　　（《人民日报海外版》2013年7月29日）

在一些重要消息的报道中，还有提要题。提要题是提示消息的某些主要内容，将消息的某些信息简明地告诉读者。

如：

　　眉题　　　　中国输欧光伏产品达成价格承诺
　　主题　　　　我省光伏企业竞争优势将被削弱
　　提要题　　业内人士认为：应化危为机，更加注重内外市场平衡，并在自主创新等方面培育新优势

　　　　　　　　　　（《河北经济日报》2013年7月29日）

制作标题要从新闻中把握事实依据,突出精华,让受众望题而知文意。要做到准确概括、反映新闻事实,准确评价事实;语言要准确。

(二)导语

导语是消息的开头,往往是指一篇消息的第一自然段或第一句话。它是用简明、生动的文字,写出消息中最主要、最新鲜的具有启发性或诱惑力的事实,鲜明地提示消息的主题思想。

导语写作,要求必须有实质性内容;要将最具新闻价值、最有吸引力的事实写进导语;炼字炼句,力求简短、生动。如:

长江究竟有多长?源头在哪里?经过长江流域规划办公室组织查勘的结果表明:长江源头不在巴颜克拉山南麓,而是在唐古拉山脉主峰各拉丹冬雪山西南侧的沱沱河;长江全长不止5800公里,而是6300公里,比美国的密西西比河还要长,仅次于南美洲的亚马逊河和非洲的尼罗河。

(《人民日报》1979年5月16日)

用新闻五要素解读《石城返乡农民工喜获"年礼"》(《赣南日报》2009年1月6日头版)导语:

近日(when),石城县琴江镇(where)的黄爱华(who)刚刚从东莞返乡就收到一份"新年大礼"——县里统一发出的返乡农民工优惠卡(what),优惠项目包括就医、就业、技术培训、法律维权等内容。

导语的形式主要有以下几种。

(1)叙述式。用摘录或综合的方法,把消息中最新鲜、最主要的事实简明扼要地写出来。

(2)描写式。对消息的主要事实或有意义的侧面作简洁、朴素而又有特色的描写,以酝酿气氛。

(3)提问式。先揭露矛盾,鲜明、尖锐地提出问题,再作简要的回答,引起读者的关注和思考。

(4)结论式。把结论写在开头,提示报道某一事物的意义、目的或总结。

(5)号召式。提出号召,给读者指出方向和奋斗目标。

另外还有摘要式、评论式、综合式、解释式,等等。

(三)主体

主体是消息的主干部分。它紧接导语之后,对导语作具体、全面的阐述,使之具体化,补充导语,使主体更丰满。

主体的展开可以按事实的重要程度大小的顺序,可以按时间顺序,也可以按空间顺序,还可以按逻辑顺序。

主体的结构形式主要有以下几种。

1. 倒金字塔结构

就是按材料重要程度依次展开。这是新闻写作的普遍结构,也是最具有特色的结构,这种结构能够最大限度地传播新闻事实。

2. 纵向结构

按事件发展的先后顺序行文,也是通常说的时间线索行文。

3. 横向结构

围绕主题,将同一时空范围的情况有序组织起来,反映"面"的变化。常说的"花开两朵,各表一枝"就是这类写作方式。

4. 点面结构

这类写作以点带面,点面结合,可以很好地展现事物全貌,既有"跑马观花"介绍面上的情况,也有"下马观花"着重突出点上的典型事实。让人阅读起来不感到枯燥。

写作主体时要努力做到以下几点。

1. 围绕主题、紧扣导语

以主题为核心进行选材,紧承导语介绍新闻事实,集中笔力凸显主题。

2. 段落分明、启承自然

行文节奏若掌握得好,能合理调动读者的阅读积极性。每个段落,起承转合都要认真推敲,让文章行文逻辑严密。

3. 手法灵活、叙述生动

消息写作固然以叙述为主,但也不排斥其他写作手法。美国新闻学者麦尔文·曼切尔把"要表现,不要叙述"作为新闻消息写作的第一信条。他说:"平铺直叙,会使读者和听众处于消极的地位。表现就会使之身临其境。"他说的"表现",就是指生动、形象的描述。在消息中加强形象描写,用生动的形象来说明抽象的事物,往往会收到好的效果。

(四) 背景

消息的背景就是新闻背景。是指新闻中与主体新闻密切相关的历史情况、环境条件以及新闻产生原因和注释性材料。交代背景,目的在于帮助读者深刻理解新闻的内容和价值,起到衬托、深化主题的作用。但是"解释"不是议论,解释本身就是事实,也就是说用事实去解释。所以新闻背景又称为"事实背景"。

背景的作用在于说明新闻事件的起因;显示或帮助读者理解新闻事件的重要性;突出新闻稿件的新闻价值;表明记者的观点。

(五) 结尾

消息的结尾是指消息的最后一段或最后一句。

消息的结尾形式有以下几种。

1. 总结式

是对新闻事实的总括,有时含有指引、可作范式的意味。

2. 展望式

多为对未来、对新生事物,或是改革新气象等充满期待的收束。

3. 呼吁式

在介绍完新闻事实后,积极推广这类做法,或是简说列举这样做的好处,或是唤起读者关注某类有代表性的人、事物,或趋势。

4. 评论式

是对新闻事实发出对错是非的议论,起到新闻的监督作用。

此外还有提问式结尾等。

示例:

布达拉宫将实行冬夏季门票浮动制

新华社拉萨7月9日专电(记者边巴次仁 德吉)针对布达拉宫冬季游客稀少、夏季人满为患的情况,有关部门将对布达拉宫实行冬夏季门票浮动制度。

这是记者近日从西藏自治区文物局得到的消息。

国际、国内众多世界文化遗产景点都在实行门票浮动制。"我们既是参照这些地方的做法,同时更重要的是通过提高门票价格来控制参观游客的数量,以此来保护布达拉宫。"西藏自治区文物局局长尼玛次仁说。

布达拉宫是西藏标志性建筑,同时也是中外进藏游客的首选景点。过去,布达拉宫每年接待的游客人数在50万人次左右。

尼玛次仁说,实行冬夏季门票浮动制度是肯定的,但是,在门票具体浮动额度上,物价部门和文物部门目前还没有达成一致意见。

(《重庆晚报》2006年7月9日)

这是一则动态新闻。单行标题很简练、准确地报道了将要发生的事。第一自然段报头"新华社拉萨专电"点出了新闻发布者,叙述式导语一句话概括了新闻事实。紧接着新闻逐一交待信息来源、新闻发生的背景材料,最后用总结式收尾。行文自然流畅,无赘字赘句,有利于事实传播。

第三节　通讯

一、含义

通讯是比消息更详细而深入报道新闻事实的新闻体裁,通讯运用多种表达方式,具体、生动、及时地报道新闻人物、事件、情况和问题。

二、特点

通讯作为报刊、电台等媒体最主要的体裁之一,新闻性显然是其基本的特征,同时它也有很强的时效概念。除此之处,其主要特点还包括以下几点。

(一) 容量大

较之消息,通讯可以反映更多、更具体的情况。通讯在写人记事时,其材料比消息丰富、全面。它要求详尽、具体地报告事件的经过、演绎人物的命运。这些既是生动性的表现,同时也是内容完整性、具体化的要求。

(二) 样式多

消息在表达上主要是平面的叙述,语言追求简洁、明快、准确。通讯则较多借用文学手法,可以描写、抒情、对话,可用比喻、象征、拟人等修辞手法。因此,通讯在语言和表达方法上都具有一定的文学性,给人以立体感、现场感。

(三) 写法活

通讯表现手法多样,以叙述为主,兼以描写、说明、抒情或议论,富有感情色彩或理论色彩。通讯要求在报道人物或事件的同时,表露记者的感情与倾向。然而通讯的评论不同于议论性文体的论证,它须时时紧扣人物或事件,依据事实作适时的、恰到好处地评价点拨。

三、种类

通讯的类型一般有两种分法。一种是按报道内容分,有人物通讯、事件通讯、工作通讯、风貌通讯。另一种是按报道形式分,有访问记、新闻小故事、特写、集纳、侧记、速写、散记、巡礼、记者来信等。

(一)访问记

由记者出面登场,以采访活动的过程为主要线索来结构和组织材料。写作时亦问亦答,现场感较强,还可以穿插各种背景材料,使通讯有一定深度。这是通讯运用较早、较多的一种表现形式。访问对象一般是人物,内容或记人物或记人物介绍的事件。

专访是访问记的一种,是就特定的问题、特定的对象进行的专门的访问,内容集中。专访以人物、现场和记者为三要素,突出"专"、"访"二字。专访涉及面一般不宜太宽,不应贪大求全。

(二)新闻小故事

或称新闻故事。通常反映一人一事,表现一个片断,内容单一,情节精干,篇幅短小,线索简单,求精悍、生动。着力以小见大,形式上讲究别致精巧。

(三)特写

将生活中某个特定的画面予以放大,集中突出地描绘事件和人物的某些片断、细节和部分,给人以深刻的印象和强烈的感染。

大特写则是抓住社会热点中的事件、人物或现象,对新闻事实作全方位、多侧面的报道,用优美的文笔、新颖的题饰、突出的照片吸引读者的一种报道形式。也有人认为它是深度报道的一种形式。

(四)集纳

把表现一个主题的而又相对独立的小故事或片断事实组合起来,"集纳"而成为一篇。

(五)侧记

是从一个侧面反映新闻事件或新闻人物的通讯。取材自由,不求反映事件全貌、全过程,但求抓住特点,以回答受众在某些方面关心和感兴趣的问题。写作时往往夹叙夹议,兼谈感受。

(六)速写

注重在快速捕捉事实的基础上,对事实经过、轮廓、主要特征或人物事迹加以粗线条表现,对其中有个性、有特点的部分采用简笔勾勒的方法表现对象的总体特征。

(七)散记

是新闻中的"散文",采用散文的结构方法和笔法,同样要求"形散神不散"。选材、写法都较自由,通常更注意选择具有知识性、趣味性的新闻事实,讲究意境的表现。

(八)巡礼

是一种观光记、参观记,也称"见闻"。一般采用鸟瞰式的眼光,边走边看,巡游浏览,从全局的角度把所见所闻写出来告诉受众。讲求动态感、现场感、亲切感。常用移步换形的方法,有较多议论和抒情。

四、写作要求

(一)通讯的主题

确立和提炼通讯主题注意三点。

首先,高屋建瓴,作宏观分析。善于挖掘新闻事实的内在本质,要站到高处,抓住其所包含的时代精神和普遍意义,将事实放在历史、现实和时代的天幕上来观察、考察,做纵向和横向的宏观分析,显示其意义和价值。

其次,深处事实,作微观比较。通讯主题的提炼不仅要站到高处,发掘事实中蕴含的时代精神和内在本质,还要进入深处,作微观比较,对新闻事实和人物作具体细致的观察、考察和比较、分析,发现其特殊性、个性,找到其矛盾和差异。

最后,变换角度,作多面分析。就是说在提炼主题时,宜多角度地对事实进行观照,全面把握事实的本质特征,然后选择最佳角度来表现。

(二)通讯的材料

主题思想确定后,紧接着是搜集整理材料,并从中挑选出具有典型性又有充分说服力的材料。把精选的材料围绕事物内在的矛盾纵横交织起来,通过矛盾冲突揭示主题,再加上精心安排结构,使受众感受跌宕起伏、精彩的故事。真挚的抒情,精辟的说理,犀利的见解,在通讯中则往往能起到"画龙点睛"的作用,足以引起读者的共鸣。

(三)通讯的结构

是指通讯的组织形式和内部构造。要考虑和确定通讯材料的组织与安排,使通讯成为一个思路清晰、详略得当、布局合理的有机整体,更好地为表现主题思想服务。通讯结构的要求是,要符合客观事物发展变化的规律,要服从表现主题的需要,要求完整、严谨、巧妙、和谐。

通讯的结构比消息复杂,但比较自由,形态多种多样。选择通讯结构的原则:以表现事实为本;以表现主题为本。

通讯结构的形式通常有以下几种。

1. 纵式结构

按单纯的新闻事实发展的时间顺序、事物发展的顺序(包括递进、因果等)、作者对所报道事物认识发展的顺序、采访过程的先后顺序等来组合和编排层次的结构形式。也叫单线条过程链接法。

2. 横式结构

以空间变换安排材料,或按照新闻事实的内在性质的区别和联系,以多侧面拼接的形式来安排新闻素材。常见的有:

空间并列式。即按照同一时间点上不同空间的情况来组织材料。

性质并列式。即按新闻事实各个侧面之间的关系来安排材料。

群相并列式。即按不同人物及其事迹组织材料。

对比并列式。将正、反的人物或事件并列,从对比中见主题。

3. 纵横结合式结构

将纵式和横式结合起来。是以时间顺序为经,空间变换为纬,或者以认识顺序为经,事物性质为纬以及这两类之间的进一步交叉渗透,此结构多用于事件复杂而时间跨度大、空间跨度广的通讯。

(四)通讯的表达方式

通讯以叙述和描写为主要表达方式。但又不局限于此,亦可灵活运用多种表达方式和方法。

通讯的表达方式有自己的个性。

1. 叙述具体

通讯因较详细而深入地报道人物和事件,故而叙述具体、生动,讲究细述,但又不过于铺张,不过于转弯抹角。

2. 描写直观

通讯属新闻体裁,其描写不能用文学创作的想象,而是通过深入现场,描绘事物或人物的本来面貌,展现新闻性和现场感。

3. 抒情实在

文学作品的直抒胸臆,借景抒情,托物言志,其情是真的,而景、物、人、事则不必真,即缘情而发足矣。而通讯的议论、抒情皆须缘事而发,是为揭示本质、升华主题、激发启示读者。所以抒情、议论要讲究适时。从内容看,抒情和议论可在高潮处;从布局看,则在大段落结束时为多。

五、写作

(一)人物通讯

是报刊、广播、电视上最为常见的通讯形式之一。是以人物为中心报道对象,反映一个人或一组人物的思想、言行、事迹,在由一个主题贯穿下容纳着相当丰富的材料,着重以人物的精神面貌来感染、教育读者,反映时代特点和社会面貌的一种通讯形式。如《走近孟二冬教授》(《光明日报》2005 年 12 月 13 日)、《清华食堂师傅托福考了 630 分》(《北京日报》2004 年 5 月 17 日)。

人物通讯中的人物具有新闻性。多为:①各行各业的英雄模范人物;②人们普遍关心的社会名流。③在平凡的生活和工作中体现了某种人生价值的普通人。④某些对社会有警示作用的反面人物。总之,他们或是能体现时代精神、反映社会面貌,或有能构成新闻的事迹,或生命形态和生活轨迹有一定的独特之处,或人物有鲜明的个性,能给读者留下深刻的印象。

人物通讯写人,不可就事论事,而应"见物、见人又见思想"。注意表现人物的精神境界,要以"形"传"神"。

人物通讯写作须注意:

1. 避免"有人无魂"或"有魂无人"。

记写人物要着力透视人物内心世界,要有丰富而典型的事实,要站在时代高度对人物进行观照。人物通讯要通过人物的精神风貌反映时代精神。

2. 要典型,与众不同

通讯中的人物有自己的性格特征、行为方式、生活方式,只有写出人物的与众不同才能吸引读者,增添新闻价值。人物特点越鲜明就越生动,读者的印象就越深刻。

3. 要处理好与"环境"的关系

在现在这个讲究团队合作的大环境中,每个人都是一颗螺丝钉,写先进人物要实事求是,不拔高,不搞极端化,不回避先进人物身上的缺点和失误。再伟大的人物也有与普通人生活相同的地方。只有这样,人物的形象才丰满、才可信。

此外,人物通讯还要善于通过人物的行动、语言、心理、典型细节和有关事件、环境等来表现人物。

示例:

"出去,是为了更好地回来"

许君达

"祖国,是一个给你提供舞台、让你能够施展拳脚的地方。"北京富基标商流通信息科技有限公司董事长兼总经理姜伯勇在接受笔者采访中不时会冒出一些提纲挈领的精彩语句。

从赴美求学,到归国创业,正是这样一种深藏于意识深处的理想,激励并支撑着他和他的富基标商团队在事业的道路上一步步迈向高峰。如今,姜伯勇的公司已拥有8万多名客户,覆盖全国250多个城市,通过富基标商提供的零售供应链系统平台流转的年交易金额已超过50亿元人民币。

"梦想,像一座灯塔为你指引方向"

1998年首都师范大学数学系毕业后,姜伯勇前往美国东南大学攻读计算机专业硕士。2001年毕业后,姜伯勇被马里兰州一家人力资源公司聘任为IT专家。

"9·11"过后,姜伯勇利用一个短暂的假期阴差阳错地漫游到了加州,这片热情洋溢的阳光乐土迅速征服了他。随后,他辞去了原有的工作,留在加州。

到了加州,姜伯勇发现自己几乎一无所有,"除了开家公司自己给自己打工外,好像没什么更好的办法讨生活了。"回忆起初次创业时的心情,他总结为紧张与兴奋并存:"我是一个对未知充满好奇的人。在未知的世界里,总有那么一丝微弱的光芒时隐时现,吸引我去探索。在闭目自省的时候,这充满希望的光芒总能令我激动万分、动力十足。或许这就是梦想的力量。"就这样,他用3000美元启动了他的梦想。

姜伯勇最初的产品是一套专为零售店、专卖店使用的交易管理MIS系统,但市场反映不佳,卖不出去。后来他将其安装在了服务器上,依托互联网服务,免费提供给AT&T和Cingular电话公司的连锁专卖店试用。不久,客户主动提出:可按人头计算,付费使用。"这其实就是最早的云计算模型,是真正的云。但那时还没有这个名词。"

"国内需要真正的电子商务"

2005年,在美国事业已小有成就的姜伯勇突然回国开始重新创业。面对周围各种不解的目光,他却颇为坦然:"我更愿意回到祖国这个更大的舞台上一试身手。对我来说,出国去,只是为了能更好地回来。"

一腔热忱固不可少,机缘巧合也很重要。2004年母亲节,姜伯勇想给国内的妈妈送束鲜花,然而搜遍了国内商家的网站,竟未找到一家能够提供网购下单快递送达的业务。"在美国,几乎任何东西都可以直接网购,很少去商店。"惊讶之余,姜伯勇发现了商机:"国内太需要真正意义上的电子商务了。"

于是,他把已入正轨的美国公司让给下属经营,回到北京亚运村附近的一座游泳馆顶楼开始了二次创业。

姜伯勇带着一个程序员在这个免费借来的"办公室"里坚持了半年,终于做出了最初的产品,拿到了风险投资。产品成型,便要开拓市场,王府井百货、西单商场、当代商城……北京的各大零售业巨头都留下过他的足迹。

通过艰苦的努力,他的公司运营逐渐步入正轨。他说:"面对困难时,多审视自己的内心,看看心中那道理想的光芒。永远别忘记,你当初为何要做这件事。"

"情商,是一条无限增长的曲线"

姜伯勇中学时曾在北京中学生通讯社当过小记者,那段经历被他认为是步入社会的一堂启蒙课。"以前我是个很腼腆的孩子。在'学通社'时四处采访、四处碰壁的经历,磨砺了我脆弱的小自尊心。情商的锻炼,在这过程中就潜移默化地进行着,让我受益匪浅。因此,才会有了后来挨家挨户敲门推销自己产品的勇气。"

姜伯勇认为,情商是学子们走出校门进入社会最重要的一项凭证,其重要性不亚于学位证书。"开始经商以后,越来越体会到情商的重要性,不学会与人打交道,肯定寸步难行。每个人的智商其实相差都不太大,学历并不能说明一切。在这个基础上,情商高的人就会更接近成功。如果说智商可以适度开发,那么情商则能无限增长,只要你用心去锻炼就行。"

至于如何锻炼情商,姜伯勇淡淡一笑:"其实也很简单:认清自己、放平心态,与人为善,不要轻易看不起任何人;善于聆听,永远抱着诚恳的态度与人多多交流、多多学习。坚持下去,定会有所裨益。"

(《人民日报》海外版2013年7月29日第06版)

这篇通讯记写了留学生姜伯勇回国创业、报效祖国的事迹。文章采用纵式结构,以时间为经,时空穿插介绍姜伯勇在美国和中国的个人奋斗经历,突出了在改革开放大背景下,只要心怀祖国有目标、有方向,"出去,是为了更好地回来",有良好的心理素质,就能一步一个脚印走向成功的社会现实。

(二)事件通讯

事件通讯,是详尽、具体、形象地报道社会上发生的新闻事件的通讯。它重在记述和再现新闻事件发生、发展的相对完整的过程,显示事件的内在逻辑和社会意义。如《英雄携手飞天——"神舟六号"航天员费俊龙、聂海胜出征记》(《解放军报》)、《疫苗如何"破茧"?——我国SARS病毒灭活疫苗研制的来龙去脉》(新华社)。

事件通讯选材首选广大读者瞩目的、渴望了解的重大新闻事件,如国家重大政治活动、全国人民共同关心的某些重大事件,特别是反映现代化建设成就的大事件、能发人深省的重大事件等,纪实报道这些重大事件的经过和意义,能满足广大读者阅读欲求。在丰富的社会生活中,还有大量"小事"也可以作为事件通讯取之不尽的题材。它们同样生动地反映我们时代的精神风貌,不亚于重大事件的影响。

事件通讯写作应注意以下几点。

(1) 要抓关键性场面或情节

事件通讯一般要再现事件全貌,但又不能事事俱现,这就要求在写作中能抓住对事件的表现、对主题的揭示起关键作用的一个或几个场面或情节来写。一般而言,一篇事件通讯至少应有一至三个骨干性材料。

(2) 写好事件的高潮

没有高潮波澜不惊,事件就是"死"的。高潮是矛盾的焦点,是人的思想和行为的"闪光"之点。要根据事件的特定内容突出重点,着重叙述事件中的主要情节,反映事件的本质,突出通讯的主题。

(3) 写事也要写好关键人物

事件通讯虽以写事为主,但不能忽略写人。事件是事件通讯的核心,但事件终究离不开人。事件和人物是血肉相连的。写好关键人物,有助于把事件写活。在事件通讯中人物不是通讯反映的重点,他们只是为表现中心事件服务的。

(4) 寓理于事

在记事的基础上,要恰到好处地点出事件的意义。全面掌握关于事件的材料,力求写出事件的深度、广度。也要善于寓情于事、寓理于事。

示例:

英雄携手飞天
——"神舟六号"航天员费俊龙、聂海胜出征记

李选清　赵波　刘程

2005年10月12日凌晨5时37分,中国人进军太空的又一次伟大出征,从酒泉卫星发射中心航天员公寓——问天阁拉开序幕。

两年前,在同一个地点,我国航天员杨利伟首次从这里走向太空,圆了中华民族的千年"飞天梦"。

天公似乎有意要考验出征者,几天来风和日丽的戈壁滩,此时突然风雪交加,气温骤然下降十几摄氏度。

"总指挥同志。我们奉命执行神舟六号载人航天飞行任务,准备完毕,请指示。中国人民解放军航天员大队航天员费俊龙。""航天员聂海胜。"

"出发!"问天阁前的广场上,响起了载人航天工程指挥部总指挥陈炳德洪亮的出征令。

"是!"坚定的回答,标准的军礼,中国航天员的风采又一次定格在人类征服太空的史册上。

片片雪花带着祝福,丝丝细雨滋润着征程。在《迎宾曲》的伴随下,航天员费俊龙、聂海胜肩负着中华民族探索宇宙奥秘、和平开发利用太空资源的使命,在风雪中踏上了通天之路。

费俊龙,汉族,江苏昆山人,大学文化,1965年5月出生,1982年入伍,中国航天员大队三级航天员,上校军衔,是中国首批航天员当中级别最高的飞行员——特级飞行员,曾连续安全飞行1599小时22分,荣立二等功。

聂海胜,汉族,湖北枣阳人,大学文化,1964年9月出生,1983年入伍。中国航天员大队三级航天员。上校军衔。他飞过3个机种,安全飞行1480小时,被评为一级飞行员。先后两次荣立三等功,是我国首次载人航天飞行首飞梯队成员之一。

两小时前,被确定为执行"神舟六号"载人航天飞行任务的费俊龙、聂海胜准时起床。面对充满风险的太空之行,两人平静得如同一次普通的"出差"。心跳依然保持着每分钟70次左右。经过7年常人难以想象的艰苦训练,经过一次次近乎苛刻的考核选拔,他们从14名航天员中脱颖而出,代表祖国第二次出征太空。

寒风习习,国旗招展。酒泉卫星发射中心航天员公寓前的广场上,身着军装、礼服和五颜六色民族盛装的人们在夜色中静静地等待着。中央领导来了,与航天员朝夕相处的战友、教练员来了,天真烂漫的孩子们也来了……大家有一个共同的期待,为英雄出征太空壮行。

5时30多分,在千百双企盼的目光中,费俊龙、聂海胜身着乳白色的航天服,从容地从问天阁航天员专用通道向送行的人群走来。他们的脸上,挂满自信的微笑。

在出门的刹那,记者看到,费俊龙、聂海胜不约而同地把目光瞄向了问天阁门前的右侧墙上。那里,有首飞航天员杨利伟招手致意的巨幅画像。尽管两人刚刚与战友杨利伟话别,但他们还是深深地凝望着画像。头顶天空,背靠深邃的宇宙,杨利伟传递着中国人屹立世界民族之林的豪迈,折射出中华民族不屈不挠的探索精神。

在得到总指挥的授命后,费俊龙、聂海胜转身走向停在旁边的专车。车队在7辆摩托车护送下,穿过夹道欢送的人群,向发射场驶去。

此时,天公好像也特意为英雄壮行——雪停了,风小了。6时许,车队到达发射架下。仰望高高的塔架,只见上面悬挂着"祖国和人民等着你们凯旋"的巨幅标语。

陈炳德总指挥带领全体工程指挥部的领导和科学家,已率先来到塔架下,在防爆电梯门口排成一列,向航天员告别。

当费俊龙、聂海胜走来时,陈炳德总指挥突然下令:"敬礼!"送行队列里的将军和科学家们分别行军礼和注目礼。

敬礼,象征着嘱托。共和国把庄严的使命交付飞天骄子。

敬礼,象征着祝福。航天人把真挚的祝愿献给航天英雄。

费俊龙同志,聂海胜同志,你们就要肩负祖国和人民的重托飞向太空,希望你们发扬我军一往无前的战斗精神,沉着冷静,坚毅果敢,出色地完成这次光荣的任务。我们期待你们凯旋!陈炳德对费俊龙、聂海胜深情叮嘱着。

"请首长放心,我们坚决完成任务,北京见!"费俊龙信心百倍地回答。

电梯启动,在无数双火热目光的注视下,两位英雄从容地登上发射塔架,走进飞船舱……

9时整,火箭点火发射,"神舟六号"载人飞船拔地而起。费俊龙、聂海胜携手乘坐飞船飞向茫茫天穹。他们将沿着杨利伟开辟的航迹,飞得更长、更远……

(《解放军报》2005年10月12日)

作者在"神舟六号"载人飞船发射现场以军事记者特有的视角,全景式记录了航天员费俊龙、聂海胜出征太空这一举世瞩目的重要历史时刻,采用零距离第一现场目击的"镜头组合"式笔调,情景交融,动静结合,笔触细腻,流畅生动。文中还穿插了对杨利伟当年出征太空的回顾,使全文增添了历史的厚重感。

(三)工作通讯

工作通讯是以报道先进工作经验或某项工作的成就和存在问题为主要内容的通讯。它介绍典型经验和做法,具有较强的针对性、政策性和指导性。如《"轻负担"照样"高质量"——来自静安区教师进修学院附属学校的报告》(《解放日报》)、《让五加二大于七——在天津和平区感受未成年人思想道德建设》(《人民日报》)。

工作通讯的特点如下。

1. 有很强的指导性

工作通讯要抓住当前工作中普遍存在的、重要的、关键性的问题。但它又不同于政策性文件,不具有指令性,它是通过总结经验、探讨问题,从思想认识上给人以启发和诱导。

2. 有理论色彩

工作通讯要将事实作经验性的概括,对问题发表议论,对矛盾提出解决的办法,有一定的评论色彩。

工作通讯写作的要求有:

一是要有现实针对性,切合当前工作需要。要体现这一点,在选题、选材时就要有新意。材料要新,观点要新。要抓住当前工作中普遍存在的、重要的、关键性的问题,如社会前进过程中新出现的问题,实际工作中长期积累起来而未引起注意的问题,长期存在但悬而未决的问题,人民日常生活中经常要注意的问题等,都是有现实性的问题。

二是具体、透彻地阐述问题和经验,写出思想深度。写作时不能被具体工作程序所牵制,要从全局出发,对全部的材料进行科学地立体分析,挖掘出蕴含的思想意义。

三是夹叙夹议,有理有据。写作时注意运用多种表现手法。叙事力求生动化,给人以如历其事、如临其境的感觉。要合理运用比喻、比拟等修辞手法,增强作品的感染力。亦可用议论作点睛之笔,点出问题之所在。无论采用哪种表达方式和表现手法,其议论都应深入浅出、有理有据。

(四)风貌通讯

风貌通讯,又称旅行通讯、概貌通讯,是以报道某个地区、部门、单位或市镇、村庄、街道、家庭今昔变化为主的一种通讯。它也介绍祖国风光、地方物产、人情风俗等。是以采访者旅行见闻的视角反映社会变化和风土人情的通讯。如《卖了粮 喜算账——夏收过后访农家》(《湖南日报》)。

风貌通讯通过反映一个地方、一个系统、一个单位、一个点、一个面的变化,展现时代前进的步伐,展现人们思想境界的变化发展,通过一幅幅或壮丽或奇巧的风景画、风俗画、风土画,开拓读者的视野,增加其知识,提高其情趣。

风貌通讯的特点如下。

1. 题材广泛

风貌通讯以纵横交错的结构,开阔的视角,多种表现手法,将人、事、景、物熔于一炉。它涉及面广,题材范围大,通过这些广泛题材的报道,反映出时代气息和时代精神。

2. 突出"新"和"变"

风貌通讯重写作者见闻,是新的见闻,它提供新信息、反映新变化。写出事物的新情况,揭示事物的新变化,着眼于"新"和"变"是此类通讯的重要特征。

风貌通讯写作的注意事项:

一要充分掌握材料。这些材料包括某地的基本情况,如地理、经济、人口、面积、特点等,历史沿革;该地的主要变化、引人入胜或富有启示性的事物、变化的原因及具体情况等。

二要选好角度突出"新"和"变"。写新一般是围绕一个主题,选择某地区、某系统、某单位的新鲜事,采用新旧对比、点面结合的方式反映当地、当时的新面貌。

通常运用背景材料,选择事实和数字突出"变"。有时还可用历史典故、神话传说及科学知识来衬托事物的变化,让作品充满知识性、趣味性。

三是风貌通讯不同于人物通讯。人物通讯多集中笔墨刻画人物,旨在展现人物自身的精神风貌,以形象感染人。风貌通讯则是简略地勾勒人物,旨在通过人物的言谈、举止、表情、服饰,以展示某地的乡情民俗,精神风貌,做到画中见人。

四要注意情景交融,让风貌通讯反映的风土人情打动人、感染人。作者应该饱含激情,在叙事时适当穿插抒情,激发读者的感情引起心理共鸣。

六、通讯与消息的区别

(一)容量不同

通讯容量大、事实详细、篇幅长,报道的事实比消息更完整、更形象、更生动,可以满足读者欲知详情的需要,也更具感染力;消息是将事件的几个新闻要素报道出去(时间、地点、人物、事件、经过、结果等),使受众尽快了解到最重要的概括性信息,容量相对小些,简要概括事实,篇幅短。

(二)表现手法等不同

消息多用概括性手法叙述事实,通讯多用详述和描写手法表现事实。

从报道对象看,通讯选材相对较严,消息选材范围宽。从结构上看,通讯灵活多变,文体较自由,可以容纳各种笔法、各种结构、各种风格,而消息相对稳定。

从表达方式上看,通讯以叙述描写为主,表达比较灵活自由,而消息以叙述为主。从报道时效上看,通讯不如消息快。通讯发稿件较慢,是因为对材料的要求比较严格,要求更详细、深刻、生动、典型,记者需要有一个采集选择和认识的过程。同时通讯强调报道的完整性,有时还必须等新闻事件经过一个较充分的展示过程或等事物发展有一个阶段性成果时,采写通讯的时机才成熟。

第四节 采访提纲

一、含义

新闻的采访提纲和报道提纲不一样。很多人易混淆这两者,错误地把报道提纲当成了采访提纲。从广义上来说,新闻的报道提纲包括两个方面,一是采访提纲,二是写作提纲。显然,报道提纲的内涵大于采访提纲,它包括采访提纲。

采访提纲，说起来也可以包括两个方面，一是采访计划，二是调查纲目。所谓采访计划，是指大体的活动步骤、方式，确定要采访的部门、人员名单及其先后顺序，设想一下写什么体裁、多少字、采写周期等。所谓调查纲目，是指所要提问的大纲细目。

采访提纲在记者的调查采访活动中发挥着至关重要的作用。如果采访前没有拟定一个相关的采访提纲，采访时就很可能会陷入盲目。

二、写作

采访提纲通常包括：

（一）采访目的

（二）采访对象

（三）采访时间

（四）采访内容

如成功人士的奋斗历程、奋斗精神，成功人士的成功经验、成功人士对社会的贡献以及影响等。也可以了解成功人士的人生感悟。

（五）采访方式

常用的采访方式有电视采访，电话采访，报纸采访，杂志采访等。电视采访是面对面的采访，直观、真实性强、交流沟通效果好。

（六）采访的准备工作

1. 事先拟定采访提纲；
2. 预约采访的时间、地点；
3. 采访内容的拟定，包括问题的准备；
4. 事前了解采访对象的背景和收集资料，了解对方的工作、职务、成就、经历等。

美国新闻学教授拉鲁·吉尔兰德曾在拟定采访提纲方面提出了设计问题的辅助公式，有一定的指导意义。他提醒记者在设计提问时应该涉及下列一些具体的问题：[①]

目标——你们（或组织）要实现的目标是什么？

障碍——你们遇到过什么难题吗？目前的阻力是什么？

[①] 转引自杜骏飞、胡翼青.深度报道原理.北京：新华出版社，2001.

解决——你们是怎样对付这些难题的？是否有解决矛盾的计划？

开始——这一设想是从什么时候开始的？是根据谁的意见提出的？

当然，采访提纲的拟定还和记者本人的采访习惯、交流方式有很大的关系，但确保问题的独特、准确、连贯、有创意、引人入胜是更为重要的因素。

成功的采访多半取决于提出恰当的问题。杰克·海敦在《怎样当好新闻记者》①一书中写道："大约有99%的新闻是部分或全部以访问——也就是向人提问题——为基础写成的。"《纽约时报》的主编对他手下的记者说："只要你善于在尽可能多的话题上提出恰当的问题，你就是做得相当出色了。"归根结底，一次采访无非是一场生动活泼而又富于思想的交谈。具体的提问技巧包括如下几点。

1. 抓住核心问题，开门见山，切中要害。这种方法是一开始就提出硬性的、紧扣主题的问题，然后扩展为比较笼统的问题。它适用于采访那些善于言辞、敏于思考、感觉自信的对象。开门见山会让对方觉得你坦率有效率，切中要害可以使对方觉得你懂行，值得交谈。

2. 由浅入深，追问问题，发掘未知的细节。深度报道的提问有许多尖锐的问题，有时难免让记者碰壁，采访对象要么拘谨不安，支支吾吾，谈不到要害，要么有心拒绝，闪烁其辞，加以敷衍。这就要求记者具备追问的毅力和技巧。可以先用一些宽泛的话题缓解气氛，逐渐引入正题；或旁敲侧击，追本溯源，引出未知的细节。

3. 诱导性的提问，引出生动活泼、论点鲜明的谈话。在诱导性提问中，采访对象得有较好的敏感性，并肯于争辩，而记者则需要掌握好谈话的时机，运用语气、声调或措辞来引诱对方作肯定性回答。诱导性提问会产生什么样的结果，取决于记者和采访对象之间建立融洽关系的程度。因为诱导性提问容易使谈话达到互不相让的地步，但只要融洽关系得以保持，便可能引出意想不到的真话。

4. 适度的沉默。沉默也是深度报道采访名人的提问技巧，是采访提问中的一个重要的技巧，因为深度报道的提问多是要点性、针对性、独家性的提问，需要给采访对象留出思考和阐述问题的时间。聪明的记者一般不会打断采访对象的话，这样可能引出直接询问得不到的信息。故意不露声色，有时同样有效。美国著名的电视节目主持人迈克·华莱士说："我发现，在电视采访中最有趣的做法就是问一个漂亮的问题，等对方回答完毕你再沉默三四秒钟，仿佛你还在期待着他更多的回答。你知道会怎样吗？对方会感到有点窘促而向你谈出更多的东西。"带上眼睛和耳朵，善于观察与倾听，可以捕捉采访问答中所不能显现的事实。

示例：

---

① [美]杰克·海敦.怎样当好新闻记者.北京:新华出版社,1986.

对于古建筑保护与城市发展的采访提纲

一、采访目的:通过采访当地居民和政府官员,了解当地文物保护情况以及他们对古建筑保护与开发的一些意见,并根据采访内容,提出自己的看法。另一方面,通过采访,让自己在实践中提高沟通与交流能力。

二、采访对象:当地居民,文物部门负责人,相关专业人士

三、采访时间,地点:6月18日上午,××街。

四、采访方式:

1. 面对面的采访

2. 通过电话采访

五、采访的准备工作:

1. 事先拟定采访提纲;

2. 时间、地址的预约;

3. 采访内容的拟定,包括问题的准备;

4. 事前对采访对象的背景了解和资料收集等。

六、采访内容

1. 当地居民。提问:

①你感觉当地古建筑保护情况怎么样?有没有一些地方对古建筑保护得不是太好?

②歙县在开发旅游业以及发展经济的同时,有没有对一些古建筑进行拆迁或破坏?

③你认为当地的文物部门对古建筑保护采取的措施有没有很好地得到实施?

④你认为,应不应该为了发展经济而去破坏古建筑?

2. 文物部门负责人。提问:

对于当地古建筑的保护,政府有没有出台一系列的政策和措施?在这些措施的实施中,当地的古建筑有没有得到更好地保护,请问您能举例说明一下吗?

第十一章 新媒体写作

随着社会的进步,写作的内涵和外延都在发生变化。在新技术的支持下人类开始了数字化写作,新媒体文书普及开来,成了人们生活中不可或缺的组成部分。

第一节 新媒体文书概述

一、含义

所谓新媒体,就是随着卫星通信、数字化、多媒体计算机网络等技术发展而出现的新型传播媒介。我国的新媒体有:网络媒体(网站、电子邮件报刊、电子公告板等)、手机媒体(手机短信、手机彩信、手机彩铃、手机游戏、手机电视、手机电台、手机报纸等)、数字电视、直播卫星电视、网络电视(web tv)、楼宇视频、户外大屏幕、网上即时通讯、虚拟社区、博客、微博、播客、威客、搜索引擎、简易聚合(rss 等)等。

目前,使用比较普遍的有电子邮件、个人主页、博客、微博、手机短信、BBS 帖子、实时对话、电子请柬、电子贺卡等。

二、新媒体写作主体的写作素质

进行数字化写作,作者应具备检索信息、写作、编辑、传播、反馈搜集等能力。与传统的写作不同,在数字化写作前,作者主要着力于观察、阅读、检索相关信息等方面进行写作准备。这要求作者能够熟练运用电脑、网络等,"动手"能力要强。在写作过程中,因为要借助电脑完成行文,所以必须熟练使用电脑,了解电脑操作、电子文本格式等。在写作完成后,写作者要能运用电脑完成编辑、传播等。

新媒体写作主体思维素质讲究快速思维,利用计算机等实现快速反应,思维空间开阔,思维运转高速。这样的快速思维和反应也伴生了一些不足,如思维匆忙化、浅表化;对网络过度依赖,疏于对问题的独立思考,降低了思维深度和原创性。

三、特点

技术进步推动写作发展,改变了传统写作模式,催生了新媒体文书写作。新媒体文书写作有如下特点。

1. 技术性写作

写作工具发生变化,摆脱了手写,电脑和手机充当写作的工具。

2. 交互性写作

传统的写作多是封闭性的闭门造车式的。新媒体写作可在开放的信息环境下进行,随时利用网络,改变着写作的节奏,写作的"空间环境"。

3. 即时性写作

打破时空阻隔,显示无法比拟的快捷性。

4. 超文本写作

借助网络,运用超链接的方法,使原先单一文本变成无限延伸扩展的超级文本。

5. 多形态写作

将文本、图片、动画、音频、视频各种信息形态结合起来,给人传达多种感官体验的信息内容。

四、写作要求

1. 创新

大胆创新写作既是新媒体写作的时代特征,也是新媒体写作的内在要求。伴随技术进步,新媒体写作依托新兴的数字技术不断创新;在写作内容上的创新更是花样翻新速度飞快;同样在文字表达上的创新也引领了时尚,语言表达与时俱进,网络语言已成为学者研究的关注点。

2. 快捷

新文体写作迅速及时,更新频率快。

超文本的写作和网络多媒体技术的广泛运用,从写作习惯与阅读习惯两方面对读者产生巨大影响。传统新闻尤其是报纸消息的结构为:标题、导语、主体、背景、结尾。超文本写作的网络新闻,标题为单行"实"题,简洁、信息完整,文中若干个链接点,下有下划线,鼠标轻轻一点,拓展文章写作背景的内涵。行文结构要符合电子阅读习惯,以达到简洁、快速阅读为主,开门见山,直截了当,抓住要点,不拖泥带水,不铺垫渲染。

第二节 电子邮件

一、含义

电子邮件(英文为 electronic mail),简称 E-mail,标志是@,昵称"伊妹儿",是一种用电子手段提供信息交换的通信方式,是社会组织和个人在沟通信息、联系业务、商洽事项等活动中借助电子邮件传输系统形成的信息记录,也是因特网(Internet)应用最广的服务。电子邮件可以是文字、图像、声音等。同时,用户可以得到大量免费的新闻、专题邮件,并实现轻松的信息搜索。

二、种类

按内容划分,可分为商务电子邮件、公务电子邮件、私人电子邮件。商务和公务电子邮件用语、格式比较严谨,私人电子邮件则比较简单、随意、灵活。

按形式划分,有普通文本邮件、电子贺卡、电子明信片、音频视频邮件等。

三、写作

电子邮件主要包括信头、邮件正文和附件三个部分。

(一)信头

电子邮件的信头由发件人、收件人、抄送和主题四个部分构成。

1. 发件人

就是发件方的电子邮箱名字,电子邮箱名字是由英文字母和数字构成,中国人在阅读时容易产生陌生感。为了便于阅信方明确发件人的身份,发件人最好在邮箱里把自己的姓名设置为发件人。

2. 收件人

收件人是收件方的电子邮箱地址。"收件人"的格式内容包括:第一,用户名;第二,连接符号@;第三,域名。例如:bjfl 26 @ 163.com 这个电子邮箱地址中,bjfl 26 是用户名,@ 是连接符,163.com 是提供邮件服务的主机域名。发送邮件应当准确填写对方的电子邮箱地址,以免电子邮件误发。

3. 发送

是指电子邮件的发送范围,一般分为抄送、密送和分别发送三种形式。

4. 主题

主题用于揭示邮件的主要内容。邮件主题有时很简单,如:你好、通知、工作安排、邀请函。工作邮件最好用陈述性的标题,如"某某学院期末工作安排"。注意不要使用可能会被电子邮件系统当作垃圾邮件过滤掉的主题。如"相关信息"、"免费礼物"、"谢谢你"等。

(二)邮件正文

电子邮件正文与书信形式一样,有称谓、开头、主体、结尾、署名、日期六个部分。

1. 称谓

在邮件正文第一行顶格写,后面加冒号。

2. 开头

可写问候语,可礼节性寒暄等。

3. 主体

邮件的主体内容,表达需明确、简洁。

4. 结尾

写敬语或贺语,与传统书信格式相同。

5. 署名

发信人姓名或发信单位名称。

6. 成文日期。

(三)附件

附件是电子邮件结构的必备选项,只在需要时使用。附件可是文本文件、图片、视频文件等。附件一般是对邮件正文内容的补充说明,或者是独立完整的公文、资料、信息。点击电子邮件编辑页面"添加附件"按钮,即可在电脑上按照路径上传附件。

第三节　手机短信

一、含义

手机短信是指通过手机移动网络传递的简短信息,也称短消息或短信息。顾名思义,手机短信是一种类似于信件而形式上又较为简短的文体形式,作为一种新兴应用文体形式,它与传统意义上的信件有很大的不同,具有专属自己的特征和写作要求。

二、种类

手机短信大致可以分为商务短信、日常短信、礼仪短信、文学短信等几种类型。文学短信也戏称作文学快餐、拇指文学。

三、特征

1. 限制性

由于媒介的特殊性,手机短信不可长篇大论篇幅过长,行文多简洁。

2. 灵活性

手机短信多为现时的不见面的"对话",发送便利,书写简便,随时随地都可以在不影响他人的情况下发送。

3. 多样性

手机短信从内容到形式都可以随心所欲,可以是文字诉说,也可以各种符号表情达意,灵活多样,生动活泼。

4. 即时性

在需要传送短信时,随时随地都可以发送、对话。

四、写作

由于短信的独特性,短信的编写既无固定"格式"也无固定"体式",可以自由创作,任意发挥,具有极大的创意空间。

第四节 博 客

一、含义

博客(英文为 Blog),也叫网络日志、"部落阁",是一种通常由个人管理、不定期张贴新文章的网站。博客上的文章通常根据张贴时间,以倒序方式由新到旧排列。有的博客集合了文字、图像、其他博客或网站的链接及其他与主题相关的媒体,能够让读者以互动的方式留下意见,是许多博友交流的重要渠道。

大部分的博客内容以文字为主,也有一些博客专注于艺术、摄影、视频、音乐、播客等各种主题。博客是社会媒体网络的一部分。

二、种类

(一)按功能分

1. 基本博客

博客中最简单的形式。作者对于特定的话题提供相关的资源,发表简短的评论。这些话题涉及人类的所有领域。

2. 微型博客

即微博,是目前全球最受欢迎的博客形式。微博作者不需要撰写很复杂的文章,而只需要抒写140字(这是大部分微博的字数限制,网易微博的字数限制为163字)以内的心情文字即可。目前在社会上有影响、深受大家喜爱的微博有 twitter、新浪微博、网易微博、搜狐微博、腾讯微博等。

此外,博客还可作以下分类:

按照博客主人的知名度、博客文章受欢迎的程度,可以将博客分为名人博客、一般博客、热门博客等。按照博客内容的来源、知识版权还可以将博客分为原创博客、非商业用途的转载性质的博客以及二者兼而有之的博客。

(二)按用户分

1. 个人博客

除了个人写作管理的私人博客外,还有以下形式的博客也属"个人博客":

(1)亲朋之间的博客。这种类型的博客主人主要由亲属或朋友构成,他们是一个生活圈、一个家庭或一个项目小组的成员。

(2)协作式的博客。与小组博客相似,其主要目的是通过共同讨论使得参与者在某些方法或问题上达成一致。通常把协作式的博客定义为允许任何人参与、发表言论、讨论问题的博客日志。

2. 企业博客

(1)商业、广告型的博客。对这类型博客的管理类似于通常网站的 WEB 广告管理。商业博客分为:CEO 博客、企业博客、产品博客,等等。以公关和营销传播为核心的博客应用已经被证明将是商业博客应用的主流。

(2)CEO 博客。据"新公关维基百科"统计,有众多 CEO 经营博客,一些公司的领导者也撰写博客。美国最多,有近 120 位;其次是法国,近 30 位。这些博主的公司虽以新技术产业为主,但也不乏传统行业的国际巨头,如波音公司等。

(3)企业博客。即以企业的身份而非企业高管或者 CEO 个人名义进行博客写作。据"新公关维基百科"统计,推出企业博客的不单有惠普、IBM、思科、迪斯尼这样的世界百强企业,也有 Stonyfield Farm 乳品公司这样的增长强劲的传统产业企业,这家公司建立了4个不同的博客,都很受欢迎。许多服务业企业、非营利性组织、大学等,如咖啡巨头星巴克、普华永道事务所、康奈尔大学等也都建立了自己的博客。NOVELL 公司还专门建立了一个公关博客,专门用于与媒介的沟通。

(4)企业产品博客。即企业以公关宣传或者为客户服务为目的所推出的博客。目前多数国际品牌有自己的博客。例如在汽车行业,除日产汽车 Tiida 博客和 Cube 博客,通用汽车也有两个博客,福特汽车的野马系列也推出了"野马博客",马自达在日本也为其 Atenza 品牌专门推出了博客。通用汽车还利用自己博客宣传攻势的协助成功地处理了《洛杉矶时报》公关危机。

(5)"领袖"博客。除了企业自身建立博客进行公关传播,一些企业也注意到了博客群体作为意见领袖的特点,通过博客进行品牌渗透和再传播。

(6)知识库博客,或者叫 K-LOG:基于博客的知识管理将越来越广泛,使得企业可以有效地控制和管理那些原来只是由部分工作人员拥有的、保存在文件档案或者个人电脑中的信息资料。知识库博客提供给了新闻机构、教育单位、商业企业和个人一种重要的内部管理工具。

(三)按存在方式分

1. 托管博客。无须自己注册域名,租用空间和编制网页,只要去免费注册申请即可拥有自己的 Blog 空间,是最"多快好省"的方式。

2. 自建独立网站的博客。有自己的域名、空间和页面风格。这类博客需要一定的条件。例如需要博主自己能动手制作网页,要懂得网络知识,能自己维护网站。当然,拥有自己域名的博客更自由,有最大限度的管理权限。

3. 附属博客。将自己的 Blog 作为某个网站的一部分,如一个栏目、一个频道或者一个地址,这三类之间可以相互转化,甚至可以兼而有之,即一人拥有多种博客网站。

4. 独立博客。独立博客一般指使用独立域名和网络主机的博客,既在空间、域名和内容上相对独立的博客。独立博客相当于一个独立的网站,而且不属于其他任何网站。相对于 BSP 下的博客,独立博客更自由、灵活,不受限制。

还可从博客内容上分为:时政新闻类博客,时尚生活类博客,学术与科技类博客,文学创作类博客,公关与营销类博客,综合类博客等。

三、功用

目前博客的功用大致有这样几种：一是作为网络个人日记。这是博客的最基本功用。把自己所想写在日志里，抒发个人情感。二是作为个人展示自己的空间，让更多人了解自己。三是可以作为网络交友的地方，以文会友。是深度交流沟通的网络新方式。四是通过博客展示企业形象或发布企业商务活动信息，即博客营销。

四、特点

1. 开放性

博客的撰写、管理、维护，都是在开放的状态下完成的写作者可以抒写胸臆，网络空间中访客来去自由。即便是做了"访问设置"对来访者作了限制，也是相对的。

2. 个人性

个人博客打着明显的个性烙印，这也是博客"火"在民间的大前提。在信息时代，凭着互联网技术的支持，个人就可以轻松完成信息的收集、萃取，然后用于自己的网络空间，而且反映了浓厚的个人风格特色。

3. 互动性

博客空间的开放性，使得大家可以自由发表意见，各色人等自由参与讨论，常常可以就感兴趣的话题展开深入的"对话"，这对厘清思想、统一认识、达成共识极具建设性意义。

4. 超文本性

博客的兴起借助了 IT 技术革命，也催生了"网络语言"，那些"顶"、"灌水"、"撒花"等极富形象性的语言不仅表情达意，还使得网络写作超文本的特性淋漓尽致地表现出来。

五、写作

（一）标题

博客文章在 RSS 阅读器中一般都是以文章标题列表显示的，好标题能提升点击率。所以拟写标题时可提及关键词和热点。通常考虑以下方面：

1. 简洁易懂。如《北京地铁涨价的 N 个好处》。
2. 吸引眼球。如《"嫦娥三号"登月后中国下一个目标是什么》。

3. 迎合需求。以社会关心的话题做标题，如《2011年深圳市医疗卫生情况简报发布　人均就医费用287元》。

(二) 正文

博客正文没有一定之规。可按个人风格行文。

行文时，要有新闻价值，要有趣，有用，有幽默。博主的写作风格，分析能力、表达能力，会影响读者阅读兴趣。韩寒2005年开通新浪博客。截至2011年11月访问量突破5亿。他的每一篇文章都在中文互联网被广泛转发，并迅速被翻译成英文。因其强大的影响力，被称为"世界第一博客"。韩寒的"犀利"风格博客引人"读"的欲望，他让所有的年轻人愿意去看、愿意去理解，甚至愿意去相信他所写的东西。可见博客写作与其他写作的最大区别：越是表达自己的观点越有吸引力。

博客是互联网的一部分，要充分利用网络优势，在博客中尽量为读者提供优质链接，让相关文章为自己的博客提供知识背景，让读者通过链接继续深入阅读。

另外，还要重视博客内容的排版技巧。读者不会在页面上长时间停留，通常在RSS阅读器中对内容进行扫视。方便扫视内容的技巧：

1. 列表。带项目编号的内容看起来很有条理性，阅读起来也比较轻松；

2. 文字格式。用粗体、文字大小、字体颜色来标注文中的重点内容，吸引读者的注意；

3. 小标题及副标题。在文章中间使用标题能帮助文章建立起清晰的文章结构，而且标题能诱使读者的视线下移，帮助他们找到文章的要点以及最感兴趣的内容；

4. 图片。使用图片能抓住眼球、强调重点，并且吸引读者继续阅读，以大量文本为主的媒介中，图片能为文章提供视觉兴奋点，好的配图能帮助读者更好地理解文章大意；

5. 边框和块状引用。使用Wrodpress文章编辑中有引用的功能，围绕引用文字和关键点的方框和边线获取读者的注意。

第五节　BBS帖子

一、BBS概述

BBS原是一种电子信息服务系统，现在发展为为网络用户提供一块公共电子白板，每个用户都可以在上面发布信息，成为大众发表观点、自由讨论和交流信息的公共电子空间,也叫网络论坛。按其内容国内的BBS大致可以分为:新闻类论坛,如人民网强国论坛、搜狐网搜狐社区、新浪网新浪论坛等;社会生活类论坛;商业类论坛;专业类论坛;校园BBS等。

BBS为公众提供了方便和平等的话题讨论空间,逛论坛、发帖子已经成为很多网民日常生活的重要组成部分。所谓帖子也叫帖文,指的是在网络论坛里就某一话题发表的文章或语段。BBS里还有一些对帖子的通用称呼,如"灌水帖"指没有什么阅读价值的帖子;"拍砖帖"是指发表与主题帖相反看法的帖子;"置顶帖"是指被论坛编辑放在树形目录上方提醒网民关注的帖子;"精华帖"是指被认为优秀的帖子,具有推荐的价值。

二、特点

1. 身份隐匿性

一般而言,看帖、发帖时你不知道发帖人、看帖人是谁,网民们打破了时空界限,隐去了年龄、相貌、表情、职业和身份等个人信息,可以进行任何问题的讨论。网络为网民提供了"黄金距离":网民在网上既可直接交流,又可以保留一定的隐私。由于网络写作多属自由创作,因此可以独抒己见,有个性化创作自由;网络空间赋予人们表达上的自由使得作者在创作时能更好体现客观真实性。

2. 创作的随意性

发帖可以依据自己的喜好、心情创作发表言论,无拘无束。

此外,发帖所用的语言多有网络化特征。可用网络专用的语言表情达意。语言鲜活。如表达"滚开",可以说"圆润地消失";表达"路过"可以说"打酱油"。

3. 参与的社会化

在网络这个自由的空间,人人享有发言权,公众参与程度极高,也是因为享受着网络相对自由的公众话语权。

4. 多数帖子标题醒目

网络上有所谓的"标题党"就是指写作时十分重视标题的拟写,要求突出、抢眼。标题的艺术在于简短贴切、合旨新颖、独创醒目、耐人寻味。

三、写作

帖子写作没有固定写法,多为自由表达观点,或是呼应大家的话题。

具体来说写作时:标题引人,整体结构整齐,段落分明,最好能图文说明。

1. 标题。激发强烈的点击欲望;

2. 正文。言简意赅,言之有物;
3. 配图。最好配上图片,所谓"有图有真相"。
4. 语言。轻松、通俗;
5. 表情符:活跃帖子的元素之一。

要让帖子有影响力,为你带来流量,重点在于帖子的质量要高,写大家都关注的帖子,要能打动大家,引起共鸣,甚至转你的帖子,这样"社区"自然会把帖子加"精",甚至上头条置顶。

一篇好帖子要写与自己业务相关的帖子,这样写起来行云流水,自然从容的文字也会引起共鸣;迎合现代人阅读习惯,亦庄亦谐的文笔也是好帖子;掂量帖子的关键词,关键词决定帖子的曝光率;要让回帖者有话可说。形成良性互动。

第十二章 经济应用文写作

经济应用文是应用文的一个重要分支,是一种专有文书。它是以经济活动为主要内容,反映经济情况,处理经济事务,解决实际经济问题的专业应用文。

第一节 经济文书概述

一、含义

凡在经济实践活动中使用的各种专业性很强、直接用于该领域的应用文,都称为经济文书。其中包括传播型文书,即商业广告;预测型文书,即市场调查报告、经济预测报告、经济活动分析报告;协调型文书,即经济合同;评估型文书,如审计报告、查账报告等。

二、特点

(一)内容的合法性

社会主义市场经济,本身就是法制经济。为社会主义市场经济服务的经济文书,其内容必须合法,符合国家的法律法规,符合党和国家的路线、方针、政策。

经济文书内容的合法性特点主要体现在两个方面:一方面,有的经济文书,如经济法规、规章,经济领导和管理部门的有些公文,本身就是法律、政策的载体,就是用于传达、颁布国家的经济法规以及党和国家的经济方针、政策的。另一方面,大量的处理经济工作的各种经济文书其内容也必须遵循、依据、符合国家的有关法律、法规和规章以及党和国家的有关方针、政策,否则就会削弱行文的现实效用,甚至达不到预期的目的。如订立经济合同,就必须遵循《中华人民共和国经济合同法》和工商行政管理部门的有关规定,每一类合同的条文内容甚至书写格式,都必须按照严格规定拟写或填写,使之合法、合理、完善、明确,以确保其法律效力。如果不按规定写作经济合同,就可能违法行文而成为无效合同,得不到法律的保护。

(二)表达的直接性

经济文书是用于管理经济工作、处理经济事务的,它的表达必须准确、简明、直接,使人一目了然,易懂可行。这一特点主要体现在以下几方面。

1. 大量使用数据

经济工作离不开定量分析,离不开数据。经济活动的每一个环节都要通过数据来发现问题、分析问题、解决问题。因此,经济文书中必然大量使用数据,通过对数据的统计、分析,说明某一经济活动的现状、变化和发展,反映经济形势和背景,展示经济效益。这样显得非常具体、直观,使阅者做到胸中有数。

2. 常使用统计图表

为说明某一经济活动的发展变化,反映某一经济工作的成绩与失误,揭示某项经济指标在整体中的地位,有些经济文书也常常使用各种统计图表,诸如简单统计表、分组统计表、复合统计表、曲线图、条形图、示意图、箭头图,等等。图表的使用使表述更准确、清楚、形象,使人获得更明确、直观而深入的了解。

3. 部分文种有效地使用不成文式的表现形式

为增强表达效果,使内容更简明、清楚,使写作撰制更简便、易行,使阅读更直观、形象,部分经济文书不拘泥于文章稳定、规范的结构形式,而使用了不成文式结构中的表格式、图文式。如企业登记注册文书、税务文书、审计文书、财务文书、合同文书、专利文书,等等,大量使用表格式,撰写时只需在规定的项目填上相应的内容即可。又如广告,常采用图文结合,图文并茂,甚至是形、声、图、文结合,相得益彰。

(三)体式的程式性

在长期的实践中,经济文书逐渐形成了一定的惯用形式。有关系统、行业的领导部门不断总结经验,又对某些专业的文书形式做了相应的规定,使惯用形式更臻完美,成为大家行文的规范。经济文书的这一特点,为它的撰写、处理、使用都带来了极大的方便,加速了工作的规范化、制度化、标准化,极有利于提高工作质量和效率。经济文书程式性这一特点,主要体现在以下几方面。

1. 有惯用的文章体式

各类经济文书的结构体式,都有其相对的稳定性,有的专业文书的结构体式,甚至由有关主管部门作出了统一规定。如经济合同,国家工商行政管理局及有关行业主管机关对各类合同都规定了规范文本,先写什么,后写什么,都不能随意增删、更改。

2. 有约定俗成的语言习惯

人们对经济文书中语言的运用习惯,如数字的表述、专用词语的运用、专业术语的选用,都形成了共识,体现着其特殊性。

3. 有规范的文面格式

有些主管部门根据《国家机关公文处理办法》和有关法规、规章的规定,结合行业特点,对某些专业文书的撰写内容、方法及文面格式,都做了统一规定,使用时必须按规定的文面格式撰制、填写。有些经济文书的文面格式虽无统一规定,但有大家公认的惯用形式,撰写时一般不宜别出心裁、另搞一套。

(四)制发的时效性

在时间就是金钱、效率就是生命的当今社会,用于经济工作的经济文书,当然更注重其时效性。经济文书时效性的特点主要体现在以下几方面。

(1)大多数经济文书只在规定的时限内发生效力、作用,时过境迁,它们就失去了现实效用,只具有历史档案作用或参考价值了。如经济合同、企业法人登记注册书、市场调查报告,等等,都只在限定的时间里起作用。

(2)为了充分发挥经济文书的效力,经济文书的撰写制作要及时、迅速,处理要快。经济文书格式的规范化、计算机技术的运用,都为此提供了便利条件。

三、写作要求

(一)要符合国家的法律、法规和政策

经济工作具有很强的政策性,要写好经济应用文,就必须熟悉党和国家有关经济方面的方针、政策。同时要了解、掌握社会主义客观经济规律。要了解当前的生产、分配、交换、消费等环节的情况及其相互关系。总之,要使写作的经济文书能够正确体现党和国家的方针、政策精神,否则,即使文章写得再好,也只能是贻误工作,造成损失。

(二)内容要真实可靠,讲究时效

经济文书的内容要实在、有实用性,要以获取经济效益和社会效益为目的,要确保对经济活动起指导和促进作用。如经济合同一经签定,便具有法律效力,因此必须明确具体,涉及的标的要准确无误,对其数量和质量的要求要标注出"国标"或"行业标准"的具体要求。

(三)语言要准确、简洁,格式要规范

准确、简洁是经济文书的基本要求。行文措辞要避免使用产生歧义歧见的词。如标题的拟制要准确地表明文章的内容;做结论时,所用词语应与事实相符;数据

要准确,要经过核实。遣词造句要简洁明了,决不拖泥带水,努力做到言简意明。忌浮华夸饰,矫揉造作。

经济文书的格式是约定俗成的,它便于文书的起草、签署、收发、存档,它维护着经济文书的严肃性,也有利于提高工作效率。所以我们在写作经济文书时,应注意格式规范,能使用规范文本的尽可能使用规范文本。

第二节 经济合同

一、含义

随着市场经济的快速发展,经济合同为加强经济管理、发展完善社会主义市场经济体系发挥了越来越大的作用。

经济合同是种类众多的合同中的一种。它主要指"平等民事主体的法人、其他经济组织、个体工商户、农村承包经营户相互之间,为实现一定经济目的,明确相互权利义务关系而订立的合同"。也就是说,经济合同是法人或其他具有民事主体资格的当事人,为实现一定的经济目的,明确相互的权利和义务而共同订立的契约或协议。需要指出的是"其他经济组织"是指依法成立、有一定的组织机构和财产但又不具备法人资格的组织。如依法登记领取营业执照的私营独资企业、合法组织。

二、特点

(一)合法性

经济合同的撰写要严格遵守《中华人民共和国经济合同法》的各项规定,在合同的内容、形式、主体等方面,要符合国家的法律、法规、政策。

(二)对等性

经济合同的当事人在法律上是平等的,双方的权利和义务是对等的。

(三)规范性

在经济合同的格式方面,国家工商局和有关主管部门制定了统一的规范化的文本样式,并在全国推广实施。因此,它在书写格式上表现出规范性的特点。

三、种类

按照不同的标准分类,经济合同可以分为不同的类型。

(一)按内容分

依照《经济合同法》所确定的当事人的权利义务和内容分类,经济合同通常分为十类:购销合同(包括供应、采购、预购、购销结合及协作、调剂等合同)、建设工程承包合同(包括勘察、设计、建筑、安装等合同)、加工承揽合同、货物运输合同、供用电合同、仓储保管合同、财产租赁合同、借款合同、财产保险合同、科技协作合同(包括科研、试制、成果推广、技术转让、技术咨询服务等合同)。

(二)按合同的形式分

有分条列项的条文式合同;有以表格为主,辅以数据的表格式合同;还有表格条文结合式的合同。

四、写作

尽管合同的种类各异,但在写作上一般均按首部、主部、尾部三部分行文。

(一)首部

首部主要包括以下各项。

1. 标题

标题写在合同首页上方正中位置,要明确写出合同的性质,如"购销合同"、"工程安装合同"。接着在标题下方书写合同的编号。

2. 合同当事人

要写明当事人的名称或姓名和住所。

合同当事人是指签定合同的双方或多方。要明确写出签约单位或个人的全称、全名,并在其后注明双方约定的固定指代:"甲方"、"乙方"。如有第三方,可将其称为"丙方"。在对外贸易合同中,有时可指代为"买方"、"卖方"。不论在什么情况下,合同中都不能用不定指代"你方"、"我方"来指定当事人。

3. 引言

引言就是合同的开头部分,主要写签定合同的目的或签定合同的依据。常表述为:"为了"或"依据"、"根据"。

若是选用"表格式合同",则可以依据国家工商管理局和有关部门制定的规范文本要求,在表格内填写有关内容。

(二)主部

这部分是经济合同的主要部分,一般多采用条文式。按双方当事人的约定,详细写明主要条款和其他条款的内容。

1.主要条款

按《经济合同法》规定,经济合同应具备以下主要条款:

(1)标的。标的是经济合同当事人权利义务所共同指向的对象,是合同的基本条款。没有标的的合同是无效合同。标的可以是物、货币、劳务、智力成果等。签定合同的双方对标的要协商一致,写得具体、明确。

(2)数量和质量。这是从数量和质量的角度对标的进行精确度量,它决定双方当事人承担的权利义务的大小、范围。数量就是标的的具体计量,如借款金额、建设工程项目、工作量等。要明确标的的计量单位,如:吨、米、件等。质量就是对标的的质的要求,如产品、商品、工程的优劣程度。应明确标的质量的技术标准(如:国家标准、行业标准)、等级、检测依据等。

(3)价款或酬金。这是合同标的的价金,是合同双方当事人根据国家法律、法规、政策和有关规定,对标的议定的价格。是合同一方以货币方式取得对方商品或接受对方劳务所应支付的货币数量。要明确标的的总价、单价、货币计算标准,付款方法,程序,结算方式。若与外方合作,还要写明支付的币种。

(4)合同履行的期限、地点和方式。履约期限是合同法律效力的时限和责任界限,过时则属违约。日期用公元纪年,年、月、日书写齐全。地点是指当事人履行合同义务,完成标的义务的地点。履行方式是当事人履约的具体办法,如借贷合同的出资方要以提供一定的货币来履约;劳务合同的某一方要提供某种具体的劳动服务,如照看小孩、打扫卫生等。

(5)违约责任。就是合同当事人不能履约或不能完全履约时,所要承担的经济和法律后果。它包括违约金、赔偿金和其他承担责任的法律形式等。违约责任是履行合同的重要保证,也是出现矛盾分歧时解决合同纠纷的可靠依据。

2.其他条款

这里所说的条款就是除上述必备条款外,经双方当事人协商确定的其他条款。它包括:

不可抗力条款。这项条款主要是明确在签约后,如果发生了当事人不能预见或人力不可抗拒的事故,如洪水、地震、台风等,导致履行合同困难,当事人可根据这一条款免予承担不履约或延期履约的责任。此条款的内容包括不可抗力事故的范围、后果等。

解决争议的方式。此条款要约定在履行合同发生争议时解决问题的方式和程序,要明确注明是通过仲裁解决,还是通过诉讼解决。此条款主要包括约定仲裁机构、仲裁事项或管辖法院等内容。

3. 尾部

尾部是指合同的结尾和落款部分。主要包括:

(1)合同的有效期和文本保存

有效期是指合同执行的起止日期,是要求合同当事人必须填写的条款,只需注明合同的生效、终止时间。

文本保存是注明合同文本保管的方式,即合同一式几份、当事人保管的份数。

(2)落款

这部分有经济合同特定的内容和格式。即在合同的有效期限和保管条款下方,依次写出当事人的名称、签章、法定通讯地址、法人代表、银行账号、签约日期、地点等。

有些合同有特殊要求,或有附件,也要在尾部注出。通常是在合同正文"其他条款"之后注明:"合同附件、附表均为本合同的组成部分,且有同等的法律效力。"如工程承包合同要在附件中列出:工程项目表、工程进度表、工程图纸等。这些附件、附表名称均写在合同的落款的最下方,即"年、月、日"之后的位置。

经济合同的体式由国家工商局和有关部门制定了统一的规范化的格式。

五、写作注意事项

(一)要遵守国家的法规、政策

为了写好经济合同,必须学习、掌握国家的法规、政策。合同的内容、条款要严格遵守法规、政策,要有利于国家和集体的利益,维护正常的经济秩序。

(二)遵守平等互利、协商一致、等价有偿的原则

平等互利是合同的当事人平等地享有经济权利和承担经济义务。协商一致是合同的当事人在平等的基础上,为了共同预定的经济目的,达成一致,任何一方不得把自己的意志强加给对方。等价有偿是指公平合理的交换,一方给付,另一方也按同等价值作出相应的给付。互相履行义务,享受权利。

(三)条款明确具体,书写规范

合同条款明确具体是保证履行合同的前提,措辞准确,行文简洁,标点无误,字迹工整,不随意涂改,行文格式符合文体的要求,也是拟好合同的重要原则。

第三节 经济活动分析报告

一、含义

经济活动分析是以国家现行经济政策和经济理论为指导,根据会计、计划、统计、业务核算等资料,对某一部门、企业的全部或部分经济活动状况进行系统科学的分析和评价。把经济活动分析的内容和结果写成书面报告,就是经济活动分析报告,也简称为经济活动分析。

二、种类

按不同的标准分类,经济活动分析报告可分为以下类别。

(1)按范围分,有宏观经济活动分析报告、微观经济活动分析报告。

(2)按部门行业分,有工业经济活动分析报告、农业经济活动分析报告、商业经济活动分析报告,等等。

(3)按时间分,有定期经济活动分析报告、不定期经济活动分析报告,事前预测性分析报告、事后总结性分析报告。

(4)按内容分,有全面经济活动分析报告、专题经济活动分析报告。

全面经济活动分析也叫综合分析、系统分析。它是对一个单位或部门在一定时期的经济活动做整体性分析,即作出全面、系统、综合的分析。全面经济活动分析报告所涉及的面较广,反映的问题较多。

专题分析也叫专项或单项分析。它是对某一突出的重要问题,或有影响的经济事实做专项分析。专题经济活动分析报告内容单一、中心明确,写作时间不固定,可根据需要编写。

三、经济活动分析常用的方法

经济活动分析是对经济活动规律的探讨和分析,采用的方法有以下几种。

(一)比较分析法

这是经济活动分析中最基本、最广泛使用的方法,也是定量分析中常用的方法。

比较分析是把同一基础上具有可比性的数据资料加以对比,从而总结经验、查找问题,为制订、调整计划提供依据。

在具体比较中,常从以下几方面进行比较分析。

1. 比计划。就是用实际完成的指标与计划指标相比,找出两个指标之间的差距。

2. 比历史。就是用实际完成的指标与上期或历史上同期完成的指标相比,反映出经济活动发展变化趋势。

3. 比先进。就是用实际完成的指标与国内同类先进行业或国际同行业先进单位指标相比,以便学习和赶超。

如:《八问地方政府债务》使用数字分析、对比,言简意赅地说明问题。

示例:

2问:谁是地方政府债权人

据审计署副审计长董大胜今年3月通报,目前全国地方政府性债务总额为15万亿至18万亿。巨额地方债务,钱从哪里借来?

审计署2011年的全国地方政府性债务审计和今年的36个地区地方政府性债务审计显示,地方政府债务"债权人"主要有三方:银行、地方债券、其他单位和个人。

银行一直是"最大债权人"。在2010年底地方政府性债务余额中,银行贷款占79.01%;截至去年底,36个地区的地方政府性债务余额中,银行贷款占78.07%。

对比36个地区2010年底、2012年底的债务余额发现,两年来银行贷款占比下降5.6%,而地方债券、其他单位和个人,分别增长62.32%、125.26%。

为何"其他单位和个人"增幅高达125.26%?(2013年7月30日《新京报》)

(二)因素分析法

就是从数量上把一个综合经济指标分解成各个因素的方法。它剖析、探究影响经济发展的诸多因素中具有本质特点和最大影响的主要因素,并分析这些主要因素的变化对经济发展的影响。

(三)动态分析法

就是根据分析对象和目的,把有关经济指标或反映有关发展水平的动态指标,按时间顺序排成动态序列进行分析,从中可分析其经济活动过程及规律。

四、写作

经济活动分析报告由标题、正文、结尾三部分组成。

(一)标题

经济活动分析报告的标题有三种写法。

1. 四项式标题。写明单位名称、分析时限、分析内容、文种四要素。如《××采购供应站2012年二季度财务状况分析报告》。

2. 在标题中只标明经济活动分析的问题或材料的内容范围。如《××商场的利润为什么上不去?》,《现阶段个体大户的净收入构成因素分析》。

3. 以分析报告的意见或建议做标题。如《关于降低废品率的建议》,《关于节支增收扭亏增盈的意见》。

(二)正文

这部分包括基本情况、分析评价、建议三部分。

1. 基本情况

对经济活动做概要介绍,说明经济指标完成的情况。一般开门见山,用简要的文字和准确的数字来说明情况。

如《国有企业困难成因及其对策》开篇介绍基本情况:"当前,不少国有企业存在着许多困难,主要表现在:生产经营不景气,对市场不适应,内部管理混乱,资金短缺,历史包袱沉重。集中反映为经济效益较低,企业大面积亏损。201×年×季度,××市国有企业和商业实现利润分别比上年同期下降51%和56%,亏损企业的亏损额分别增长2.96倍和21%。冰冻三尺非一日之寒,国有企业面临的困难和问题,是旧体制下长期形成的,而通过财务、税收制度的改革显示出来,有主观与客观、内部与外部、历史和现实的原因。"这段不足300字的开篇,用数字直接摆出了国有企业目前的困境,用简要文字归纳了问题。

2. 分析评价

用科学的方法对经济活动具体的情况作出分析,如取得了哪些成绩,存在哪些问题,这些情况产生的原因,然后在此基础上作出评价。若是全面经济活动分析,则应对各项经济指标逐项进行分析,全面反映经济情况。若是专题经济活动分析,则要对专题内容要点展开分析,重点要突出,选材要典型。

社会主义经济是生产、交换、分配、消费的总过程,是一个有机体。在进行经济活动分析、评价时,要立足全局,从宏观经济着眼,从微观经济入手,把微观分析与宏观分析结合起来,全面、正确地分析经济活动。

科学地使用资料、数据,也是正确分析评价经济活动的保证。要把收集到的统计数据、会计核算资料、有关历史资料、数据等结合起来,通过因素分析、比较分析有根有据地评析经济活动情况。

经济活动报告使用数字说明比较多,要充分利用其有利条件,辅以必要的简要的文字说明和分析增强说服力。

如《八问地方政府债务》：

5 问：地方发行债券合法吗？

《预算法》规定，"除法律和国务院文件另有规定外，地方政府不得发行地方政府债券"。

既然法律不允许地方发行债券，那 10 余万亿的债务是怎么来的呢？据了解，地方政府债务最早可追溯到 1979 年，当年有 8 个县区举借了政府负有偿还责任的债务。至 2010 年底，全国仅 54 个县级政府没有举借政府性债务。

湖北省统计局副局长叶青表示，虽然法律严禁地方发行债券，但未禁止地方政府设立的公司举债。因此，地方政府通过组建融资平台公司，绕开法律约束。

据审计署去年公布的数据，全国涉及地方政府性债务的融资平台公司有 6576 家。

融资平台的最早雏形，始于上世纪八十年代，广东采取了"贷款修路、收费还贷"政策。1994 年分税制改革后，地方政府开始更多依赖融资平台，筹措资金。

叶青说，融资平台大多有政府背景，容易获得银行贷款、发行城投债。但是，融资平台的具体举债规模和偿债能力审核，并未纳入人大审议。所以相当一部分债务，成了隐形债务。

(2013 年 7 月 30 日《新京报》)

3. 建议

在分析评价的基础上，提出改进的措施建议。写作时要文字准确、简明，可操作性强。

(三) 落款

写明分析单位(人员)和成文时间。

示例：

榆林市 2013 年一季度经济运行分析

一、一季度经济运行主要特点

今年以来，面对宏观形势持续趋紧、市场需求严重不足、主要工业品价格大幅下跌的严峻形势，市委、市政府早谋划、早准备、早启动，调查研究，主动作为，及时采取各项超常规举措，扭转了 1~2 月工业经济严重下滑的态势，全市经济运行呈现出"一低两缓五稳"的特点。

全市一季度主要经济指标完成情况

指标	2012年一季度实际(亿元、元、%)				2013年一季度实际(亿元、元、%)			
	累计	同比增长	绝对值同比增加	完成全年任务	累计	同比增长	绝对值同比增加	完成全年任务
地区生产总值(亿元)	538.38	11.3	77.8	19.4	589.63	8.5	51.25	18.4
规上工业总产值(亿元)	663.42	20.5	103.3	22.1	705.6	5.6	42.18	19.6
规上工业增加值(亿元)	380.69	13.6	58.45	19.5	416.7	9	36.01	18.4
固定资产投资(亿元)	94.41	30.7	34.42	6.3	118.78	29	24.37	6.4
社会消费品零售总额(亿元)	63.09	17.8	9.55	23.3	70.7	12.1	7.61	22.4
财政总收入(亿元)	146.32	37.9	40.23	22.0	150.42	2.8	4.1	19.4
地方财政收入(亿元)	50.91	66.2	20.29	23.1	65.75	29.2	14.84	25.3
城镇居民人均可支配收入(元)	5534	17.6	828	22.9	6515	11.4	981	23.3
农民人均现金收入(元)	2222	16	306	28.9	2546	14.6	324	28.3

——一低,就是国民经济低位开局。一季度生产总值完成589.63亿元,完成全年计划的18.4%,同比增长8.5%,增速同比下降2.8个百分点,成为继2009年一季度增长6.2%以来的第二低。其中,第一产业增加值9.41亿元,增长4.9%,增速同比下降1个百分点;第二产业增加值424.85亿元,增长9.1%,增速同比下降4.4个百分点;第三产业增加值155.37亿元,增长7.4%,增速同比上升1个百分点。

——两缓。一是工业经济持续趋缓。全市规上工业总产值705.6亿元,完成计划的19.6%,增长5.6%,增速回落14.9个百分点;实现增加值416.7亿元,完成计划的18.4%,增长9.0%,增速回落4.6个百分点;16类主要工业品14类产量增速低于同期,其中发电量、甲醇、原油加工量、玻璃、水泥、洗煤6类出现负增长。二是财政收入增速大幅趋缓。财政总收入150.42亿元,完成计划的19.4%,增长2.8%,增速回落35.1个百分点;地方财政收入65.75亿元,完成计划的25.3%,增长29.2%,增速回落37个百分点。

全市一季度主要工业产品产量

产品名称	2012年一季度实际			2013年一季度实际			增速比上年增减
	3月	1—3月累计	累计增长%	3月	1—3月累计	累计增长%	
原煤(万吨)	2596.8	6672.5	14.0	3045	7047.6	5.5	-8.5
#地方(万吨)	1508.4	3651.9	14.4	1663.5	3568.8	-2.6	-17.0
原油(万吨)	92.4	276.9	0.2	102.6	291.6	5.6	5.4
原盐(万吨)	4.1	20.1	207.7	1.5	24.4	21.5	-186.2
洗煤(万吨)	213.1	436.9	65.7	293.2	493	-11.3	-77.0
精甲醇(万吨)	17.2	49.6	36.4	17.3	49.1	-1.2	-37.6
天然气(亿立方米)	12.7	39.8	5.8	16.5	43.5	9.5	3.8
聚氯乙烯(万吨)	4.7	14.6	64.7	6	19.5	33.9	-30.8
原油加工量(万吨)	26.9	81.5	10.4	30	81.4	-0.1	-10.5
兰炭(万吨)	226.0	450.9	47.4	186.78	503.16	10.65	-36.7
电石(万吨)	11.2	33.1	28.7	11.6	36.4	9.8	-18.9
水泥(万吨)	23.8	48.9	216.4	26.4	32.3	-33.8	-250.2
玻璃(万重量箱)	78.7	219.8	-14.0	51.7	160.9	-26.8	-12.8
铁合金(万吨)	2.5	6.1	31.4	2.7	7.1	16	-15.4
火电发电量(亿度)	39.2	109.2	9.7	37.84	104.56	-5.58	-15.3
金属镁(万吨)	2.4	6.2	50.6	2.3	7.1	15.3	-35.3
氢氧化钠(万吨)	3.9	11.5	62.1	4.5	14.3	24.7	-37.4

——五稳。一是农业平稳增长。农林牧渔业总产值16.28亿元,增长4.7%。在去年以来畜产品价格不断走高的拉动下,生猪、羊子、家禽存、出栏均稳步增长,肉、蛋、奶产量分别增长1.7%、0.5%和5.3%。二是投资稳定增长。(略)

二、当前经济运行存在的主要问题及下一阶段趋势判断

(一)工业经济困难重重。(略)

(二)民营企业信心受挫。(略)

(三)投资增长动力不足。(略)

总的看，一季度经济运行呈现出"低位开局、持续趋缓"的基本特征，可以说"有喜有忧、忧大于喜"。"忧"的是：世界经济已由金融危机前的"快速发展期"进入"深度转型调整期"，国内经济已由"高速增长期"进入"增长阶段转换期"，经济增长继续放缓，形势不容乐观；我市80%的原煤、90%的天然气、70%的原油、60%的电力、90%的化工产品全部外输，经济增长严重依赖外部市场，主要经济指标增速全面回落，企稳回升难度很大。"喜"的是：陕西经济仍在相对较快增长，我市投资、财政收入、城乡居民收入增速仍高于全省平均水平，3月以来工业增速明显回升，特别是"新27条政策"即将出台，省委、省政府对榆林的支持力度将进一步加大，政策挖掘和主动作为的空间也进一步增大。总体判断，一季度可能是全年经济运行的"低点"，上半年有望呈现"稳中趋升"态势。

三、下一步工作举措

目前一季度GDP按均衡进度已欠账30亿元。全市上下要紧盯年度目标不动摇，加大工作力度，强化责任考核，全力以赴稳增长促发展，确保二季度"稳中趋升"，力争上半年实现目标任务"双过半"。建议采取以下工作措施。

（一）主动作为，确保工业较快增长。（略）

（二）优化环境，强力推进项目建设。（略）

（三）疏难解困，努力提振企业信心。（略）

（四）立足长远，推动产业转型升级。（略）

（五）完善机制，加强经济运行分析。（略）

榆林市发展和改革委员会
2013年4月21日

这份经济活动分析报告主题明确，行文有序完整，用数字说话。分析经济运行情况借助数据，条分缕析，很客观地反映了当地的经济运行情况。

五、与相关文体的区别

（一）与市场调查报告的区别

1.写作目的不同

写作经济活动分析报告是为了透彻了解经济运行状况，关注经济的动态。写作市场调查报告是为了反映某产品、某经济行为目前的"结果"，以及造成这个局面的原因。

2.写作的侧重点不同

经济活动分析报告重数据分析，用数理模型来科学分析经济状况。市场调查报告除了要用数据说明问题，还要对调查结果做"感性"的评判。

3. 语体风格上存在差异

经济活动分析报告行文语言干净利落,用数据图表说话,用术语解说经济状况。市场调查报告行文语言多用叙述,也会对调查结果做议论,表达方式自由多样。

(二)与经济预测报告的区别

虽然都是以经济活动为对象,但经济预测报告着重于预测和展望,其中也有分析,但分析的最终目的是预测。而经济活动分析报告只着重于对过去或正在进行中的经济活动作客观具体的分析,以便及时评价,从而更准确地认识经济活动的态势,科学地开展、组织经济活动。

第四节 经济预测报告

一、含义

以经济理论为指导,运用科学的方法,从经济的角度对未来的市场发展趋势作出推测,把它写成书面报告就是经济预测报告。经济预测报告是反映和描述经济预测分析研究过程及其成果的经济文书。

二、种类

从不同的角度,经济预测报告可作如下分类。
(1)按预测的范围,可分为宏观经济预测报告和微观经济预测报告。
(2)按预测的方法,可分为定量经济预测报告和定性经济预测报告。
(3)按预测的时间,可分为长期经济预测报告、中期经济预测报告、短期经济预测报告。
(4)按预测的内容,可分为市场需求预测报告、销售预测报告、技改预测报告、资源预测报告、成本预测报告、产量预测报告。

三、常用的经济预测方法

(一)直观型预测

就是根据人的感觉、经验、知识和综合分析能力,就诉诸视野和直接接触到的客观事物进行预测。

(二) 探索型预测

就是按客观事物发展的规律,从现状推测未来。

(三) 规范型预测

就是依据社会发展需要,设置未来的模式,然后再从这个未来的模式回溯到现在,预测从现在到实现设想的模式所需要的时间、方式和条件。

(四) 反馈型预测

就是根据信息反馈来预想未来。

以上四种为最常用的经济预测方法,此外还有管理人员评判意见、销售人员估计、用户调查等预测方法。

四、写作

经济预测报告一般由标题和正文组成。

(一) 标题

四项式标题由预测区域、预测期限、预测目标和文种四要素组成。如《2012年全国汽车产量预测报告》《2012年全国房地产销售预测》。

还可以是新闻式标题,如《成都市住宅电话发展目标预测》《十种工业产品将进行重大调整》《"生态时装"将成为"大众情人"》。

有的文章式标题不标"预测"这一文种名称,却有预测的意思,如《2011年中欧经贸关系的走势与展望》《房地产市场的趋向》。

(二) 正文

一般包括现状、预测、建议三部分。

1. 现状

这一部分,是利用资料和数据对预测对象的历史和现状做说明,是进行预测的重要基础。

预测不是主观臆断,它是在实践基础上的科学预测。在确定了预测的对象和目标后,就应对所要预测的对象目前的状况做分析和研究,找出影响事物发生、发展、变化的前因后果,从而获得合乎逻辑的结论。

如吕政、吕铁的《2001年工业经济形势预测》在分析现状时,从"政策环境比较宽松"、"西部大开发的力度将进一步加大"、"加入WTO对中国工业发展的促进作用"、"微观主体的活力呈现增强趋势"等方面解说当前的形势,为后面的预测工业形势打下了良好的基础。

2. 预测

预测是预测报告的核心部分,通过对数据、资料的科学分析,推断出经济活动的发展趋势和前景。

要评价一份预测报告的质量高低,预测部分是关键。要写好这部分必须做到分析全面深入,推断有理有据。

如岳颂东的《2000年人口、就业形势与2001年展望》一文,在预测2001年就业形势时,从"新增加就业人数与2000年大体持平"、"下岗再就业形势依然严峻"、"就业结构和就业形势呈多元化的发展态势"、"随着西部大开发的深入发展,到中西部就业将成为新的就业亮点"四个部分作出预测,由于论述有理有据,能较好地说服读者接受文章的观点,把作者的论点和主张自然地表达出来。

3. 建议

这部分是根据预测分析,提出切合实际的建议或措施,这也是预测报告的目的。这一部分可以采用条文式写法,将建议或措施逐条明确写出来。

预测报告的正文一般是按照上述的逻辑关系来行文的,有时也会根据需求,做部分变动。如有的经济预测报告在正文之前加前言,或概说预测的时间、范围、对象、目的、结果,或介绍预测对象的性质、特点、用途等,为正文作个铺垫。也有的经济预测报告就用"预测"部分作结,只表达自己对事物未来发展的推断,并不再作"建议"。

示例:

2013年中国汽车市场需求预测分析

中商情报网(http://www.askci.com/) 日期:2013-1-23

据中汽协公布数据显示,2012年我国汽车产销分别为1927.18万辆和1930.64万辆,同比增长4.6%和4.3%。虽然双双突破了1900万辆,但增速均低于5%。对于今年车市,中汽协通过对主要车企市场负责人意见汇总,预测2013年汽车市场需求有望达到2080万辆,增幅在7%左右。连续两年的增速放缓,加上今年仍将持续平稳的态势,证明我国汽车市场已经进入到了名副其实的微增长时代。中国汽车流通协会副秘书长沈容更是进一步指出,微增长从一定意义上讲是一个市场成熟的表现,而近年来,我国汽车市场开始步入成熟的特征,已初步显现出来。

中国汽车市场已经连续两年低增长,且这种态势还将在今年继续。沈荣强调,这并不表示中国汽车市场是特立独行的,"在高速增长过后步入稳定,正是遵循了汽车市场发展的正常规律"。

沈荣称,汽车销量的微增长是和整体市场开始步入成熟阶段这样一个特征相吻合的,从局部市场来看,像北京、上海等一线城市,车市步入成熟发展阶段的特征已经开始显现。的确,刚刚过去的2012年,车辆置换已成为影响北京、上海等一线城市汽车市场的决定性因素,而这正是成熟汽车市场的特征之一。

虽然步入了微增长,但中国车市能在全球汽车市场形势普遍不佳时取得产销双双突破1900万辆的成绩,已实属不易。中国汽车工业协会副秘书长施建华提醒那些习惯了高速增长的车企,"如何自我调整以适应新的形势,并在新环境下保持健康持久的发展,应当引起高度关注"。

2013年乘用车销量将达1680万辆

各类车型强弱差距会更悬殊

乘用车仍将是今年车市增长的重点,预计销量将达1680万辆左右,增长率近8.5%。虽然从增长率来看,乘用车市场发展态势与去年相差不大,但有多位市场人士预测,今年各类不同车型的强弱表现将相差更悬殊。

对于今年的轿车市场,中汽协预期销量为1155万辆左右,增长率近7.5%,将延续去年稳定增长的局面。但提到SUV市场,中汽协在预测中却用了"需求旺盛"来形容。中汽协预测,今年SUV市场的销量将在246万辆左右,增长率可达23%,远超行业平均水平,成为带动乘用车市场增长的重要动力。

据了解,自2012年下半年开始,SUV市场的高增长就已与车市整体微增长形成了强烈反差,以至目前不少车企均相继推出SUV车型。据调查,全新胜达、昂科拉、3008等多款近期上市的SUV新车型一经亮相,迅速吸引了大批消费者的目光,可以预见,该细分市场的角逐将是今年车市最热闹的看点之一。

四、写作注意事项

要写好一篇经济预测报告,要注意以下几个问题。

(一)明确预测目标,及时预测

经济预测要牵涉许多层面的因素,范围也广,要明确预测的目标,才便于搜集材料,作出准确的推断。

在经济飞速发展的今天,反映经济发展变化的预测报告,应及时快速,否则会降低或失去预测报告的价值。

(二)广泛搜集材料,准确使用材料

经济预测是科学预测,它是建立在经济活动的现实基础上,所以要花功夫广泛

搜集大量的相关材料,在使用材料时,也要准确地使用材料,为经济预测提供科学的依据。

(三)语言表述客观、准确

介绍历史、现状时,用语要朴素、客观;引用数据时,要准确,不含糊;在表述事物发展可能性、必然性时,多用模糊判断语态。如大概、可能、必定、势必等。准确使用语言会使经济预测报告达到预期的效果。

第五节　市场调查报告

一、含义

市场调查报告也称市场调查,它是以市场为对象,运用科学方法,有目的有计划地对市场做"产、供、销、购"等几方面的调查,探索出市场变化的规律,从而写出的书面材料。

二、作用

(一)为企业提供可靠的信息、数据,促进生产发展

市场调查可以使企业更好地了解市场需求,适应市场,调整自己的经营生产方针,更好地为社会服务。

(二)有利于市场的繁荣

市场调查既可以了解生产、库存、进出口等方面的商品供应情况,也可以了解社会的需求情况,如消费水平、消费结构、购买力等,沟通产、供、销几方面,为繁荣市场提供有利条件。

(三)有利于促进企业经营管理水平的提高

市场调查可以帮助企业了解同行业的先进经营管理、技术改造、新产品开发、营销政策等情况,能促进企业加强经营管理,提高竞争能力,搞活经济,使企业得到发展。

三、种类

分类是为了有助于认识市场调查的多侧面、多角度,而在实际工作中,分类不可能是绝对的。按不同的标准,可从不同的角度将市场调查作以下分类。

(1)按市场调查的目的来分,可分为:探测性市场调查,即为了进一步深入调查而进行的非正式的初步调查;描述性市场调查,即对客观现实情况资料进行搜集、记录、分析研究而形成的正式调查;因果关系调查,即针对事物变化的因果关系而做的专题调查;预测性调查,它是预测报告的基础,它是为预测市场在未来的变化与趋势而做的调查。

(2)按市场调查的内容来分,可分为:商品生产情况的调查;商品供应情况的调查;社会购买力情况调查,包括对生产资料购买力的调查和对生活资料购买力的调查。

(3)按市场调查的范围来分,可分为:专题性市场调查和综合性市场调查。前者是针对某一问题或事物而进行的调查,有着明确的针对性和目的性。后者是就某一现象、问题做的全方位多层次的调查,它的涵盖面较大,反映的内容也是多侧面的。

四、写作准备

(一)确定调查目标

明确了调查的重心——调查对象,才可能开展调查,所以要首先确定调查目标,调查地点、范围,调查的时间。

(二)确定调查人员

根据调查的规模、要求,确定调查人员,根据个人的特长、素质情况进行合理分工,最大限度发挥每个工作人员的作用。

(三)调查方法

常用的调查法有询问法、观察法、实验法、资料法等。可根据调查目标选用最适当的调查方法。

(四)展开调查,搜集资料

在明确调查目标的前提下,搜集与被调查者有关的各类资料。包括历史的、现实的、正面的、反面的资料,被调查者的各种内部资料,如会计、统计资料,相关的数据、文件、报刊、信息等。掌握的资料越多,越有利于调查的深入。

(五)整理资料,执笔写作

对搜集到的各种资料、数据进行筛选,去粗取精,去伪存真,对已产生的各种观点、认识进行统计分析评判,然后执笔写作。

五、写作

市场调查报告由标题、前言、正文、结尾四部分组成。

(一)标题

完整的市场调查报告的标题要包括调查的单位、内容、范围和文种。如《关于2002年全省农村服装销售情况的调查报告》《湖北省关于东风汽车在国内市场销售情况的调查》。

有的市场调查报告的标题采用双题(正副题)结构形式,更富有吸引力。例如《竞争在今天,希望在明天——全国洗衣机用户问卷调查分析报告》、《市场在哪里——天津地区三峰轻型客车用户调查》等。

有的市场调查报告的标题以调查内容+方向为题,不标"调查"二字,如《亨氏米粉何以走红》,《内地人爱喝什么饮料》,《全省城镇居民潜在购买力动向》。

(二)前言

要用简要的语言概述市场调查的目的,调查的时间、地点、对象、范围,调查选用的方式等。也有的只简述市场调查报告的内容主旨。这一部分要求用语简练,突出调查主旨。

如《中国人怎样读书——97'全国图书市场与读者需求调查》,开篇就直叙"调查说明":"不久前,北京印刷学院出版系学生进行了一次图书市场调查,有来自全国20个省市的69名同学参加。其中59名参加实地问卷调查,每人各交综合有效问卷10份,共计590份,可信度达95%。另外10名作书面调查,完成论文10份。本栏目共抽取具有代表性的综合问卷300份,进行统计分析,由于选项并非单选,个别数据总和将超过100%。"

又如《关于全市2002年电暖器市场的调查》的引言:"××市北方调查策划事务所受××委托,于2003年3月至4月在国内部分省市进行了一次电暖器市场调查。现将调查研究情况汇报如下:"用简要文字交待出了调查主体的身份,调查的时间、对象和范围等要素,并用一个过渡句开启下文。

(三)正文

这是市场调查报告最重要的部分。它由三部分组成。

1. 基本情况概述

就过去或现在的客观实际做叙说、解释、说明,包括市场覆盖面、消费增长率等,有时使用数据、图表辅助说明。它是作出预测、提出结论的基础。

2. 科学分析情况

根据调查获得的资料进行分析研究,找出规律性的东西,为生产、购销、新产品开发,获得经济效益提供可靠依据。

写作时要求实事求是,数字准确,文字叙说详细,分析问题态度客观、科学。

3. 做出结论或建议

通过对调查整理资料的分析研究,针对调查目的写出结论,亦可提出可行的建议。有的市场调查报告,能根据对事实的分析判断,作出结论,同时还对未来作出预测。这部分若内容较多,可采用小标题形式分层叙写。

(四)结尾

是全文的结束,也是对前言的照应。可以强调观点、主张,也可提出建议、希望。也有些市场调查报告,直接以结尾或建议作结,就如同有的文章省去前言部分,直接进入正文一样。只要调查的目标完成了,结论有了,这样的变通式文体都是可行的。

示例:

日本:把小动漫做成大产业

中国经济正处于转型升级的关键期,政府将大力发展服务贸易作为未来发展的重点,其中动漫服务贸易的增长潜力不容小觑。动漫以喜闻乐见的形式、润物无声的魅力和轻松娱乐的方式深受青少年的青睐。我国的动漫产业起步于2004年。据国家广播电视总局的统计数据显示,2004年我国动漫年产量不足2.2万分钟,2010年增至22万分钟。据中国文化部统计,2010年中国动漫产业生产值已达470.4亿元(约合5880亿日元),比上年增加了27.9%,动漫企业达到6000多家。2011年中国超过日本,荣登世界第一动漫生产国的宝座,中国漫画家的作品也打入了日本主流漫画市场。

日本素有"动漫王国"之美誉,其动漫产品的产量占世界产量的60%,在电视节目中播出过日本动画片的国家超过100个。日本动漫产业的最新进展如何?呈现哪些新特点?影响日本动漫产业发展的因素有哪些?中国企业可以从中借鉴哪些有益的经验呢?

日本动漫市场规模下降 动漫作品的商品化日益增强

从长期发展来看,日本动漫产业经历了两次明显变化。从近期发展来看,狭义动漫市场规模有所萎缩,但是广义市场规模下降并不显著,一些动漫作品的商品化日益增强。

经历一次飞跃和一次快速发展

　　自1985年以来,日本动漫产业经历了两次较为明显的变化。1985年到1990年日本动漫产业的市场规模由261亿日元增至1069亿日元,约扩大了四倍,可谓是经历了一次飞跃发展。此次飞跃发展期正是录像机和DVD问世并开始进入寻常百姓家的时期,这种新产品的出现使喜爱动画片的日本人可以购买录像带或光碟在家中欣赏动画片,它为日本动漫产业市场规模急剧扩大奠定了物质基础。

　　1999年日本动漫产业的市场规模为1519亿日元,2002年升至2135亿日元,这是日本动漫产业经历的一次快速发展。1995—2000年,日本使用因特网人数的年均增长率高达88.1%,每百人使用因特网人数由1995年的1.6人增至2000年的37.1人,由此不难理解这次动漫产业的快速发展,正是因为因特网技术的出现和普及才使人们观看动漫发生了革命性的变化。

狭义动漫市场规模明显萎缩

　　按市场规模划分,日本动漫产业可以分为狭义和广义两种市场规模。狭义动漫市场规模以动漫制作公司的销售业绩为统计依据,广义动漫市场规模以顾客购买与动漫相关产品所支付的金额为统计依据。日本狭义动漫市场规模在2005年攀升至2314亿日元,此后一直呈下降趋势,到2010年仅为1528亿日元,市场规模明显萎缩。

广义市场规模下降并不显著

　　如果观察日本广义的动漫市场规模,情况恐怕并不那么令人感到悲观。近年来日本动漫产业市场规模的最高点出现在2008年,达到14058亿日元,2010年为13205亿日元,这一规模仍高于2005年的12916亿日元。可见,广义动漫市场规模仅呈小幅下降。

动漫作品的商品化日益增强

　　虽然日本动漫市场规模有所下降,但是值得注意的是日本动漫作品的商品化日益增强。所谓动漫作品的商品化主要是指充分利用"东京动漫展"、"动漫神户"

等每年游客云集的良好契机,以动漫作品的卡通人物为主,将其制成玩具、糕点、服饰、文具、生活用品等衍生商品进行销售的过程。2010年动漫卡通人物商品的零售市场规模为6421亿日元,比上年增长9.2%,达到了历史的最高水平。

制作技术、开拓市场、融资、知识产权保护方面呈现新特点

随着经济全球化和技术的迅猛发展,日本动漫产业在制作技术、开拓市场、融资制度和知识产权保护方面表现出如下新特点。

动漫制作融合信息和通信技术

20世纪90年代,随着电子计算机的普及和动漫制作软件的开发,日本动漫在数字化制作水平方面获得了显著提高,主要表现在两个方面:一是日本动漫企业开始向无纸动画转型,动漫制作者通过互联网与全球各地的动漫制作者在电脑上互相交流,共同进行创作和制作;二是升级动漫制作软件与提高电脑数码制作水平。虽然在动漫制作过程中仍以二维技术(2D)为主,但是在制作过程中逐渐增加了三维技术(3DCG),同时力求保持漫画本身的独特风格。此外,日本动漫制作公司还不断地研制将VR(虚拟现实)、MR(混在型虚拟现实)、Flash动画等高新技术与动画融合为一体的新技术。

二次利用市场收入更为可观

按市场形态划分,动漫作品可分为一次利用和二次利用两种形态。一次利用市场形态主要通过电视播放和电影放映的形式达到动漫创作之目的。二次利用市场形态则是将动漫作品与动漫产业链中的动画改编、DVD制作及动漫衍生商品开发连接为一体,进行动漫的深度开发利用。二次利用能够大幅度增加动漫产品的收入和利润、扩大动漫产品的影响力。但是,二次利用动漫作品需要有一个重要的前提条件,即动漫形象一定要得到公众的认可。只有当动漫产业链上游创作的动漫形象在漫画、动画等阶段受到普遍欢迎之后,动漫衍生商品才具有影响力。目前,日本单纯依靠漫画出版和动画制作的一次利用市场已很难取得突破性的进展,而二次利用市场则可以带来更多的收入,特别是动漫衍生商品的销售收入相当可观,2006年曾高达1.59兆元,已成为日本中小动漫制作公司的主要收入来源。可以说,动漫产品的二次利用市场将给日本的动漫产业带来新的活力。

创新制作委员会风险分担机制

动漫产业是高风险的产业,这是因为 100 个人花费大约 3 个多月时间制作的电视动画片只需 21 分钟即可播放完毕,且一旦动漫作品不能迎合观众的口味,则动漫生产企业就会难以收回成本,甚至可能背负大量的债务。20 世纪 90 年代,为了减轻动漫制作过程中需要分担的风险,日本创新性地制定了制作委员会制度,1992 年的日本动漫电视剧《无责任船长泰勒》率先引入了这种制度,此后由日本 GAINAX 动漫公司出品的《天鹰战士》也运用了这种制度,这两部动漫作品的成功运作使制作委员会制度得以迅速推广和普及。制作委员会制度是指由多个动漫公司共同出资、共同制作动漫,在分散融资风险的同时,依据出资比率进行利润再分配。制作委员会制度的益处体现在:一是对于投资其他动漫制作的企业而言,投资一部动漫作品所需要的资金大为减少,从而可以留有余地以选择投资更多的作品;二是对于进行动漫生产的企业而言,比较容易筹措到动漫作品的制作经费。正是由于制作委员会方式的引入,使得近年来日本独立出版的动漫作品越来越多。

重视动漫产品知识产权保护

随着动漫产业的兴盛,动漫盗版也日渐猖獗。由于动漫的主要经济收入来自动漫的衍生商品,因此如果知识产权保障不力,盗版的动漫产品不仅会抢夺正版动漫产品的市场份额,而且也会侵犯动漫电影的版权,使动漫从业者无法得到应有的报酬。近年来,日本在知识产权保护方面可谓不遗余力,不仅逐渐完善日本国内保护动漫版权的法律制度,而且频繁开展国际合作,为动漫产业的健康发展保驾护航。2002 年 8 月,日本内容产业的 19 个从业团体联合成立了内容产业的海外流通促进机构(CODA),共同打击盗版。2005 年 7 月,时任首相小泉纯一郎在 G8 最高级峰会上提议签署《防止盗版扩散条约》,旨在加强知识产权相关法律法规的执行力度,并呼吁国际社会合作共同打击盗版。

日本动漫产业发展存在多方面问题

日本狭义动漫产业市场规模自 2005 年后开始出现明显的萎缩态势,市场竞争日益激烈、动漫制作大量外包、动漫人才匮乏以及入不敷出等可能是个中根源。

海外市场竞争环境日益激烈

美国作为动漫大国,一直是日本动漫产业的劲敌。除美国外,一些动漫新兴国家如韩国、中国的快速发展也对日本的动漫产业发展构成强有力的竞争。如韩国依靠游戏产业大力推动本国动漫产业的发展,中国也于2009年确立了文化产业发展战略,大力扶植动漫产业的发展,亚洲其他国家的动漫制作技术正在不断提高,而且日渐形成更加成熟的文化理念。国外竞争对手的成长,使日本面临竞争越来越激烈的海外市场环境。同时,日本动漫产业自身的缺陷也开始制约着它的进一步发展。

动漫产业制作过程的空洞化

近年来,越来越多的日本动漫企业为降低成本,将动漫原作的绘图、着色等初期制作外包给中国、韩国及东南亚国家的动漫公司,如东映动漫制作公司在菲律宾拥有130人规模的初期动漫制作团队。又如吉普力公司出品的《千与千寻的神隐》的大部分初期工作是由韩国企业完成的,有研究表明日本约有三分之二的动画制作公司将业务外包给韩国。大量动漫产品的前期工作流向中国、韩国、菲律宾等亚洲国家,导致日本动漫制作对海外的依存度上升。由于长期制作外包,日本本土动漫从业者特别是青年人减少了基础工作的锻炼机会,无法打下坚实的动漫制作功底,结果导致动漫产业制作过程潜存着空洞化。

低薪导致动漫人才严重流失

日本从事动漫制作的企业多为中小企业。日本中小企业基础整备机构2006年对626家企业的调查结果显示,资本金不足5000日元的动漫制作企业占88.0%,从业人员不足100人的企业占90.6%,几乎均为中小企业。日本中小动漫制作公司在激烈的竞争中,不得不无奈地将成本的削减转嫁到自己的雇员身上,结果导致动漫制作者的薪金微薄。据日本《东洋经济周刊》统计,对于动漫新人的月收入,实行固定工资制的美国可达52万日元,实行合同工资制的日本则仅为10~25万日元。低薪导致一些年轻的动漫制作人才无法维持生计,动漫产业繁荣发展的背后是动漫人的辛酸,很多人只得转向薪酬较高的游戏产业,人才的严重流失可能会令日本动漫制作后继乏人。

投入产出失衡导致赤字严重

　　日本动漫产业拥有独特的发展模式,即首先出版漫画,然后将漫画制作成动画片通过电视播出,制作方拥有版权并公开对外出售,接着生产并销售系列动漫的衍生商品,当外销动漫作品版权获利后,进一步深度开发动漫产品,最后重新开发新的动漫产品,如此实现良性循环。但是,近年来动漫制作公司如雨后春笋,数量众多,而动漫作品通过电视、电影播放的时间有限,因此动漫公司对动漫播放时间的竞争非常激烈,许多公司不得不接受制作委员会或电视台提出的苛刻条款。一部 30 分钟的动漫作品制作成本大约在 1000 万日元左右,动漫制作公司一般仅能从播放方收回 500 万日元,结果几乎所有的电视动漫制作公司都存在赤字。面临此种窘境,有些中小动漫制作公司不得不放弃原作的版权。只能依靠动漫的 DVD 化、衍生商品化等二次利用形式获取收益的中小动漫制作公司,动漫作品的投入与产出不成正比,很大程度上打击了动漫制作团队的积极性。

　　尽管中国近年来动漫产业发展速度很快,尽管日本动漫产业市场规模有所萎缩,并且暴露出一些新的问题,但是,我们必须看到日本动漫产业在打造品牌、制度创新、收回资金、开拓市场、推广卡通形象以及实现动漫的二次利用方面仍有很多宝贵经验值得我国认真学习和借鉴。

(2013 年 7 月 30 日《经济参考报》作者:李彬 于振冲)

第六节　广告

一、含义

(一)广告

　　广告是为了某种特定的需要,通过大众传播媒介,公开而广泛地向社会传递信息的一种手段,是使人们了解某事物的语言、文字和图像。

　　广告有广义和狭义之分。广义广告包括非经济广告和经济广告。非经济广告指不以营利为目的的广告,如政府部门、社会事业团体、个人发布的各种公告、启事、声明等,比如"服兵役是每个青年的义务"。这类广告的目的主要是推广。狭义广告仅指经济广告,又叫商业广告,是以营利为目的的广告,这类广告的目的主要是扩大经济效益。

我们在这里讨论的是狭义广告，即商业广告。

商业广告是企业借助各种传媒，如电视、电台、报纸、杂志等，向消费者或服务对象宣传商品，将自己经营的商品或服务，向人们介绍、说明，从而达到扩大销售的目的的一种宣传。

每当我们听见、看见"长虹以产业报国，国家兴盛为己任"，"天上彩虹，人间长虹"时，首先意识到长虹是我国著名的彩电品牌，其次我们通过前一句广告词了解了民族工业品牌长虹的产业报国精神。由此，我们可以总结出：广告是一种信息传播，它的对象是公众；广告信息的发布是有组织、有计划的；它所借助的重要手段是传媒，传媒是使广告有效的关键环节；广告的最终目的是影响公众，促成公众的购买行为。由此可见广告中具备以下要素：

第一，广告必须有广告主(广告者)。

第二，广告必须有信息(广告内容)。

第三，广告必须有媒体。

第四，广告必须付费。

(二)广告文案

广告文案是以文字表现广告信息内容。广告文案有广义和狭义之分，广义的广告文案就是指通过广告语言、形象和其他因素，对既定的广告主题、广告创意所进行的具体表现。狭义的广告文案则指表现广告信息的言语与文字构成。广义的广告文案包括标题、正文、口号的撰写和对广告形象的选择搭配；狭义的广告文案包括标题、正文、口号、随文。随文是对文稿的补充，内容包括商标、厂标、企业名称、商品名称、通讯地址、电话号码、查询方式、银行账号、联系人等。

二、分类

按不同的分类标准，广告可作以下分类。

(1)按广告的直接目的可分为：为促进销售而做的销售广告，为建立信誉而做的建立信誉的广告，为树立观念而做的树立观念广告。

(2)按广告的不同对象可分为：消费者广告，工业用户广告，商品批发商广告。

(3)按广告覆盖的地区可分为：全国性广告，区域性广告，地方性广告。

(4)按广告选用的媒体可分为：

第一，报纸广告。报纸广告覆盖面宽，发行量大，读者面广，传播迅速，表现形式灵活多样，留存时间长，便于重复阅读和存查。

第二，杂志广告。杂志广告读者面广，广告插页和加印装潢的机动性大，多数印制精美，留存时间长，便于重复阅读和存查。

第三，广播广告。它是从无线广播电台或有线广播站播出的广告。它是一种高级的有声广告，属于纯粹的听觉广告。

第四，电视广告。它从声、光、色、形等全方位生动形象地介绍商品，质感强，表现力强，一旦制成，可重复播放，不受时间、空间限制。

第五，邮寄广告。它是指通过邮局寄出的货样单、产品说明书等。

第六，交通广告。是指汽车、电车、火车、地铁、轮船等公共交通工具上的广告，也包括公共交通站点上的广告。这种广告宣传费用低，而影响却较大，效果也很好。

第七，标牌广告。指设置在公共场合广告牌上的广告。

第八，其他媒体广告。

三、特点

(一) 真实性

商业广告在推介产品时，要以事实为依据，真实、健康、清晰、明白地向社会告知商品的性能、用途、使用方法等。要体现社会公德和商业道德。

(二) 功利性

随着市场经济的发展，市场竞争异常激烈，企业、商家要增强竞争能力，既要靠高技术、高质量，又要借助与公共关系营销密切配合的、高水平的广告宣传活动。制作精良的广告，既可以提高商品的竞争能力，又可以说服感染消费者，促成购买行为，为企业、商家带来良好的经济效益。

(三) 艺术性

随着社会的发展、科技的进步，在制作商业广告时，往往兼具文字、图画、音响、实物等多种元素，多媒体运用相结合，有较强的逼真性和艺术感染力。在语言表达上，常常简明优美，可读性强。制作精良、艺术性强的广告，有时还可成为时尚典范，从而引领潮流。

四、作用

(一) 交流信息，拓宽产销渠道

广告可以沟通生产、流通、交换、消费各个环节，使这一有机整体更好地创造社会效益和经济效益。广告把商家、消费者紧密地联系起来，开拓产销渠道，为发展经济做贡献。

(二)指导消费,拓宽经营

商业广告是消费信息的一种形式,它向人们传递商品信息与市场信息,科学地指导消费者购买和使用商品。对企业商家来说,商业广告也常常给一个企业,甚至整个地区带来经济、商业的大发展。如"百事可乐"饮料,通过各种的广告宣传,名扬四海,效益倍增。

(三)推动生产发展,促进经营管理

商业广告通过沟通产销方面可以促进生产。企业要想占领市场,就得对自己的产品加以改进,并不断完善售后服务。同时企业还得改善内部管理经营机制,挖潜力,增效益,增加竞争优势。这样就推动了社会生产的发展。如,2005年"志愿北京,蒙牛同行",蒙牛集团把自己称作"第十万零一个志愿者",从利润中抽取一部分赞助北京奥运会公益活动志愿者选拔,享誉全国。

(四)扩大外贸,创收增汇

商业广告还可以沟通国际国内商情,促进国际贸易交流。它可以向世界介绍我国的名优特产品,促进出口贸易;也可以让别的国内商家、厂家从外商广告中了解国际市场新动向,发现进出口贸易的态势,推进我国的经济生产发展,使我国在国际竞争中获得优势。

五、写作

广告的构成包括文字、视觉形象、音响等,这里我们着重介绍文字广告的写作。文字广告一般由标题、正文、结尾三部分构成。

(一)标题

广告的标题是广告内容的集中体现,应让读者一见倾心,充满魅力。常用的标题形式有:

1. 直接标题。就是直截了当地将广告的主要内容传递给读者。如脍炙人口的博士伦隐形眼镜广告标题:"戴博士伦舒服极了!"直接广告往往以商品、商标或企业名称作标题,如:"美好酒","郫县豆瓣","金嗓子喉宝"等。

2. 间接标题。即标题并不直接介绍产品或劳务,而只是暗示读者。如重庆兰香园食品厂广告标题"一家兰香园,家家心里甜";手表广告标题"以时间为友";日本丰田车广告标题"车到山前必有路,有路必有丰田车";派克笔广告标题"笔比剑更强"。

3. 复合标题。这种标题是将直接标题和间接标题综合起来,主要用于内容多、较复杂的广告。它可以采用正副标题法,也可以采用眉题正题法,还可以眉题、正

题、副题三者结合。如：

正题：贴身又贴心的关怀
副题：普通型 505 神功元气袋

眉题：四川特产 口味一流
正题：天府花生

引题：治感冒要靠
正题：苯三缓释胶囊
副题：苯三缓释胶囊替你挡住下一个喷嚏！

（二）正文

这是广告核心的部分，首先要确立广告的主题。如果是处于商品的创牌期，广告主题应围绕商品的特点，着力显示较同类产品在构造、性能等方面的新异之处，以引起消费者的注意，促使其产生购买欲望和购买行为。如果是处于商品发展成长期，广告主题可定为介绍商品更新改进情况，与同类商品相比的优点，以努力培养原有用户对广告产品的信任度，巩固消费者队伍。如果处在商品的成熟期，广告主题则应定为宣传商品已获得的声誉、权威机构的认证鉴定，突出"名牌效应"，以巩固已有的市场地位。

广告的正文一般是有所侧重地对商品的品种、范围、质量、特点、型号、规格、结构、用途、性能、效果、方法、包装、出售方式、价格、售货地点等内容加以简要而突出的说明。

目前世界广告宣传已进入"印象＋理性＋情感"的诉求时期。一则成功的广告，要能迅速引起消费者注意，使其正确理解广告中的信息并加以记忆，使人受到感染，最终激发起购买欲望，产生购买动机，采取购买行为，这就是广告传播和诉求的心理过程。广告的诉求方式可分为情感诉求和理性诉求。情感诉求强调的是感觉、情感、伦理等；理性诉求则依靠于观念、态度、事实、论证等。在任何一则广告中，广告创意、设计人员都要精心选定诉求方式。

日本精工表广告采用情感诉求向消费者推荐自己：

恰当地表达自己真挚温馨的爱情，不仅仅是一份勇气，更是一种艺术。象征永恒的精工对表，是高贵的爱情标志，也是天长地久的爱情魅力，在我们生命中的某些时候，爱情，应该是看得见的。

广告虽然只字未提商品的性能、特点，但却营造出柔情似水、浓浓温馨的氛围，让人回味无穷,激起拥有之情。

美国孟山都化学公司用理性诉求的方式向消费者宣传自己的产品:

有人认为任何化学品都是坏的,而自然界的东西都是好的。但是自然本身就是化学。

植物的生命通过光合作用这种化学过程产生氧气,当你呼吸时,就吸进了氧气,然后在你的血液中引起化学反应。

生命就是化学,孟山都化学公司是为提高生命的质量而服务的。

化学能帮助生命延长。软骨病是儿童常见病,治疗方法就是服用一种化学品,即维生素D,再加上牛奶和其他食品。

化学品能帮助你吃得更好。化学除草剂可使农作物增产,但是没有一种化学品在自然界和实验室里何时何地都绝对安全,真正的挑战是合理利用化学品,使生命更加充满活力。

这则广告极理智地宣讲了"没有化学的生命是不可能的",并适时介绍了自己的产品功能、服务宗旨。

由上述两则广告可以看出,广告的主题、诉求方式要根据具体的商品特点来确定,不能一概而论。

广告正文的常用写法有以下几种。

1. 简介式

用简洁而平实的语言,开门见山地介绍商品,如商品的名称、规格、特点、性能、适用范围、价格等。

2. 证书体

着重宣传商品的获奖情况,使商品的信誉、美誉得到充分展现,增加消费者对商品的信任。

3. 新闻体

用写新闻的方法来撰写广告,既有新闻真实可靠的特色,又有广告推介商品的风格。

4. 文艺体

用诗歌、散文、方言诗等形式宣传商品,节奏感强,韵律美。容易使消费者迅速记住,并产生好感。

除上述方法外,还有问答体、联语体等写作方法。至于选用哪种方法来写,要根据商品的性质、广告的主题、选用的媒体来确定。

有的广告还要拟写"口号"即商品的广告语。

广告语写作的特点:一是简短通俗,朗朗上口;二是卖点突出,意味深长。

如:

> 雀巢咖啡:味道好极了

这是人们熟悉、喜欢的广告语。简单而又意味深远,其之所以成为经典是因为它是发自内心的感受,可以让人脱口而出。雀巢以重金在全球征集新广告语时,发现没有一句比这句话更经典,所以就永久地保留了它。

又如:

> 麦氏咖啡:滴滴香浓

作为全球第二大咖啡品牌,麦氏的广告语也堪称经典。与雀巢不同,麦氏的感觉体验更胜一筹,虽不如雀巢那么直白,但却契合了品咖啡的那种意境,同时又把麦氏咖啡的醇香与内心的感受紧紧结合起来,同样经得起考验。

再看:

> 麦氏咖啡:好东西要与好朋友分享

这是麦氏咖啡进入台湾市场推出的广告语。由于雀巢已经牢牢占据台湾市场,广告语又深入人心,麦氏只好从情感入手,把咖啡与友情结合起来,赢得台湾消费者的认同,从而使得麦氏顺利进入台湾咖啡市场。当人们一看见麦氏咖啡,就想起与朋友分享的醇美感觉。

(三)结尾

是全文的收束。主要写明广告者的名称,销售商家的名称、地址、联系电话、电传、邮政编码等。有时也注明开户银行、账号等。

五、写作注意事项

(1)要实事求是。真实是广告的生命,社会主义的广告要为满足人们的物质需求服务,要杜绝弄虚作假。
(2)要遵守国家的法律法规,要体现社会公德和商业道德,审美品位高尚。
(3)要突出商品的性能特点,为商家和消费者架起沟通的桥梁。
(4)要风格独特,形式多样、新颖。
(5)语言文字要简明、准确、生动。

示例:肯德基"送出你的爱"广告文案

标题:送出你的爱

标语:想通过网络表达你对他的爱?那就赶快加入我们吧!

正文:是爱在心口难开?还是当面说不出 sorry?或者"说"爱还不够?那就通过肯德基的"送出你的爱"活动来展现你特别的表达方式,有多款卡片样式可供选择,还犹豫什么?快来参加吧!

随文:详情请见肯德基主页。

画面说明:
标题和标语在画面的上方,中央是肯德基"送"给全体消费者的"爱"——
TO:亲爱的消费者
肯德基向您郑重承诺:我们将不畏艰难,更加努力,为消费者提供放心食品和优质服务。
FROM:肯德基
正文紧随其后,旁边有一个较大的可点击的按钮:点击进入,随文在画面下方。
整个画面色彩鲜艳,感觉活泼、动感,并配有可爱的动画,总体显得年轻、有朝气。

第七节 审计报告和查账报告

审计报告和查账报告都是根据有关规定反映被查对象经济活动情况的文件。

一、审计报告

(一)含义

《中华人民共和国审计法实施条例》指出:审计是审计机关依法独立检查被审计单位的会计凭证、会计账簿、会计报表以及其他与财政收支、财务收支有关的资料和资产,监督财政收支、财务收支真实、合法和效益的行为。

由此可见,审计报告是审计单位根据国家的会计制度、开支标准、财经政策和财经纪律,对一个企业或单位的经济活动等方面的情况进行审查后,实事求是、客观公正地向交办或承办机关提出的书面报告。

审计报告具有总结性、答复性、公正性等特点。它可以为有关领导部门制定政策、法规提供依据,也是审计机关履行审计监督职能的手段。

(二)种类

1. 例行审计报告

例行审计报告是审计机关、机构或部门派出的审计工作组,在完成审计工作后,提交的全面反映情况的报告。

撰制例行审计报告分为两种情形:一是凡正式接到审计通知书的被审计项目,

无论有无问题,都要在审计后提交审计报告;二是一种定期报送的审计报告。

2. 财务审计报告

财务审计主要是在企业财务收支实现以后进行的,属于"事后审计"。通过这种对企业财务收支的凭证、账册、报表的审核,可以确认企业财务处理是否合理,它属于"合法审计"。

3. 财政审计报告

财政审计主要是根据国家的政策和财政法规,对审查单位在执行单位预算的财政收支进行检查监督。主要是对税收的审计。

4. 经济效益审计报告

经济效益要通过"投入"与"产出"及"所费"与"所得"之间的经济关系来体现。经济效益审计是为企业更好地发挥人力、物力、财力在生产过程中的作用,获得经济效益而进行的审计。在审计中,较多地使用经济分析的方法,以解剖各个经济指标中可能存在的问题。

以上是按审计报告的性质进行的分类。如果按报告的内容分,可分为:综合审计报告和专项审计报告。按撰写报告的主体分,可分为:内部审计报告和外部审计报告。按写作形式分,可分为:叙事式、条文式、表格式、综合式审计报告。按中国注册会计师协会1996年公布的"审计报告范式",可分为:无保留意见、保留意见、拒绝表示意见、否定意见四种审计报告。

(三)写作

由于审计报告的种类、任务、对象、范围不同,所面对的审计事实各有特色,因此在写作上各有不同。一般由标题、主送机关、正文、落款等部分组成。

1. 标题

一般采用公文式标题,包括审计机关名称、被审计单位名称和审计内容、文种。如《江北市审计局关于江南船舶公司江南造船厂2011年度财务决算的审计报告》、《关于××厂财经纪律执行情况的审计报告》、《关于××商场刘××贪污、挪用公款问题的审计报告》。

2. 主送机关

即审计工作的交办或委办单位。

3. 正文

(1)前言

概述被审计单位的基本情况,说明审计任务、审计范围、审计时间的起讫,有时也把对审计结果的总评价做一简要说明。

(2)主体

这是审计报告最关键的部分。主要写两方面内容：审计中发现的问题和审计机关对被审单位或被审项目的评估和意见。

写这部分时，要以事实为主，有分析，有见解，做到观点和材料结合。如作出"严重违反财经纪律"的结论，就必须用具体材料证明其"严重"程度，要把对于有关财务指标和有关项目有实质性影响的差错金额都列出来，体现实事求是的原则。同时对性质较严重的问题、事项作出详细的说明。在分析事实时，要分析产生问题的主客观原因及后果，这样所做的评语和决定，才具有说服力。

审计机关作出的结论性意见，要实事求是、客观公正、态度鲜明，要依照国家财政法规恰如其分地提出处理意见，让阅读审计报告的人能明确审计机关肯定、否定的事实、问题，以及处理办法。

(3) 建议

针对主体的问题分析，提出有针对性的建设性意见。大致包括：

第一，关于加强内部规章制度建设的建议；

第二，关于改进核算工作的建议；

第三，如何解决和处理有关违反财经纪律问题的建议及防止以后再发生此类问题的建议；

第四，对已查明贪污舞弊的处理的参考性意见；

第五，需要专题审计的其他问题的建议。

结束语一般为："以上意见当否，请审批"，或"以上意见如认为可行，请批转××公司(或工厂等被审计单位)"。

4. 落款

审计报告的落款处，要签上审计人员的名字，并签章，同时应注明审计人员的职务或职称。写明审计报告成文的年、月、日。

如有附件，应在落款的上面一行空两个格起头，标出附件的名称和份数。

现选录中国注册会计师协会公布的"审计报告"范式，作为写作文本样式。

示例一：

1. 无保留意见审计报告范式

审计报告

ABC(股份)有限(责任)公司董事会(全体股东)：

(范围段例式)

我们接受委托，审计了贵公司19××年12月31日的资产负债表及19××年度损益表和财务状况变动表。这些会计报表由贵公司负责，我们的责任是对这些会计报表发表审计意见。我们的审计是依据《中国注册会计师独立审计准则》进行的。在审计过程中,我们结合贵公司实际情况,实施了包括抽查会计记录等我们认为必要的审计程序。

(意见段例式)

我们认为,上述会计报表符合《企业会计准则》和《××企业会计制度》的有关规定,在所有重大方面公允地反映了贵公司19××年12月31日的财务状况及19××年度经营成果和资金变动情况,会计处理方法的选用遵循了一贯性原则。

××会计师事务所(盖章) 中国注册会计师:(签名、盖章)

中国 北京

19××年××月××日

2. 否定意见审计报告

审计报告

ABC(股份)有限(责任)公司董事会(全体股东):

(规范段例式)

我们接受委托,审计了贵公司19××年12月31日的资产负债表及19××年度损益表和财务状况变动表。这些会计报表由贵公司负责,我们的责任是对这些会计报表发表审计意见。我们的审计是依据《中国注册会计师独立审计准则》进行的。在审计过程中,我们结合公司实际情况,实施了包括抽查会计记录等我们认为必要的审计程序。

(说明段例式)

附注××所载的存货计价及附注所载的固定资产计价方法,均未能遵循历史成本原则。这种对会计准则的背离,导致上述报表日的存货价值减少了××元,固定资产原值增加了××元,同时对损益计算的正确性产生了重大影响。

(意见段例式)

我们认为,由于上述问题造成的重大影响,上述会计报表不符合《企业会计准则》和《××企业会计制度》的有关规定,未能公允地反映贵公司19××年12月31日的财务状况及19××年度的经营成果和资金变动情况。

会计师事务所(盖章)　　　中国注册会计师:(签字、盖章)

中国 北京

19××年××月××日

示例二：

关于深圳大运会财务收支及场馆建设项目审计结果公告

为落实市委市政府"廉洁办大运，节约办大运"的指示精神，根据《中华人民共和国审计法》规定，深圳市审计局组织全市审计机关，自2008年1月至2012年9月，对深圳第26届世界大学生夏季运动会（以下简称"大运会"）财务收支及场馆建设等情况进行了全过程跟踪审计。现将审计结果公告如下：

一、基本情况

截至2012年9月30日，为举办大运会投入的资金共计139.96亿元。资金来源包括深圳市及所辖各区财政110.65亿元，大运会执行局组织的市场开发、门票销售及捐赠等收入12.17亿元，企业资金投入17.14亿元。资金安排用于大运会运行与保障支出44.90亿元，场馆建设支出75.20亿元，配套项目支出19.86亿元。

（一）运行与保障支出情况（略）

（二）场馆建设支出情况（略）

（三）配套项目支出情况（略）

（四）大运会收入情况（略）

（五）重要事项组织及开支情况（略）

二、审计实施情况（略）

（一）大运会运行与保障经费审计实施情况（略）

（二）场馆建设及配套项目审计实施情况（略）

三、审计评价

在党中央、国务院、国家有关部委和广东省委、省政府的关心支持下，在深圳市委、市政府的领导下，深圳大运会的筹备和举办践行"政府主办、市场运作、全民参与、节约办会"的宗旨，大力推进场馆建设，完善道路交通基础设施建设，向世界展示深圳经济和社会建设的成果，提升了深圳的国际影响力；弘扬特区精神，倡导绿色出行，为深圳城市和社会管理进行了有益的探索。通过精彩办赛事，精彩办城市，深圳大运会成就了"不一样的精彩"。

（一）采取有效措施控制运行与保障支出（略）

（二）加强物资管理及赛后资产处置（略）

（三）高度重视大运会场馆和配套工程项目的建设工作（略）

（四）通过"办赛事"促进"办城市"，加大民生投入（略）

四、审计发现的主要问题及整改情况

（一）部分项目未严格按照预算执行（略）

(二)部分项目未按规定实行集中采购,自行采购程序不规范(略)

(三)个别物资使用率较低,个别赞助资源配置不合理(略)

(四)部分项目建设管理不善,造成投资增加(略)

(五)部分工程结算不实,偏差率超过5%(略)

五、审计建议

(一)认真总结经验,为今后更好地举办大型活动、完善城市管理与社会建设提供参考(略)

(二)强化资金物资管理,提高资金物资使用效益(略)

(三)加强和完善场馆运营管理,充分发挥社会和经济效益(略)

深圳市审计局
2012年12月27日

二、查账报告

(一)含义

查账报告是查账员通过对被查企业会计核算资料的检查分析,确认其财务状况的正确性、真实性而向被查单位或委托查账单位报告查账经过和结果的书面文件。

我国《注册会计师查账验证报告规则(试行)》指出:查账报告"用于说明编报单位会计事项的处理和会计报表的反映是否符合国家法律、行政法规、财务会计制度的规定和有关协议、合同、章程的要求,以及是否真实地反映了编报单位的财务状况、经营成果和资金变动情况"。

查账报告可以使企业内部获得可靠的财务信息,以便评价经营活动,改进管理,提高效益。

(二)种类

1. 查账报告

查账报告也称为查账验证报告,它是注册会计师完成对会计报表查账验证之后出具的报告。

注册会计师根据查账验证的结果和编报单位对有关问题的处理情况,要编制和出具无保留意见、保留意见、反对意见或拒绝表示意见四种类型之一的标准查账报告。

2. 查账说明书

查账说明书是查账员通过对被查企业会计核算资料的检查分析,确认其财务状况或正确、真实或存在问题所出具的证明文件。

(三) 写作

查账报告一般由标题、主送机关、公函、"范围段"、"说明段"、"意见段"、落款等部分组成。

1. 标题

一般应包括查账单位名称、查账内容和文种。有时也只标注查账内容与文种。如《关于汽运 2 站运费收款员何××贪污案查账报告》。

2. 主送机关

即有关受文单位。

3. 公函

公函是用来递送查账报告的文书。一般附在报告的首页,有时另附在查账报告的正文之外。有时也不单独成页,而是放在查账报告的首段。主要让读者充分认识到事关重大,引起重视。

4. 范围段

按《注册会计师查账验证报告规则(试行)》中的规定,这部分包括以下内容:

(1)检查验证的各主要会计报表的名称、反映的会计期间和编制日期;

(2)所执行的查账程序和完成情况;

(3)对于资产负债表中的期初数和利润表中的上期数等比较资料由何注册会计师检查验证;

(4)查账验证所依据的法律、行政法规和编报单位所执行的财务制度等的名称。

5. 说明段

说明段是充分叙述对会计报表所持有意见的理由。要说明对形成意见产生影响的有关事项,以及这些事项对会计报表相关的影响情况。

若是无保留意见的查账报告,可以省略这个部分。

这部分是查账报告的中心。在用具体数字来说明情况时,必须辅以文字说明,把问题的实质叙述准确、具体。

这部分首先要说明有无错误、过失,如有,要指出其所在。其次,要分析说明财务状况及经营情况。最后,要评述被查单位会计制度是否完善,内部组织是否合理,并提出相应的建议。

在结构上,要以对被查单位概况说明为开头,然后记写经营业绩,并加以分析说明,根据查账表顺序依次说明企业经营、财务等状况,若需要叙述,一般都放在查账报告的结尾部分。如果查账报告的内容繁多,这一部分可以分条列项的方式来安排。在语言表述上,应力求简练、清楚、明白。

6. 意义段

意义段主要包括以下内容:

(1)会计报表的编制是否符合有关会计制度的规定和所遵守会计制度的正式名称;

(2)会计报表能否恰当地反映编报单位的财务状况、经营成果和资金变动情况;

(3)有关会计事项的处理方法和会计报表各项目的分类及编制方法是否与前期一致。

表示反对意见的查账报告针对这部分的第3条内容可以不做说明。拒绝表示意见的查账报告应说明对本部分上述各项内容无法表示意见。

7. 落款

要写明查账人的姓名、职务、职称,注明查账报告成文的年、月、日。

查账报告在体式上应由上述几部分组成,但因为工作需要,有些查账报告也不完全由这几部分构成。

选录《注册会计师查账验证报告规则(试行)》中的规范文本做例文。

示例:

(委托人名称):

本注册会计师根据你单位同意的××字××号委托书要求,对(编报单位名称)一九××年××月××日的资产负债表(或资金平衡表,下同)和到该日截止的本年度利润表、财务状况变动进行了查账验证,其中资产负债表中的期初数和利润中的上期数等比较资料,已由本注册会计师(或其他注册会计师)检查验证。在检查验证中,我们根据有关法律、行政法规、财务会计制度和《注册会计师检查验证会计报表规则(试行)》的规定,结合(编报单位名称)的具体情况,实施了检查内部管理制度遵守情况和数据记录真实情况等必要的查账验证程序。

我们认为,(编报单位名称)的上述会计报表符合《中华人民共和国××××会计制度》的规定,恰当地反映了(编报单位名称)本年度末财务状况经营成果和资金变动情况,有关会计事项的处理方法、会计报表各项的分类及编制方法与前期一致。

××注册会计师(签章)

××会计师事务所(签章)

年 月 日

地址:

三、审计报告和查账报告的区别

审计报告和查账报告都是根据有关法规、政策对被查、被审计单位的经济活动、财务状况做客观的说明、判断。是社会主义经济建设的重要一环。

两者的区别表现在：

审计报告的审计内容范围要宽一些、复杂一些，而查账报告的着眼点是被查单位的财务状况。

审计报告可以为领导机关的决策提供相关依据，为政策法规的完善提供相应的参照系数；查账报告只局限于对财务报表的分析、判断，它为企业的发展、运作提供有效的帮助，它也是税务机构决定所得税额的依据。

审计报告既从微观的角度考核被审计单位财经工作的效果，又从宏观的角度确定被审计单位的财经工作对国家是否作出贡献，对整个国民经济产生了哪些影响；查账报告主要是分析企业经营效果、资本利用状况，监督企业经营活动的合法性和反映财经纪律的遵守情况，为企业的投资者、经营者和相关人员部门，提供资料。

审计报告和查账报告既有联系，又有区别。它们都是重要的经济文书。

第十三章　学术论文写作

根据国家标准局发布的 GB7713—87《科学技术报告、学位论文和学术论文的编写格式》的规定,凡是学术论文,通常应包括题名、作者姓名及其所在单位、目录和摘要、关键词、引言(绪论)、正文(本论)、结论、致谢、参考文献等。

第一节　学术论文写作概述

一、含义

学术论文是人类认识社会、改造社会的一种工具。它既是重要的科研手段、工具,又是进行学术交流的有效手段之一。

学术论文是专门探讨和研究某一领域中有一定学术价值或亟待解决的问题,并就此发表自己有创建性的见解,表述科研成果的议论文。人们也称它是"论文"。学术论文属于议论性文体。它除具有一般议论文的抽象概括、议理为主、以理服人的特点外,在质与量上还有自己的文体特点。

二、特点

(一)创造性

创造性是学术论文的使命,是衡量论文价值的尺度。学术论文是探寻真理,揭示客观规律,传播新观点、新学说的工具和手段,因此它要求写作者要积极主动地探索真理,要善于发现新问题,解决新问题。科学研究是需要继承与借鉴的,在学术上的推陈出新也是一种创造,这就要求研究人员要勇于创新,积极进取,为社会的进步付出不断的能力。如《我国民法调整对象主流说的重新审视》,《我国农村宅基地使用权取得制度的现代化构建》等就是很好的例证。

(二) 科学性

学术论文具有科学性。写作学术论文是从客观实际出发,对客体进行认真、仔细、周密的观察、了解,获取大量的材料作为立论的依据,从中找出规律,揭示其本质,从而得出符合客观实际的结论。它论证时讲究严密的逻辑性,不得违背生活的常理,不违反科学,要经得起实践的检验。如《论商标法中的"公众使用原则"——以吉利"路虎"商标争议案为例》,论文以商标法从侵权法向财产法演变为背景,对商标法中"公众使用规则"做了讨论,从理论和现实层面科学论述作者的观点主张。

(三) 理论性

学术论文的理论性表现在两个方面:第一,论述表现出完整性,一篇论文应是一个理论认识系统。问题的提出、分析、解决,都要围绕一个中心,环环相扣。论文的行文自觉地纳入一个严密的推理过程之中。第二,学术论文的内容要有一定的深度,要从对事物的表面认识上升到对事物的理性认识。学术论文论述的不应只是一般的现象和浅显的经验,而应是反映事物本质和规律的理论认识,也正是这一特点,使学术论文区别于一般的议论文。

在全球一体化时代,商法在调整国内市场商市活动的同时,越来越多地用于调整跨越国界的商事关系及与此相关的其他关系,这对中国商法的国际化提出了更高要求。《中国商法国际化问题刍议——从美国对话"双反"调查等案例引发的理论思考》就很好地从理论层面论说了作者的主张。

(四) 平易性

学术论文是用来研究和介绍社会生活中的林林总总现象、问题,这就要求论文在语言文字表达上要通俗易懂,明白晓畅,便于使广大的读者读懂、记牢。同时,平易性还应体现在论文所研究的问题是社会所关注的,有一定的应用、实际价值,这样才能更好地让学术论文为社会进步服务。如《浅析劳务派遣单位的法律地位和作用》,这样的论文不仅是专业工作者的研究对象,也提供了普通工作者需要的基本法律常识。

三、种类

从不同的角度划分,学术论文可分为不同的类别。

(1) 从学术论文研究的范畴来分,可分为自然科学论文、社会科学论文;
(2) 从学术论文研究对象的性质上分,可分为基础理论论文、应用理论论文;
(3) 从学术论文的写作者来分,有科研人员的交流性的学术论文和学生撰写的学位论文。学位论文可分为学士学位论文、硕士学位论文、博士学位论文。大专院校的学生所写的学术论文包括毕业论文、学年论文等。

（4）从学术论文具体研究的领域来分，有经济学术论文、农业学术论文、科学技术学术论文、教育科学论文等。

四、写作

（一）选题

要成功地完成一篇学术论文的写作，首先要明确"为什么"。这就要恰当地选题，它关系到论文的成败，因而有人说有一个好的选题论文就成功了一半。选题是主观愿望和客观需要相结合的产物，必须以严谨的科学态度从客观实际需要出发，选择和确立论文课题。一般要遵循以下两个原则。

1. 科学性原则

要选择那些客观上有科学价值和对现实有实际意义的课题。如学科发展的新动态，关乎国计民生的大问题，创立新学说，补充完善已有的理论，纠正流行的"通说"，等等。

我国著名的经济学家厉以宁，在我国由计划经济向市场经济转轨阶段，就我国出现的经济伦理问题专门做了研究，撰写了《经济学的伦理问题》。文章就"效率与公平"、"产权交易"、"宏观经济政策目标"、"合理的经济增长率"、"个人消费行为"、"个人投资行为"等问题从伦理学角度做了分析，解决了我国当时研究领域和现实生活中新出现的经济伦理学问题。同时，文章写得通俗易懂，能使广大读者理解或了解经济学中一些价值判断问题。这个选题就是学术论文选题遵循科学性的典范。

2. 可行性原则

除选择有科学价值和现实意义的选题，还应依据自己的主观条件、客观研究条件量力而行进行选题。如学中文的要写出经济学方面的论著，将面临巨大的挑战；学经济的要撰写法学方面的论著，要花费较多的心血，还不一定会成功。所以，在选题时，要考虑到自己的研究兴趣，要立足于自己的学科专长。同时还要根据自己的研究能力、理论水平、可利用的时间、占有的资料及是否在某一方面确有真知灼见等条件来确立选题，尽量使自己游刃有余，避免心有余而力不足。

除考虑自己的主观条件，还应根据客观条件来选题。诸如可获得专家教授的指导、可以搜集到大量相关的资料等，这些都是顺利完成论文选题所必须考虑的条件。一般来说，确立选题可以从以下两个方面着手。

第一，掌握基本情况，确定方向。选题是一种创造，创造力的强弱与选题者的知识和信息占有量密切相关。如果要确定某一选题，就要全面系统地了解本选题研究的历史情况和现状。要理清在本选题领域里,有哪些重要的科研成果,还有哪些问题没有解决。研究过程中,有哪些有争议的问题,争议的焦点是什么,各学派的代表性意见是什么,学科研究的薄弱环节在哪里,还有哪些空白领域尚待填补,还有哪些具有重大意义和广阔前景的研究内容,等等。当从宏观角度了解了这些基本情况后,再确定自己的选题,就不会和别人"撞车",也不会做无用功了。所以,选题前充分了解基本的学术动态,掌握有关信息是十分必要的。

第二,善于捕捉矛盾,选出课题。事物发展运行中往往产生矛盾,而有些矛盾一旦被解决,将产生突破性的进展。因此善于捕捉矛盾,就可以为自己选定一个合适的课题。首先,在社会发展中,新旧观念、模式间的冲突,可以给选题者提供解决新问题的契机。如社会主义市场经济的价值观、人才观、用工制度、择业观念,等等,都与旧有的观念有较大不同的内涵,若有心选这类课题,不仅可以提高自己分析问题、研究问题、解决问题的能力,还可以为社会发展做出贡献。其次,在学派林立的领域中去发现矛盾,选择课题。学术研究常发生论争,若我们在选择课题时,能综合各家之长,或能在争论中发现新问题、提出新观点,这样的选题也是有益的。最后,要在悉心研究矛盾的基础上,敢于开拓科研的新领域,敢于提出"为什么",这样也可以找到具有开拓性质的课题,取得创造性成果。

(二)学术论文课题的类型

课题是指论文研究的范围,和论文的选题是内涵完全不同的两个概念。学术论文课题类型有开创性研究课题和发展性研究课题两大类。

1. 开创性研究课题

开创性研究课题是指研究前人未曾研究过的问题,是探索性的创新研究。填补空白,创建新学说,解决亟待解决的问题等就属于这类课题。如对举世瞩目的三峡工程的科学论证,就是这类课题的例证。

2. 发展性研究课题

发展性研究课题是对前人研究过的课题,进行更深入、扩展延伸地研究,以便提出新的结论。科学的发展是有承继关系的,对前说的补充,匡正通说等都属于这类课题。如就我国目前的消费类型、消费心理、消费方式的研究,就是这类课题的例证。

(三)资料搜集

充分搜集有用的资料,是写好学术论文的又一重要条件。

资料的种类很多,一般有直接材料,是通过观察、体验、调查研究获得的第一手材料,即动态材料;有从书籍、文献、报章杂志、音像资料中搜集到的第二手材料,即静态材料;第三类是发展性资料,是对上述两种资料进行分析研究,通过联系、推理、判断,产生出的新资料,是高层次的材料,是产生新见解的基础。获取资料的途径也很多。首先,可以充分利用图书馆,通过图书检索网络查找所需的资料。其次,还可以利用工具书获取所需的资料,捕捉学术信息。最后,还可以亲自参加实践、调查,通过科学观察、实验、考察获取写作资料。积累资料的方式很多。如可以做笔记,积攒调查、观察、采访等获得的资料;也可以写读书笔记,记下自己的思考所得;还可以采用剪贴的方式,把对自己论文有用的报纸、杂志上的资料搜集起来,剪贴在资料本上;等等。较为常用的积累资料的方式是做资料卡片。做资料卡片与其他记录方式比较有它的优越性。它可以摘录对同一问题各学派、各家的不同观点,通过比较获得集各家、各学派之长的新观点。写论文时,顺手做的资料卡片,就可为引用论据提供方便。资料卡片是写作论文的好帮手。搜集完材料,还应做鉴别、整理,以便去伪存真,筛选出能为自己论文主题服务的资料。

(四)撰写

1. 确立论点,选择论据

论点是论文提出并得到证明的观点。在论文写作的前期准备工作就绪后,就要细细考量论文的论点。论说性文章的论点,都是一个判断,保证论文判断的成立,是确立论点的关键。因此,论文提出的论点应是符合客观实际的,是正确的。论点应是一个判断句,或陈述,或反问,或是一个带有判断性的词组。如"实行法制是历史的必须","哲学怎样产生才是合理的"。确立论点,提出论点时,要求论点鲜明,具有单一性、倾向性。要开诚布公地表明论文的独到见解。

论据是证明论点正确、成立的一系列理论材料和事实材料。围绕论点选择论据是论文成功的保证。恰当地引用理论论据,可以增强论文的理论深度,因为这类论据往往具有可靠性、正确性、权威性的特点。选用事实材料,可以增强论文的说服性、感染力,使论点真实可信。因为事实材料是不受主观意识制约的客观存在,因而具有真实性的特点。

2. 编写写作提纲

学术论文的写作提纲是论文的内容和逻辑关系的提要。在它的指引下,论点和材料有机地组合成严密的理论体系,使作者的论点得以有效的表现。

写作提纲一般包括:标题、中心论点、内容纲要。内容纲要包括三部分:大项目,即上位论点,大段段旨;中项目,即下位论点(分论点),段旨;小项目,即小段段旨,段中材料。内容纲要是论文逻辑构成的骨架,它要体现立论与各部分之间的联系,完成论据的选用,结构安排,使论文行云流水。学术论文写作提纲,通常首先选用的是标题式提纲。即用极简要的语言,像小标题,把各部分的内容概括出来。其次是句子式提纲。用一个意思完整的句子把每部分的内容概括出来。两种写法各有优点,标题式提纲简明,句子式提纲具体、明确。两者若能结合使用,就会更好地服务于写作目的。

3. 写作

学术论文由以下几部分组成。

(1)标题

学术论文拟写标题要求准确、具体、醒目。表现形式上,常以"论"、"初论"、"初探"、"管见"等字眼为"标题格"。

从标题的内容上看,有揭示论点的标题和揭示课题的标题。例如,《科教兴国重在落实》、《志:中国哲学的重要范围》、《税收的经济杠杆作用》、《充分发挥市场机制作用》,这些论文的标题,都是揭示学术论文论点的标题。《关于股份制的几个问题》、《合作经济初探》、《我国中央银行的存款准备金制度的完善问题》,这些论文的标题都揭示了论文所研究的课题。

论文的标题可选用单行标题形式,如《泸州曲酒厂经营战略的探讨》、《关于我国农民负担的制度经济学解释》;也可选用双行标题的形式,如《发展 问题 对策——关于我区乡镇工业发展中几个问题的探讨》、《少数民族旅游中的符号与结构——一个人类学视角的阐释》、《办好"知识分子的精神家园"——关于《光明日报》定位研究》。

(2)署名

一般在标题的下方署上论文作者的姓名,一则表明文权所有,二则表明文责自负。

(3)内容提要

它是对论文内容的简要概括,可以帮助读者在阅读论文之前对论文的主要内容有所了解。这部分要写明论文研究的目的、范围、基本论点、论证方法和结论。在写作这部分时,上述内容不一定写全,主要突出基本观点和结论,要做到准确、精练、具体,篇幅上可长可短。

(4)正文

正文是论文的核心,一般由绪论、本论和结论三部分组成。

绪论部分可以从以下几方面入笔:交代选题的缘由,目的;论题的价值、意义;解释概念;回顾论题的历史,说明现状;有的绪论部分还交代论文的论证方法。总之,这部分是论文的开端,要认真对待,以写得简明扼要、干净明快、点到为止为行文基本原则。

本论是表明作者研究成果的部分,要依据课题的需要展开论证。应紧紧围绕中心论点,展开论文大小层次间的内在联系。在结构上可采用横式结构、纵式结构、纵横交叉式结构。横式结构也叫并列分论式结构,即本论部分各层次之间的关系是并列的,围绕中心论点从各角度提出问题,运用分论点论证中心论点。这种结构多用于容量大、篇幅长的论文,体现出总分思路。纵式结构也叫三段式结构,即本论部分沿着提出问题、分析问题、解决问题的步骤安排层次,这种推论式论证可使论题层层深入,体现出递进思路。主题单一、篇幅较短的论文,常常选用这种结构。纵横交叉结构也叫混合式结构,即分论点之间的关系有的是纵式的,有的是横式的,或是横中有纵,纵中有横,纵横结合起来共同完成对中心论点的论证。篇幅长、内容复杂的论文多选用这种结构方式。

写作本论可正面立论,也可批驳错误观点,还可解决疑难问题。总之,要恰当地选择论证方法,揭示论点和论据之间的逻辑关系。要多侧面、多角度、周详地论证学术论文的全部论点。这部分是全文的核心,写作时要多下功夫。

结论是论文的收束。它要简括论文的结论,也可对论题作展望设想,还可以答谢给予写作者帮助的老师、同事等。这部分应写得简洁明了。

（5）注释

注释的形式有夹注、脚注、章节注、尾注等。学术论文多采用尾注。注释部分的序码应与被注释处的序码一致。注释引文的一般顺序是:著者,书名或篇名,出版者,出版年月,页码。

（6）参考文献目录

这是学术论文的附加部分,是作者撰写论文所参考的文献资料,表明作者治学严谨,观点、材料有案可稽,也是对前人科研成果的尊重。

总之,一篇规范的学术论文都应有上述几个部分。具体写作时,也可以根据实际需要酌情设置结构要素,学术论文应是一个统一的完整的整体。

（五）写作注意事项

1. 选题不宜过大

人们在撰写学术论文时,最常犯的毛病是选题过于宽泛。一个过大的选题会使写作者难以驾驭,难免在论述时不严密周到,从而使论题不能充分深入地被研究、论证,影响说服力。所以选题不宜过大。这便于论证时笔力集中,避免论述流于肤浅、空泛。把问题阐述透彻,才会有征服人的逻辑力量。

2. 要充分占有材料

写作学术论文一定要占有大量材料。因为材料是提出见解的依据。没有占有材料这个环节就不会有上乘学术论文的诞生。大量占有材料有助于启迪作者的思考,也才会使论据充分,论证有力。用孤证来证明论点不仅会使论文显得苍白无力,还会导致产生错误的结论。因为孤证是欠科学的,缺乏说服力的,不能使人信服。只有大量占有材料,并把它优化组织在一篇文章里,才能构成言之有理、言之有序、言之有物的学术论文。

3. 要重视修改

拟出论文初稿后,要认真修改。写出的初稿宜经过一段时间的"冷处理",再拿出来推敲、打磨,要检查、分析:论据是否充分、典型;论证是否严密,条理是否清楚,论证过程是否完善,分析说明是否做到无懈可击;论点是否需要修正、补充、强调、突出,是否深刻、新颖、独特;论点与材料、论据与论题是否达到了"同一性",没有游离,没有节外生枝,前后一贯;语言表达是否做到了深入浅出,明白晓畅。除此而外,文中引用的事实、数据要认真核实,标点符号的使用也不能马虎。要认真检查,看有无乱标乱点,查是否符合使用规则。经过这样反复修改,再一丝不苟地誊清,从而完成一篇学术论文。

第二节 毕业论文

一、含义

毕业论文是各类大专院校学生毕业前,根据所学专业,有选择地进行学术研究,并写出文字报告的一种学术论文。它是学生大学学习成果的结晶。

二、特点

毕业论文是在教师指导下完成的。它是学生学习情况的一个总结,是对学生综合素质的考核。它反映学生的学识、思维能力、创造能力、研究作风、研究方法,乃至文字表达水平,是学生总体素质的体现。

三、种类

从不同的角度划分,毕业论文可分为不同的种类。

从毕业论文所涉及的专业分,可分为:政治学科毕业论文,教育学科毕业论文,历史学科毕业论文,文学学科毕业论文,语言学科毕业论文,秘书学科毕业论文,经济学科毕业论文,法学学科毕业论文,农学学科毕业论文,医学学科毕业论文,理学学科毕业论文等等。从毕业论文的写作形式上分,可分为:以文字写作为主的毕业论文,医学、工科学生的实验报告,还有毕业设计等类别。

四、写作

毕业论文写作大体要分为三个阶段。一是准备阶段,包括选题、拟写论文提纲、搜集材料;二是研究、写作阶段;三是修改成文阶段。

(一)准备阶段

在这个阶段,应以选好论文选题、拟好论文提纲为中心。

毕业论文和一般的学术论文不同,前者应围绕所学专业的专业课程,依据所学专业、特长来选题,要突出自己的优势。在选题时,还要以自己的兴趣为前提,这样在撰写论文时才不会被动。此外,要搜集足够的材料。最后,还要虚心求教于论文指导老师,避免事倍功半。

写好论文提纲是顺利完成毕业论文的前提。一份好的论文提纲,是完成毕业论文的根本保证。要在撰写论文前斟酌推敲,理清思路,设计好论文的逻辑关系和结构。毕业论文提纲可详写,也可以提纲挈领以小标题的形式来完成。这要根据论文形式来决定。

如:

《利用市场实现计划管理之我见》提纲

绪论(略)

本论

第一部分:利用市场实现计划管理的客观必然性

(一)市场客观地存在于社会主义经济中,同时顽强地发挥作用

1.商品经济是社会主义经济不可逾越的历史阶段

(1)马克思提出社会主义不是商品经济的两个前提条件。

(2)实际情况:社会主义国家存在广泛的分工,存在着独立的经济利益不同的经济实体,只能采取商品货币关系下等价交换,存在着劳动力的部分个人所有制的形式。

2.社会主义的商品经济性质决定了市场存在的客观必然性

(1)市场是商品经济的载体,商品的生产、流通、交换只有通过市场才能得以实现。

(2)市场经济与商品经济是同质的。

3.市场在社会主义经济运行中的作用是客观的

(二)社会主义的计划性与市场性不是简单的并列或机械的统一,而是社会主义经济本质所决定的一种内在的有机统一

1. 现阶段社会主义经济存在着计划性和市场性双重属性
2. 计划性与市场性的差异
(1) 一个以公有制为基础,另一个以商品经济关系为基础。
(2) 一个反映根本利益的一致性,另一个反映人们物资利益的差别。
(3) 一个以计划为调节手段,另一个以市场机制为调节手段。
(4) 一个表现人们的主观意志,另一个反映客观的必然。
由此,产生误解:认为二者互不关联(板块说);强调计划,否认市场。
3. 计划与市场的内在联系
(1) 社会主义有计划的商品经济与资本主义市场经济的共同点:必须遵守价值规律。
(2) 在社会主义条件下,价值规律是通过市场机制转化为市场调节的。
(3) 价值规律不仅体现在市场调节上,还体现在计划调节上。
(4) 社会主义计划经济的特征是能使计划与主市场适当地结合起来,这种结合的联结点是价值规律。这种结合的本质是社会整体利益与企业、劳动者局部利益的结合。这种结合单有计划协调而无价值规律的自觉运用,是不可能实现的。
4. 市场与计划相互作用,互为补充,互相渗透,共同作用于经济过程
(1) 计划要从市场出发,反映市场需求,同时接受市场的检验和校正。
(2) 市场调节受计划制约,市场机制受计划影响。
(三) 利用主市场实现计划管理是社会主义经济内在的本质属性决定的
1. 商品经济中的计划只能是立足于市场关系的基础上,并以这种关系为内容,适应这种关系内在要求的计划,只能是对价值规律市场机制的自觉运用
2. 在社会主义公有制条件下,市场机制的作用是可以被人们认识和自觉加以运用的,使之为计划经济服务
3. 从计划管理的目标——实行宏观控制,保持总供给与总需求的基本平衡来看,实现计划管理有赖于市场
4. 间接控制的计划方式和手段是依存于市场关系之中的
(1) 直接控制与间接控制的根本区别在于是否充分利用市场。
(2) 企业与国家,微观与宏观,计划与自由选择在市场上结合起来,国家调控市场,市场调节企业。
(3) 主导机制——计划机制的调节功能要以基础机制——市场机制的调节作用的充分发挥为前提,并且主导机制的功能要通过基础机制才能实现。
5. 从我国国情看,市场机制的作用利大于弊
6. 从历史的经验教训看,计划管理不能排斥市场
第二部分:怎样利用市场实现计划管理

(一)建立完整的市场体系和市场管理体制,是利用市场实现计划管理的基础

(略)

(二)完善市场运行机制,促使市场运行入轨,是利用市场实现计划管理的必要条件

(略)

(三)健全市场功能机制,发挥市场功能作用,是利用市场实现计划管理的基本途径

(略)

结论:在有计划的商品经济条件下,市场的作用是客观的,它不因任何主体的好恶而改变。关键在于如何认识、引导、利用其积极作用,限制、控制其消极作用。

这种认识、引导、调节的过程,同时也就是利用市场实现计划管理的过程。

这份提纲详尽有序,保证了论文能环环相扣、丝丝入扣,更好地组织材料为论题服务。

(二)研究写作阶段

选好论文选题,拟好论文提纲,接着就要动手写作论文。要写好论文,应了解论文文体的特点。

毕业论文、学术论文都属于论说文范畴,首先要确立好中心论点,这样才能为论文的顺利展开奠定良好基础。确立中心论点时要做到正确、准确、创新。选作论据的材料,其真实性必须是已被证实过的。在用来证明中心论点成立时,能有足够的说服力、典型性、新鲜感。这就要在选用材料前,潜心研究材料和中心论点,研究课题之间的关系,要让选用的论据做到以一当十,达到观点与材料契合。

论证是论文区别于其他文体的显著特征。它是用论据推导、证明、阐发论点正确无疑的过程。论证要遵循论题的内在层次关系,也要针对阅读者认识事物的必然轨迹来进行,这样才能完成有效论证。毕业论文的论证,要集中力量挖掘论题的本质和规律性,把论点论透。做到这一点,要以充分拓宽思考研究方式为前提,思维方式灵活多样才能多侧面、多角度地拓宽思路,这样中心论点就被展开了,可以获得充分有力的论证,使论文有广度、有深度。

(三)修改成文阶段

这是毕业论文的后期工作。在修改时,应采取谨慎的态度。要审视论文的标题,让文与题相吻合。要核对确认材料、数据,保证论据的可靠性。要审查结构是否合理,思路是否清晰连贯,这也是对论文推理顺序的验证。最后要审视语言,删繁就简,推敲措辞,看表达是否准确明白,修辞手法的使用是否恰当,从而使论文准确达意,又具文采,形式和内容臻于完美。

反复修改后，便可誊清成文。

五、科技论文的编写格式

科技论文是某一学术课题在实验性、理论性或观测性上具有新的科学研究成果，或创新见解和知识的科学记录。也可以是已知原理在实际应用中取得新成果、新进展的科学总结。

（一）种类

常见的科技论文有以下几种。

1. 理论型论文

主要是理论分析、理论证明，发表对研究对象的理论上的突破、修正、补充、质疑、否定等。

2. 实验型论文

主要是为阐述科学上某一现象而创造特别的条件，以观察和记录其变化、结果而形成的论文。在写作上由材料、方式、结果讨论等部分组成。

3. 描述型论文

主要是用语言文字把自然界客观事物或研究对象具体、形象地表现出来，对新的发现、新的现象做出解说、判断。写作上一般由描述和讨论两部分组成。

4. 评论型论文

主要是针对某个具体研究对象进行评论，提出作者的看法。多用于应用研究方面。行文时多采用提出问题、分析问题、解决问题的顺序来写。

（二）科技论文的写作

依照《中华人民共和国国家标准科学技术报告、学位论文和学术论文的编写格式》要求，科技论文要由以下几部分组成：

前置部分：

封面、封二
提名页
序或前言
摘要
关键词
目次页
插图和附表清单

　　　　　　符号、标志、缩略词、首字母缩写、单位、术语、名词等
　　　　　　注释表
（章）（条）（款）（项）
主体部分：
　　　　　　引言 1
　　　　　　正文 2　2.1
　　　　　　　　　　2.2
　　　　　　　　　　2.3 :2.3.1
　　　　　　　　　　　　　2.3.2 :2.3.2.1
　　　　　　　　　　　　　　　　2.3.2.2
　　　　　　图 1（或图 2.1）
　　　　　　图 2

　　　　　　表 1（或表 2.1）
　　　　　　表 2

　　　　　　结论
　　　　　　致谢
　　　　　　参考文献表

附录部分（必要时）：
　　　　　　附录 A
　　　　　　附录 B　B1　B1.1
　　　　　　　　　　　　　B1.2
　　　　　　图 1
　　　　　　表 B1
结尾部分（必要时）：
　　　　　　可供参考的文献题录
　　　　　　索引
　　　　　　封三、封底

有时，也可不必完全按照上述各项行文。一般行文内容有：
1. 标题
2. 作者

3. 论文摘要

4. 关键词

5. 引言

6. 正文

由于不同类型科技论文对正文行文要求不同,因此正文部分内容无法统一规定,但一般应有两部分内容:(1)实验和理论分析;(2)结果和讨论。

7. 结论

8. 致谢

9. 参考文献

六、毕业论文答辩

答辩是学术论文写作过程中的最后一个环节,是由论文审定小组(或委员会)围绕论文,对论文作者公开审查、检验的一种方式。

(一)论文答辩的意义

1. 考察论文写作的真实性。这是最低层次上的意义。

2. 对论文质量的考核评估。这是最基本的也是较高层次的意义。

3. 可以帮助论文作者补充、完善、修改论文,有指导意义。

(二)论文答辩的程序

答辩是由答辩人和主答辩者共同配合进行的。它含答辩人自述、答问、宣布结果三个程序。

1. 自述

答辩开始时,首先是由答辩学生作15分钟左右的自述。简要说明论文写作的意图,课题研究的背景,选用的研究方法;论文的中心论点、分论点、小论点;论文选用的主要材料,全文结构的基本特点;本论文课题研究的发展方向和前景,论文存在的不足。

可采取演讲式或宣读式来完成这部分。自述完毕,应有礼貌地请主持答辩的专家教授提问。

2. 问答

答辩学生就答辩教师提出的问题——作答。答辩学生可充分表述自己的学术见解,介绍学术研究成果,体现论文价值。也让答辩教师考察确认论文的真实性、论文的价值。这一程序还是学术交流的过程,促使论文作者深化认识。

3. 宣布结果

答辩结束后,答辩教师经过商议,由主答辩教师当场宣布论文与答辩是否通过。再经过"和议评级"程序,为论文评出成绩等次,书面通知答辩学生。一般按优、良、中、及格、不及格来评定成绩。

(三)论文答辩的准备

论文答辩的水平和成绩取决于答辩准备。有充分的准备,便能为答辩通过和取得好成绩打下基础。

1. 资料准备

除精心准备自述提纲外,还应围绕论文内容搜集有关资料,预计答辩教师可能会提出的问题,可采取准备资料卡片的方式来完成资料的准备工作。

2. 心理准备

要克服侥幸心理,克服怯场心理。要相信自己,从容自信参加论文答辩。

可以提前到达答辩现场,熟悉环境和气氛。只要准备充分、心中有底,就能消除紧张和怯场。

(四)答辩的要求

一般要做到:

1. 内容要正确清晰。自述要有鲜明的逻辑性、科学性、理论性。答问要有针对性,避免答非所问。

2. 语言要流畅自然。在自述及答问时,语调自然,发音清楚,言语富有节奏感,表情大方,手势自然得体。

3. 态度要诚恳谦虚。答辩是一次学习的好机会,要有求知的诚恳态度,神态和用语都应谦虚委婉,切忌强词夺理、胡搅蛮缠。

(五)答辩的技巧

答辩时应掌握和运用一般的答辩技巧。

1. 善于倾听,把握题旨。要专注倾听教师的提问,快速领悟题旨,这样才不会答非所问。

2. 善于补救,坦诚直言。若一时没能完全领会提问的意图、指向,可以虚心诚恳地以求教的口吻请提问人再重复一遍问题。若是意识到自己回答有误,应立刻勇敢承认,并主动纠正,获得重新答问的机会。

3. 化解难度,先易后难。若遇到答辩教师连续发问,可选取容易的问题先答,再攻克难题。这样可以保证自信心不受干扰,有效发挥能力、水平。

4. 简洁明快,不枝不蔓。回答问题应干净利落,简洁明快。回答问题时,要紧紧围绕问题作答,不可随意尽兴发挥和扩展问题。这样才能在有限时间内完成任务,还能避免言多失误。

5. 谨慎试探,适时进退。若遇到难题,如题目过深、涉及范围较广,可谨慎地用

"设问法"限制题意,或用"余留法"采用商询式的肯定方式作答,使答问有余地,从而尽量有把握地陈述自己的见解。

答问时还要把握好进退。如答辩教师听得满意,可稍做发挥,进一步阐述,以"扩大战果";当然也要见好就收,以免画蛇添足。

(六)答辩注意事项

1. 答辩前要做好充分的资料准备和心理准备,不打无准备之仗。
2. 答辩时要沉着冷静,保持理智的头脑、谦虚的态度,创造良好的答辩氛围。
3. 答辩后要认真总结经验教训,若意识到论文的不足,还可做修改、完善,提高自己的学术水平和论文的质量。

第十四章 申论写作

第一节 申论概述

一、含义

我们这里讨论的申论是指针对所给材料或者特定话题而引申展开议论的文体,是随着公务员考试制度的实行而出现的一种新文体。

"申论"一词取自《论语》的"申而论之"。申,即说明、申述;论,即分析和说明事理。申论是对材料、事件或问题有所说明、有所申述,从而发表见解、进行论证。从2000年开始,"申论"成为人事部选拔中央、国家行政机关公务员的考试科目。申论借鉴了古代的选拔人才的"策试"。从西汉初年汉文帝开始用"策试"选拔人才,被选拔者根据一定的问题,在简策上逐条应对,如果见解恰当,析理透彻,确有辅佐之才,就可被朝廷录用。

申论考试为应试者提供了一系列反映特定实际问题的文字材料,要求考生要有良好的文字表达能力、分析判断能力、解决问题能力,提出的应对方案要有可行性。申论考试题目类型常有:议论文写作,应用文写作,综合类试题,对策类试题,总结概括类试题。申论考试是具有模拟公务员日常工作性质的能力测试。"申论"不仅注重对写作者综合能力和素质的考核,而且也注重对写作者将要从事的行政机关工作和岗位职责所需要的能力素质的考核。

二、申论试卷的结构及测试环节

申论考试的试卷有比较规范的结构,总体上分三大部分。

首先提出"注意事项",给答卷提出重要的指导性建议;其次给定一组资料;最后提出"申论要求",要求应试者在弄清给定资料的基础上完成若干题目。

"申论要求"涉及三个方面:对给定材料的理解、分析、整理、归纳、概括、综合;对主要问题提出见解、提出对策、提出具有可行性的解决方案;对见解、方案的论证。这三方面的要求,在试卷中,一般是通过三个题目来体现的,也可以是两个或四个题。题目的样式也不会一成不变,有要求概述事件,也有要求概括主要问题,也会在不同层面上对解决什么问题或怎样解决问题提出不同要求。

申论考试的全部过程,可归纳为阅读资料、概括要点、提出对策、进行论证四个主要环节。

三、申论测试范围

公务员《申论》考试的试题、资料,一般都源于社会生活中的不断变化的政治、经济、文化、法律等多方面的时事热点,而这些时事热点都是我们日常生活中通过媒体可以接触到的。这些给定的背景材料不是原始的信息,而是经过加工的半成品资料。这些半成品的背景材料,头绪不清,条理较混乱,需要考生研究、梳理、归纳。

四、申论测试特点

申论写作如同公务员处理日常工作,要依据党的方针、政策、法规,所提出的解决问题的方案要有针对性,要切实可行。不说套话、假话,要有的放矢。申论写作又与其他的公文写作不同,它是以人事部组织的申论测试为依据,具有自己独特的特征。

(一)形式灵活

申论写作除了所给出的材料部分外,其答卷一般由三部分组成。一是概括部分,二是方案部分,三是议论部分。就文体而言,概括部分可能是记叙文、说明文、议论文、应用文中的某一种形式,也可能综合了多种文体形式;方案部分,则是应用文写作;议论部分是议论文写作。申论写作既需要有普通文体的写作能力,也需要有公文写作能力,形式非常灵活、实用。

(二)资料涉及面广

申论写作十分注重对学生的分析、判断、解决问题的能力等综合素质的考查。申论写作给定的资料涵盖了政治、经济、法律、教育等诸多方面的内容,涉及范围极广,且表述比较准确,一般不会出现歧义。申论的背景资料所反映的问题大部分已有定论,有一些问题尚无定论或存在争议,需要考生去理解、分析和判断,给出结论。

（三）针对性强

申论写作的目的明确，针对性很强，主要考察考生阅读、分析、概括、解决问题的能力。考生各种能力水平主要通过对背景材料的分析、概括、论述，以及所提出的方案对策的针对性、可行性体现出来。

（四）无固定的标准答案

申论写作没有一个确切、固定、唯一的标准答案。从背景资料来看，都是有关当前政治、经济、法律、教育等的社会问题，有的已定论，有的尚未定论，完全要考生自己来提出解决对策。由此看，无论是提出对策或是对对策进行论证，都不会有一个确切、固定、唯一的标准答案。

以对策部分为例，这部分是要提出解决问题的办法，这个办法要具有针对性和可行性。但是针对性和可行性是相对的，在不同地区以及发展中的不同阶段，解决问题的办法就不可能一样，更何况有的目前还没有一个确切的合理的方案，因此哪一种更为合理，针对性与可行性更强，要对若干方案比较论证后方能确定。又如论证部分，抓住哪些问题、选怎样的角度论证、论证方法与结构，可依据自己的特长，千人千面，不会有一个唯一的标准答案。因此论证（作文）部分的评定，也只能是采取综合的、全面的、等级式的评判标准。

示例：

1. 背景材料

（1）今年 2 月，南昌市一名 15 岁的初中生因迷恋电脑游戏而离家出走，竟然连续 24 天不到学校上课，也不回家，整天泡在游戏室。这些电脑游戏室 24 小时经营，提供"吃住玩一条龙"服务。

（2）山东德州一位 16 岁的少年玩遍当地游戏机室仍觉不过瘾，竟从家中偷了 4000 元，先后赴津入沪"上档次"，周游了两个多月。

在新闻媒体频频曝光这些事件后，人们发现，"游戏机病"已像瘟疫一样在全国中小学生中蔓延。部分城市初步调查，至少有 10% 的中小学生沉迷于玩游戏机，有的城市甚至达到 20% 至 30%。

（3）更出乎人们意料的是，电子游戏机无异于"电子海洛因"，是诱发青少年犯罪的罪魁祸首。武汉的精神卫生专家研究分析接触到的病例后告诉记者，青少年一旦沉迷于游戏机，即会产生愈来愈强烈的心理依赖和反复操作渴望，不能操作时便出现情绪烦躁、抑郁等戒断症状。这种成瘾症状和戒断症状同时存在的特征，与毒品海洛因的成瘾行为特征极为相似。

（4）武昌发生的 7 名青少年持刀伤人抢劫案，造成 2 名学生重伤住院。他们抢到钱后，都用于玩游戏机。东西湖区吴家山农场 3 名 14 岁的少年沉溺于游戏机，在近两个月时间内盗窃作案十多起,盗得财物价值数万元。

一位多年主办未成年人涉嫌犯罪案的检察官说,去年由于玩游戏机引发犯罪的已占青少年犯罪案的10%。

(5)近一段时间以来,各地已采取强有力措施整治游戏机室。然而,彻底根治游戏机这一顽症,却并非易事。

管理不严、执法不严是症结所在。部门职责难分,游戏机室的开办需要公安、文化、工商三部门审批,三证俱全方可营业,可调查发现现在大部分游戏机室证照不全或无证照经营,有一城市电子、电脑游戏机室达3000余家,八成是无证经营。

多头管理,其结果是无法形成合力,哪个部门都不负责。一些业主反映,虽是无证照,但给有关部门交了费,就可以开了。目前,收费的有文化站、街道市容办、基层公安机关以及工商、税务部门,但不少部门收了费并没有管理,或是以罚代管。

(6)为了让自己的孩子不再沉迷于电子游戏,一位母亲相继给游戏厅老板和孩子下跪,仅仅这一个场景,就反映了电子游戏机为害之烈!

2. 申论要求

(1)请用不超过150字的篇幅,概括出给定资料所反映的主要问题。

(2)用不超过350字的篇幅,提出解决给定资料所反映问题的方案。要有条理地说明,要体现针对性和可操作性。

(3)就资料所反映的主要问题,用1200字的篇幅,自拟标题进行论述。要求中心明确,内容充实,论述深刻,有说服力。

3. 参考答案

(1)概括出给定资料所反映的主要问题

在许多地区,电子游戏机已经成了令家长们深恶痛绝的公害,成为影响中小学生健康成长的病毒,并且引发了一系列的社会问题。

(2)提出解决给定资料所反映问题的方案

尽管国家有关部门规定少年儿童不得进入电子游戏室,但在绝大多数地方,这一禁令如同虚设。很多不法游戏机室本来就没有获得经营许可,自然更不会把相关法令看在眼里,而是如同吸血鬼一般从没有自我约束力的少年儿童身上榨取利益。不法游戏机室的疯狂蔓延,既有利益的驱动,也说明我们有关部门的管理存在严重问题。从相关报道上看,查抄不法游戏机室的既有公安部门,也有文化或工商、教育部门,这种多头管理的局面有时反而导致管理的"真空"。由于开办游戏机室的成本很低,查抄之后很容易死灰复燃,这就要求对游戏机室的管理不能是雨过地皮湿,而必须把常规管理和稽查做到实处。

(3) 自拟标题进行论述

警惕触电

从多年前街头电子游戏室的兴起,到如今电脑游戏的盛行,以及网络游戏、在线游戏的时髦,好奇心强的青少年都想体验一下高科技电子产品带来的娱乐新感觉。然而,一些自我控制能力不强的青少年被游戏"电"得如痴如醉、神情恍惚,深陷于游戏而不能自拔。类似因为沉迷于电子游戏、电脑游戏而耽误学习、损害健康的事例不在少数。

然而,更叫人担忧的是,就像那名触电身亡的少年一样,一些中小学生为了满足游戏瘾走上了违法犯罪的邪路。今年4月,南昌市三家店派出所破获一起小学生团体盗窃案。10名小学生频频潜入一家机械设备公司,偷盗价值7000多元的金属紧固件,以废品价格卖出,竟然是为了换得钱后到电子游戏室玩个痛快。江西省宜丰县搞过一次调查,经常玩电子游戏的学生中,多数人有偷拿父母或他人钱物、敲诈勒索同学的不轨行为。年龄大点的孩子,还会从基建工地偷盗钢筋等建材,或偷盗自行车,低价变卖后去玩游戏。由于玩游戏引发犯罪的占青少年犯罪案的10%。

正因为电子游戏、电脑游戏已经成为诱发青少年犯罪的一个不可控因素,一些专家把它们称作"电子海洛因",并发出了"警惕触电"的疾呼。庆幸的是,这个问题已经引起了国家有关部门的高度重视。按照部署,一场全国范围内的电子游戏经营场所专项整治将贯穿整个暑假,并持续到9月份。

在减轻课业负担,取缔非法、违规电子游戏的经营场所之后,青少年课余时间该如何安排呢?社会应该为孩子们提供更多、更健康的活动场所,学校、社区和家长也应当考虑为学生们安排丰富多彩的暑期活动,转移孩子们对游戏机的注意力。一些家长无可奈何地说,上街一转,歌舞厅、卡拉OK厅、酒吧、茶坊、保龄球馆到处都是,可就是找不到几家适合孩子的去处。就连少年宫也变成了歌、舞、书法特长培养学校,年头已久的几家公园明显缺乏时代气息。多建一些像博物馆这样融人文历史、自然科学和现代技术于一体的展览场所,多为青少年举办一些寓教于乐、参与性强的科普活动和文体活动,多开放一些有益孩子健康的体育运动场所,应是当务之急。

孩子们在期盼,一批活泼、健康、有益的活动能够早日取代电子游戏,让他们远离"触电"的危险。

第二节　申论写作能力的培养

刚毕业的大学生想走进公务员队伍,"申论"是难以跨越的"门槛"。应届毕业生在应付"申论"的经验和能力方面存在以下问题:第一,缺少感受社会生活、参与社会实践的经历;第二,政治理论素养和政治水平不高;第三,没有解决实际问题的能力;第四,实用文体知识不足,公文写作能力较差;第五,驾驭政务性语言的能力欠缺。

素质造成的短板就是能力的短板。清朝许同莘在他的《公牍学史》中说,治公牍如同治史,须具备"才""学""识"三长。写不好申论与考生"才""学""识"不足密切相关。《应届生录用国家公务员公共科目考试大纲》明确提出,"《申论》主要通过应试者对给定材料的分析、概括、提炼、加工,测查应考者解决实际问题的能力,以及阅读理解能力、综合分析能力、提出问题的能力和文字表达能力。"

阅读理解能力、综合分析能力、提出问题和解决问题的能力、语言表达能力的运用贯穿于申论通常要求的阅读材料、概括主题、提出对策、展开论证四个环节之中。

一、阅读理解的能力

在申论考查的四种能力中,阅读理解能力是第一能力。要通过阅读文字资料,准确领悟,梳理材料的"内涵"。阅读理解能力越强,揭示材料的深意、把握事物的本质就越准。阅读理解的要求是在限定的时间内"认真地读",把材料真正"读懂",了然于胸。要通过阅读,从给定的材料中把握事物的联系,区分问题的类别、性质、主次、轻重,正确地分析问题,研究问题,并恰当地解决问题。若材料读不懂,接下来的测试就无法应对。在申论考试中,阅读理解能力的强弱决定了申论应试的成败。

阅读能力,特别是默读能力,是一种靠日常实践积累的潜在的能力,只有通过对给定资料的实际阅读分析才能够显示出来。申论要求的阅读量很大。中央、国家机关考试录用公务员和机关工作人员申论试卷2000年给定的资料是1700字,2001年是1800字,2002年是2500字,到了2003年,申论试卷给定的资料是5600字,2004年给定的资料是4100字,2005年给定的资料是4000字,而2006年申论考试给定的资料近万字。"巨型资料"使很多考生无法承受。

面对越来越大的阅读量,唯一有效的对策就是提高阅读能力,把握阅读的技巧。提高阅读能力,必须:第一,重视"阅读"。不懂阅读、不会阅读要有危机感。第二,打好基础。阅读能力必须从基础训练开始,经过积累逐步提升。第三,注重平时训练。平时不读书、不看报是不会具备很强的阅读能力的。实践出真知,阅读能力只能靠阅读的实践来培养。平时尽可能有针对性、多角度地读一些各类资料及相关文章,在申论考试中才能应对自如。

阅读申论给定资料要注意:第一,要保持良好心态。以平和的心态才能将"巨型"材料读明白。第二,要掌握要求。要看清试题的要求,确认有无附加的说明等等。第三,要通读全篇,整体把握。要通读,圈定资料数量,明确每个资料包含的子资料,了解全篇的大概内容,反映的主要问题等。第四,要重点精读,领会要义。通读后要精读,要找出重点段,抓住重点句、关键词,再反复研读。第五,要厘清问题。要梳理全篇,理出给定资料的内容或反映的问题,不能将各段的段义简单合并。厘清问题可以深化对材料、主题内容的理解,为申论作答概括问题、提出对策写作论文等打下坚实基础。

二、综合分析能力

分析,是把整体分解为部分进行认识和思维;综合,是把对事物各个部分的认识有机结合,形成对事物整体的认识和思维。分析和综合是统一思维过程的两个侧面。分析是从对事物的外部观察深入到事物内部探求本质;综合则是从事物本身出发,通过事物内部联系把各个部分整合成整体。

良好的综合分析能力表现在:清楚材料反映的问题,善于对复杂问题进行综合分析,对问题能合理分层。掌握科学的思维方法是解决问题的前提。辩证思维也是逻辑思维,是我们分析概括一切事物的科学的思维方法。培养总结概括能力需要注意:

第一,概括的角度要准确。如叙述的角度,要按照题目给定的身份和角度,才能准确概括主要问题,恰当地提出解决问题的方案。

第二,概括的要素要清楚。叙述时人物和事件是核心。时间和地点是人物活动和事件发生、发展的环境和平台,通常要将时间、地点交代清楚,有时也可适时省略。原因和结果是事件的起讫点,有这两个要素,叙述才完整、交代才清晰。在这六要素中,交代要简略,要突出其与人物、事件、中心相联系的一面,对人物和事件要进行细致的叙述,这是叙述的核心、重点。

第三,概括的顺序要合理。对材料要选择和加工,使其成为有机的整体来表现主题或中心,需要一定的组织顺序,一般申论作文可以时间或空间为序调整行文。

第四,概括的主旨要突出。在组织材料串连语言时要使文章成为一个有机的整体,凸显主题,纲举目张,更好地表达中心思想。

第五,概括时要详略得当线索明晰。详略处理要符合所表达的内容、主题的需要。要紧扣中心内容选材剪裁,力求集中笔墨把主题思想含蓄而又深刻地表达出来。

线索是贯穿全文的主线,是组织材料的思路在文章中的反映。要有一条主线,把相关材料联接起来,从而统贯全篇,使文章条理清晰,结构严谨。

三、提出问题和解决问题的能力

主要要注意以下几点:

第一,解决问题时,个人定位要准确。应审题,明确此时"你"的身份,写作符合"虚拟身份"的对策建议。

第二,针对"问题"提出意见或办法。应根据身份,抓住关键,忌面面俱到。

第三,意见或办法要有可操作性。应做到:"问题"要明确"归口",要由直接能解决问题的政府部门或职能机构去处理;要有解决"问题"的具体步骤、办法;要考虑到解决问题的时效性和必备条件,依实际情况谈"出路"、解决之道,不惘论。

四、语言文字的表达能力

申论写作要求考生作答的文字量在 1500~2000 字。它所检测的提取有用信息的能力,综合分析能力,提出和解决问题的能力都要通过文字表达来体现。因此"语言表达能力"是申论写作中的一个重要测评要素。

申论写作要求作"片段"陈述和"成文"论述。不管是"片段"还是"成文"都属于非文学类,应以说明、陈述、议论来展示自己概括、分析的能力和提出问题、解决问题的能力。申论写作,不需要文字加工,遣词造句应当准确、简明、规范;联句成文应当条理清晰,理据相谐。准确,即传递的信息不能有歧义。时间、地点、人员、范围、性质……须明确,解释唯一;赞同或反对须鲜明,不含糊。简明,要以凸现主要信息为要务。力求用最精要的文字实现表达目的。规范,要求遣词造句符合身份;语出有据,避俗语;要得体、郑重。条理清晰,即从表达目的出发,安排句序、段次;语句、段落之间要符合逻辑关系。理据相谐(理即观点、意见;据是材料、实情),二者有必然的、内在的联系,要相辅相成。

写作时要注意文章的格式,标点符号使用规范。要培养语言表达能力,要在平时的工作、学习、生活中多听、多说、多读、多写,特别是要有意识地写,只有反复进行写作训练,才能养成良好的语言文字表达能力。

第三节 申论写作

申论写作前有 40 分钟左右的时间可以用来仔细阅读给定资料,以求正确理解和掌握资料的叙述思路和内容实质。只有读通资料,才能把握资料所反映的事件的性质,也才能概括出给定资料所反映的主要问题,完成第二环节的要求。接着是答题环节。

一、概述部分应答思路分析

概括主题是一个重要的承上启下的环节。

(一)理解题意

1. 限定字数:150 字。弹性限度只能在 10% 以内。字数过多或过少原则上都要扣分。

2. 表述方式:要求答案涵盖全文主要内容,语句精练,简明扼要,忌冗长啰唆。一般不直接引用具体事例或数字。

3. 限定范围:只在给定材料中概括,不要跳出材料圈定的内容或迁移发挥。

4. 权衡轻重:反映的主要问题,也即表述的主要事实或观念,在答题时不要囿于细枝末节,要统观全局,高瞻远瞩,从宏观的范围来把握主要问题。可以认为,主要问题是在文中带有倾向性的问题,它在文中决定或支配着思路的走向或观念的变迁。

(二)概括的方法

概括要讲究方法。可选用以下方法。

1. 求同辨异法。可根据给定的材料,寻找和把握内容的共同点、同质点或不同点、异质点,确定整个材料反映的主要情况。

2. 提要钩玄法。古人将提取要点、探索深意的过程称为提要钩玄。对篇幅较长、较完整和较复杂的材料,可以对它作结构上的分析,把它由整体拆分为局部,再分解为更小的层次,归纳出每一层、每一部分的要点,再综合归纳,观点就凸显了。

3. 抓关键词法。对于给定的材料,可将文中高频词罗列出来,结合事实或观点把它们串联起来,找到行文关键。

4. 链式分析法。有时,材料中所涉及的事件一环扣一环,事件之间有明显的关系,这时就适用链式分析法。这些环节是环环相扣的,抓住这些环节,找出每个环节的本质问题所在,就能很好解决问题了。

5. 类型分析法。材料涉及的是不同类别的人、事、物,则可以进行分类表述。按类别分析原因,按原因提出相应措施,这样逻辑清晰,分析推理顺理成章。

6. 追本溯源法。主要用于提供各种经验教训的材料。总结各种经验教训,分析事物产生或成败原由,也就找到了该事物可提供的经验教训,也就找到了材料所表达的观点。追本,也可理解为追索本质,有时追寻到材料中有关事物的本质,也就把握了材料所表达的观点。

二、提出对策的应答思路及方法

提出对策是申论写作的关键环节,它展现考生的思维开阔程度、探索创新意识、应变和解决问题的能力。它给考生提供了充分发挥的自由空间,见仁见智。在这一环节须结合给定资料所涉及的范围和条件,提出切实可行的对策和方案。

(一)理解题意

1. 限定字数:350字。弹性限度只能在10%以内。字数过多或过少原则上都要扣分。

2. 解题对象:针对给定材料,提出解决方案。问题在给定材料之内,多是近涉关系,很少是远涉关系。

3. 适用性。公务员是管理国家公务人员,须以政府的角度提出方案,要就事论事,要切实可行。

(二)主要方法

这部分考查考生解决问题的能力,即拟订方案的能力。是就给定材料的加工和处理。要求全面、准确地加工和处理给定的材料,以求得解决问题的方案。主要步骤如下:

1. 全面地把握材料。在前面概括的基础上,进一步分清层次,理顺关系,将材料了然于胸。

2. 抓重点,把握主要矛盾,确定解决问题的关节点。找准解决问题的突破口,突破了这个关节点,问题就迎刃而解。

3. 确定解决问题的步骤。从第一步,到关键步骤、预期效果,要做到有把握,心中有数。

4. 写出方案草稿,修改、定稿。

(三)注意事项

回答本部分需注意以下几点。

1. 紧扣概述的主要问题,不赘述。

2. 提出的解决方案要合情、合理、合法;要符合社会伦理道德规范,符合国家的法律法规,符合党和国家的路线、方针、政策。

3. 方案要有可操作性。拟订的解决方案既要具有合理性,还要有可操作性。方案的可操作性就是其生命力所在。在实际工作中,解决一个问题可以有多个方案,但各种方案达到的效果可能有所不同,因此要择优,要考虑哪一方案更可行,成本最低、效果最好,等等。

4. 注意给各方案排好序。提出方案要考虑其之间的逻辑关系,可先提认识方面的,再提行为层面的;先提涉及领导部门、领导人员的,再谈具体工作人员;先考虑共性的,再顾及特殊个性的。

三、论述部分应答思路及方法

申论最后一个环节是进行论证。它要求写作者充分利用给定资料,切中主要问题,全面阐明、论证自己对给定资料所反映的主要问题的基本看法以及解决问题的方案。此前的环节尽管不可或缺,不能懈怠,但都只是积极有益的铺垫,此时的论证需要浓墨重彩,淋漓尽致地书写。论证才是申论的核心,它全面考查考生的分析归纳能力、提出和解决问题的能力以及逻辑说理能力。

论证部分写作应在深入思考、"运筹帷幄"的基础上进行,可列写作提纲,做到胸有成竹,行文流水,要注意论题鲜明、重点突出、线索清晰、详略得当。

(一) 理解题意

1. 只能写议论文,对事物或道理进行论述。

2. 论述给定材料所反映的主要问题。申论写作要求抓主要问题,要注意使写作结构平衡。要平衡最重要的就是考虑问题时主次分明,较好地权衡轻重利弊。

3. 中心明确。观点鲜明,肯定或否定清楚明了。行文可用段旨句提示观点、主张。

4. 论证充分。要求论述过程中理论与事实要能很好地结合,既要讲道理,又要摆事实。事实与道理紧密相连、互相支持,为中心论点服务。论点要鲜明,论据要有力,论证要合逻辑。

5. 论述深刻。要求论述时不能囿于事物的表面要能看到事物的本质,要深入事物的核心。对事,不只是看到其操作层面存在的问题,更需要从体制、观念、心理等方面进行分析,进而提出符合当前实际、可行的解决方案。

6. 行文必须从标题、结构、语言、文面等方面表现出规范性来。

（二）写作步骤

1. 通读全文，抓住主要问题。
2. 思考资料提出的主要问题，提炼出中心论点。注意要从国家机关工作人员的角度，以国家利益为重。
3. 围绕中心论点选材料，酝酿写作提纲，做好谋篇布局。
4. 注意细节、小节，不写错别字，保持卷面整洁。

（三）立意

立意，就是确立议论文的中心论点。立意是一个综合运用观察、分析、综合、想象、联想等多种能力的思维表达过程。

（四）拟定标题

标题可以采用：

一是陈述式。主要包括标题揭示内容和揭示主旨两种情况。揭示内容的如"关于留守儿童的思考"、"关于我市交通拥堵情况的报告"；揭示主旨的如"病人信不过医生"、"让盗名者名誉扫地"、"为了中国能有更多的海尔"、"要敢于和洋人打官司"，等等。这种标题让人一看便知论述的内容或主题。

二是设问式，如"你能承受多大的噪声？"，这种标题的好处是能让人产生悬念，引发思考。

（五）谋篇布局

文章的结构是根据表达主题的需要和文章体裁的要求，按照客观事物的内部联系及其发展规律，对选用的材料所作的组织和安排。作者思路清晰，结构必然有条不紊，写起来也顺手自如。生动丰富的材料，只有经过合理的组织安排，使之条理化，构成一个有机的整体，才能准确鲜明地表现出既定的主题。

1. 围绕主题谋篇布局

议论文的主题就是其论点。论点是作者对所论述的事物或问题所持的见解和主张。议论文的论点、论据和论证三要素中，论点是灵魂，是统帅；论据是作者用来证明论点正确的事实、道理或根据，是为论点服务的；论证是用论据证明论点的方法和过程，它主要是按照一定的逻辑关系，把论点和论据组织起来，证明论点是正确可信的。所以，议论文的结构应该是论点展开的逻辑，谋篇布局要围绕论点进行。

2. 拟制写作提纲

在撰写议论文之前，先拟制写作提纲。写作提纲可以帮助作者勾画出全篇的框架，展现对材料的消化与进行逻辑思维后形成的初步设想，可计划先写什么，如何表述,重点放在哪里等。按提纲写作,可使议论文层次清晰,内容连贯,表达严密。

提纲子目有时可用来做议论文段落的小标题。

3. 文章结构

文无定法,申论议论文写作可采用以下三种文章结构,这三种文章结构也可衍申为三种写法,运用于议论文写作中。

(1) 总分式结构

总分式结构是指由一个总论点统率若干个分论点,每一个分论点作为总论点的论据,从各个方面分别说明总论点的结构。

(2) 并列式结构

所谓并列式结构是指文章被分成若干部分,每一部分都相对独立,共同论证中心论点的结构。

(3) 递进式结构

递进式结构是指文章的各部分之间相互联系,彼此衔接,并层层推进的结构。这种结构方法使文章内容一层深于一层。

总分法、并列法和递进法是公务员考试论文写作常用的方法,三种方法可单独运用,也可综合运用。

4. 常用的论证说理方法

申论方案论证部分属于议论文体,议论文体离不开论证。

(1) 例证说理

例证说理是主要的论证方法之一。所谓例证说理是指在论证的过程中运用客观事实、统计数字、实验结果、图像、照片作为论据来证明论点正确性的一种方法。这种方法由于运用的是客观事实证明论点,因此具有较强的说服力。

(2) 分析说理

分析说理是指通过对有关问题所包含的事理进行分析,并揭示其内在联系,从而使论点得到证明和深化的方法。这种论证方法具有较强的理论性。

(3) 论辩明理

论辩明理就是通过论辩和批驳,在辨明是非的基础上讲述道理的一种说理方法。无论是批驳性的文章或是正面立论性的评论,往往都离不开论辩。

为了树立正确的观点,在分析论证的过程中,就得澄清与之相关的模糊观点,纠正与之有关的片面认识,批驳与之有关的错误见解。而且有了对立面,自然就有思想交锋,面对面地展开论辩和批驳,就要从正面提出充分的理由和论据,论述也就能从事物的矛盾中层层展开,步步深入,有起有伏,增强文章的思想性。

(4)类比说理

类比说理是运用类比推理来证明论点正确性的一种方法。所谓类比推理是指两类事物一系列属性相同,并且已知一类事物还具有另一个属性,从而推出另一类事物也具有这一属性的推理。

附件　党政机关公文处理工作条例

第一章　总　则

第一条　为了适应中国共产党机关和国家行政机关(以下简称党政机关)工作需要,推进党政机关公文处理工作科学化、制度化、规范化,制定本条例。

第二条　本条例适用于各级党政机关公文处理工作。

第三条　党政机关公文是党政机关实施领导、履行职能、处理公务的具有特定效力和规范体式的文书,是传达贯彻党和国家方针政策,公布法规和规章,指导、布置和商洽工作,请示和答复问题,报告、通报和交流情况等的重要工具。

第四条　公文处理工作是指公文拟制、办理、管理等一系列相互关联、衔接有序的工作。

第五条　公文处理工作应当坚持实事求是、准确规范、精简高效、安全保密的原则。

第六条　各级党政机关应当高度重视公文处理工作,加强组织领导,强化队伍建设,设立文秘部门或者由专人负责公文处理工作。

第七条　各级党政机关办公厅(室)主管本机关的公文处理工作,并对下级机关的公文处理工作进行业务指导和督促检查。

第二章　公文种类

第八条　公文种类主要有:

(一)决议。适用于会议讨论通过的重大决策事项。

(二)决定。适用于对重要事项作出决策和部署、奖惩有关单位和人员、变更或者撤销下级机关不适当的决定事项。

(三)命令(令)。适用于公布行政法规和规章、宣布施行重大强制性措施、批准授予和晋升衔级、嘉奖有关单位和人员。

(四)公报。适用于公布重要决定或者重大事项。

(五)公告。适用于向国内外宣布重要事项或者法定事项。

(六)通告。适用于在一定范围内公布应当遵守或者周知的事项。

（七）意见。适用于对重要问题提出见解和处理办法。

（八）通知。适用于发布、传达要求下级机关执行和有关单位周知或者执行的事项，批转、转发公文。

（九）通报。适用于表彰先进、批评错误、传达重要精神和告知重要情况。

（十）报告。适用于向上级机关汇报工作、反映情况，回复上级机关的询问。

（十一）请示。适用于向上级机关请求指示、批准。

（十二）批复。适用于答复下级机关请示事项。

（十三）议案。适用于各级人民政府按照法律程序向同级人民代表大会或者人民代表大会常务委员会提请审议事项。

（十四）函。适用于不相隶属机关之间商洽工作、询问和答复问题、请求批准和答复审批事项。

（十五）纪要。适用于记载会议主要情况和议定事项。

第三章　公文格式

第九条　公文一般由份号、密级和保密期限、紧急程度、发文机关标志、发文字号、签发人、标题、主送机关、正文、附件说明、发文机关署名、成文日期、印章、附注、附件、抄送机关、印发机关和印发日期、页码等组成。

（一）份号。公文印制份数的顺序号。涉密公文应当标注份号。

（二）密级和保密期限。公文的秘密等级和保密的期限。涉密公文应当根据涉密程度分别标注"绝密""机密""秘密"和保密期限。

（三）紧急程度。公文送达和办理的时限要求。根据紧急程度，紧急公文应当分别标注"特急""加急"，电报应当分别标注"特提""特急""加急""平急"。

（四）发文机关标志。由发文机关全称或者规范化简称加"文件"二字组成，也可以使用发文机关全称或者规范化简称。联合行文时，发文机关标志可以并用联合发文机关名称，也可以单独用主办机关名称。

（五）发文字号。由发文机关代字、年份、发文顺序号组成。联合行文时，使用主办机关的发文字号。

（六）签发人。上行文应当标注签发人姓名。

（七）标题。由发文机关名称、事由和文种组成。

（八）主送机关。公文的主要受理机关，应当使用机关全称、规范化简称或者同类型机关统称。

（九）正文。公文的主体，用来表述公文的内容。

（十）附件说明。公文附件的顺序号和名称。

（十一）发文机关署名。署发文机关全称或者规范化简称。

（十二）成文日期。署会议通过或者发文机关负责人签发的日期。联合行文时，署最后签发机关负责人签发的日期。

（十三）印章。公文中有发文机关署名的，应当加盖发文机关印章，并与署名机关相符。有特定发文机关标志的普发性公文和电报可以不加盖印章。

（十四）附注。公文印发传达范围等需要说明的事项。

（十五）附件。公文正文的说明、补充或者参考资料。

（十六）抄送机关。除主送机关外需要执行或者知晓公文内容的其他机关，应当使用机关全称、规范化简称或者同类型机关统称。

（十七）印发机关和印发日期。公文的送印机关和送印日期。

第十条 公文的版式按照《党政机关公文格式》国家标准执行。

第十一条 公文使用的汉字、数字、外文字符、计量单位和标点符号等，按照有关国家标准和规定执行。民族自治地方的公文，可以并用汉字和当地通用的少数民族文字。

第十二条 公文用纸幅面采用国际标准 A4 型。特殊形式的公文用纸幅面，根据实际需要确定。

第四章　行文规则

第十三条 行文应当确有必要，讲求实效，注重针对性和可操作性。

第十四条 行文关系根据隶属关系和职权范围确定。一般不得越级行文，特殊情况需要越级行文的，应当同时抄送被越过的机关。

第十五条 向上级机关行文，应当遵循以下规则：

（一）原则上主送一个上级机关，根据需要同时抄送相关上级机关和同级机关，不抄送下级机关。

（二）党委、政府的部门向上级主管部门请示、报告重大事项，应当经本级党委、政府同意或者授权；属于部门职权范围内的事项应当直接报送上级主管部门。

（三）下级机关的请示事项，如需以本机关名义向上级机关请示，应当提出倾向性意见后上报，不得原文转报上级机关。

（四）请示应当一文一事。不得在报告等非请示性公文中夹带请示事项。

（五）除上级机关负责人直接交办事项外，不得以本机关名义向上级机关负责人报送公文，不得以本机关负责人名义向上级机关报送公文。

（六）受双重领导的机关向一个上级机关行文，必要时抄送另一个上级机关。

第十六条 向下级机关行文，应当遵循以下规则：

（一）主送受理机关，根据需要抄送相关机关。重要行文应当同时抄送发文机关的直接上级机关。

（二）党委、政府的办公厅（室）根据本级党委、政府授权，可以向下级党委、政府行文，其他部门和单位不得向下级党委、政府发布指令性公文或者在公文中向下级党委、政府提出指令性要求。需经政府审批的具体事项，经政府同意后可以由政府职能部门行文，文中须注明已经政府同意。

（三）党委、政府的部门在各自职权范围内可以向下级党委、政府的相关部门行文。

（四）涉及多个部门职权范围内的事务，部门之间未协商一致的，不得向下行文；擅自行文的，上级机关应当责令其纠正或者撤销。

（五）上级机关向受双重领导的下级机关行文，必要时抄送该下级机关的另一个上级机关。

第十七条 同级党政机关、党政机关与其他同级机关必要时可以联合行文。属于党委、政府各自职权范围内的工作，不得联合行文。党委、政府的部门依据职权可以相互行文。部门内设机构除办公厅（室）外不得对外正式行文。

第五章 公文拟制

第十八条 公文拟制包括公文的起草、审核、签发等程序。

第十九条 公文起草应当做到：

（一）符合国家法律法规和党的路线方针政策，完整准确体现发文机关意图，并同现行有关公文相衔接。

（二）一切从实际出发，分析问题实事求是，所提政策措施和办法切实可行。

（三）内容简洁，主题突出，观点鲜明，结构严谨，表述准确，文字精练。

（四）文种正确，格式规范。

（五）深入调查研究，充分进行论证，广泛听取意见。

（六）公文涉及其他地区或者部门职权范围内的事项，起草单位必须征求相关地区或者部门意见，力求达成一致。

（七）机关负责人应当主持、指导重要公文起草工作。

第二十条 公文文稿签发前，应当由发文机关办公厅（室）进行审核。审核的重点是：

（一）行文理由是否充分，行文依据是否准确。

（二）内容是否符合国家法律法规和党的路线方针政策；是否完整准确体现发文机关意图；是否同现行有关公文相衔接；所提政策措施和办法是否切实可行。

（三）涉及有关地区或者部门职权范围内的事项是否经过充分协商并达成一致意见。

（四）文种是否正确，格式是否规范；人名、地名、时间、数字、段落顺序、引文等是否准确;文字、数字、计量单位和标点符号等用法是否规范。

(五)其他内容是否符合公文起草的有关要求。

需要发文机关审议的重要公文文稿,审议前由发文机关办公厅(室)进行初核。

第二十一条 经审核不宜发文的公文文稿,应当退回起草单位并说明理由;符合发文条件但内容需作进一步研究和修改的,由起草单位修改后重新报送。

第二十二条 公文应当经本机关负责人审批签发。重要公文和上行文由机关主要负责人签发。党委、政府的办公厅(室)根据党委、政府授权制发的公文,由受权机关主要负责人签发或者按照有关规定签发。签发人签发公文,应当签署意见、姓名和完整日期;圈阅或者签名的,视为同意。联合发文由所有联署机关的负责人会签。

第六章 公文办理

第二十三条 公文办理包括收文办理、发文办理和整理归档。

第二十四条 收文办理主要程序是:

(一)签收。对收到的公文应当逐件清点,核对无误后签字或者盖章,并注明签收时间。

(二)登记。对公文的主要信息和办理情况应当详细记载。

(三)初审。对收到的公文应当进行初审。初审的重点是:是否应当由本机关办理,是否符合行文规则,文种、格式是否符合要求,涉及其他地区或者部门职权范围内的事项是否已经协商、会签,是否符合公文起草的其他要求。经初审不符合规定的公文,应当及时退回来文单位并说明理由。

(四)承办。阅知性公文应当根据公文内容、要求和工作需要确定范围后分送。批办性公文应当提出拟办意见报本机关负责人批示或者转有关部门办理;需要两个以上部门办理的,应当明确主办部门。紧急公文应当明确办理时限。承办部门对交办的公文应当及时办理,有明确办理时限要求的应当在规定时限内办理完毕。

(五)传阅。根据领导批示和工作需要将公文及时送传阅对象阅知或者批示。办理公文传阅应当随时掌握公文去向,不得漏传、误传、延误。

(六)催办。及时了解掌握公文的办理进展情况,督促承办部门按期办结。紧急公文或者重要公文应当由专人负责催办。

(七)答复。公文的办理结果应当及时答复来文单位,并根据需要告知相关单位。

第二十五条 发文办理主要程序是:

(一)复核。已经发文机关负责人签批的公文,印发前应当对公文的审批手续、内容、文种、格式等进行复核；需作实质性修改的，应当报原签批人复审。

（二）登记。对复核后的公文，应当确定发文字号、分送范围和印制份数并详细记载。

（三）印制。公文印制必须确保质量和时效。涉密公文应当在符合保密要求的场所印制。

（四）核发。公文印制完毕，应当对公文的文字、格式和印刷质量进行检查后分发。

第二十六条　涉密公文应当通过机要交通、邮政机要通信、城市机要文件交换站或者收发件机关机要收发人员进行传递，通过密码电报或者符合国家保密规定的计算机信息系统进行传输。

第二十七条　需要归档的公文及有关材料，应当根据有关档案法律法规以及机关档案管理规定，及时收集齐全、整理归档。两个以上机关联合办理的公文，原件由主办机关归档，相关机关保存复制件。机关负责人兼任其他机关职务的，在履行所兼职务过程中形成的公文，由其兼职机关归档。

第二十八条　各级党政机关应当建立健全本机关公文管理制度，确保管理严格规范，充分发挥公文效用。

第二十九条　党政机关公文由文秘部门或者专人统一管理。设立党委（党组）的县级以上单位应当建立机要保密室和机要阅文室，并按照有关保密规定配备工作人员和必要的安全保密设施设备。

第三十条　公文确定密级前，应当按照拟定的密级先行采取保密措施。确定密级后，应当按照所定密级严格管理。绝密级公文应当由专人管理。公文的密级需要变更或者解除的，由原确定密级的机关或者其上级机关决定。

第三十一条　公文的印发传达范围应当按照发文机关的要求执行；需要变更的，应当经发文机关批准。涉密公文公开发布前应当履行解密程序。公开发布的时间、形式和渠道，由发文机关确定。经批准公开发布的公文，同发文机关正式印发的公文具有同等效力。

第三十二条　复制、汇编机密级、秘密级公文，应当符合有关规定并经本机关负责人批准。绝密级公文一般不得复制、汇编，确有工作需要的，应当经发文机关或者其上级机关批准。复制、汇编的公文视同原件管理。复制件应当加盖复制机关戳记。翻印件应当注明翻印的机关名称、日期。汇编本的密级按照编入公文的最高密级标注。汇编，确有工作需要的，应当经发文机关或者其上级机关批准。复制、汇编的公文视同原件管理。

复制件应当加盖复制机关戳记。翻印件应当注明翻印的机关名称、日期。汇编本的密级按照编入公文的最高密级标注。

第三十三条 公文的撤销和废止,由发文机关、上级机关或者权力机关根据职权范围和有关法律法规决定。公文被撤销的,视为自始无效;公文被废止的,视为自废止之日起失效。

第三十四条 涉密公文应当按照发文机关的要求和有关规定进行清退或者销毁。

第三十五条 不具备归档和保存价值的公文,经批准后可以销毁。销毁涉密公文必须严格按照有关规定履行审批登记手续,确保不丢失、不漏销。个人不得私自销毁、留存涉密公文。

第三十六条 机关合并时,全部公文应当随之合并管理;机关撤销时,需要归档的公文经整理后按照有关规定移交档案管理部门。

工作人员离岗离职时,所在机关应当督促其将暂存、借用的公文按照有关规定移交、清退。

第三十七条 新设立的机关应当向本级党委、政府的办公厅(室)提出发文立户申请。经审查符合条件的,列为发文单位,机关合并或者撤销时,相应进行调整。

第八章 附 则

第三十八条 党政机关公文含电子公文。电子公文处理工作的具体办法另行制定。

第三十九条 法规、规章方面的公文,依照有关规定处理。外事方面的公文,依照外事主管部门的有关规定处理。

第四十条 其他机关和单位的公文处理工作,可以参照本条例执行。

第四十一条 本条例由中共中央办公厅、国务院办公厅负责解释。

第四十二条 本条例自 2012 年 7 月 1 日起施行。1996 年 5 月 3 日中共中央办公厅发布的《中国共产党机关公文处理条例》和 2000 年 8 月 24 日国务院发布的《国家行政机关公文处理办法》停止执行。

后　记

　　应用写作不仅是写作学研究的重要组成部分，也是人类重要的交际方式。正如美国未来学家约翰·奈斯比特在《大趋势》中所言："在这个文字密集的社会里，我们比以往任何时候都更需要具备最基本的读写技能。这里所说的读写技能，首先就是足以应付日常工作和生活所需的写作能力，也就是应用写作能力。"

　　现代社会中，应用写作能力是重要的职业核心能力之一。以美国为例，写作是与数学、阅读一起被视为人的三大基本核心能力。日常生活中，大到爱情事业，小到学习工作，众多重要表达都依赖于写作。留学申请中，正是由于你的申请文件和自我陈述提炼写得真切恰当，才能突破地域的阻隔和文化的屏障，让身处异质文化的老师为你的陈述打动，准确把握你的优秀品质，给你一份珍贵的录取通知，使你有机会走进你心仪的学校，与久仰的教授面对面地学习。当你学成毕业行将步入职场时，正是你出色的求职申请使你才美外现，使你在雪片似的申请书中脱颖而出，迅速为梦想的企业感知，获得宝贵的面试机会；使你能在能够决定你去留的人面前充分表达，更好展示你的才华，为自己赢得一次重要的机会。当你进入职场时，你会发现，无论你是怀着怎样的憧憬心情进入哈佛、耶鲁，还是微软、通用，或是外交部、商务部、驻外使领馆，你都会发现这些著名的学府、伟大的公司、重要的机构部门，都是层级分明的。无论你曾经多么优秀，你都需从最基础的工作做起。作为一名新进的员工，你虽然进入了梦想的企业、学校、机构，但你与景仰已久的校长、总裁、部长、大使的距离仍然很远，甚至与总监、局长都很难有机会面对面地交流探讨，让他们在近距离的交流探讨中进一步发现你的才华，给你更多展示的机会。只有一个例外，就是写作可以不受层级的限制束缚，你所撰写的那些不起眼的文字，一份份报告、请示、简报、建议等应用性文字，随着文书的流转，放在公司、学校、政府要员的桌前，他们对你的真正认识正是从你撰写的那些不起眼的报告、请示、建议开始，在这些应用性文字中感知你的能力水平。因此，有效的文字写作是普通员工突破企业、学校、政府机构层级壁垒与高层零距离接触的有效工具，是赢得重要发展机会的基础，是自身能力素养外化的重要方式，是领导发现、提拔、启用新人的重要途径。这也是当年年轻的蓬皮杜从一个普通教师，迅速成为戴高乐总统办公厅主任的一个重要秘诀。

后　记

　　这部《应用写作导论》立足于现代写作学的研究成果,以工作过程为导向,试图转变传统写作教学方式,重点培养人们实际的写作感知能力和应用能力。以工作为导向的教学理论研究最早源于德国不来梅大学的职业教育研究,其研究成果已经为学界普遍接受。从学科属性看,写作学具有较强的应用性,实际应用能力的提高是写作学研究的核心诉求。传统写作学研究,特别是传统写作教学的弊端就是没有很好地把握写作学科的应用属性,文本知识研究多,写作应用研究少。研究上重基础理论研究,轻实际应用与化生性研究,导致写作教学更多的是知识教学,概念阐释。教师教学枯燥乏味,学生普遍感觉写作课多泛泛的理论原则,缺少实际的具体指导,对实际写作能力提高帮助不大,学之无味,学之无用。以美国大卫·库伯为代表的体验学习理论认为:学习过程包含两个重要方面,一是具体事物或概念的抽象形成过程需要学习者通过对事物具体的感知经验,并通过学习过程将具体经验逐渐抽象概念化;二是学习者需要在学习过程中一边积极体验,一边反思观察。因此,学习过程就是学习者从行为者到观察者,从特定参与者到一般结论分析者不断转变的过程。在库伯看来,学习本身充满了紧张与冲突,学生既要积极体验,又要反思观察;既要经历具体体验,又要实现抽象概括。学习过程的亲历性和反思性是体验学习的本质特征。所谓亲历性就是指学习者进入到某种情境,积极参与其中的活动,并在这一过程中去充分感受,运用身体多种感官去接触情境中的事物,在多元智能的作用下,在多感官、强刺激的过程中生成丰富的体验。而知识的获得,意义的生成正是源于亲历的情境与活动。因而,体验式学习不是"坐而受道"的过程,而是"行而体道"、"做中学"的过程;是一个始终伴随着反思的过程。本书即是作者在多年教学与研究的基础上,将体验学习理论和以工作过程为导向的教育理论用于写作研究的成果。作者力图通过重新构建写作理论,探索新的教学模式,提升写作教学的实际功用。写作中,一是希望引入新的理论成果,丰富深化写作学的研究;二是改进写作教学观念,回归写作本义,使写作教学重在实际应用水平的提高;三是顺应应用写作课程教学的发展,满足新形势下教学的实际需要。希望教学双方转变观念,遵从体验学习和以工作过程为导向的理论原则,重写作行为范式的研究和写作活动的体验与能力生成,切实达到提升实际写作水平的目的。

　　文无定法,但亦有规律可循。为了适合教学需要,本书在篇目的设定和具体的编写中,主要遵循应用写作法定规范和约定俗成两个原则,即法定规范和约定俗成规范。既注重写作知识介绍的规范性,又体现写作文本的规范化要求。如在讲授行政文书时,严格依据国家政府最新规定讲授规范,使各类文体在基本体例及语言表达等各个方面,都符合文体格式的相关规定和固定规范用法要求。因为,规范性不仅是应用文体的要求,也是应用文写作的基本态度和必须坚守的标准。教学中,教师要注意把文体规范性要求的基本写作方法传授给学生，要以规范写作的态度和精神影响学生，进而使学生全方位认识和掌握应用文的基本特点，体验应用写作的规律，生成熟练写作的能力。

　　本书能够最终完成，得益于学界良好的研究氛围，使笔者能够充分吸收养分，使研究不断丰富完善。在此，笔者对学界和本书中参考引述的他人成果、著述表示深深的谢意。感谢旅游教育出版社编辑在体例上对本书提出的诸多建议，使本书在保持研究性的同时，更好地适应教学需要。

2013 年 12 月　于北京

主要参考书目

1. 刘锡庆等. 写作论谭. 北京:中央广播电视大学出版社,1982.
2. 叶黔达. 应用写作. 成都:四川人民出版社,2002.
3. 叶黔达,柯世华. 现代公文写作技巧. 成都:四川人民出版社,2003.
4. 马正平. 高等写作学引论. 北京:中国人民大学出版社,2003.
5. 郭玲,尤冬克. 秘书学导论. 北京:人民出版社,2007.
6. 陈小英. 秘书学写作. 北京:人民出版社,2007.
7. [美]D·A·库伯. 体验学习——让体验成为学习和发展的源泉. 上海:华东师范大学出版社,2008.
8. 杨文丰. 现代应用文书写作. 北京:中国人民大学出版社,2011.
9. 徐涵. 工作过程为导向的职业教育理论与实证研究. 北京:商务印书馆,2013.

责任编辑：孙延旭

图书在版编目（CIP）数据

应用写作导论／郭玲著．—北京：旅游教育出版社，2014.1

ISBN 978-7-5637-2849-7

Ⅰ.①应… Ⅱ.①郭… Ⅲ.①汉语—应用文—写作 Ⅳ.①H152.3

中国版本图书馆 CIP 数据核字（2013）第 289815 号

应用写作导论

郭玲 著

出版单位	旅游教育出版社
地　　址	北京市朝阳区定福庄南里1号
邮　　编	100024
发行电话	(010)65778403 65728372 65767462(传真)
本社网址	www.tepcb.com
E-mail	tepfx@163.com
印刷单位	北京甜水彩色印刷有限公司
经销单位	新华书店
开　　本	787毫米×960毫米　1/16
印　　张	18.75
字　　数	285千字
版　　次	2014年1月第1版
印　　次	2014年1月第1次印刷
定　　价	30.00元

（图书如有装订差错请与发行部联系）